Bewertung von impliziten Optionen in Bausparverträgen

T0316392

Europäische Hochschulschriften

Publications Universitaires Européennes
European University Studies

Reihe V
Volks- und Betriebswirtschaft

Série V   Series V
Sciences économiques, gestion d'entreprise
Economics and Management

Bd./Vol. 3114

PETER LANG

Frankfurt am Main · Berlin · Bern · Bruxelles · New York · Oxford · Wien

Frank Rietmann

Bewertung von impliziten Optionen in Bausparverträgen

Auswirkungen auf die Tarifkalkulation und die Rechnungslegung nach IAS/IFRS

PETER LANG
Europäischer Verlag der Wissenschaften

Bibliografische Information Der Deutschen Bibliothek
Die Deutsche Bibliothek verzeichnet diese Publikation in der
Deutschen Nationalbibliografie; detaillierte bibliografische
Daten sind im Internet über <http://dnb.ddb.de> abrufbar.

Zugl.: Freiburg (Breisgau), Univ., Diss., 2004

Gedruckt auf alterungsbeständigem,
säurefreiem Papier.

D 25
ISSN 0531-7339
ISBN 3-631-53217-2

© Peter Lang GmbH
Eurcpäischer Verlag der Wissenschaften
Frankfurt am Main 2005
Alle Rechte vorbehalten.

Printed in Germany 1 2 3 4 5   7

www.peterlang.de

Vorwort

Die Idee dieser Arbeit entstand während eines Tarifentwicklungsprojektes bei einer Bausparkasse. Der von mir entwickelte, kundenorientierte Tarif beinhaltet viele bekannte aber auch insbesondere neue implizite Bausparoptionen. Nach den klassischen Kalkulationsmethoden war dieser Tarif genauso ertragsstabil wie seine Vorgänger. Da der neue Tarif auf Grundlage klassischer Kalkulationsmethoden entwickelt wurde, und diese die impliziten Bausparoptionen nicht bewerten, hat der Bausparkunde die impliziten Bausparoptionen ohne Zusatzkosten erhalten. Jedoch vermutete ich, dass der Bausparkasse durch die impliziten Optionen Kosten in Form von Risiken entstanden sind, weshalb die impliziten Bausparoptionen zu bewerten sind.

Zahlreiche Personen haben mir sehr dabei geholfen, meine Bausparideen im Rahmen einer Dissertation zu verdeutlichen. Ohne diese zahlreichen Helfer wäre diese Arbeit nicht möglich gewesen.

Mein besonderer Dank gilt meinem Betreuer, Herrn Prof. Thomas Gehrig, Ph. D., der mir das Vertrauen und den notwendigen Freiraum als Doktorand an seinem Institut schenkte. Insbesondere bedanke ich mich bei Herrn Prof. Dr. Ernst Eberlein, der den wissenschaftlichen Wert meiner Ideen als erster erkannt und die interdisziplinäre Umsetzung angeregt und gefördert hat. Zudem bedanke ich mich bei Herrn Prof. Dr. Heinz Rehkugler, der meine Bewertungsvorschläge im Rahmen der IAS mit mir diskutierte.

Mein Dank gebührt den Mitarbeitern des Instituts zur Erforschung der Wirtschaftlichen Entwicklung für das unterstützende und harmonische Institutsklima. Namentlich danke ich Herrn Philip Jung für die inspirierenden Diskussionen im Doktorandenseminar. Für die Überprüfung des Rechenprogramms bedanke ich mich bei Herrn Rene Levinsky, Ph. D. Bei Frau Karin Lötfering und Herrn Teja Flotho bedanke ich mich für die allgemeine Überprüfung der wissenschaftlichen Aussagen und deren Verbesserungsvorschläge. Ich bedanke mich für das Korrekturlesen bei meiner Schwester Frau Andrea von Allmen und bei Frau Gertrud Haug von ganzem Herzen. Mein größter Dank gilt meiner lieben Pitty. Danke für Deine vorbehaltlose Unterstützung, Deine Begleitung, Deine Kritik und Dein weites Herz auf diesem Weg.

Meinen Eltern, denen ich unsagbar Vieles verdanke, widme ich diese Arbeit.

Neuenburg am Rhein, 2004   Frank Rietmann

Inhaltsverzeichnis

Abbildungsverzeichnis

Tabellenverzeichnis

Abkürzungsverzeichnis

AO	Abgabenordnung
Abb.	Abbildung
ABB	Allgemeine Bedingungen für Bausparverträge
ABl.	Amtsblatt der Europäischen Gemeinschaft
Abs.	Absatz
AG	Aktiengesellschaft
AGG	Allgemeine Geschäftsgrundsätze
AktG	Aktiengesetz
BAFin	Bundesanstalt für Finanzdienstleistungsaufsicht
Basel II	Neue Baseler Eigenkapitalvereinbarung
BausparkV	Bausparkassenverordnung
BDT	Black / Derman / Toy
BerlinFG	Berlinförderungsgesetz
BGB	Bürgerliches Gesetzbuch
BGM	Brace / Gatarek / Musiela
BilReG-E	Referentenentwurf des Bilanzrechtsreformgesetzes
Br.	Breisgau
BSpKG	Bausparkassengesetz
bzgl.	bezüglich
bzw.	beziehungsweise
c. a.	circa
CIR	Cox / Ingersoll / Ross
d. h.	das heißt
DGVM	Deutsche Gesellschaft für Versicherungsmathematik
Dipl.	Diplomarbeit
Diss.	Dissertation
DRSC	Deutsches Rechnungslegungs Standards Committee
DTB	Deutsche Terminbörse
ED	Exposure Draft
EG	Europäische Gemeinschaft
EigZulG	Eigenheimzulagengesetz
ER	Eberlein / Raible
ErlBausparkV1998	Erläuterungen zur Änderung der BausparkV vom 17.11.1998
EStG	Einkommensteuergesetz
EU	Europäische Union
e. V.	eingetragener Verein
evtl.	eventuell
FbtA	Fonds zur bauspartechnischen Absicherung

Fernuniv.	Fernuniversität
gem.	gemäß
ggf.	gegebenenfalls
GdF	Gemeinschaft der Freunde
HBeglG 2004	Haushaltsbegleitgesetz 2004
HGB	Handelsgesetzbuch
HGB-E	Entwurf Handelsgesetzbuch
HJM	Heath / Jarrow / Morton
HL	Ho / Lee
HW	Hull / White
Hrsg.	Herausgeber
i.	im
IAS	International Accounting Standards
IASB	International Accounting Standards Board
IASC	International Accounting Standards Committee
i. d. F. v.	in der Fassung vom
i. d. R.	in der Regel
ifa	Institut für Finanz- und Aktuarwissenschaften
IFRS	International Financial Reporting Standards
IFRIC	International Financial Reporting Interpretations Committee
IP	EU Institution Press
i. V. m.	in Verbindung mit
KfW	Kreditanstalt für Wiederaufbau
KonTraG	Gesetz zur Kontrolle und Transparenz im Unternehmensbereich
KWG	Kreditwesengesetz
LBS	Landesbausparkasse
LIBOR	London-Interbank-Offered-Rate
max.	maximal
MBBöB	Musterbedingungen der öffentlichen Bausparkassen
MBBpB	Musterbedingungen der privaten Bausparkassen
Mio.	Millionen
M. I. T.	Massachusetts Institute of Technology
Mrd.	Milliarden
NIG-Verteilung	Normal-Inverse-Gauss-Verteilung
Nr.	Nummer
o. V.	ohne Verfasser
PAngV	Preisangabenverordnung
Prof.	Professor
RGBl.	Reichsgesetzblatt
Rz.	Randziffer
S.	Seite
SIC	Standing Interpretations Committee

T	Tausend
Tab.	Tabelle
u.	und
u. a.	und andere
Univ.	Universität
usw.	und so weiter
VerbrKrG	Verbraucherkreditgesetz
VermBDV	Verordnung zur Durchführung des Fünften Vermögensbildungsgesetzes
VermBG	Fünftes Gesetz zur Förderung der Vermögensbildung der Arbeitnehmer
vgl.	vergleiche
Wirtschaftsuniv.	Wirtschaftsuniversität
WoFG	Wohnraumförderungsgesetz
WoPDV	Verordnung zur Durchführung des Wohnungsbau-Prämiengesetzes
WoPG	Wohnungsbau-Prämiengesetz
z. B.	zum Beispiel
z. T.	zum Teil

Allgemeines Symbolverzeichnis

a Mean Reversion Rate

A Konkretes Ereignis

$\overline{A}$ Komplement von A

A Menge der möglichen Fragen bzw. Funktionen als System von Teilmengen von der Menge möglicher Ereignisse Ω

$B(t_0,\, t)$ Wert einer Nullkuponanleihe zum Zeitpunkt t_0 mit Rückzahlungstermin t

$B_z(i, i + \Delta t)$ Wert einer Nullkuponanleihe für die Zeitperiode i im Zustand z für den Zeitraum Δt

BV_t Zahlungsstrom eines Bausparvertrags ab dem Zeitpunkt t

$\widetilde{BV_t}$ Aus BV_t abgeleiteter Zahlungsstrom ab dem Zeitpunkt t

C_t Optionswert zum Zeitpunkt t

C_t^i Optionswert i der gesamten Bausparoption zum Zeitpunkt t; $i \in \{$Bausparen, Darlehensverzicht, Festgeld, Kündigung, Sondertilgung, Zuteilungsoption$\}$

$C_{t,f}^i$ Optionswert i zum Zeitpunkt t mit der Fortsetzungszeit f; $i \in \{$Zuteilungsoptionen$\}$

$d_1,\, d_2$ Parameter im Black-Modell

D Diskontfaktor

$E(X)$ Erwartungswert einer reellen Zufallszahl X

E^P Erwartungswert in der realen Welt

E^Π Erwartungswert in der risikoneutralen Welt

f Funktion, Dichtefunktion (auch Fortsetzungszeit als bausparmathematisches Symbol)

$F(t_0, t, T)$ Forwardpreis zum Zeitpunkt t_0 bei einer Laufzeit von t bis T

$F^S(t_0, Ts, Te)$ Forward-Swaption-Rate zum Zeitpunkt t_0 mit Startzeitpunkt des Swap Ts und Endzeitpunkt Te

$F_{LIBOR}(t, t_k)$ die im Zeitpunkt t für den Zeitraum zwischen t_k und t_{k+1} beobachteten Forward-LIBOR-Zinsrate

$\mathcal{F}_t$	Filtration, die alle Informationen bis zum Zeitpunkt t enthält
i	Index
I	Zeitintervall
k	Aufzählung, Index
L	Lévy-Prozess
ln	natürlicher Logarithmus
m	Tenor des Swaps
n	Periodenanzahl, Anzahl der Kalibrierungsinstrumente
NB	Nominalbetrag
$N(x)$	Kumulative Wahrscheinlichkeit, dass eine Variable mit einer standardisierten Normalverteilung kleiner als x ist
$\sim \mathcal{N}(0,t)$	normalverteilt mit Erwartungswert 0 und Varianz t
$\mathbb{N}$	Menge der natürlichen Zahlen
p	Wahrscheinlichkeit
P	Tatsächliches Wahrscheinlichkeitsmaß; Wahrscheinlichkeitsverteilung, die jede Menge $A \in \mathcal{A}$ eine Wahrscheinlichkeit $P(A)$ zuordnet
PV_t^i	Barwert (Present Value) des Zahlungsstroms i zum Zeitpunkt t; $i \in \{$Darlehensverzicht, Kündigung, Option, Referenz, Wiedergeltendmachung, Swap$\}$
$Q(i,z)$	Zustandswert in der Zeitperiode i und im Zustand z
r	Shortrate, risikoloser Zinssatz
$\bar{r}(t)$	zeitabhängiger langfristiger Mittelwert der Shortrate (zeitabhängiges Mean Reversion Niveau)
$R(i,z)$	Shortrate zur Zeitperiode i und Zustandsniveau z
s	Spotrate (Zuteilungstermin als bausparmathematisches Symbol)
s_T	Spotrate einer Nullkuponanleihe mit einer Restlaufzeit von T Perioden
sup	Supremum: Kleinste obere Schranke einer nach oben beschränkten, nichtleeren Menge
t	Betrachtungszeitpunkt

$\bar{t}$	Zeitpunkt im Zeitraster
Δt	Zeitabstand
tg	Tage
T	Betrachtungshorizont
T^*	Ausübungszeitpunkt
Te	Endzeitpunkt der Swaplaufzeit
Ts	Startzeitpunkt der Swaplaufzeit
$T_{[t, T]}$	Menge aller Stoppzeiten vom Betrachtungsbeginn t bis zum Betrachtungshorizont T
u	Integrationsvariable
U_i	Marktpreise des Kalibrierungsinstruments i
V_i	Modellwert des Kalibrierungsinstruments i
Var	Varianz
W, W_t	Wiener Prozess, zeitabhängiger Wiener Prozess
x_i	Ausprägungen einer Zufallszahl
X	Reelle Zufallszahl
z	Zustandsniveau im Trinomialbaum
z_{min}, z_{max}	Minimales und maximales Zustandsniveau
(z)	zustimmungsbedürftiges Recht
Γ	Zeitraster, endliche Menge der betrachteten Zeitpunkte
μ	Erwartungswert
Ω	Menge der möglichen Ereignisse
π_u, π_m, π_d	Martingal-Wahrscheinlichkeiten der oberen (up), mittleren (middle) und unteren (down) Verzweigung in der risikoneutralen Welt
$\pi(z)$	Martingal-Wahrscheinlichkeit im Zustandsniveau z
Π	Wahrscheinlichkeitsmaß in der risikoneutralen Welt
σ	momentane Standardabweichung (nicht die Volatilität) der Shortrate

σ^2 Varianz

$\sigma(t,t_k)$ Volatilität der Forward-LIBOR-Zinsrate $F_{LIBOR}(t,t_k)$

τ Stoppzeit

θ Driftterm

$\zeta(i)$ Menge aller Zustände, die in der Zeitperiode i auftreten

$\forall$ für alle Elemente gilt

$\exists$ es existiert ein Element

Bausparmathematisches Symbolverzeichnis

AG	Höhe der Abschlussgebühr, Höhe der rückerstatteten Abschlussgebühr
BD_t	Auszahlungsbetrag des Bauspardarlehens zum Zeitpunkt t
BG_t	Auszahlungsbetrag des Bausparguthabens zum Zeitpunkt t
$Bonus_t$	Höhe des Zinsbonusses zum Zeitpunkt t
bz	Zinsbonus
DSS	Darlehenssaldensumme
dz	Darlehenszins
f	Fortsetzungszeit
GSS_i	Guthabensaldensumme der Klasse i; $i \in$ {Kündigung, Darlehensverzicht, Darlehen}
gz	Guthabenzins
GZS	Guthabenzinssumme
$iSKLV$	individuelles Sparer-Kassenleistungsverhältnis
KL	Kassenleistung
$kSKLV$	kollektives Sparer-Kassenleistungsverhältnis
lw	längste Wartezeit
s	Wartezeit bis zur Zuteilung, Zuteilungstermin
SB	konstanter monatlicher Sparbeitrag, Regelsparbeitrag
SB_t	Sparbeitrag zum Zeitpunkt t
$SKLV$	Sparer-Kassenleistungsverhältnis
SL	Sparerleistung
st	Sondertilgungszeitpunkt
tb	bausparmathematische Tilgungszeit
TB	konstanter monatlicher Tilgungsbeitrag, tariflicher Tilgungsbeitrag

TB_t Tilgungsbeitrag zum Zeitpunkt t

1 Einleitung

1.1 Die Motivation für diese Arbeit

Die klassische Tarifkalkulation für Bausparverträge basiert heutzutage auf einzelvertraglichen, bauspartechnischen Kenngrößen, wie z. B. dem individuellen Spar- Kassenleistungsverhältnis, und auf einzelvertraglichen Ertragskalkulationsmethoden, wie z. B. der Marktzinsmethode. Zusätzlich werden mittels der Kollektivsimulation die zukünftige kollektive Liquidität, die Gewinn- und Verlustrechnung sowie die Bilanz prognostiziert. Diese klassischen Tarifkalkulationsmethoden berücksichtigen jedoch nicht die vorhandenen Optionswerte und vernachlässigen dadurch Ertragspotentiale bzw. Ertragsrisiken. Diese Kenntnislücke wird durch diese Arbeit geschlossen.

Die Berücksichtigung von Optionswerten kann nicht nur Einfluss auf die Tarifkalkulation, sondern auch auf regulatorische Maßnahmen haben. Es war nur eine Frage der Zeit bis regulatorische Maßnahmen – wie Basel II oder IAS – die Bewertung der impliziten Bausparoptionen einfordern. Gerade die Rechnungslegung nach den International Accounting Standards (IAS) greift ausdrücklich die Bewertung von impliziten Optionen auf. Jedoch ist heute noch nicht eindeutig geklärt, ob und wie Bausparoptionswerte berücksichtigt werden müssen. Möglicherweise ist zurzeit in der Literatur nur deshalb eine Ablehnung zur Bewertung nach dem Fair Value zu erkennen, weil die Technik zur Bestimmung des Fair Values noch nicht ausreichend und abschließend diskutiert wurde. Um dieser Diskussion weiteren Nährboden zu geben, werden hier Vorschläge zur Bestimmung eines Fair Values unterbreitet.

Die impliziten Optionen, auch als Rechte bzw. Handlungsspielräume bezeichnet, sind im Bausparen immanent, da der Verlauf eines Bausparvertrags nicht starr ist. Der Bausparer hat im Verlauf seines Vertrags zahlreiche Rechte, die vorgesehenen Zahlungsströme zu verändern. Auch die Bausparkasse hat Möglichkeiten, die Rechte der Bausparer einzuschränken. Die Bausparkasse hat auch selbständige Rechte, die den Verlauf des Bausparvertrags beeinflussen können.

Die Bedeutung des Bausparwesens an sich zeigt die weite Verbreitung durch über 32 Mio. Bausparverträge in Deutschland.[1] Das deutsche Bausparen ist geprägt durch die ursprüngliche Motivation des kollektiven Zwecksparens für

---

[1] Stand zum 31.05.2003, vgl. DEUTSCHE BUNDESBANK (2003b), S. 103.

den Eigentumserwerb. Aus dem gemeinschaftlich angesammelten Kollektiv-
vermögen werden dem Bausparer bei der Zuteilung nach bestimmten Vertei-
lungsregeln das Sparguthaben und ein Darlehen ausbezahlt. Zusätzlich bietet das
Bausparen durch die Kombination von attraktiven Bauspartarifen und der staatlichen Förderung in Form von Wohnungsbauprämie und Arbeitnehmersparzulage eine sehr lukrative Geldanlage, bei der der Eigentumserwerb zumindest zu
Vertragsbeginn nicht beabsichtigt ist. Bei einer Mindestvertragslaufzeit von
sieben Jahren können bei einem Verzicht auf das Bauspardarlehen über 4 %
Rendite und unter Einbeziehung der staatlichen Förderung über 6 % Rendite
erzielt werden.[2]

1.2 Bisheriger Forschungsstand

In den 80er-Jahren wurde eine nicht veröffentlichte Arbeit von McKinsey über
die Bewertung von Bausparoptionen mit Hilfe der Black-Scholes-Formel[3] von
der Bausparkasse Wüstenrot verworfen.[4] In dieser Arbeit entsprachen die
Annahmen zur Optionsbewertung zwar den typischen Optionsbewertungsan-
nahmen, jedoch wurden die bauspartechnischen Belange nicht hinreichend
berücksichtigt. Die Kritik an der Arbeit von McKinsey richtet sich unter anderem an die Nichtberücksichtigung der zahlreichen Gestaltungsrechte. Zudem
wird darauf hingewiesen, dass die Bausparer besondere Verhaltensmuster
aufweisen, die in den Annahmen nicht berücksichtigt werden.

In der Vergangenheit wurde das Bausparen als komplexes Finanzinstrument
beschrieben und die Bewertung der impliziten Optionen mittels der Options-
preistheorie gefordert. Durch Kenntnisse der Optionswerte soll die Risikosteuerung entscheidend verbessert werden.[5]

Nach Information des Autors wurden bisher erst zwei wissenschaftliche Arbeiten zur Bewertung von Bausparoptionen veröffentlicht. In der Arbeit von
CIELEBACK (2001) wird das Recht auf ein zinsgünstiges Bauspardarlehen zum
Zuteilungszeitpunkt bewertet. Zur Bewertung von Optionen nutzt CIELEBACK
(2001) eine Standardsoftware der Firma Bloomberg. Durch die Einschränkungen der Standardsoftware können zahlreiche Bausparoptionen, wie z. B. Kündigung, Fortsetzung und Sondertilgung, nicht bewertet werden. In einer Arbeit

---

[2]   Vgl. STIFTUNG WARENTEST (2003d), S. 36-37.

[3]   BLACK/SCHOLES (1973), S. 637-654.

[4]   Vgl. BERTSCH (1999), S. 797.

[5]   Vgl. SCHAUB (1998), S. 51-52.

von STARK (2002) wird im Rahmen eines Vorteilhaftigkeitsvergleich von Bausparfinanzierung versus freie Finanzierung ebenfalls nur das Recht auf ein zinsgünstiges Bauspardarlehen zum Zuteilungszeitpunkt bewertet. Bei der Bewertung wird die Bausparoption mit einem Caplet verglichen und dieses Caplet mit dem Black-Modell[6] bewertet. Stark weist darauf hin, dass seine Berechnung aufgrund seiner Annahmen lediglich Schätzungen sind.

Die Forschung über die Bewertung von Bausparverträgen mittels der Optionstheorie steckt noch in den „Kinderschuhen". Jedoch wurden in letzter Zeit in einem benachbarten Bereich – den Finanzoptionen in Lebensversicherungsverträgen – zahlreiche Forschungsergebnisse veröffentlicht. Lebensversicherungsverträge sind, wie Bausparverträge auch, langfristige Verträge mit zahlreichen Gestaltungsmöglichkeiten während der Laufzeit.[7] In Deutschland hat GERDES (1997) als erster auf die hohen Ertragsrisiken, die durch die zahlreichen Gestaltungsmöglichkeiten des Versicherungsnehmers bedingt sind, hingewiesen. Die Gestaltungsmöglichkeiten, so genannte implizite Optionen, hat er quantitativ mit Hilfe der Black-Scholes-Formel bewertet. GERDES merkt selber an, dass seine Ergebnisse Vereinfachungen darstellen, da die impliziten Optionen in Lebensversicherungsverträgen mit Zinsoptionen verglichen werden können und die Black-Scholes-Formel für Aktienoptionen und nicht für Zinsoptionen geeignet ist. Die Black-Scholes-Formel ist aus diesem Grunde wohl nicht das geeignete Instrument für die Bewertung impliziter Zinsoptionen. In der Arbeit von HERR/KREER (1999) wurden die Rückkaufsoption und das Recht auf Beitragsfreistellung einzeln und gemeinsam bewertet. Dabei verwenden sie das Modell von Fabozzi, Kalotay und Williams,[8] welches eine Erweiterung des Black-Derman-Toy-Modells[9] ist. In DILLMANN (2002) werden ausgewählte Optionen mit dem Hull-White-Modell bewertet und die Veränderungen bzgl. des Eintrittalters, der Versicherungsdauer sowie Veränderungen des Zinsniveaus und der Volatilität untersucht. Als Übersicht und Zusammenfassung erscheint demnächst in der Arbeit von HERR / DILLMANN / HOFFMANN / KREER / RIETMANN / SCHADE / SCHULZE ZURMUSSEN / TÖPFER (2004) der Abschlussbericht der Themenfeldgruppe „Produktanalysen und Bewertungen" innerhalb der Deutschen Aktuarvereinigung. Dieser Abschlussbericht beschreibt die Methodik der Bewertung von impliziten Finanzoptionen in Lebensversicherungsprodukten. Im Gegensatz zu allen bisherigen Arbeiten wird in MATH (2002) nicht eine Option des

---

[6] BLACK (1976), S. 167-179.

[7] Vgl. HELD (1999).

[8] FABOZZI/KALOTAY/WILLIAMS (1997), S. 693-713.

[9] BLACK/DERMAN/TOY (1990), S. 33-39.

Kunden, sondern eine Option des Versicherers, und zwar das Recht auf Senkung der Überschussbeteiligung, bewertet.

Die Ergebnisse aus der Versicherungsbranche dienen als Anregung für die Bewertung von Bausparoptionen. Jedoch sind die Unterschiede wie z. B. die Sterblichkeit bei Lebensversicherungsverträgen und das Kollektivprinzip bei Bausparverträgen zu berücksichtigen.

1.3 Zielsetzung

Das grundlegende Ziel dieser Arbeit ist es, ein Konzept zur Bewertung von impliziten Bausparoptionen zur Verfügung zu stellen. Dabei werden die Bausparoptionen allgemeingültig mathematisch modelliert und mit einem geeigneten Optionsmodell bewertet. Diese Arbeit basiert auf dem Prinzip der Arbitragefreiheit. Die Implementierung des Optionsmodells – hier das Modell von Hull-White[10] – wird ausführlich geschildert. Das Hull-White-Modell wurde im Wesentlichen deshalb ausgewählt, weil es im Vergleich zu anderen Modellen numerisch sparsam ist und trotzdem die Veränderungen der Zinsstruktur hinreichend beschreibt.

In der vorliegenden Arbeit werden die bauspartechnischen Besonderheiten eingehend behandelt. Besonderes Gewicht bei der Annahmendiskussion erhalten die bauspartechnischen Zuteilungssicherungsmaßnahmen und die Annahmen über einen finanzrationalen Bausparer.

Es ist jedoch nicht Ziel dieser Arbeit, ein ökonomisches Gesamtmodell für das Bausparkollektiv oder einen optimalen Tarif zu entwickeln.

Durch Kenntnis der Optionswerte werden Vorschläge unterbreitet, wie die klassische Tarifkalkulation erweitert werden kann. Die Bausparoptionsbewertung als Methode innerhalb der Tarifkalkulation soll neben den bestehenden Tarifkalkulationsmethoden zur Entscheidungsunterstützung dienen. Die Bausparoptionsbewertung kann und soll die bestehenden Methoden nicht ersetzen.

Bei der Bewertung der impliziten Bausparoptionen für die Rechnungslegung nach IAS werden Vorschläge unterbreitet, wie Annahmen erweitert werden können. Möglicherweise ist eine Trennung in unterschiedliche Gruppen von Bausparern oder eine Berücksichtigung von Zinsunterschieden bei Soll- und Habenzinssätzen notwendig. Diese modifizierten Annahmen führen zu Fair Values, die dem Vorsichtsprinzip des IAS entsprechen sollen.

---

[10] HULL/WHITE (1990b), S. 573-592.

Alle gewonnen Erkenntnisse beziehen sich auf den deutschen Bausparmarkt. Jedoch können die Ideen auch auf verwandte ausländische Bausparsysteme übertragen werden, indem das in dieser Arbeit allgemein beschriebene, Verfahren analog verwandt wird. Zurzeit haben Österreich, Slowakei, Tschechien, Ungarn, Kroatien, Kasachstan, Rumänien und China verwandte Bausparsysteme.[11]

1.4 Aufbau der Arbeit und Darstellung der wichtigsten Ergebnisse

Im Anschluss an dieses einleitende Kapitel wird in Kapitel zwei ein Überblick über das Bausparen und die Bauspartarife gegeben. Besonders wichtige Elemente sind dabei das Kollektivprinzip, die staatliche Förderung und die bauspartechnischen Zuteilungssicherungsmaßnahmen. In Kapitel zwei wird auch der Begriff des finanzrationalen Bausparers eingeführt, der dieser Arbeit als Basis dient.

Darauf aufbauend werden im Kapitel drei die speziellen Rechte des Bausparers und der Bausparkasse definiert sowie ihre Bedeutung skizziert. Dabei wird einerseits zwischen Gestaltungsrechten und zustimmungsbedürftigen Rechten sowie andererseits zwischen Rechten des Bausparers und Rechten der Bausparkasse untergliedert. Insgesamt konnten 34 Rechte des Bausparers und 9 Rechte der Bausparkasse identifiziert werden, die alle Einfluss auf den Zahlungsstrom haben können. Diese überraschend hohe Anzahl von Rechten wurde im Rahmen der Optionsbewertung in der Literatur[12] bisher nicht aufge-führt. Der Bauspartarif besteht eben nicht nur aus dem Recht auf ein zinsgünsti-ges Bauspardarlehen, dem Kündigungsrecht, dem Darlehensverzichtsrecht und den entsprechenden Sondertilgungsmöglichkeiten. Über die gesamte Vertrags-laufzeit hinweg existieren Rechte, wie z. B. das Recht auf einen Tarifvarianten-wechsel, das Recht auf gebührenfreie Bausparsummenerhöhung und viele weitere Rechte, die nicht in jedem Bauspartarif vorhanden sein müssen. Da Gestaltungsrechte mit Optionen vergleichbar sind, werden die Begriffe in dieser Arbeit synonym verwendet.

Im Kapitel vier werden verschiedene Zinsoptionsmodelle vorgestellt. Da zahl-reiche Zinsoptionsmodelle zur Verfügung stehen, werden Auswahlkriterien zur Verfügung gestellt. Anhand der beschriebenen Kriterien wird das Hull-White-Modell als geeignet ausgewählt.

---

[11] Vgl. LBS (2004).

[12] Vgl. APITZSCH/KNÜDELER/WEIGEL (2002), S. 807; CIELEBACK (2001); STARK (2002).

Anschließend wird im Kapitel fünf die Implementierung des Modells mit
Beispielen auf Basis der Zinsstruktur vom 18.03.2003 ausführlich und im Detail
beschrieben sowie in die Terminologie der Modelle eingeführt. Für die Implementierung des Hull-White-Modells müssen zwei Parameter, ein so genannter
Mean-Reversion-Faktor und die Standardabweichung, festgelegt werden. Diese
Parameter könnten direkt am aktuellen Markt beobachtet werden. Da bei
Gleichheit der Modellwerte zu Marktpreisen die Parameter unterschiedlich sind,
können die real beobachtbaren Größen nicht verwendet werden. Die Parameter
werden aus Marktdaten abgeleitet. Hierbei wird das Ziel verfolgt, die berechneten Modellwerte durch geeignete Wahl der Parameter den tatsächlichen Marktpreisen anzupassen. Dies wird als Kalibrierung bezeichnet. Da keine am Markt
bewerteten Bausparoptionspreise zur Verfügung stehen, wird das Modell mit
ähnlichen Finanzinstrumenten kalibriert. Es wird gezeigt, dass Bausparoptionen
mit Swaptions, die am Markt gehandelt werden, vergleichbar sind. Die Kalibrierung wird mit Swaptions als Kalibrierungsinstrumente systematisch erläutert
und mit Beispielen untermauert. Mit den aus der Kalibrierung gewonnenen
Parametern wird das Hull-White-Modell konsistent gemacht.

Die spezifische Bewertung einiger ausgewählter Bausparoptionen erfolgt im
Kapitel sechs. Als Grundlage der Bewertung dienen die modellhaften, unterschiedlichen Zahlungsströme. Von den zahlreichen Bausparoptionen werden die
Kündigungsoption, die Zuteilungsoptionen, die Sondertilgungsoption einzeln
und in Kombination bewertet. Die Zuteilungsoptionen untergliedern sich in das
Recht auf ein Bauspardarlehen, die Darlehensverzichtsoption und die Fortsetzungsoption mit dem Recht auf Wiedergeltendmachung. Die Bausparoptionen
haben meist einen sehr hohen Wert. Allein der Wert der Kündigungsoption
entspricht bei der gegebenen niedrigen Kapitalmarktzinsstruktur im Beispielfall
ca. 2 % der Bausparsumme. Der Wert der Zuteilungsoptionen unter Berücksichtigung eines Zinsbonusses und der Erstattung der Abschlussgebühr bei
Darlehensverzicht entspricht mehr als 2,5 % der Bausparsumme. Der Optionswert aus der Kombination dieser beiden Optionen (Kündigungsoption und
Zuteilungsoptionen) entspricht fast 3 % der Bausparsumme. Dies zeigt, dass die
Optionswerte nicht linear additiv bestimmt werden können, da Interdependenzen
der Bausparrechte vorhanden sind. Der Wert der Sondertilgungsoption ist im
Vergleich zu den anderen bewerteten Bausparoptionen nicht so hoch und
entspricht nicht einmal 0,4 % der Bausparsumme. In Kombination mit anderen
Bausparoptionen liefert die Sondertilgungsoption keinen oder nur einen margi-
nalen Beitrag zum gemeinsamen Optionswert.

Zudem wird der Sonderfall „Bausparen als Festgeldanlage" kritisch erwähnt.
Auf dem Bausparmarkt werden Bausparverträge angeboten, deren
Gesamtverzinsung in der Nähe oder sogar über den Kapitalmarktzinsen liegt.
Auch wenn die Gesamtverzinsung unterhalb den Kapitalmarktzinsen liegt, kann
der Bausparvertrag unter Berücksichtung der variablen Rückzahlungsmöglich-

keiten eine höhere Rendite aufweisen als eine vergleichbare Kapitalmarktanlage ohne Kündigungsmöglichkeiten seitens des Gläubigers. Im Beispielfall ist die Rendite des Bausparvertrags bei einer Grundverzinsung von 2 % und eines zusätzlichen Zinsbonusses von weiteren 2 % unter Berücksichtigung des Optionswertes höher als eine vergleichbare Kapitalmarktanlage mit einer Rendite von 4,85 %. Der Optionswert ist mit einer zusätzlichen Rendite in Höhe von ca. 1 % vergleichbar. Diese Zusatzrendite stellt für die Bausparkasse bisher nicht berücksichtigte Ertragsrisiken dar!

Die aus der Optionsbewertung resultierende Implikation für die Tarifgestaltung wird im Kapitel sieben aufgezeigt und mit dem individuellen Sparer- Kassenleistungsverhältnis sowie mit dem Ertragsbarwert nach der Marktzinsmethode verglichen. Beispielhaft werden einige Tarifgestaltungsfragen diskutiert. Die Ergebnisse sind meist eindeutig: Niedrige tarifliche Zinsniveaus sind zu bevorzugen, hohe Zinsbonusse zu vermeiden, die Kündigungskarenzzeit spielt nur eine untergeordnete Rolle und durch den Kündigungs-Diskont wird der Ertrag der Bausparkasse gesteigert. Des Weiteren wird im Kapitel sieben der Einfluss der staatlichen Förderung auf den Optionswert und auf das Verhalten der Bausparer im Modell untersucht. Durch die Berücksichtigung der Wohnungsbauprämie sinkt der betrachtete Optionswert sehr stark und die Bausparer werden, bedingt durch die Bindungsfrist bei der Wohnungsbauprämie, mit einer Wahrscheinlichkeit von 70 % zu Darlehensnehmer und mit einer Wahrscheinlichkeit von 30 % zu Darlehensverzichter. Ohne den Anreiz der Wohnungsbauprämie hätten die meisten Bausparer den Bausparvertrag im Modell gekündigt. Die Wohnungsbauprämie ist also für Bausparer und Bausparkasse gleichermaßen wichtig. Das Vorgehen wird anhand ausgewählter Beispiele dargestellt.

In Kapitel acht wird das Rahmenkonzept des IAS vorgestellt und die Diskussion über die Interpretation der Rechnungslegung nach IAS aufgegriffen und teilweise kontrovers zur bestehenden Literatur diskutiert. Die Frage nach der Bilanzierung der Bausparrechte bleibt weiterhin offen, auch wenn es gute Argumente für eine Bilanzierung gibt. Im Anhang ist nach IAS eine Bewertung der Bausparrechte nach dem Fair Value-Bewertungsprinzip anzugeben. Von einer Fair Value-Bewertung kann nur abgesehen werden, wenn diese nicht verlässlich bestimmbar ist. Es werden drei konkrete Vorschläge zur Berechnung des Fair Values von Bausparverträgen unterbreitet. Durch Erweiterung des Modellrahmens, in dem unterschiedliche Soll- und Habenzinssätze berücksichtigt werden, kann ein realitätsnaher Optionswert und daraus ein Fair Value bestimmt werden. Der Optionswert bei Berücksichtigung von unterschiedlichen Soll- und Habenzinssätzen ist am Beispiel der Darlehensverzichtsoption drastisch geringer.

1.5 Notation

Zur besseren Lesbarkeit wurde die Notation aus der Literatur der Optionstheorie[13] im Wesentlichen übernommen. Die klassische Literatur der Bausparmathematik[14] verwendet jedoch zum Teil die gleichen Symbole wie die Optionstheorie mit daraus resultierenden unterschiedlichen Bedeutungen. Deshalb wird in dieser Arbeit die aus der Bauspar-Literatur bekannte Symbolik teilweise verändert. Es wurde versucht, die Notation „sprechend" zu halten, wie z. B. „*SB*" für Sparbeitrag und „*TB*" für Tilgungsbeitrag (siehe „Allgemeines Symbolverzeichnis" und „Bausparmathematisches Symbolverzeichnis").

Diese Arbeit ist nach der neuen deutschen Rechtschreibung geschrieben.

---

[13] Vgl. HULL (2003).

[14] Vgl. LAUX (1978); LAUX (1985b).

2 Bausparen und Bauspartarife – Ein Überblick

Um einen Überblick über das Bausparwesen zu vermitteln, werden vorab die Grundlagen des Bausparens, die staatlichen Förderungen, der zeitliche Ablauf eines Bausparvertrags, die Grundlagen der Bauspartarife sowie einige Bausparbesonderheiten beschrieben. Insbesondere werden das Grundprinzip des kollektiven Bausparens, die Bestimmungsfaktoren für den Zuteilungstermin und die bauspartechnischen Zuteilungssicherungsmaßnahmen ausführlich dargestellt. Dieses Wissen über das Kollektivsystem und den Zuteilungsmechanismus erlaubt die spätere Diskussion der Annahmen hinsichtlich der Betrachtung der Zahlungsströme im Bausparen. Denn erst die eindeutige Definition der Zahlungsströme erlaubt die Berechnung der Bausparoptionen.

2.1 Grundlagen

Die **historische Entwicklung** des Bausparens in Deutschland begann 1885 mit der Gründung der „Bau-Sparkasse für Jedermann" durch den Pastor Friedrich von Bodelschwingh. Die historischen Spuren dieser Bausparkasse verloren sich jedoch wieder. Im April 1924 wurde die erste neue Bausparkasse durch den Schriftsteller Georg Kropp als Abteilung des Eigenheimvereins „Gemeinschaft der Freunde" (GdF) in Wüstenrot bei Heilbronn gegründet. Die Bausparkassen wurden als eine Art Selbsthilfeverein verstanden. Es war ein Zusammenschluss von Wohnungssuchenden zu einer Spargemeinschaft, deren Mitglieder planmäßig Sparbeiträge in eine gemeinsame Kasse einzahlten und in einer bestimmten Reihenfolge eine feste Summe zum Eigenheimbau erhielten.[15]

Heute handelt es sich bei Bausparkassen um Spezialkreditinstitute, die aufgrund der im Bausparkassengesetz geregelten Geschäftskreisbeschränkungen im Wesentlichen nur die Wohneigentumsfinanzierung betreiben. Die Bausparkassen werden von der Bundesanstalt für Finanzdienstleistungsaufsicht (BAFin) überwacht. Untereinander unterscheiden sich die Bausparkassen in ihrer Rechtsform. Eine Bausparkassen-Gruppe mit derzeit 17 **privaten Bausparkassen** hat sich im Verband der privaten Bausparkassen zusammengeschlossen. Eine zweite Bausparkassen-Gruppe besteht aus den **öffentlichen Bausparkassen** mit derzeit elf Landesbausparkassen und wird von der Bundesgeschäftsstelle der Landesbausparkassen betreut.[16]

---

[15] Vgl. LEHMANN (1983), S. 15-17.

[16] Vgl. LBS (2002), S. 22-23.

Gemäß den Musterbedingungen für Bausparverträge der privaten Bausparkassen (MBBpB) ist **Bausparen** ein zielgerichtetes Sparen, um für wohnungswirtschaftliche Verwendungen Bauspardarlehen zu erlangen, deren Verzinsung niedrig, von Anfang an fest vereinbart und von Zinsschwankungen am Kapitalmarkt unabhängig ist.[17] Wer mit einer Bausparkasse einen Vertrag schließt, durch den er nach Leistung von Sparbeiträgen einen Rechtsanspruch auf Gewährung eines Bauspardarlehens erwirbt, ist gem. § 1 Abs. 2 BSpKG ein **Bausparer**.

2.2 Staatliche Förderung

2.2.1 Formen staatlicher Förderung

Das Bausparen wird als förderungswürdiges Instrument vom Staat direkt und indirekt gefördert. Bei der direkten Förderung werden die in Bausparverträgen eingezahlten Sparbeiträge gefördert. Zurzeit existieren zwei Formen der direkten Förderung, die in den nächsten beiden Abschnitten näher erläutert werden:

➤ Wohnungsbauprämie und

➤ Arbeitnehmersparzulage.

Bei der indirekten Förderung werden nicht die Sparbeiträge, sondern der Wohneigentumserwerb an sich durch Finanzhilfen und Steuervergünstigungen gefördert. Einige Formen der indirekten Förderung werden hier aufgezählt und im weiteren Verlauf näher erläutert:[18]

➤ Eigenheimzulage,

➤ Steuerliche Behandlung von vermietetem Wohngrundbesitz,

➤ Steuervergünstigungen für Baudenkmäler und Gebäude in Sanierungsgebieten,

➤ Direkte Finanzierungsbeihilfen durch Bund, Länder und Gemeinden im Rahmen des Wohnraumförderungsgesetzes,

➤ Programme der Kreditanstalt für Wiederaufbau,

➤ Sonderförderung in den neuen Bundesländern und

➤ Entnahmemodell im Rahmen der Riester-Rente.

---

[17] Vgl. SCHÄFER/CIRPKA/ZEHNDER (1999), S. 572.

[18] Vgl. MALZ/SCHWERZ/TERHAAR (1998); SCHULZE/STEIN (2004), S. 59-86.

Sowohl die direkte als auch die indirekte Förderung werden immer wieder über-
prüft und ggf. verändert.[19] Ende 2003 wurde beispielsweise der ganze oder
teilweise Wegfall der Eigenheimzulage, der Wohnungsbauprämie und der
Arbeitnehmersparzulage diskutiert.[20] Als Ergebnis der Verhandlungen wurden
die Eigenheimzulage, die Wohnungsbauprämie und die Arbeitnehmersparzulage
gekürzt.[21]

2.2.2 Wohnungsbauprämie

Die Sparbeiträge des Bausparers und die Zinsen zum Zeitpunkt, in dem sie dem
Bausparguthaben zugerechnet werden, sind prämienberechtigte Aufwendungen.
Prämienberechtigte Aufwendungen sind je Kalenderjahr bis zu einem Höchst-
betrag von 512 € prämienbegünstigt. Bei Ehegatten beträgt der Höchstbetrag
1.024 €. Der Bausparer hat Anspruch auf eine Wohnungsbauprämie in Höhe
von 8,8 % der prämienbegünstigten Aufwendungen.[22] Das zu versteuernde
Einkommen darf bei Ledigen 25.600 € und das gemeinsam zu versteuernde
Einkommen darf bei Verheirateten 51.200 € nicht überschreiten, damit der
Anspruch auf Wohnungsbauprämie besteht.[23] Die Wohnungsbauprämie wird
nach einer Bindungsfrist von sieben Jahren ab Vertragsabschluss oder vorher bei
wohnungswirtschaftlicher Verwendung des Bausparguthabens auf den Bausparvertrag gezahlt.[24] Einzelheiten regeln das Wohnungsbau-Prämiengesetz (WoPG)
und die Verordnung zur Durchführung des Wohnungsbau-Prämiengesetzes
(WoPDV).

2.2.3 Arbeitnehmersparzulage

Mit dem Vermögensbildungsgesetz (VermBG) fördert der Staat die Eigentums-
und Vermögensbildung. Vermögenswirksame Leistungen sind Geldleistungen,
die der Arbeitgeber für den Arbeitnehmer anlegt. Der Arbeitnehmer bestimmt
aus dem Katalog der förderfähigen Anlageformen die Art und das Unternehmen
für die vermögenswirksame Anlage. Als förderfähige Anlage in diesem Sinne

---

[19]   In CIELEBACK (2001), S. 20, ist die Entwicklung der Wohnungsbauprämie seit 1969
dargestellt.

[20]   Vgl. EEKHOFF (2003), S. 45; STIFTUNG WARENTEST (2003a), S. 28.

[21]   Artikel 5, 6 und 19 HBeglG 2004.

[22]   Vgl. § 3 WoPG.

[23]   Vgl. § 2a WoPG.

[24]   Vgl. § 2 Abs. 2 WoPG. Zudem gibt es Ausnahmen bei Tod, Erwerbsunfähigkeit oder bei
Arbeitslosigkeit.

gelten u. a. Bausparbeiträge, die der Arbeitgeber für den Bausparer auf das Bausparkonto direkt überweist.[25] Der Arbeitnehmer hat Anspruch auf eine Arbeitnehmersparzulage in Höhe von 9 % der angelegten, vermögenswirksamen Leistungen, soweit sie 470 € im Kalenderjahr nicht übersteigen.[26] Wie bei der Wohnungsbauprämie existieren Einkommensgrenzen, die allerdings geringer angesetzt sind. Das zu versteuernde Einkommen des Kalenderjahres, in dem die vermögenswirksamen Leistungen angelegt werden, darf bei Ledigen 17.900 € und bei Ehegatten 35.800 € nicht überschreiten.[27] Die Arbeitnehmersparzulage hat den gleichen Fälligkeitszeitpunkt wie die Wohnungsbauprämie; sie wird jedoch im Rahmen der Einkommensteuer-Veranlagung vergütet.[28] Einzelheiten regeln das Fünfte Gesetz zur Förderung der Vermögensbildung der Arbeitnehmer (VermBG) und die Verordnung zur Durchführung des Fünften Vermögensbildungsgesetzes (VermBDV).

2.2.4 Indirekte Förderungen

Die Förderungsmöglichkeiten des selbst genutzten und fremd genutzten Wohneigentums sind sehr vielfältig. Einige zentrale Formen der Förderung werden nachfolgend kurz beschrieben, um einen Überblick zu erhalten.

Eine zentrale Form der Wohneigentumsförderung ist die **Eigenheimzulage**. Gefördert wird, wer Wohneigentum kauft oder baut und es selbst nutzt oder es Verwandten unentgeltlich zur Nutzung überlässt.[29] Jedem Steuerpflichtigen wird grundsätzlich nur einmal im Leben die Eigenheimzulage gewährt. Wurde bereits früher eine Förderung nach § 7b EStG, § 10e EStG oder § 15 bzw. § 15 b BerlinFG in Anspruch genommen, wird keine Eigenheimzulage mehr gewährt.[30] Die Förderung ist an Einkommensgrenzen gebunden. Der Berechtigte kann die Eigenheimzulage ab dem Jahr in Anspruch nehmen (Erstjahr), in dem die Summe der positiven Einkünfte[31] des Erstjahres zuzüglich der Summe der positiven Einkünfte des Vorjahres 70.000 € nicht übersteigen. Bei Verheirateten erhöht sich die Einkommensgrenze auf 140.000 € für den Zweijahreszeitraum (Erstjahr und Vorjahr). Für jedes Kind erhöht sich der Betrag um weitere

---

[25] Vgl. § 2 VermBG i. V. m. § 12 VermBG.

[26] Vgl. § 13 Abs. 2 VermBG.

[27] Vgl. § 13 Abs. 1 VermBG.

[28] Vgl. § 13 Abs. 5 VermBG i. V. m. § 14 VermBG.

[29] Vgl. § 4 EigZulG.

[30] Vgl. § 6 EigZulG.

[31] Die positiven Einkünfte sich nach § 2 Abs. 2 EStG zu ermitteln.

30.000 €.[32] Gefördert wird jährlich ein Prozent der Bemessungsgrundlage für die Dauer von acht Jahren, maximal 1.250 € jährlich.[33] Bemessungsgrundlage sind die Herstellungs- oder Anschaffungskosten zuzüglich der Anschaffungskosten für den dazugehörigen Grund und Boden sowie die Aufwendungen für Instandsetzungs- und Modernisierungsmaßnahmen, die innerhalb von zwei Jahren nach der Anschaffung durchgeführt werden.[34] Im Laufe von acht Jahren werden im Rahmen dieser Grundförderung insgesamt maximal 10.000 € als Zulage gefördert. Familien mit Kindern, die eine Eigenheimzulage erhalten, werden für jedes Kind zusätzlich mit einer jährlichen Kinderzulage in Höhe von 800 € gefördert. Die Kinderzulage erhalten die Eltern nur, wenn die Kinder noch zum Haushalt gehören und ein Kinderfreibetrag[35] oder ein Kindergeld geltend gemacht wurde.[36] Ein Kind wird somit im Rahmen der Kinderzulage mit insgesamt maximal 6.400 € gefördert.

Während bei selbst genutztem Wohneigentum die Geförderten von der Eigenheimzulage profitieren, haben Vermieter Möglichkeiten, ihre **Steuerschuld** zu **mindern**. Zwar müssen die Vermieter Mieteinnahmen versteuern, können jedoch Werbungskosten absetzen. Sind die abzugsfähigen Werbungskosten höher als die Mieteinnahmen, entstehen negative Einkünfte, die mit anderen Einkunftsarten verrechnet werden.[37] Werbungskosten sind beispielsweise Schuldzinsen, Betriebskosten, Instandhaltungskosten und Abschreibungen.[38] Gerade bei den Abschreibungen besteht Gestaltungsspielraum, da zwischen der linearen und degressiven Abschreibung bei Neubauten gewählt werden kann. Bei der linearen Abschreibung können 2 % der Kosten über eine Nutzungsdauer von 50 Jahren abgeschrieben werden.[39] Bei der degressiven Abschreibung können im Jahr der Fertigstellung und in den folgenden neun Jahren jeweils 4 %, in den nachfolgenden acht Jahren jeweils 2,5 % und in weiteren 32 Jahren jeweils 1,25 % der Kosten abgeschrieben werden.[40]

---

[32] Vgl. § 5 EigZulG.

[33] Vgl. § 9 Abs. 2 EigZulG.

[34] Vgl. § 8 EigZulG.

[35] Vgl. § 32 Abs. 6 EStG.

[36] Vgl. § 9 Abs. 5 EigZulG.

[37] Vgl. § 2 Abs. 3 EStG.

[38] Vgl. § 9 EStG.

[39] Vgl. § 7 Abs. 4 Nr. 2a EStG.

[40] Vgl. § 7 Abs. 5 Nr. 3c EStG.

Beispiele für weitere **Steuervergünstigungen** sind erhöhte Absetzung bei Gebäuden in **Sanierungsgebieten** und städtebaulichen Entwicklungsbereichen sowie Absetzungen bei **Baudenkmälern**.[41]

Neben der Eigenheimzulage und den Steuervergünstigungen werden zinsgünstige Darlehen und Zulagen im Rahmen des **Wohnraumförderungsgesetzes** (WoFG) zur Förderung von Wohneigentum eingesetzt. Die genaue Gestaltung der Förderprogramme bestimmen jedoch die Bundesländer selbst.[42] Generell besteht jedoch kein Rechtsanspruch auf diese Form der Förderung.

Die **Kreditanstalt für Wiederaufbau** (KfW) fördert Privatpersonen, die selbst genutztes Wohneigentum erwerben oder bauen möchten, mit zinsgünstigen Krediten aus dem KfW-Wohneigentumsprogramm.[43]

Zusätzlich existiert eine Sonderförderung in den neuen Bundesländern. Aus Mitteln des Regierungsprogramms „**Stadtumbau Ost**" werden Zuschüsse zur Förderung von selbst genutztem Wohneigentum bewilligt.[44]

Jeder Zulagenberechtigte eines Altersvorsorgevertrags kann sich selbst aus seinem angesparten Altersvorsorgekapital mindestens 10.000 € und höchsten 50.000 € im Rahmen eines Entnahmemodells leihen.[45] Die Renten aus den Altersvorsorgeverträgen werden auch als **Riester-Renten** bezeichnet.[46]

2.3 Zeitlicher Ablauf eines Bausparvertrags

Das Bausparen ist ein geschlossenes System, bei dem einzelne Phasen durchlaufen werden. Der **zeitliche Ablauf eines Bausparvertrags** gliedert sich, wie in Abbildung 2.1 verdeutlicht, in vier aufeinander folgende Phasen: Einlösungs-, Spar-, Zuteilungs- und Darlehensphase:

---

[41] Vgl. § 7h EStG bzw. § 7i EStG.

[42] SCHULZE/STEIN (2004), S. 81-82, stellen eine Adressenliste der zuständigen Länderbehörden und Landeskreditanstalten zur Verfügung.

[43] Vgl. SCHULZE/STEIN (2004), S. 84-85.

[44] Vgl. SCHULZE/STEIN (2004), S. 83-84.

[45] Vgl. § 92a EStG.

[46] Vgl. SCHULZE/STEIN (2004), S. 85-86.

Abb. 2.1: Der Ablauf eines Bausparvertrags

In der **Einlösungsphase** wird der Vertrag abgeschlossen und der Tarif festgelegt. Die ersten Sparbeiträge werden für die Bezahlung der Abschlussgebühr verwandt. Eine Abschlussgebühr wird vom Bausparer bei Vertragsbeginn verlangt und dient im Allgemeinen zur gänzlichen oder Teildeckung der Akquisitionskosten. Erst wenn die Abschlussgebühr bezahlt ist, gilt der Vertrag als eingelöst und der Bausparvertrag wechselt von der Einlösungsphase in die Sparphase.[47]

Die **Sparphase** beginnt nach der Einlösung und endet mit der Zuteilung. Während der Sparphase hat der Bausparer einen i. d. R. von der gewählten Bausparsumme abhängigen regelmäßigen Sparbeitrag (Regelsparbeitrag) zu zahlen. Abweichungen vom Regelsparbeitrag in Form von Einmalzahlungen, Sonderzahlungen oder Zahlungsrückständen sind z. T. ausdrücklich erlaubt bzw. werden in der Praxis nur unter gewissen Umständen sanktioniert.[48] Zusätzlich zu den Sparbeiträgen werden die Zinsen und ggf. die Wohnungsbauprämie dem Bausparguthaben gutgeschrieben. Eine mögliche Arbeitnehmersparzulage wird nicht als Sparbeitrag, sondern im Rahmen der Einkommensteuer-Veranlagung vergütet.

Sind die vertraglichen Mindestzuteilungsvoraussetzungen erfüllt und sind genügend verfügbare Zuteilungsmittel vorhanden,[49] so kann der Bausparer in die **Zuteilungsphase** wechseln. Der Bausparer kann auch die Zuteilung verschieben und die Sparphase fortsetzen. Das Recht auf Zuteilung kann der Bausparer nach der Fortsetzung jederzeit wieder geltend machen. Während der Zuteilungsphase erfolgen die Rückzahlung des Bausparguthabens und die Auszahlung des

---

[47] In der Literatur wird teilweise auch die Einlösungsphase zur Sparphase gezählt, vgl. BERTSCH/HÖLZLE/LAUX (1998), S. 7-9. Da bei Stornierung eines in der Einlösungsphase befindlichen Vertrags der Bausparer keine Rückzahlung erhält, erscheint das Wort „Spar" im Begriff Sparphase nicht treffend. In der Einlösungsphase wird lediglich die Abschlussgebühr mit den Beiträgen beglichen und nicht gespart.

[48] Das Thema der Wahlfreiheit bei den Sparzahlungen wird im Kapitel 3.6.1 eingehend diskutiert.

[49] Mindestzuteilungsvoraussetzungen und verfügbare Zuteilungsmittel sind in Abschnitt 2.7.2 beschrieben.

Bauspardarlehens. Die Zahlung des Bausparguthabens und des Bauspardarlehens kann in Teilschritten erfolgen. Erst wenn die gesamte Rückzahlung des Bausparguthabens und die vollständige Auszahlung des Bauspardarlehens abgeschlossen sind, endet die Zuteilungsphase und die Darlehensphase beginnt.

Während der **Darlehensphase** wird grundsätzlich mit einer konstanten Annuität (Tilgungsbeitrag) das Bauspardarlehen getilgt. Sondertilgungen sind jederzeit möglich. Aufgrund von Sondertilgungen kann unter bestimmten Voraussetzungen der Tilgungsbeitrag gesenkt werden.

Die explizite Beschreibung der Rechte in den einzelnen Phasen erfolgt im Kapitel 3.

2.4 Bauspartarife

Ein **Tarif** beschreibt die einheitliche Festlegung der Rechte und Pflichten des Bausparers und das Leistungsversprechen der Bausparkasse. Die Tarife sind in Form von **Tarifmerkmalen** in den Allgemeinen Bedingungen für Bausparverträge (ABB) der jeweiligen Bausparkasse festgeschrieben. Das notwendige Mindestmaß an Tarifmerkmalen ist in § 5 Abs. 3 BSpKG geregelt.

Die Tarifmerkmale können den einzelnen Phasen im Ablauf eines Bausparvertrags zugeordnet werden. Besonders relevant sind die folgenden, nach den Phasen sortierten Tarifmerkmale:

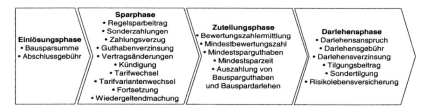

Abb. 2.2: Zuordnung der Tarifmerkmale zu den Phasen

Unter dem Begriff Vertragsänderungen werden hier die Erhöhung der Bausparsumme, die Ermäßigung der Bausparsumme, die Zusammenlegung von Verträgen, die proportionale und unproportionale Teilung von Verträgen verstanden.

Anhand der Ausprägungen der Tarifmerkmale wird die **Systematik der Bauspartarife** definiert. Die Bausparkassen haben seit ihrer Entstehung eine Vielzahl von Tarifformen entwickelt. Das Angebot hat sich vervielfältigt und die Entwicklung neuer Tarife hat sich im Wesentlichen auf zwei Schwerpunkte konzentriert. Zum einen wurde das Tarifangebot durch unterschiedliche Zinshöhen, Laufzeiten[50] und Darlehenshöhen erweitert und zum anderen wurde die Flexibilität der Tarife erhöht. Dadurch kann noch nach Vertragsabschluss die Zinshöhe, die Laufzeit und ggf. die Darlehenshöhe verändert werden.

Anhand der Fragen, ob und in welchem Umfang die Tarife flexibel sind und welche Bedingungen dieser Flexibilität zu Grunde liegen, können die Tarife in die drei folgenden Klassen eingeteilt werden:[51]

Klassische Tarife:

Bei den klassischen Tarifen bestehen hinsichtlich der Zinshöhe, der Laufzeit und der Darlehenshöhe keine Wahlmöglichkeiten nach Vertragsabschluss. Der Bausparer ist an die bei Vertragsabschluss getroffene Wahl über die gesamte Vertragslaufzeit gebunden. Nur bei Vertragsabschluss kann der Bausparer durch die Wahl des Tarifs die Zinshöhe, die Laufzeit und die Darlehenshöhe bestimmen.

Optionstarife:

Bei den Optionstarifen ist es möglich, die Zinshöhe, die Laufzeit in Form von Bewertungszahlfaktoren und ggf. den Darlehensanspruch auch nach Vertragsabschluss i. d. R. durch Tarifvariantenwechsel zu verändern. Durch den Tarifvariantenwechsel können Gebühren und Entgelte fällig werden und Abzüge bei der Bewertungszahl entstehen. Der Tarifvariantenwechsel erfolgt durch die Initiative des Bausparers. Dadurch können aktuelle Bedürfnisse des Bausparers nachträglich berücksichtigt werden.

Universaltarife:

In den Universaltarifen sind mehrere Zinshöhen, Laufzeiten und Darlehenshöhen in einem Tarif kombiniert. Die für den Bausparer geeignete Zinshöhe, Laufzeit und Darlehenshöhe wird in dem vorgegebenen Rahmen im Zusammenspiel von Bausparer und Bausparkasse nachträglich bei Zuteilung bzw. Kündigung ermittelt. Bei Abschluss des Bausparvertrags ist keine spezielle Tarifauswahl nötig, da ein Universaltarif die gesamte Bandbreite der Bedürfnisse

---

[50] Unter Laufzeit wird hier die Zeit vom Vertragsabschluss bis zum frühest möglichen Zuteilungstermin bei Regelbesparung inkl. der Tilgungszeit bei Regeltilgung verstanden.

[51] Vgl. LAUX (1992b), S. 372-374 für klassische Tarife und Optionstarife. Der Begriff „Universaltarife" wurde hier eingeführt. Bausparkassen verwenden den Begriff Universaltarife in der Werbung auch für Optionstarife.

weitgehend abdecken soll. Nachträgliche Gebühren bzw. Entgelte werden i. d. R. für Nutzung der Flexibilität nicht erhoben.

Die Einteilung nach der oben genannten Systematik ist nicht immer eindeutig, da bei einigen Tarifen nicht alle, sondern nur einzelne Ausprägungen von Tarifmerkmalen noch nach Vertragsabschluss verändert werden können. Beispielsweise kann in der Laufzeit eine Wahlmöglichkeit bestehen, während die Zinsen jedoch von Beginn an festgeschrieben sind.[52]

2.5 Unterschiedliche Bauspartypen

Nach dem Grundprinzip des kollektiven Bausparens hat jeder Bausparer die Absicht, Wohneigentum zu erwerben. Neben diesen **klassischen Bausparern** mit eindeutiger Bauabsicht existieren die **Renditesparer**. Die Renditesparer schließen von Beginn an die wohnungswirtschaftliche Verwendung mit dem Ziel aus, eine hohe Rendite zu erzielen.[53] Dabei vergleichen die Renditesparer ihre möglichen Rendite aus dem Bausparvertrag mit dem Kapitalmarkt. Ist die Rendite mittels Bausparvertrag größer als die laufzeitadäquate Kapitalmarktrendite, wird der Bausparvertrag für die Kapitalanlage genutzt. Diese Renditesparer erreichen durch die seit Anfang der 80er Jahre eingeführten Bonus- und Hochzinstarife hohe Renditen, die je nach Bauspartarif über den Kapitalmarktrenditen liegen. Die erzielbaren Renditen erhöhen sich durch die staatliche Förderungen in Form von Wohnungsbauprämie und Arbeitnehmersparzulage, wenn die Voraussetzungen für die jeweilige Förderung erfüllt sind. Bei Wahl der geeigneten Tarife können Renditesparer ab einer Mindestvertragslaufzeit von sieben Jahren bei einem Verzicht auf das Bauspardarlehen über 4 % Rendite und unter Einbeziehung der staatlichen Förderung über 6 % Rendite erzielen.[54] Selbstverständlich kann ein Bausparer zwischen den beiden genannten Typen im Laufe der Zeit wechseln.

Das Renditesparen kommt aus Kollektivsicht den anderen Bausparern zu Gute. Nach dem Grundprinzip des kollektiven Bausparens erhalten andere Bausparer durch die Sparzahlungen der Renditesparer eine schnellere Zuteilung. Deshalb wird der Renditesparer auch als Freundsparer[55] bezeichnet. Aus Ertragssicht

---

[52] Ein Beispiel dafür ist § 10 i. V. m. § 3 Abs. 1 ABB der Debeka Bausparkasse AG. In diesem Tarif sind die Zinsen fest, die Darlehenslaufzeit wird jedoch in Stufen der erreichten Bewertungszahl angepasst.

[53] Vgl. LBS (2002), S. 149.

[54] Vgl. STIFTUNG WARENTEST (2003d), S. 36-37.

[55] Vgl. BERTSCH/HÖLZLE/LAUX (1998), S. 59.

sind die Renditesparer unerwünscht, wenn die Marktzinsen unter den Bauspar-
zinsen liegen. Denn dann erwirtschaftet die Bausparkasse negative Margen mit
den Renditesparern.

Eine weitere Bauspartypisierung kann nach dem Sparverhalten erfolgen. Ein
Regelsparer bespart den Bausparvertrag nach dem vereinbarten Regelsparbeitrag. Ein **Schnellsparer** zahlt nach der Legaldefinition innerhalb des ersten
Jahres nach Vertragsabschluss das für eine Zuteilung erforderliche Mindestsparguthaben ein.[56] Bei der engeren Definition des Schnellsparers zahlt der
Schnellsparer einmalig unmittelbar nach Vertragsabschluss das tarifliche
Mindestsparguthaben ein. Diese Schnellsparer werden auch manchmal Sofort-
auffüller genannt.[57] Die **Optimierer** wählen eine Vertragsgestaltung derart, dass
zum letzten Bewertungsstichtag gerade das tarifliche Mindestsparguthaben und
gleichzeitig die tarifliche Mindestbewertungszahl erreicht werden. Die Sparweise ist demnach von der Tarifkonstruktion entsprechend dem Mindestsparguthaben und der Mindestbewertungszahl abhängig.[58]

Eine weitere Typisierung erfolgt nach dem **Verhalten des Bausparers**.
Beispielsweise ist ein **Kündiger** einer, der sich sein Bausparguthaben vor der
Zuteilung auszahlen lässt. Ein **Darlehensverzichter** verzichtet erst nach der
Zuteilung auf sein Bauspardarlehen und lässt sich dann das Bausparguthaben
auszahlen.[59]

2.6 Der finanzrationale Bausparer

Ein neuer, bisher in der vorliegenden Bausparliteratur nicht eingeführter Typ ist
der **finanzrationale Bausparer**. Hierunter wird ein vermögensmaximierender
Teilnehmer am Geld- und Kapitalmarkt verstanden. Er hat die Möglichkeit, das
Bauspardarlehen zur wohnungswirtschaftlichen Verwendung zu nutzen.

Dem finanzrationalen Bausparer steht ein **vollkommener, unbeschränkter
Kapitalmarkt** zur Verfügung. Auf einem solchen Kapitalmarkt kann er in
beliebiger Höhe Geld aufnehmen und anlegen. Der finanzrationale Bausparer ist
immer liquide. Der Zinssatz für die Kapitalanlage (Habenzinssatz) und für die
Kapitalbeschaffung (Sollzinssatz) ist in beiden Fällen gleich.[60] Am Kapitalmarkt

---

[56] Vgl. § 2 Abs. 4 BausparkV.

[57] Vgl. BERTSCH/HÖLZLE/LAUX (1998), S. 103.

[58] Vgl. BERTSCH/HÖLZLE/LAUX (1998), S. 92.

[59] Vgl. BERTSCH/HÖLZLE/LAUX (1998), S. 46 u. 78.

[60] Vgl. KRUSCHWITZ (2000), S. 49-52.

existieren keine Friktionen in Form von Transaktionskosten, Steuern, Bonitätsrisiken, Losgrößenbeschränkungen und Leerverkaufsbeschränkungen. Alle
Transaktionen können zu den benötigten Zeitpunkten simultan am Markt ohne
Einfluss auf den Preis realisiert werden. Zudem ist der Kapitalmarkt informa-
tionseffizient.[61] Ein **informationseffizienter Kapitalmarkt** liegt vor, wenn die
gesamten zur Verfügung stehenden Informationen in die Preisbildung eingehen.
Die Informationen werden unmittelbar verarbeitet.[62] Weiterhin wird ein
vollständiger Kapitalmarkt angenommen. Ein vollständiger Wertpapiermarkt
liegt dann vor, wenn die Menge der zur Verfügung stehenden primären Wertpapiere nicht kleiner ist als die Zahl der künftig möglichen Marktzustände.[63]

Der finanzrationale Bausparer nutzt seine Gestaltungsrechte in den Bauspartarifen und die vorhandenen Arbitragemöglichkeiten konsequent. **Arbitrage** ist eine
Strategie, bei der durch Konstruktion eines Arbitrageportfolios ein unbeschränkter und risikoloser Gewinn ohne Kapitaleinsatz erzielt werden kann. Die
Höhe des Gewinns ist für eine Arbitrage per se nicht entscheidend. Ein Preis-
system wird als arbitragefrei bezeichnet, wenn keine Arbitrage möglich ist. Ist
Arbitrage an den Finanzmärkten möglich, so versuchen die Kapitalmarktteilnehmer augenblicklich einen risikolosen Gewinn mitzunehmen. Die dadurch
ausgelösten Transaktionen verändern sofort die Preise der involvierten Finanzinstrumente derart, dass Arbitragemöglichkeiten verschwinden.[64]

Der finanzrationale Bausparer spekuliert nicht. **Spekulanten** handeln aufgrund
von bestimmten Erwartungen. Der Spekulant sorgt dadurch für Liquidität am
Kapitalmarkt. Da spekulative Transaktionen immer in Zusammenhang mit
Erwartungen stehen, sind Informationsaktivitäten notwendig, um erfolgreich am
Markt agieren zu können. Über den Handel gibt der Spekulant diese Informationen an den Kapitalmarkt weiter. Der Spekulant als Risikoträger nutzt inter-
temporale Preisdifferenzen. Der Arbitrageur geht dagegen keine Risikopositio-
nen ein.[65]

Der finanzrationale Bausparer unterscheidet sich vom Renditesparer in mehreren
Aspekten. Der Renditesparer nutzt das Bausparen lediglich als Alternative zur
Kapitalmarktanlage. Das mögliche Bauspardarlehen wird nicht betrachtet. Der

---

[61] Die Kapitalmarktannahmen werden im Abschnitt 6.6.1 eingehend gewürdigt.

[62] Die Aussagen über die Informationseffizienz orientieren sich an FAMA (1970), S. 383, und
FAMA (1976), S. 143.

[63] Vgl. Uhlir/Feuchtmüller/Grünbichler/Schuster (1991), S. 20-23.

[64] Vgl. HEITMANN (1997), S. 29-36.

[65] Vgl. STEPHAN (1998), S. 37-39.

finanzrationale Bausparer schließt das Bauspardarlehen nicht von Anfang an aus, sondern lässt sich alle Möglichkeiten offen. Die vermögensmaximierende Alternative wird im jeweiligen Entscheidungszeitpunkt gewählt. Der Renditesparer nutzt gezielt die staatlichen Förderungen und Tarife mit hohen Guthabenzinsen, wobei der finanzrationale Bausparer aus Arbitrageüberlegungen und unter Berücksichtigung der Bausparrechte Gewinne erzielt.

Die Definition des finanzrationalen Bausparers wird später als Annahme bei der Bewertung der Bausparoptionen genutzt.

2.7 Das kollektive Bausparen

2.7.1 Der Grundgedanke

Wie oben schon erwähnt, entstand das Bausparen als eine Art Selbsthilfevereinigung. Gemäß der Legaldefinition des § 1 Abs. 1 BSpKG haben Bausparkassen die Aufgabe, Einlagen von Bausparern (**Bauspareinlagen**)[66] entgegenzunehmen und aus den angesammelten Beträgen den Bausparern für wohnungswirtschaftliche Maßnahmen Gelddarlehen (**Bauspardarlehen**) zu gewähren. Dies wird als **Bauspargeschäft** bezeichnet. Dabei steht der einzelne Bausparer in einem Abhängigkeitsverhältnis zu den anderen Bausparern. Zwar hat der Bausparer nur mit der Bausparkasse einen Vertrag abgeschlossen, jedoch kann der Auszahlungstermin des Bausparguthabens und des Bauspardarlehens abhängig von den Zahlungsströmen der anderen Bausparer sein. Demnach können Bauspardarlehen prinzipiell nur dann herausgegeben werden, wenn ausreichend Sparbeiträge von anderen Bausparern geleistet werden. Das Bausparen ist demnach ein Kollektivgeschäft, bei dem der Bausparer in der Sparphase ein Gläubiger des Bausparkollektivs und in der Darlehensphase ein Schuldner des Bausparkollektivs ist.

Der Grundgedanke des Kollektivprinzips und dessen Vorteil gegenüber dem individuellen Sparen für wohnungswirtschaftliche Zwecke werden anhand eines bildhaften Beispiels verdeutlicht:[67]

---

[66] Da der Begriff „Bauspareinlage" gleichzeitig als Umsatzgröße (§ 1 Abs. 1 BSpKG) und als Bestandsgröße (§ 5 Abs. 3 BSpKG) genutzt wird und dadurch missverständlich sein kann, wird im weiteren Verlauf für die Umsatzgröße der Begriff „Sparbeitrag" und für die Bestandgröße der Begriff „Bausparguthaben" verwendet.

[67] Vgl. SCHMALENBACH, E., unveröffentlichtes Gutachten, zitiert nach GRAMER (1984), S. 22. Zinsen und Gebühren werden in diesem Beispiel vernachlässigt.

Zehn Bauwillige, die noch kein Eigenkapital haben, wollen mit dem Ziel sparen, Wohneigentum zu erwerben. Wenn jeder in der Lage ist, ein Zehntel der Finanzierungskosten pro Jahr zu sparen, dann wäre nach zehn Jahren bei jedem Einzelnen für sich betrachtet das notwendige Kapital angespart. Schließen sich aber diese zehn Bauwillige zu einem Kollektiv zusammen, so kann der Erste bereits nach einem Jahr sein Haus bauen, indem er die Sparvolumina der anderen neun hinzunimmt. Im zweiten Jahr kann dann der Zweite bauen, wobei sich seine Finanzierungsmittel aus neun Sparraten und einer Tilgungsrate des ersten Bauherrn zusammensetzen. Die Tilgungsrate zahlt der Bausparer, der im ersten Jahr bereits gebaut hat. Dieses Vorgehen setzt sich bis zum zehnten Bausparer fort.

Nach diesem kollektiven Prinzip können neun von zehn Bauwilligen früher bauen, als wenn jeder für sich gespart hätte. Der zehnte Bauwillige baut sein Haus nach zehn Jahren und hat durch das Kollektiv keine Vorteile aber auch keine Nachteile. Die durchschnittliche Wartezeit bis zum Baubeginn verkürzt sich gemäß folgender Rechnung von zehn Jahre auf 5,5 Jahre:

$$\frac{1+2+3+4+5+6+7+8+9+10}{10} = 5,5.$$

Abbildung 2.3 veranschaulicht diesen Zusammenhang:

	1. Jahr	2. Jahr	3. Jahr	...	10. Jahr
Sparbeiträge	10x100	9x100	8x100	...	1x100
Tilgungsbeiträge	0	1x100	2x100	...	9x100
Summe	1.000	1.000	1.000	...	1.000

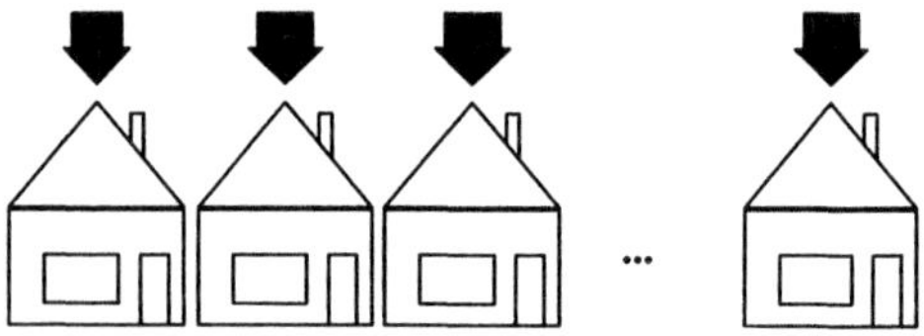

➤ durchschnittliche Wartezeit sinkt auf 5,5 Jahre

Abb. 2.3: Das Grundprinzip des kollektiven Bausparens

Offen bleibt nur, welcher Bauwillige zuerst bauen darf und wie das System für neu hinzukommende Bauwillige geöffnet werden kann.[68]

2.7.2 Bestimmungsfaktoren für den Zuteilungstermin

Das Grundprinzip des Bausparens ist ein geschlossenes Kollektiv, bei dem zum frühest möglichen Termin zugeteilt wird. Die heutigen Bausparkollektive sind als offene Kollektive konstruiert, die jedoch auch schnell zuteilen, solange Zuteilungsmittel vorhanden sind. Das Grundprinzip des Bausparens lässt sich auch auf offene Kollektive übertragen. Werden also mehr Zuteilungsmittel generiert, so kann auch früher zugeteilt werden. Die Wartezeit bis zur frühest möglichen Zuteilung nach dem Grundprinzip ist demnach nicht vorab bekannt, sondern hängt von mehreren **wartezeitbestimmenden Faktoren** ab. Im Bausparwesen werden die wartezeitbestimmenden Faktoren folgendermaßen definiert und gegliedert:[69]

> ➢ Unter dem **wartezeitbestimmenden Faktor erster Art** versteht man ein sich veränderndes **Neugeschäft**. Bei einer Zunahme des Neuge-schäfts werden neue Sparbeiträge generiert, welche die Wartezeit verkürzen. Bei einem Neugeschäftseinbruch werden die neuen Sparbeiträge dagegen geringer und die Wartezeit steigt.

> ➢ Unter **wartezeitbestimmende Faktoren zweiter Art** werden andere **Spar- und Tilgungsbeiträge** verstanden, als tariflich vorgesehen sind. Durch die Freizügigkeit beim Sparen und Tilgen und die daraus i. d. R. resultierenden höheren Spar- und Tilgungsbeiträge beschleunigt sich der Geldumschlag und verkürzt sich die Wartezeit.

> ➢ Unter **wartezeitbestimmende Faktoren dritter Art** versteht man den verzögerten oder unterbleibenden Abruf der Bausparsumme bzw. des Bauspardarlehens. Dies kommt durch **Kündigung, Darlehensver-zicht, Fortsetzung** und **Trägheit** zustande.[70] Werden Gelder nicht oder erst später abgerufen, so können diese Gelder anderen Bausparern zur Verfügung gestellt werden, wodurch deren Wartezeit reduziert wird.

Beim Wegfall von wartezeitverkürzenden Faktoren verlängert sich selbstver-ständlich die Wartezeit.

---

[68] Vgl. LBS (2002), S. 25-29.

[69] Vgl. LAUX (1992a), S. 72-74.

[70] Die Begriffe werden im Kapitel 3 bei der Definition der Rechte näher erläutert.

Die Wartezeit konnte in den ersten Jahren des Bausparwesens bei gleicher Sparleistung sehr unterschiedlich sein, da damals die Zuteilungsreihenfolge mittels Losverfahren bestimmt wurde. Dieses Verfahren wurde wegen der unterschiedlichen Sparleistungen allerdings als ungerecht empfunden.[71]

Gemäß § 6 Abs. 1 BSpKG haben Bausparkassen heute die Pflicht, die Zuteilungsmittel mit **gleichmäßiger, möglichst kurzer Wartezeit** einzusetzen. Wegen dieser Forderung kann die Zuteilungsreihenfolge heutzutage nicht mehr nach dem Los geregelt werden, da durch das Los die Wartezeit des Einzelnen sehr unterschiedlich sein kann.

Um der Forderung nach einer gleichmäßigen, möglichst kurzen Wartezeit gerecht zu werden, wird ein zweistufiges Verfahren eingesetzt. Das zweistufige Verfahren soll auch sicherstellen, dass die später zum Kollektiv beigetretenen Bausparer gleichbehandelt werden. In der ersten Stufe werden die vertragsindividuellen Zuteilungsvoraussetzungen geprüft, die als **Mindestzuteilungsvoraussetzungen** bezeichnet werden. Erfüllt ein Vertrag diese Mindestzuteilungsvoraussetzungen, so wird der Vertrag als **Zuteilungsanwärter** bezeichnet.

Die Mindestzuteilungsvoraussetzungen sollen unter anderem in Zeiten hohen Geldeingangs und kurz nach einer Neugründung die an sich möglichen Zuteilungen beschränken, da dies zu Schwankungen der Wartezeit führt.[72] Es können eine oder mehrere der folgenden vier Mindestzuteilungsvoraussetzungen in den ABB geregelt sein:

Mindestsparzeit:

Die Mindestsparzeit ist ein definierter Zeitraum von einem definierten Beginn (z. B. Tag oder Monatsersten des Vertragsabschlusses) und einem definierten Ende (z. B. Zuteilungstermin, Bewertungsstichtag). In diesem Zeitraum erfolgt keine Zuteilung. Die Mindestsparzeit stellt eine **zeitliche** Zuteilungsvoraussetzung dar.

Mindestsparguthaben:

Das Bausparguthaben muss eine definierte Höhe i. d. R. in Prozent der Bausparsumme aufweisen. Das Mindestsparguthaben stellt eine **geldliche** Zuteilungsvoraussetzung dar.

---

[71] Vgl. KRAHN/KALTENBOECK (1931), S. 49.

[72] Siehe auch Kapitel 2.8.

Mindestbewertungszahl:

Eine bestimmte Bewertungszahl wird als Mindestbewertungszahl definiert. Durch eine Bewertungszahl werden die Höhe und die zeitliche Verweildauer der Spareinlagen bewertet. Die Mindestbewertungszahl ist eine Kombination aus **zeitlicher** und **geldlicher** Zuteilungsvoraussetzung.

Die **Bewertungszahl** soll eine gerechte Maßzahl für die Sparerleistung[73] des Bausparers im Vergleich zu den anderen Bausparern darstellen. Die Sparerleistung wird umso höher eingeschätzt, je länger und je höher die Sparbeiträge der Bausparkasse zur Verfügung standen. Die Höhe der Sparbeiträge wird grundsätzlich zur Höhe der Bausparsumme in Relation gesetzt. Dieses System wird als "Zeit-Mal-Geld-System" bezeichnet.[74] Durch die Bewertungszahl kann die erbrachte Sparerleistung vergleichbar gemacht werden und es kann eine Reihenfolge entsprechend der Sparerleistung aufgestellt werden. Die Berechnungsmethode der Bewertungszahl kann von Bausparkasse zu Bausparkasse verschieden sein. Zum einen existieren unterschiedliche Bewertungszahlformeln und zum anderen berechnen die Bausparkassen die Bewertungszahl zu unterschiedlichen Bewertungszahlstichtagen. Die Bewertungszahlformeln lassen sich nach Habensaldenformel, Zuwachsformel, Zinsformel und daraus resultierende Mischverfahren gliedern.[75] Innerhalb der Bewertungszahlformeln existieren Bewertungszahlfaktoren. Bei vielen Optionstarifen wird durch den Bewertungszahlfaktor die Laufzeitoption bestimmt.[76] Aktuell vorkommende Bewertungsstichtage sind der Monatsletzte, der Quartalsletzte oder der 31. März / 30. September.[77]

Neuerdings gibt es zwei Beispiele von Universaltarifen, die völlig auf die Bewertungszahl verzichten. 1998 haben die Allianz Dresdner Bauspar AG[78] und 1999 die Vereinsbank Victoria Bauspar AG die Tarife R 66 bzw. A eingeführt,

---

[73] Die Sparleistung wird auch als Sparverdienst bezeichnet, vgl. BERTSCH/HÖLZLE/LAUX (1998), S. 114.

[74] Vgl. LAUX (1997), S. 60-61.

[75] Eine ausführliche Darstellung der Bewertungszahlformeln findet sich in LAUX (1992a), S. 61-65.

[76] Siehe § 4 Abs. 5 ABB Tarif Vario der LBS Baden-Württemberg. Hier wird der Bewertungszahlfaktor als Zinsfaktor bezeichnet.

[77] Beispiele für Monatsletzten: § 4 Abs. 3 ABB Tarif Vario der LBS Baden-Württemberg; Quartalsletzten: § 4 Abs. 3 ABB Tarif V35 der LBS Bayerische Landesbausparkasse; 31. März / 30. September: § 4 Abs. 2 ABB des Tarifs der Debeka Bausparkasse AG.

[78] Die Dresdner Bauspar AG hat den Tarif R 66 im Jahre 1998 eingeführt. Durch die Fusion mit der Allianz Bauspar AG ist die heutige Allianz Dresdner Bauspar AG entstanden.

die direkt über die verdienten Zinsen die Sparerleistung ermitteln. Dadurch ist die Bewertungszahl überflüssig. Die Kassenleistung wird direkt zur individuellen Sparerleistung ins Verhältnis gesetzt.[79] Der Bausparer beantragt einen von ihm gewünschten Zuteilungstermin. Sind verfügbare Zuteilungsmittel ausreichend im Bausparkollektiv vorhanden, wird an alle Zuteilungsanwärter zugeteilt. Sind die verfügbaren Zuteilungsmittel nicht ausreichend vorhanden, gibt es Verfahren, welcher Zuteilungsanwärter die Zuteilung erhält und welcher nicht. Zuvor werden jedoch aus den verfügbaren Zuteilungsmitteln die Auszahlungsansprüche derjenigen Verträge bereitgestellt, bei denen die Bausparer die Rechte aus einer früheren Zuteilung wieder geltend machen.

Bei dem gebräuchlichsten **Verfahren bei ungenügend verfügbaren Zuteilungsmitteln** wird mittels der **Zielbewertungszahl** entschieden, welche Bausparverträge die Zuteilung erhalten und welche noch warten müssen. Die kleinste Bewertungszahl, die gerade noch ausreicht, um die Zuteilung zu erhalten, wird als Zielbewertungszahl bezeichnet. Zur Bestimmung dieser Zielbewertungszahl wird eine Zuteilungsanwärterliste aufgestellt. Die Zuteilungsanwärterliste ist nach der Bewertungszahl und den dazugehörigen Auszahlungsansprüchen sortiert. Der Bausparvertrag mit der größten Bewertungszahl steht am Beginn der Liste und hat Vorrang vor den Bausparverträgen mit niedriger Bewertungszahl. Nun werden von oben beginnend die Auszahlungsansprüche summiert und den zur Verfügung stehenden Zuteilungsmitteln gegenübergestellt. Es wird auf dieser Liste von oben an alle Bausparverträge zugeteilt, bis die summierten Auszahlungsansprüche gleich den zur Verfügung stehenden Zuteilungsmittel sind. Die Zielbewertungszahl kann dann von der Liste abgelesen werden.[80]

Bausparverträge ohne eine Bewertungszahl und demnach auch ohne eine mögliche Zielbewertungszahl benötigen ein anderes Verfahren. Eine Möglichkeit ist die **Reduzierung des gewünschten Bauspardarlehens** durch die Bausparkasse bei gleich bleibendem Tilgungsbeitrag. Das Bauspardarlehen wird für alle Bausparer, die zum Berechnungstermin die Zuteilung beantragt haben, um einen für alle Bausparer gleichen Ausschüttungsfaktor reduziert. Nachteilig für den Bausparer ist, dass er den gleichen Tilgungsbeitrag leisten muss, als ob der volle gewünschte Darlehensbetrag ausbezahlt worden wäre. Die Darlehenslaufzeit verringert sich dadurch allerdings.[81]

---

[79] Die Begriffe „Kassenleistung" und „Sparerleistung" werden in 2.8.2 erläutert.

[80] Vgl. z. B. § 4 Abs. 2 d) ABB Tarif 2 der Deutschen Bausparkasse Badenia AG.

[81] Vgl. § 4 Abs. 2 c) ABB Tarif R 66@ der Allianz Dresdner Bauspar AG.

Eine andere Möglichkeit ist die **Verschiebung der Zuteilung** der zuletzt beantragten Zuteilungen. Die Zuteilungsanwärterliste ist nach dem Zuteilungsantragsdatum und dem gewünschten Bauspardarlehen geordnet. Analog dem Zielbewertungsverfahren werden auf dieser Liste von oben alle Bausparverträge zugeteilt, bis die summierten Auszahlungsansprüche gleich den zur Verfügung stehenden Zuteilungsmittel sind. Das letzte noch zur Zuteilung zugelassene Antragsdatum kann dann von der Liste abgelesen werden.[82] Bei den anderen Zuteilungsanwärtern wird die Zuteilung verschoben.

2.7.3 Zuteilungsmasse, verfügbare Zuteilungsmittel und deren Berechnung

Die Bausparkassen sind **Verwalter der kollektiven Zahlungsströme** und führen die Zuteilungsmasse als getrenntes Vermögen für die Bausparer. Die **Zuteilungsmasse** ergibt sich aus den Zuflüssen und Abflüssen. Bei Gründung einer Bausparkasse ist die Zuteilungsmasse leer.

Die **Zuflüsse** ergeben sich durch die Sparbeiträge und Tilgungsbeträge[83] der Bausparer, die gutgeschriebenen Zinsen, die gutgeschriebenen Wohnungsbauprämien und die möglichen außerkollektiven Mittel. Die außerkollektiven Mittel setzen sich aus Eigenmittel und Fremdmittel zusammen. Der Einsatz der außerkollektiven Mittel ist eine Entscheidung der Bausparkasse, die Zuteilungsmasse zu stützen. Zudem fließen die Zuführungen zum Sonderposten „Fonds zur bausparmathematischen Absicherung" (FbtA) in die Zuteilungsmasse.

Die **Abflüsse** sind die zugeteilte Bausparsumme, die sich aus Bausparguthaben und Bauspardarlehen zusammensetzt, und die gekündigten Bausparguthaben, der nicht zugeteilten Bausparverträge. Sind außerkollektive Mittel in der Zuteilungsmasse vorhanden, so können diese wieder entnommen werden. Auflösungen aus dem FbtA reduzieren die Zuteilungsmasse.[84]

Die Bausparkasse hat eine gemeinsame Zuteilungsmasse zu bilden. Eine Ausnahme bilden Bausparverträge in fremden Währungen. Dafür ist grundsätzlich gem. § 6a BSpKG eine eigene Zuteilungsmasse zu bilden.[85]

---

[82] Vgl. § 4 Abs. 3 ABB Tarif A der Vereinsbank Victoria Bauspar AG.

[83] Darlehenszinsen fließen nicht in die Zuteilungsmasse, dagegen aber die gutgeschriebenen Guthabenzinsen.

[84] Vgl. SCHÄFER/CIRPKA/ZEHNDER (1999), S. 247.

[85] Hiervon kann im Einzelfall abgesehen werden, wenn dadurch die Belange der Bausparer nicht erheblich beeinträchtigt werden, vgl. § 6 a BSpKG.

Abbildung 2.4 veranschaulicht das Zu- und Abflussprinzip der Zuteilungsmasse:

Abb. 2.4: Zu- und Abflüsse der Zuteilungsmasse

Die Bewegung der Zuteilungsmasse ist dem Anhang des Geschäftsberichts der Bausparkasse zu entnehmen. Das folgende Beispiel in Tabelle 2.1 stammt aus dem Geschäftsbericht des Jahres 2002 der BHW Bausparkasse AG. Wesentliche Zuführungen sind die Spar- und Tilgungsbeiträge. Wesentliche Entnahmen sind die zugeteilten und gekündigten Beträge.

Vortrag aus dem Vorjahr	7.748.375 T€
Zuführung	
Sparbeiträge inkl. Wohnungsbauprämie	2.467.833 T€
Tilgungsbeträge inkl. Wohnungsbauprämie	1.165.737 T€
Guthabenzinsen	308.968 T€
Fonds zur bauspartechnischen Absicherung	13.297 T€
Entnahmen	
Zugeteilte Bauspareinlagen	1.853.448 T€
Zugeteilte Bauspardarlehen	971.678 T€
Bausparguthaben gekündigter Bausparverträge	394.216 T€
Auflösung Fonds zur bauspartechnischen Absicherung	4.197 T€
Eigenmittel	0 T€
Rückzahlung von Fremdmitteln	0 T€
Überschuss am Ende des Geschäftsjahres	**8.480.671 T€**

Tab. 2.1: Bewegung der Zuteilungsmasse der BHW im Geschäftsjahr 2002

Nicht alle Zuteilungsmittel sind für die Zuteilung verfügbar. Als **verfügbare Zuteilungsmittel** werden genau die Mittel der Zuteilungsmasse bezeichnet, die effektiv für die Abflüsse verwendbar sind. Die verfügbaren Zuteilungsmittel unterscheiden sich von der Zuteilungsmasse durch die Trägheitsreserve, eventuell durch die gebildete Fortsetzerreserve und durch weitere Zurechnungs- und Kürzungsbeträge. Die Zurechnungs- und Kürzungsbeträge werden benötigt, da ausgehend vom Berechnungstermin der Zustand am Zuteilungstermin geschätzt werden muss.[86]

In der **Trägheitsreserve** befinden sich Zuteilungsmittel, die gem. § 10 Nr. 1 BSpKG i. V. m. § 1 Abs. 1 Satz 1 BausparkV bereits zugeteilt sind, aber von den Bausparern noch nicht in Anspruch genommen wurden. Hierbei kann es sich um Bausparguthaben bzw. um Bauspardarlehen handeln.

Die **Fortsetzerreserve** ist eine Liquiditätsreserve zur Vermeidung von Risiken, die durch Fortsetzer entstehen können. Fortsetzer haben die Zuteilung nicht angenommen, können diese aber jederzeit wieder geltend machen. Dadurch können spontan hohe Zuteilungsmittel benötigt werden, wodurch ein Liquidi-

---

[86] Vgl. BERTSCH/HÖLZLE/LAUX (1998), S. 133.

tätsrisiko entsteht. Die Bausparkasse hat das Recht, aber nicht die Pflicht, eine Fortsetzerreserve zu bilden.[87]

Teile der verfügbaren Zuteilungsmittel, die gem. § 8 Abs. 1 BausparkV i. V. m. § 6 Abs. 1 BSpKG wegen der nicht erreichten Zuteilungsvoraussetzungen nicht zugeteilt werden können, bilden die **Schwankungsreserve**.[88] Nicht zur Schwankungsreserve gehören die Trägheitsreserve, die Fortsetzerreserve und die Kürzungen und Zurechnungen.

Die konkrete Berechnung der für die Zuteilung verfügbaren Mittel ist von der Bausparkasse in den AGG verbindlich festzulegen. Dabei lehnen die Bausparkassen sich an das Muster-Formblatt für die Berechnung der verfügbaren Zuteilungsmittel an.[89]

2.8 Bauspartechnische Zuteilungssicherungsmaßnahmen

2.8.1 Grundgedanken von Zuteilungssicherungsmaßnahmen

Neugeschäftsschwankungen in den 1980er Jahren und ihre Auswirkungen auf die Wartezeit bis zur Zuteilung führte 1991 zu mehreren gesetzlichen, bauspartechnischen Zuteilungssicherungsmaßnahmen, die im Wesentlichen in den §§ 7 bis 10 BausparkV zusammengefasst sind.[90]

Nach dem Grundprinzip des kollektiven Bausparens werden Sparbeiträge entgegengenommen und aus den angesammelten Beträgen Bauspardarlehen sofort gewährt. Diese Annahme wird auch als **Sofortverteilungsprämisse** bezeichnet. Dies hat jedoch zur Folge, dass die Wartezeit zur Erlangung von Bauspardarlehen direkt und unmittelbar von den Spar- und Tilgungsbeiträgen abhängig ist und dadurch stark schwanken kann.

Die Sicherungsmaßnahmen haben deshalb das Ziel, eine **angemessene Wartezeit** mit möglichst **geringen Schwankungen** zu erreichen.[91] Die Wartezeit wird verstetigt mit dem Kompromiss, dass die durchschnittliche Wartezeit etwas

---

[87]   Vgl. BERTSCH/HÖLZLE/LAUX (1998), S. 58.

[88]   Vgl. BERTSCH/HÖLZLE/LAUX (1998), S. 133.

[89]   Das Muster-Formblatt für die Berechnung der verfügbaren Zuteilungsmittel ist in BERTSCH/HÖLZLE/LAUX (1998), S. 251-255, dargestellt.

[90]   Vgl. BERTSCH/HÖLZLE/LAUX (1998), S. 33.

[91]   Was „angemessen" ist, regeln §§ 7, 9, 10 BausparkV.

verlängert wird, da die Bausparkasse bauspartechnische Rückstellungen bildet. Dies wird als **modifizierte Sofortverteilungsprämisse** bezeichnet.[92]

Die Bausparkassen werden mittels eines individuellen Sparer-Kassenleistungs-verhältnisses (iSKLV) in der Tarifpolitik und mittels eines kollektiven Sparer-Kassenleistungsverhältnisses (kSKLV) in der Kollektivsteuerung reglemen-tiert.[93] Die durch diese regulatorischen Maßnahmen entstandenen Überschüsse sind in dem Fonds zur bauspartechnischen Absicherung (FbtA) für Abschwung-phasen zurückzustellen.

Ziel eines ausreichend hohen iSKLV ist die Verstetigung der Wartezeit. Ins-besondere die Anlauf- und Progressionseffekte sollen nicht zur kurzfristigen Senkung der Wartezeit führen. Der Anlaufeffekt entsteht bei neu gegründeten Bausparkassen. Diese neuen Bausparkollektive haben nur Spareingänge und am Anfang keine Zuteilungen. Ohne Zuteilungssicherungsmaßnahmen würden im Anlaufstadium der Bausparkasse die Bausparverträge sehr schnell zugeteilt und später müssten dann die Wartezeiten entsprechend steigen. Unter Progressions-effekten wird der sprunghafte Anstieg des Neugeschäfts mit entsprechendem Spargeldzufluss verstanden. Die Progressionseffekte sowie die Anlaufeffekte würden die Wartezeit ohne Zuteilungssicherungsmaßnahmen verunstetigen.[94]

Zusätzlich wurden Kontingente für Großbausparverträge und Schnellsparer geschaffen, um Störungen im Zuteilungsrhythmus zu vermeiden und dadurch eine möglichst gleichmäßige Zuteilungsfolge zu gewährleisten. Durch wenige sehr große Bausparverträge kann die Kontinuität der Zuteilungsfolge gefährdet sein und zu Wartezeitverlängerungen führen. Gerade bei großen Bausparverträ-gen und bei Schnellsparern kann ein optimiertes Sparverhalten vermutet werden. Dies ist schädlich für das Kollektiv, da voraussichtlich wartezeitverkürzende Faktoren dritter Art verloren gehen, die viele andere Bausparer geschaffen haben.[95]

Zusammenfassend haben die bauspartechnischen Sicherungsmaßnahmen zwei Ziele:

---

[92] Vgl. SCHÄFER/CIRPKA/ZEHNDER (1999), S. 481.

[93] Ausführliche Berechnungen finden sich in LAUX (1984) u. LAUX (1985a). Die Begriffe iSKLV und kSKLV werden im nächsten Abschnitt erläutert.

[94] Vgl. SCHÄFER/CIRPKA/ZEHNDER (1999), S. 235-239. Die Anlaufeffekte werden in Laux (1974) ausführlich beschrieben.

[95] Vgl. SCHÄFER/CIRPKA/ZEHNDER (1999), S. 459-462.

➢ Einhaltung einer möglichst kurzen und konstanten Wartezeit für die Bauspare: und

➢ Aufrechterhaltung der nachhaltigen Funktionsfähigkeit des Bausparkollektivs.

Die Möglichkeit einer Zusage des Zuteilungstermins wurde den Bausparkassen gem. § 4 Abs. 5 BSpKG jedoch nicht zugestanden, da theoretisch immer noch Zuteilungsschwankungen möglich sind.

Die bauspartechnischen Zuteilungssicherungsmaßnahmen werden im Folgenden definiert und erläutert.

2.8.2 Sparer- Kassenleistungsverhältnis

In der Bauspartechnik und im Bausparkassengesetz bzw. in der Bausparkassenverordnung werden die beiden dimensionslosen Maßzahlen – individuelles Sparer- Kassenleistungsverhältnis (iSKLV) und kollektives Sparer- Kassenleistungsverhältnis (kSKLV) – benötigt. Deshalb werden beide im Folgenden im Detail erläutert. Da die regulatorischen Maßnahmen von beiden Maßzahlen ineinander greifen, werden die regulatorischen Maßnahmen gemeinsam erläutert.

Definition: Individuelles Sparer- Kassenleistungsverhältnis

Das *iSKLV* ist gem. § 8 BSpKG definiert durch das Verhältnis zwischen den Leistungen eines einzelnen[96] Bausparers (Sparerleistung, *SL*) und den Leistungen der Bausparkasse (Kassenleitung, *KL*) an denselben Bausparer:[97]

$$iSKLV = \frac{SL}{KL}.$$

Die Berechnung des *iSKLV* erfolgt mittels den Sparbeiträge bzw. den daraus resultierenden Guthabenständen. Eigentlich kann die Berechnung des *iSKLV* erst nach Ablauf des Vertrags erfolgen, da erst dann die exakten individuellen Guthaben- und Darlehensstände verfügbar sind. Wenn das *iSKLV* im Voraus von Interesse ist, müssen Annahmen über den Spar- und Tilgungsverlauf getroffen werden.

---

[96] Deshalb „individuelles" SKLV.

[97] Vgl. SCHÄFER/CIRPKA/ZEHNDER (1999), S. 237.

Zur Bestimmung der Sparerleistung wird beispielsweise die Summe der Guthabenstände ermittelt, die ein Regelsparer im Sparstadium zu bestimmten Stichtagen durchlaufenen wird. Die noch nicht gutgeschriebenen Zinsen können dabei mitberücksichtigt werden. Für einen Ratensparer berechnet sich die Sparerleistung aus dem Regelsparbeitrag SB, dem Guthabenzins gz und der Wartezeit bis zur Zuteilung s folgendermaßen:[98]

$$ SL = \frac{SB}{gz} \left(\frac{(gz+1)^s - 1}{gz} - s \right). $$

Da sich die verdienten Guthabenzinsen näherungsweise proportional zu den Guthabensalden verhalten, kann die Sparerleistung auch aus dem Verhältnis aus Guthabenzinssumme GZS und Guthabenzins gz hergeleitet werden:

$$ SL = \frac{GZS}{gz}. $$

Analog wird zur Bestimmung der Kassenleistung die Summe der Darlehensstände ermittelt, die im Darlehensstadium zu vergleichbaren[99] Stichtagen durchlaufen werden. Auch hier können die noch nicht kapitalisierten Darlehenszinsen mitberechnet werden. Sonderzahlungen werden hier nicht berücksichtigt. Die Kassenleistung errechnet sich aus dem Tilgungsbeitrag TB, der Tilgungszeit tb, dem anfänglichen Bauspardarlehen BD_s und dem Darlehenszins dz:

$$ KL = \frac{TB \cdot tb - BD_s}{dz}. $$

Entsprechend kann die Kassenleistung auch als Verhältnis aus Darlehenszinssumme DZS und Darlehenszins dz ermittelt werden:

---

[98] Die folgenden Berechnungsformeln für die SL und KL sind angelehnt an LÜDERS (1939), S. 25-27; vgl. auch BERTSCH/HÖLZLE/LAUX (1998), S. 108-110.

[99] Wird in der Sparphase die Guthabensumme immer monatlich bzw. quartalsweise berechnet, so ist eine Berechnung der Darlehenssumme dann vergleichbar, wenn sie auch monatlich bzw. quartalsweise berechnet wird.

$$KL = \frac{DZS}{dz}.$$

Abbildung 2.5 veranschaulicht die Sparerleistung und Kassenleistung eines Regelsparers anhand der Guthaben- und Darlehensstände:[100]

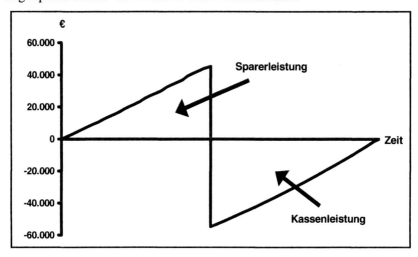

Abb. 2.5: Sparerleistung und Kassenleistung im zeitlichen Verlauf

Dabei wird deutlich, dass das *iSKLV* auch durch Flächenvergleich bestimmt werden kann:

$$iSKLV = \frac{\int SL \, dt}{\int KL \, dt}.$$

Definition: Kollektives Sparer- Kassenleistungsverhältnis

Im Gegensatz zum iSKLV gibt es keine Legaldefinition des kSKLV. Das kSKLV wird aus den gesamten Zahlungsströmen bei einer Bausparkasse abgeleitet. Es wird auch nur ein einziges kSKLV für das gesamte Kollektiv berechnet. Bei der Berechnung wird ein wohl definierter Zeitraum (z. B. eine

---

[100] Die Tarifausprägungen dieses Beispiels werden in Kapitel 6.5 beschrieben.

Zuteilungsperiode oder ein Geschäftsjahr) betrachtet. Das kSKLV wird aus den entnommenen Beträgen der Zuteilungsmasse hergeleitet und ist eine Momentaufnahme für den betrachteten Zeitraum.

Je niedriger das iSKLV festgelegt wird, umso niedriger wird sich das kSKLV bei tendenziell gleichen wartezeitverkürzenden Faktoren einpendeln.

Das kSKLV errechnet sich analog der Berechnung des iSKLV aus dem Quotienten aus kollektiver Sparerleistung und kollektiver Kassenleistung:

$$kSKLV = \frac{kollektive\ Sparerleistung}{kollektive\ Kassenleistung}.$$

Die kollektive Sparerleistung errechnet sich aus der Summe der Guthabensaldensumme GSS aller Verträge, die durch Kündigung ($GSS_{Kündigung}$), Darlehensverzicht ($GSS_{Darlehensverzicht}$) oder Zuteilung ($GSS_{Darlehen}$) die Spar- bzw. die Zuteilungsphase in einer festgelegten Periode verlassen.[101] Die Guthabensaldensumme wird während der Laufzeit des Vertrags zu jedem Bewertungsstichtag als Summe der Bausparguthaben an den schon durchlaufenen Bewertungsstichtagen ermittelt:

$$kollektive\ Sparerleistung = \sum_{Kündiger} GSS_{Kündigung}$$

$$+ \sum_{Darlehensverzichter} GSS_{Darlehensverzicht}$$

$$+ \sum_{Darlehensnehmer} GSS_{Darlehen} \qquad .$$

Steht die Guthabensaldensumme nicht zur Verfügung, kann mit Hilfe der Bewertungszahl die Guthabensaldensumme geschätzt werden.[102] Den Beitrag eines Einzelvertrags für die kollektive Sparerleistung wird zum Zeitpunkt der Kündigung, des Darlehensverzichts bzw. der Zuteilung bestimmt.[103]

---

[101] Zusätzlich können durch Vertragsänderungen Habensaldensummen untergehen, die dann zur kollektiven Sparerleistung hinzugerechnet werden.

[102] Die Sparerleistung kann auch aus der Summe der Guthabenzinsen geschätzt werden.

[103] Vgl. SCHÄFER/CIRPKA/ZEHNDER (1999), S. 484.

Die kollektive Kassenleistung errechnet sich aus der Summe der in der Darlehensphase noch zu durchlaufenden Darlehensstände aller Einzelverträge, bei denen der Bausparer das Bauspardarlehen angenommen hat. Die Summe der in der Darlehensphase noch zu durchlaufenden Darlehensstände wird als Darlehenssaldensumme (DSS) bezeichnet. Dazu sind Annahmen über den Tilgungsverlauf notwendig. Bei der Berechnung der kollektiven Kassenleistung für die Zwecke der BausparkV wird der tariflich vorgeschriebene Tilgungsbeitrag unterstellt. Sondertilgungen werden nicht getätigt. Die Darlehenssaldensumme *DSS* eines Einzelvertrags errechnet sich wie die Kassenleistung beim *iSKLV*:

$$DSS = \frac{TB \cdot tb - BD_s}{dz}.$$

Die kollektive Kassenleistung errechnet sich aus der Summe der Darlehenssaldensummen *DSS* der Darlehensnehmer:

$$kollektive\ Kassenleistung = \sum_{Darlehensnehmer} DSS.$$

Regulatorische Maßnahmen:

Im Interesse der Erfüllung der Verpflichtungen der Bausparkasse sind Mindestzuteilungsvoraussetzungen zur Gewährung eines angemessenen iSKLV erlassen worden. Die Mindestzuteilungsvoraussetzungen sind gem. § 7 Abs. 2 BausparkV grundsätzlich so zu wählen, dass bei jedem Spar- bzw. Tilgungsverhalten das iSKLV mindestens 0,5 beträgt.[104] Bei neuen Tarifen oder Tarifmerkmalen, bei denen die wartezeitverkürzenden Faktoren nicht aus vergleichbaren Tarifen abgeleitet werden können, muss das iSKLV im Falle der Einzahlung des Mindestsparguthabens bei Vertragsabschluss (Schnellsparer) grundsätzlich mindestens 0,7 betragen.

Diese Regelungen haben das Ziel eines ausgeglichenen kollektiven Sparer-Kassenleistungsverhältnis. Als „ausgeglichen" wird ein kSKLV von 1,0 angesehen. Deshalb sind die Bausparkassen verpflichtet, bei einem kSKLV von unter 1,0 die Mindestzuteilungsvoraussetzungen unverzüglich anzupassen. In entgegengesetzter Richtung haben aber auch die Bausparkassen die Möglichkeit, bei

---

[104] Gem. § 10 BausparkV dürfen Alttarife mit wohl definierten Eigenschaften niedrigere iSKLV als 0,5 haben.

einem kSKLV von über 1,0 die Mindestzuteilungsvoraussetzungen so festzusetzen, dass iSKLV von unter 0,5 bzw. unter 0,7 entstehen können.[105]

Die Bausparkassen haben jährlich den Nachweis über ein ausgeglichenes kSKLV im Prüfungsbericht zu erbringen.[106] Auf Dauer muss gem. § 7 BausparkV ein kSKLV von mindestens 1,0 erzielt werden (Untergrenze). Zudem darf das kSKLV nicht über längere Zeit unangemessene, hohe Werte annehmen. Als unangemessen hoher Wert wird nach heutigem Erkenntnisstand ein kSKLV von über 1,4 ansehen (Obergrenze). Bei der Berechnung dieser Obergrenze wird der gleitende Durchschnitt über einen Zeitraum von fünf Jahren genommen. Werden die Untergrenze oder die Obergrenze nicht eingehalten, sind die Zuteilungsvoraussetzungen unverzüglich entsprechend anzupassen.[107] In der Regel bedeutet dies ein Erhöhen bzw. ein Senken des iSKLV.

Auch bei einem kSKLV zwischen der Untergrenze und der Obergrenze können vorausschauende Maßnahmen bzw. Anpassungen der Zuteilungsvoraussetzungen nötig sein, um zukünftige Über- oder Unterschreitungen zu verhindern.[108]

Die Maßnahmen bei gegebenem kSKLV sind in der nachfolgenden Tabelle dargestellt:

---

[105] Vgl. § 7 Abs. 3 BausparkV.

[106] Vgl. § 7 Abs. 6 BausparkV.

[107] Vgl. SCHÄFER/CIRPKA/ZEHNDER (1999), S. 481-483.

[108] Vgl. SCHÄFER/CIRPKA/ZEHNDER (1999), S. 481-483.

kSKLV	Maßnahmen
über 1,4	Zuteilungsvoraussetzungen lockern, iSKLV senken
1,0 ≤ kSKLV ≤ 1,4	grundsätzlich keine
unter 1,0	Zuteilungsvoraussetzungen verschärfen, iSKLV erhöhen

Tab. 2.2: Prinzipieller Maßnahmenkatalog bei gegebenem kSKLV

Trotz kSKLV von über 1,4 existieren Tatbestände, bei denen die Zuteilungsvoraussetzungen gem. § 7 Abs. 5 BausparkV nicht angepasst werden müssen. Ein Anpassen der Zuteilungsvoraussetzungen wäre sogar schädlich für das Kollektiv. Dies ist beispielsweise dann der Fall, wenn bei hohem kSKLV die Zielbewertungszahl nicht gleich der Mindestbewertungszahl ist. Die Mindestbewertungszahl ist in diesem Fall nicht ursächlich für das hohe kSKLV, sondern die ungünstige Entwicklung der wartezeitbestimmenden Faktoren. Eine Senkung der Mindestbewertungszahl hätte zudem keine Wirkung bzgl. des kSKLV.

Auch im Anlaufstadium und bei starken Progressionsphasen entstehen hohe kSKLV, da erst die Guthabenauszahlungen der Kündiger das kSKLV in die Höhe treiben und dann die Darlehensnehmer das kSKLV in späterer Zeit wieder senken. Das hohe kSKLV ist demnach nicht von Dauer. Zudem können auch veränderte Rahmenbedingungen (z. B. steuerrechtliche oder prämienrechtliche Änderungen) Einfluss auf die wartezeitbestimmenden Faktoren haben, so dass temporäre Überschreitungen der Obergrenze bzw. Unterschreitungen der Untergrenze die Folge wäre.

Führen jedoch besondere Tarifkonstruktionen oder Vertriebsstrukturen bedingt durch den hohen Anteil von Renditesparern zu einem hohen kSKLV, sind diese Tarifkonstruktionen bzw. diese Vertriebsstrukturen zu verändern. Bei einem zu hohem Anteil von Renditesparern werden die Zuteilungsmittel dauerhaft am Kapitalmarkt angelegt und nicht nach dem gesetzlichen Auftrag eingesetzt, wonach Zuteilungsmittel mit dem Ziel gleichmäßiger, möglichst kurzer Wartezeiten einzusetzen sind.[109]

---

[109] § 6 Abs. 1 Satz 1 BSpKG.

Die von der Bundesanstalt für Finanzdienstleistungsaufsicht (BAFin) beschriebenen Ausnahmetatbestände[110] sind in der folgenden Tabelle 2.3 dargestellt. Es sei hier jedoch betont, dass diese vom BAFin genannten Tatbestände beispielhaft sind. Es können noch andere Tatbestände mit entsprechenden Maßnahmen existieren.

Tatbestand	Maßnahmen
Hoher Anteil Renditesparer, bedingt durch Vertriebsstruktur	Tarifänderung oder Änderung der Vertriebsstruktur
Zielbewertungszahl größer als Mindestbewertungszahl	keine
Anlaufstadium oder Progressionsphase	keine
Veränderung der Rahmenbedingungen (z. B. staatliche Förderung)	keine

Tab. 2.3: Ausnahmenkatalog mit Maßnahmen bei einem kSKLV von über 1,4

2.8.3 Fonds zur bauspartechnischen Absicherung

Eine zentrale bauspartechnische Sicherungsmaßnahme ist der „Fonds zur bauspartechnischen Absicherung" (FbtA). Bei dem FbtA handelt es sich um einen bilanziellen Sonder-Passivposten. Die Zuführung und der Einsatz bzw. die Auflösung sind im § 6 Abs. 1 BSpKG i. V. m. §§ 8, 9 BausparkV geregelt.

Zuführung zum FbtA:

Erträge aus den vorübergehend nicht zuteilbaren Zuteilungsmitteln (Schwankungsreserve) sind dem FbtA zuzuführen. Der Zuführungsbetrag errechnet sich aus 60 % des Jahresdurchschnittsbetrags der Schwankungsreserve multipliziert mit der Differenz aus außerkollektivem Zinssatz und kollektivem Zinssatz. Der außerkollektive Zinssatz ist wahlweise aus den außerkollektiven Zinserträgen der jeweiligen Bausparkassen zu errechnen oder aus der von der Deutschen Bundesbank ermittelten und veröffentlichen Umlaufrendite tarifbesteuerter, festverzinslicher Wertpapiere zu entnehmen. Der kollektive Zinssatz ist der mit den Bausparsummenanteilen der einzelnen Bauspartarife im nicht zugeteilten

---

[110] Vgl. SCHÄFER/CIRPKA/ZEHNDER (1999), S. 481-483.

Vertragsbestand gewogene Zinssatz für Bauspardarlehen. Falls der außerkollektive Zinssatz den kollektiven Zinssatz unterschreitet, wird die Zinsdifferenz gleich Null gesetzt. Dann ist der Zuführungsbetrag gleich Null.

Einsatz bzw. Auflösung des FbtA:

Es existieren mehrere Einsatz- bzw. Auflösungstatbestände. Einerseits besteht ein Auflösungsrecht in Abhängigkeit von der Höhe der Bausparguthaben und andererseits existiert ein Einsatzwahlrecht bzw. eine Einsatzpflicht in Abhängigkeit vom iSKLV eines modelltypischen Regelsparers:

> ➢ Die Bausparkasse darf am Ende eines Geschäftsjahres den Teil des FbtA auflösen, der zu diesem Zeitpunkt 3 % der Bausparguthaben übersteigt.

> ➢ Bei Gefahr für das Bausparkollektiv müssen bzw. dürfen Fremdmittel den Zuteilungsmitteln zugeführt werden. Die aufgenommenen Fremdmittel werden durch den FbtA finanziert. Der Entnahmebetrag ergibt sich aus der Höhe der Fremdmittel multipliziert mit der Differenz aus dem effektiven Jahreszins für diese Fremdmittel und dem kollektiven Zinssatz.[111] Die Mittel des Fonds sind einzusetzen, solange die Zuteilung eines modelltypischen Regelsparers bei einem iSKLV von 1,0 nicht erfolgen kann. Bei einem iSKLV über 0,8 und bis maximal 1,0 hat die Bausparkasse das Wahlrecht über den Einsatz des FbtA. Bei einem iSKLV bis maximal 0,8 kann die Bausparkasse den FbtA mit Zustimmung des BAFin einsetzen.

Die Bausparkassen haben den modelltypischen Regelsparer in den Allgemeinen Geschäftsgrundsätzen zu definieren. Sind mehrere Tarife im Bestand, so ist derjenige Tarif für die Ermittlung des iSKLV anzuwenden, der im nicht zugeteilten Bausparsummenbestand den größten Anteil hat.

Der Einsatz des FbtA wird nicht direkt über das iSKLV gesteuert, sondern über die Zielbewertungszahlen. Daraus ergeben sich Einsatzbewertungszahlen, bei denen der FbtA eingesetzt werden muss oder kann, um ein Ansteigen über die jeweiligen Zielbewertungszahlen zu verhindern. Die **obere Einsatzbewertungszahl** ist diejenige Zielbewertungszahl, die für den modelltypischen Regelsparer zu einem iSKLV von 1,0 führt und die **untere Einsatzbewertungszahl**

---

[111] Statt der Finanzierung von Fremdmitteln in die Zuteilungsmasse kann auch der Einsatz von Eigenmitteln oder der Verkauf von Bauspardarlehenforderungen den gleichen erwünschten Kollektiv sichernden Effekt erreichen. Auch für Eigenmittel und bei Forderungsverkauf kann der FbtA eingesetzt werden, vgl. SCHÄFER/CIRPKA/ZEHNDER (1999), S. 494 u. LAUX (1991), S. 198-199.

ist diejenige Zielbewertungszahl, die zu einem iSKLV von 0,8 führt. Bei den neuen Tarifen ohne Bewertungszahlen wird direkt über das iSKLV der Einsatz des FbtA gesteuert. Die folgende Abbildung 2.6 veranschaulicht die Einsatzgrenzen für den FbtA.

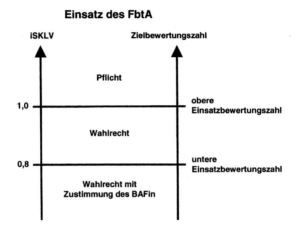

Abb. 2.6: Einsatzgrenzen des Fonds zur bauspartechnischen Absicherung

Bedeutung des FbtA:

Im Bausparen führen Anlaufeffekte und Progressionseffekte zu einer Wartezeitverkürzung, die nicht auf Dauer gesichert ist. Die Wartezeitsenkung kommt den Bausparern zugute, die eher zufällig frühzeitig dem Bausparkollektiv beigetretenen sind. Die Bausparer, die dem Kollektiv später hinzutreten, haben dadurch längere Wartezeiten zu akzeptieren. Diese Effekte waren aus Sicht des damaligen Bundesaufsichtsamtes für das Kreditwesen (heute BAFin) nicht erwünscht.[112]

Die Thesaurierung von Überschüssen der Zuteilungsmasse dient der Verstetigung der Wartezeit. Der FbtA hat nicht den Zweck der Aufrechterhaltung konstanter Wartezeiten unter allen Umständen, sondern der Abfederung negativer exogener Einflüsse.

---

[112] Vgl. LAUX (1991), S. 184-185.

Ein iSKLV von über 1,0 entspricht nicht dem kollektiven Bauspargedanken, da bei einem bedingungsmäßigen Verlauf die Sparerleistung des Bausparers größer wäre als die Kassenleistung.[113] Deshalb ist es die Pflicht der Bausparkasse, das Bausparkollektiv bei einem iSKLV eines modelltypischen Regelsparers von über 1,0 durch den Einsatz des FbtA zu schützen.

Auch bei einem iSKLV von unter 1,0 kann der Einsatz des FbtA sinnvoll sein. Ein möglicher Fall wäre ein kurzfristiger Neugeschäftseinbruch bei einer einzigen Bausparkasse, obwohl die Branche ein zufrieden stellendes Neugeschäft verzeichnet. Mittels der Kenntnis über das unterschiedliche Neugeschäft und den daraus resultierenden steigenden Wartezeiten werden potentielle Neukunden abgeschreckt. Durch ein noch weiter fallendes Neugeschäft werden weitere potentielle Neukunden abgeschreckt. Um die Reputationsrisiken, den negativen Spiraleffekt[114] und die negativen Folgen für das Kollektiv zu vermeiden, kann auch ein früherer Einsatz des FbtA als bei einem iSKLV von 0,8 vom BAFin genehmigt werden. Oberstes Ziel ist die Aufrechterhaltung der dauerhaften Zuteilungsfähigkeit.

2.8.4 Kontingente für Großbausparverträge und Schnellsparer

Eine weitere Zuteilungssicherungsmaßnahme sind die Kontingente für Großbausparverträge und für Schnellsparer. Großbausparverträge sind gem. § 2 Abs. 1 BausparkV Bausparverträge, bei denen die Bausparsumme 225.000 € übersteigt. Dabei gelten die innerhalb von zwölf Monaten abgeschlossenen Bausparverträge eines Bausparers als **ein** Vertrag.

Schnellsparer sind gem. § 2 Abs. 4 BausparkV Bausparer, welche das für die Zuteilung erforderliche Mindestspurtguthaben innerhalb des ersten Jahres nach Vertragsabschluss eingezahlt haben.

Für die Großbausparverträge und die Schnellsparer gibt es zwei gemeinsame Kontingente. Die Summe der nicht zugeteilten Großbausparverträge und Schnellsparer darf zusammen nicht höher sein als 15 % des gesamten nicht zugeteilten Bausparsummenbestands (Bestandskontingent). Zusätzlich darf die Summe der innerhalb eines Kalenderjahres neu abgeschlossenen Großbausparverträge und Verträge von Schnellsparern nicht größer sein als 30 % des gesamten Bausparsummenneugeschäfts (Neugeschäftskontingent).[115]

---

[113] Vgl. SCHÄFER/CIRPKA/ZEHNDER (1999), S. 493.

[114] Vgl. LBS (2002), S. 125.

[115] Vgl. § 2 Abs. 2 und 3 BausparkV.

2.9 Zusammenfassung

Das Bausparwesen ist geprägt durch das Grundprinzip des kollektiven Bausparens. Durch das Kollektivprinzip sinkt die durchschnittliche Wartezeit bis zum möglichen Eigentumserwerb im Beispiel modellhaft von zehn auf 5,5 Jahre.

Das Bausparwesen wird durch unterschiedliche staatliche Maßnahmen gefördert und durch die BAFin beaufsichtigt. Die Bausparkassen sind die Verwalter der kollektiven Zahlungsströme und führen die Zuteilungsmasse für die Bausparer.

Für das Bausparen von zentraler Bedeutung sind die Zuteilung und damit der zu erwartende Zuteilungstermin. Erst durch die Zuteilung kann der Bausparer sein Ziel erreichen, ein zinsgünstiges Bauspardarlehen für den Wohneigentumerwerb zu bekommen. Mit den Zuteilungssicherungsmaßnamen wird das Ziel verfolgt, eine angemessene Wartezeit mit möglichst geringen Schwankungen zu erreichen.

Jedoch nicht jeder Bauspartyp strebt nach einem zinsgünstigen Bauspardarlehen. Die Motivation des Renditesparers ist die Erzielung einer hohen Gesamtrendite ohne Berücksichtigung eines möglichen Bauspardarlehens. Eine hohe Gesamtrendite wird durch Tarifauswahl und der staatlichen Förderung erreicht. Als Entscheidungsgrundlage dient die Gesamtrendite der Kapitalanlage im Bausparvertrag im Vergleich zu alternativen Kapitalmarktanlagen. Der für diese Arbeit wichtige finanzrationale Bausparer maximiert sein Vermögen durch effizientes Handeln am Geld- und Kapitalmarkt und effiziente Gestaltung seiner Rechte in den Bauspartarifen unter Arbitragegesichtspunkten.

3 Darstellung der Rechte im Bausparwesen

In diesem Kapitel wird ein Überblick gegeben, welche Rechte durch den Bausparvertrag bzw. durch andere Rechtsgrundlagen vorhanden sind. Der Bausparvertrag ist grundsätzlich ein langfristig orientierter Vertrag. Beispielhaft kann von einer Gesamtlaufzeit des Vertrags von 15 Jahren (ca. sieben Jahre für die Sparphase und ca. acht Jahre für die Darlehensphase) ausgegangen werden.[116] Durch die unterschiedlichen Rechte des Bausparers bestehen Möglichkeiten, den Vertragsverlauf den Bedürfnissen des Bausparers anzupassen. Neben den Rechten der Bausparer haben auch die Bausparkassen Möglichkeiten den Vertragsverlauf zu verändern. Deshalb werden nicht nur die Rechte des Bausparers sondern auch die Rechte der Bausparkasse beschrieben. Die Rechte werden nach ihrer Art in Gestaltungsrechte und zustimmungsbedürftige Recht gegliedert. Im Folgenden wird jedes einzelne Recht zuerst definiert und anschließend wird die Bedeutung für den finanzrationalen Bausparer dargestellt. Zu jedem Recht wird auf ein Tarifbeispiel und, soweit diese möglich ist, auf die relevanten Musterbedingungen für Bausparverträge der privaten Bausparkassen (MBBpB) und der öffentlichen Bausparkassen (MBBöB) verwiesen.

3.1 Definition der Rechte im Bausparen

Vor der Erläuterung der einzelnen Rechte werden zunächst die Begriffe „Option" und „Implizite Option" für den Zweck dieser Arbeit definiert und innerhalb der Definition voneinander abgegrenzt und die Rechtsbeziehung der Akteure beim Bausparen dargestellt.

Definition: Option[117]

Optionen sind bedingte Termingeschäfte. Bei einem Terminvertrag einigen sich zwei Parteien (Käufer und Verkäufer), ein Gut an einem zukünftigen Zeitpunkt T zu einem heute fixierten Basispreis X zu kaufen bzw. zu verkaufen. Bei einem bedingten Terminvertrag erwirbt der Käufer der Option das Recht und nicht die Verpflichtung, nach oder innerhalb der so genannten Optionsfrist ein Geschäft mit a priori festgelegten Rahmenbedingungen zu realisieren.[118]

---

[116] Vgl. HAFEMANN (1998), S. 264.

[117] Vgl. RIETMANN (2001), S. 3.

[118] Im Gegensatz dazu besteht bei unbedingten Termingeschäften eine Erfüllungsverpflichtung.

Definition: Implizite Option

Als implizite Option eines Bausparvertrags wird das Recht bezeichnet, zu einem oder mehreren Ausübungszeitpunkten unter wohl definierten Bedingungen die vorher vereinbarten Zahlungsströme zu verändern. Es werden hier nur Vertragsänderungen bewertet, die den Zahlungsstrom direkt oder zumindest indirekt verändern können. Unter einer indirekten Veränderung des Zahlungsstroms werden solche Vertragsänderungen verstanden, bei denen durch die Vertragsänderung an sich noch keine Veränderung des Zahlungsstroms erfolgen muss. Jedoch stehen nach der Veränderung weitere Möglichkeiten offen, den Zahlungsstrom zu verändern (z. B. kann durch eine Zusammenlegung von Bausparverträgen der frühest mögliche Zuteilungstermin verändert werden).

3.2 Rechtsbeziehung der Akteure beim Bausparen

Der Bausparvertrag ist ein gegenseitiger Vertrag zwischen dem **Bausparer** und der **Bausparkasse**, bei dem die Leistung und die Gegenleistung als gleichwertig zu betrachten sind (Synallagma).[119] Die Hauptpflicht des Bausparers ist die Entrichtung regelmäßiger Sparbeiträge in der Sparphase und regelmäßiger Tilgungsbeiträge in der Darlehensphase. Die Hauptpflicht der Bausparkasse ist die Zuteilung mit der Auszahlung des Bausparguthabens und die Bereitstellung eines zinsgünstigen Bauspardarlehens.

Neben diesen Hauptpflichten existieren eine Reihe von **Gestaltungsrechten** der Bausparer und der Bausparkassen. Gestaltungsrechte beschreiben bestehende Rechtsverhältnisse, die durch einseitige Rechtsgeschäfte ohne Zustimmung des Vertragspartners durch bloße Willenserklärung verändert werden können. An die Gestaltungsrechte können Voraussetzungen gebunden sein.[120] Die Gestaltungsrechte sind mit Optionen vergleichbar. Deshalb werden die Begriffe synonym verwendet. Neben den Gestaltungsrechten existiert eine Reihe von **zustimmungsbedürftigen Rechten**. Erst die Zustimmung, die auch stillschweigend erfolgen kann, macht das zustimmungsbedürftige Rechtsgeschäft wirksam.[121] Um Willkür zu vermeiden, sind diese zustimmungsbedürftigen Rechte i. d. R. an bestimmte Normen gebunden.

---

[119] Erläuterung des Begriffs „Synallagma" in BÄHR (1991), S. 159-160.

[120] Vgl. BÄHR (1991), S. 43-44; SCHMELZEISEN (1994), Nr. 18; SCHWAB (2002), Nr. 187; SCHELLHAMMER (2003), Nr. 17.

[121] Vgl. SCHELLHAMMER (2003), Nr. 2256-2260.

Die gegenseitigen Rechte und Pflichten sind grundsätzlich in den **Allgemeinen Bedingungen für Bausparverträge** (ABB) der jeweiligen Bausparkasse geregelt. Die ABB werden dem Bausparer bei Vertragsabschluss ausgehändigt. Zudem ist das Bauspargeschäft in einem rechtlichen Rahmen eingebettet. Die allgemeine Aufsicht für den Betrieb eines Kreditinstituts ist im Kreditwesengesetz (KWG), die speziellen Regelungen für den Betrieb und die Aufsicht einer Bausparkasse sind im Bausparkassengesetz (BSpKG) sowie in der Bausparkassenverordnung (BausparkV)[122] und die Unterrichtspflichten über die Kreditaufnahme sind im Bürgerlichen Gesetzbuch (BGB) geregelt.[123]

Die **Bundesanstalt für Finanzdienstleistungsaufsicht** (BAFin) übt gem. § 3 BSpKG die Aufsicht über die Bausparkassen aus. Die wesentliche Aufgabe der BAFin ist es, die dauernde Einhaltung der zum Schutz der Bausparer erlassenen Vorschriften zu überwachen und ggf. durch Anordnungen sicherzustellen.[124] Der Schutz des Bausparers ist allein schon deshalb notwendig, da der Bausparer in der Einlösungs- und Sparphase – also in den ersten Phasen des Bausparvertrags – Vorleistungen (Sparerleistungen) erbringt. Die Hauptleistung der Bausparkasse, ein zinsgünstiges Bauspardarlehen bereitzustellen, wird erst in einer späteren Phase, der Darlehensphase, erbracht.

Zur Gewährleistung dieser Aufgabe müssen die Bausparkassen neben den ABB auch **Allgemeine Geschäftsgrundsätze** (AGG) für die jeweilige Bausparkasse erstellen. In den AGG sind die wesentlichen bauspartechnischen Einzelheiten niedergelegt. Die AGG sind i. d. R. nicht dem Kunden und anderen Mitbewerbern zugänglich, sondern unterliegen der Aufsicht durch das BAFin.

Durch rechtliche Beziehungen sind drei Gruppen am Bauspargeschäft beteiligt. Dies sind die Bausparer, die Bausparkasse und die BAFin. Das Zusammenwirken veranschaulicht Abbildung 3.1:

---

[122] Vgl. LBS (2002), S. 27-30.

[123] Vgl. §§ 491-507 BGB. Das Verbraucherkreditgesetz (VerbrKG) ist seit dem 01.01.2002 im Rahmen der Schuldrechtsreform aufgehoben und der Inhalt in diese Paragraphen integriert.

[124] Vgl. LBS (2002), S. 45-46.

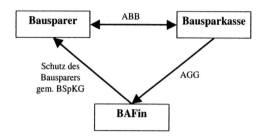

Abb. 3.1: Die rechtliche Beziehung der Beteiligten beim Bausparen

In dieser Dreiecksbeziehung haben die einzelnen Akteure Rechte und Pflichten, die im Einzelnen nachfolgend beschrieben werden. Da die Pflichten des einen die Rechte des anderen sind, wird im Weiteren nur noch von Rechten gesprochen.

3.3 Gestaltungsrechte des Bausparers während der Einlösungs- und der Sparphase

3.3.1 Wahl der Abschlussgebührhöhe

Bei Vertragsabschluss wird eine Abschlussgebühr verlangt. Das gleiche gilt bei einer Erhöhung.[125] Die Abschlussgebühr kann in speziellen Tarifen ermäßigt werden, wenn der Bausparer seinen Vertrag über das Internet abschließt.[126] Der Tarif bleibt sonst derselbe. Er verzichtet auf eine Beratung beim Vertragsabschluss. Der finanzrationale Bausparer ist informiert, braucht keine Beratung und schließt deshalb über das Internet ab, um die Ermäßigung der Abschlussgebühr zu erhalten. Auch bei einer Erhöhung erfolgt die Vertragsänderung beim finanzrationalen Bausparer über das Internet.

3.3.2 Storno

Wird noch in der Einlösungsphase (die Abschlussgebühr wurde noch nicht komplett beglichen) der Bausparvertrag seitens des Bausparers beendet, so wird dieser Vorgang als Stornieren bezeichnet. Nach der Einlösung des Vertrags wird

---

[125] Vgl. BERTSCH/HÖLZLE/LAUX (1998), S. 8-10.

[126] Vgl. § 1 Abs. 2 und § 13 Abs. 5 ABB Tarif C der Deutschen Bank Bauspar AG.

die Beendigung des Bausparvertrags seitens des Bausparers als Kündigung bezeichnet.[127]

Für den Bausparer nachteilig ist, dass eine evtl. teilweise gezahlte Abschlussgebühr nicht mehr zurückgezahlt wird.

3.3.3 Widerruf nach Abschluss oder Erhöhung

Wenn ein Bausparvertrag unter besonderen Umständen zustande gekommen ist, bei denen die Gefahr einer Überrumpelung des Kunden nahe liegt, räumt § 312 BGB (Widerrufsrecht bei Haustürgeschäften) i. V. m. § 355 BGB dem Bausparer ein generelles Recht zum nachträglichen Widerruf des bereits abgeschlossenen Bausparvertrags ein. Eine Gefahr einer Überrumpelung liegt dann nahe, wenn der Kunde z. B. am Arbeitsplatz oder in der Wohnung (Vertreterbesuch), bei geselligen Veranstaltungen (z. B. einer Kaffeefahrt) oder auf der Straße bzw. in einem öffentlichen Verkehrsmittel angesprochen wird und dort einen Vertrag abschließt. Eine Begründung für den Widerruf muss der Bausparer nicht liefern. Dieses Widerrufsrecht gilt bei Abschluss und Erhöhung eines Bausparvertrags gleichermaßen. Im Falle des Widerrufs sind Bausparkasse und Bausparer gem. § 357 BGB verpflichtet, sich gegenseitig die empfangenen Leistungen zurückzugewähren. Insbesondere muss eine schon geleistete Abschlussgebühr rückerstattet werden. Die Widerrufsfrist ist grundsätzlich auf zwei Wochen festgelegt, wenn der Verbraucher eine deutlich gestaltete Belehrung in Textform erhält.[128] Abweichend davon verlängert sich die Widerrufsfrist auf insgesamt einen Monat, wenn die Belehrung über den Widerruf erst nach Vertragsabschluss mitgeteilt wurde (§ 355 Abs. 2 Satz 2 BGB). Wird die Belehrung nicht (ordnungsgemäß) durchgeführt, so erlischt auch das Widerrufsrecht gem. § 355 Abs. 3 Satz 3 BGB nicht.

Mit dem Widerrufsrecht bei Haustürgeschäften wird versucht, mögliche unlautere Praktiken des „Kundenfangs" zu steuern und die Entscheidungsfreiheit des Bausparers wegen einer evtl. verkürzten Überlegungszeit wiederherzustellen, indem ihm eine nachträgliche Überlegungsfrist zugebilligt wird. Durch die Praxis vieler Bausparkassen, die Widerrufsbelehrung auf den Antrag zu drucken, wird nicht nur bei Haustürgeschäften sondern jedem Bausparer generell das Widerrufsrecht eingeräumt. Aus Sicht der Bausparkasse ist es vorteilhaft, eine möglichst kurze Widerrufsfrist einzuräumen. Demnach ist eine Belehrung über das Widerrufsrecht gleichzeitig oder besser vor Vertragsab-

---

[127] Vgl. BERTSCH/HÖLZLE/LAUX (1998), S. 117.

[128] Die Voraussetzungen über die Belehrung regelt § 355 Abs. 2 BGB.

schluss durchzuführen. Dies wird durch die obligatorische Widerrufsbelehrung auf den Anträgen erreicht.

Der finanzrationale Bausparer nutzt dieses Widerrufsrecht in der Widerrufszeit systematisch für Arbitrageüberlegungen hinsichtlich der Marktzinsveränderungen. Er kann sich jeweils für 14 Tage kostenlos diese Option sichern. Durch erneuten Abschluss stehen wiederum 14 Tage zur Verfügung, um Vermögensmaximierungsentscheidungen zu treffen.

3.3.4 Gebührenfreie Bausparsummenerhöhung

Einige Tarife gewähren die Möglichkeit, zu einem späteren Zeitpunkt die Bausparsumme gebührenfrei zu erhöhen. Die kostenfreie Erhöhungsmöglichkeit ist nur bis zu einer bestimmten Höhe und unter definierten Nebenbedingungen möglich. Beispielsweise ist gem. § 13 Abs. 5 ABB Tarif T2 Bonus der Signal Iduna Bauspar AG die gebührenfreie Erhöhung nur nach Ablauf von zwei Jahren und vor Ablauf von sieben Jahren ab Vertragsbeginn möglich. In dieser Zeit kann die ursprüngliche Bausparsumme in einem Schritt oder in mehreren Schritten verdoppelt werden.

Der Bausparer kann dadurch erst eine kleinere Bausparsumme wählen und nachträglich den Bausparvertrag seinen evtl. veränderten Bedürfnissen gebührenfrei anpassen. Jedoch kann ein solcher Tarif von Beginn an eine höhere Abschlussgebühr als vergleichbare Tarife haben.[129] Der finanzrationale Bausparer plant die Erhöhung im Voraus mit ein.

3.3.5 Tarifvariantenwechsel

Innerhalb der Optionstarife werden meist unterschiedliche Tarifvarianten angeboten. Zu Beginn des Vertrags ist eine Tarifvariante zu wählen. Während der Vertragslaufzeit kann von der bestehenden Tarifvariante in eine andere Tarifvariante gewechselt werden. Wie schon bei der Beschreibung der Optionstarife erwähnt, kann i. d. R. innerhalb des Zinsniveaus, der Laufzeit in Form von unterschiedlichen Bewertungszahlen bzw. Bewertungszahlfaktoren und teilweise auch hinsichtlich der Darlehenshöhe gewechselt werden.

Welche Tarifvariantenwechsel angeboten werden und welche Tarifvariantenwechsel eingeschränkt oder gar nicht erlaubt sind, ist im jeweiligen Tarif sehr unterschiedlich geregelt. Ein System von Wechselmöglichkeiten bietet beispielsweise die Bausparkasse Schwäbisch Hall AG im Tarif A an:

---

[129] Vgl. z. B. § 1 Abs. 3 ABB Tarif T2 Bonus der Signal Iduna Bauspar AG.

Tarifvariante	AA	AS	AL	AV	AM	AR
Wechsel in die Variante	ja	ja	ja	ja	nein	bedingt*
Wechsel aus der Variante	ja	ja	ja	ja	ja	nein

* Ein Wechsel in die Tarifvariante AR kann die Bausparkasse verweigern, sofern am letzten Geschäftstag des Vormonats der Antragsstellung die Umlaufrendite für festverzinsliche Wertpapiere inländischer Emittenten unter 5 % lag.

Tab. 3.1: Wechselmöglichkeiten innerhalb der Tarifvarianten

Durch den Tarifvariantenwechsel kann der Bausparer schlechter gestellt sein, als wenn er von Vertragsbeginn an schon in der neu gewählten Tarifvariante gewesen wäre. Die Gestaltung des Tarifvariantenwechsels ist tarifabhängig. Folgende Beispiele für die Gestaltung des Tarifvariantenwechsels sind in den Allgemeinen Bedingungen für Bausparverträge zu finden. Beispielhaft sind folgende Möglichkeiten einzeln genannt, die in Kombination auftreten können:

➢ Die Wirkung der höheren Guthabenverzinsung gilt erst ab dem auf den Eingang des Antrags folgenden Monatsersten.[130]

➢ Reduzierung der Bewertungszahl um einen bestimmten Prozentsatz.[131]

➢ Ein höherer zinsabhängiger Bewertungszahlfaktor wird nur für die Zinsen ab dem Wechseldatum zugrunde gelegt. Für die Zinsen bis zum Wechseldatum wird der niedrigere zinsabhängige Bewertungsfaktor zugrunde gelegt.[132]

➢ Der Bausparvertrag kann frühestens nach einer bestimmten Frist (Karenzzeit) zugeteilt werden.[133]

➢ Für einen Wechsel wird eine Gebühr bzw. ein Entgelt fällig.[134]

---

[130] Vgl. § 3a Abs. 1 d) ABB Tarif C der Deutschen Bank Bauspar AG. Die höhere Verzinsung kann auch zu einem anderen Stichtag geregelt sein. Z. B. bei der Bausparkasse Schwäbisch Hall AG gilt bei einem Wechsel in die Variante AR der höhere Guthabenzinssatz ab Jahresbeginn des Variantenwechsels gem. § 13 Abs. 6 ABB Tarif A der Bausparkasse Schwäbisch Hall AG.

[131] Vgl. § 3a Abs. 1 c) ABB Tarif C der Deutschen Bank Bauspar AG.

[132] Vgl. § 4 Abs. 6 ABB Tarif Vario der LBS Landesbausparkasse Baden-Württemberg.

[133] Vgl. § 13 Abs. 6 ABB Tarif Via Badenia der Deutschen Bausparkasse Badenia AG.

[134] Vgl. Gebührentabelle der Badenia Bausparkasse AG. Der erste Tarifvariantenwechsel ist gebühren- bzw. entgeltfrei. Das Entgelt für jeden weiteren Wechsel beträgt 15 €.

Durch den Tarifvariantenwechsel kann der Bausparer seinen Vertrag an seine neuen Ziele anpassen. Insbesondere der finanzrationale Bausparer wird zu einem geeigneten Zeitpunkt entscheiden, ob er eine geeignete Tarifvariante für das zinsgünstige Bauspardarlehen oder eine geeignete Tarifvariante mit möglichst hoher Sparrendite bei Darlehensverzicht in Anspruch nimmt. Gegenüber den klassischen Tarifen werden durch den Tarifvariantenwechsel die Optionsrechte erheblich erhöht. Die bei dem Tarifvariantenwechsel möglichen Nachteile sind jedoch zu berücksichtigen. Ein Tarifvariantenwechsel ist bei den Universaltarifen nicht mehr nötig, da in Universaltarifen mehrere Tarifvarianten in sich kombiniert sind. Die Nachteile für den Bausparer bei einem Tarifvariantenwechsel entfallen bei Universaltarifen.

3.3.6 Kündigung durch den Bausparer

Der Bausparer kann den Bausparvertrag nach Zahlung der Abschlussgebühr jederzeit kündigen und die Rückzahlung des Bauspargut habens verlangen.[135] Laut der gängigen Terminologie wird nach Erreichen der Zuteilungsvoraussetzungen bei Rückzahlung des Bauspargut habens ohne Inanspruchnahme eines Bauspardarlehens von Darlehensverzicht und nicht mehr von Kündigung gesprochen.

Es bestehen zwei Arten von Kündigungen. Nach Wahl des Bausparers kann die Rückzahlung sofort erfolgen oder erst nach einer wohl definierten Frist, i. d. R. drei oder sechs Monate nach Eingang der Kündigung zum Monatsletzten.[136] Diese Frist wird auch als Kündigungskarenzzeit bezeichnet.[137] Bei der Kündigung mit sofortiger Rückzahlung des Bauspargut habens wird grundsätzlich eine Gebühr fällig. Diese Gebühr wird in Prozent des Rückzahlungsbetrags ausgedrückt (Kündigungs-Diskont).[138]

Die Bausparkasse kann jedoch die Kündigungsauszahlung auf einen späteren Zeitpunkt verschieben, wenn Kündigungen gehäuft auftreten. Reichen 25 % der

---

[135] Vgl. § 15 Abs. 1 MBBpB; § 15 Abs. 1 MBBöB; § 15 Abs. 1 ABB Tarif Vario 2003 der LBS Ostdeutsche Landesbausparkasse AG.

[136] Vgl. § 15 Abs. 1 MBBpB; § 15 Abs. 1 MBBöB. Ein Beispiel für eine Kündigungsauszahlungsfrist von drei Monaten ist in § 13 Abs. 1 ABB des Tarifs der HUK-Coburg-Bausparkasse AG beschrieben und eine Frist von sechs Monaten in § 15 Abs. 1 ABB Tarif C der Deutschen Bank Bauspar AG beschrieben.

[137] Vgl. BERTSCH/HÖLZLE/LAUX (1998), S. 65.

[138] Vgl. § 15 Abs. 1 Satz 3 MBBpB; beispielsweise beträgt der Kündigungs-Diskont 2,75 % gem. § 15 Abs. 1 Satz 3 ABB Tarif optionN der Aachener Bausparkasse AG. Vgl. auch LAUX (1992a), S. 54-55.

für die Zuteilung verfügbaren Mittel nicht für die Rückzahlung der Bausparguthaben gekündigter Verträge aus, können Rückzahlungen auf spätere Zuteilungstermine verschoben werden. Die Verschiebungsmöglichkeit der Auszahlung durch die Bausparkasse ist als Notlösung für die Bausparkasse geschaffen worden, damit die Bausparkasse bei einer Kündigungswelle nicht in Bedrängnis kommt. Sind jedoch für die Zuteilung genügend verfügbare Mittel vorhanden, so muss die Rückzahlung sofort bzw. nach der vereinbarten Frist erfolgen.[139]

Da eine Kündigung grundsätzlich jederzeit möglich ist, hat der Bausparer eine schnelle Verfügbarkeit seiner Einlagen. Durch die Kündigung gibt der Bausparer aber die Möglichkeit auf, ein zinsgünstiges Darlehen zu erlangen. Zudem kann bei Kündigung vor Ablauf von sieben Jahren seit Vertragsbeginn die Wohnungsbauprämie verloren gehen.[140] Die Entscheidung über die Kündigung können der Bausparer und insbesondere der finanzrationale Bausparer von Periode zu Periode neu treffen.

3.3.7 Kurzfristige Unterbrechung des Regelsparbeitrags

Der Bausparer hat einen monatlichen Bausparbeitrag (=Regelsparbeitrag) bis zur ersten Zuteilungsauszahlung an die Bausparkasse zu entrichten. Der Bausparer hat jedoch das Recht, die monatlichen Regelsparbeiträge ohne direkte Einflussnahme der Bausparkasse zu unterbrechen. Durch die Unterbrechung des Regelsparbeitrags entwickelt sich die Bewertungszahl nicht planmäßig und die für die Zuteilung relevante Mindestbewertungszahl wird später erreicht. Erst wenn der Bausparer mehr als beispielsweise sechs Regelsparbeiträge unter Anrechnung von Sonderzahlungen nicht geleistet hat und der schriftlichen Aufforderung der Bausparkasse zur Nachzahlung länger als zwei Monate nicht nachgekommen ist, kann die Bausparkasse den Bausparvertrag kündigen.[141]

Durch das Recht auf die mehrmonatige Unterbrechung des Regelsparbeitrags kann der Bausparer trotz kurzfristiger Liquiditätsengpässe seinen Vertrag ohne Vertragsänderungen weiterführen.

---

[139] Vgl. § 15 Abs. 3 MBBpB; § 15 Abs. 3 MBBöB. Die genauen Modalitäten der Verschiebung der Kündigungsauszahlung sind in den AGG der einzelnen Bausparkasse geregelt und in LAUX (1977) ausführlich dargestellt.

[140] Vgl. § 2 Abs. 2 WoPG.

[141] Vgl. § 2 Abs. 3 MBBpB; § 2 Abs. 3 MBBöB; § 2 Abs. 3 ABB Tarif C der Deutschen Bank Bauspar AG.

Obwohl es eine eindeutige Regel hinsichtlich eines Regelsparbeitrags gibt, ist die Sparweise in der Praxis freizügig geregelt und im Abschnitt 3.6.1 beschrieben.

3.3.8 Regelsparbeitrag bei Erreichung des Mindestsparguthabens

Die Pflicht, den Regelsparbeitrag zu leisten, wird nach Erreichung des Mindestsparguthabens aufgehoben. Es besteht nach Erreichung des Mindestsparguthabens das Recht, aber nicht die Pflicht, weiter Regelsparbeiträge bis zur ersten Auszahlung aus dem zugeteilten Bausparvertrag zu leisten.[142] Die Besparung bei Erreichung des Mindestsparguthabens ist in den ABB meist nicht geregelt.

Der Bausparer und insbesondere der finanzrationale Bausparer können entscheiden, ob weitere Regelsparbeiträge vermögensmaximierend sind. Bei der Entscheidung ist zu berücksichtigen, dass Regelsparbeiträge in der Regel den Darlehensanspruch reduzieren.

3.3.9 Übersparung

Bei der Übersparung werden weiterhin Sparleistungen erbracht, obwohl die Bausparsumme erreicht bzw. schon überschritten ist. Die Sparleistungen im weiteren Sinne können in Form eigener Sparbeiträge, der Zinsgutschrift oder sonstiger Gutschriften (z. B. Wohnungsbauprämie, Gutschriften von Buchungsfehler, usw.) erfolgen. Übersparungen und insbesondere deren Verzinsung sind in zahlreichen ABB nicht beschrieben. Die Regelung der Verzinsung des übersparten Guthabens bleibt in diesen Fällen offen. Manche Bausparkassen haben jedoch die Verzinsung des übersparten Guthabens in den ABB geregelt. Beispielsweise wird ein Zinsbonus für den übersparten Betrag gem. § 3 Abs. 2 ABB Tarif Dispo maXX der BHW Bausparkasse AG nicht gewährt. Es gibt auch Tarife, bei denen das der Bausparsumme übersteigende Guthaben generell nicht verzinst wird.[143]

Die Sparleistungen nach Erreichen der Bausparsumme sind zudem nicht mehr wohnungsbauprämienberechtigt, da die Beiträge nicht mehr zur Erlangung von Baudarlehen dienen.[144] Zudem sind Übersparungen grundsätzlich mindestreservepflichtig.[145] Bilanziell ist der übersparte Betrag als täglich fällig zu

---

[142] Vgl. § 2 Abs. 1 ABB Tarif C der Deutschen Bank Bauspar AG.

[143] Vgl. § 3 Abs. 1 ABB Tarif Vario 2003 der LBS Bausparkasse Hamburg AG.

[144] Vgl. § 2 Abs. 1 Nr. 1 WoPG.

[145] Vgl. BERTSCH/HÖLZLE/LAUX (1998), S. 137.

bewerten. Daraus könnte sich das Recht ableiten, den übersparten Teil bei Bedarf täglich abzurufen.

Eine Übersparung ist für den klassischen Bausparer nicht sinnvoll, da der Darlehensanspruch bei der Übersparung gleich Null ist, wenn der Darlehensanspruch sich aus der Differenz Bausparsumme und Bauspareguthaben errechnet.

Dagegen kann die Übersparung für einen Renditesparer und für den finanzrationalen Bausparer durchaus vorteilhaft sein. Die Laufzeit des Bausparvertrags könnte vom Bausparer frei bestimmt werden. Wären Übersparungen ohne Nachteile erlaubt, würden die Renditesparer zudem kleine Bausparsummen wählen, um die Abschlussgebühr möglichst gering zu halten, da Abschlussgebühren i. d. R. von der Bausparsumme abhängig sind.[146]

Rechtlich bleibt nach Auffassung des Autors in den meisten Tarifen offen, welche Verzinsung die Bausparkasse für den übersparten Teil erbringen muss, wenn dies nicht in den ABB geregelt ist. Zudem bleibt offen, wie der Bausparkunde darüber von der Bausparkasse informiert werden muss. Die Einzelheiten hinsichtlich der Übersparung sind rechtlich nicht eindeutig geklärt und werden deshalb im weiteren Verlauf als Option nicht bewertet.

3.4 Gestaltungsrechte des Bausparers während der Zuteilungsphase

3.4.1 Fortsetzung

Wird der Vertrag trotz Erfüllung sämtlicher Zuteilungsvoraussetzungen aufgrund des Willens des Bausparers nicht zugeteilt, so wird der Vertrag fortgesetzt und im nicht zugeteilten Vertragsbestand weitergeführt. Die Guthabenverzinsung sowie ggf. das Anrecht auf staatliche Förderung der Sparleistung laufen weiter.[147] Der Bausparer kann jederzeit seine Zuteilungsrechte wieder geltend machen. Dies wird als Wiedergeltendmachung bezeichnet. Nach Wiedergeltendmachung stellt die Bausparkasse abhängig von den in den ABB geregelten, meist kurzen Fristen und vom Zuteilungsverfahren die Zuteilungsmittel bereit.[148]

---

[146] Ausnahmen sind Tarife mit fester Abschlussgebühr, z. B. § 1 Abs. 2 ABB Tarif R 66 der Allianz Dresdner Bauspar AG.

[147] Dies gilt zumindest bis zur Erreichung der Bausparsumme; vgl. Kapitel 3.3.9.

[148] Vgl. § 5 Abs. 3 MBBpB; § 5 Abs. 3 MBBöB. Vgl. auch BERTSCH/HÖLZLE/LAUX (1998), S. 144.

Es gibt drei verschiedene Zuteilungsverfahren: Antragsverfahren, Befragungsverfahren und automatisches Zuteilungsverfahren. Beim Antragsverfahren muss
der Bausparer von sich aus einen Antrag auf Zuteilung stellen. Bei der Wiedergeltendmachung muss der Bausparer wieder einen Antrag auf Zuteilung
stellen.[149] Beim Befragungsverfahren werden die Bausparer, dessen Bausparvertrag die Mindestzuteilungsvoraussetzungen erfüllen, von der Bausparkasse vor
der eigentlichen Zuteilung befragt, ob die Zuteilung angenommen wird.
Zugeteilt werden dann nur die Verträge, bei denen die Zuteilungsannahme
feststeht.[150] Die Wiedergeltendmachung erfolgt über eine neuerliche Erklärung
des Bausparers. Beim automatischen Zuteilungsverfahren erhält der Bausparer
bei Erfüllung der Mindestzuteilungsvoraussetzungen von der Bausparkasse
einen Zuteilungsbescheid, der ein Zuteilungsangebot darstellt. Erst bei Annahme
des Zuteilungsangebots durch den Bausparer wird zugeteilt. Nimmt der Bausparer die Zuteilung nicht an, wird der Vertrag fortgesetzt. Nach Fortsetzung kann
der Bausparer seine Rechte aus der Zuteilung durch einen Antrag jederzeit
wieder geltend machen.[151]

Durch das Fortsetzungsrecht in Verbindung mit der Wiedergeltendmachung
kann der Bausparer den eigentlichen Zuteilungstermin nach Erfüllung der
Mindestzuteilungsvoraussetzungen grundsätzlich frei wählen. Offen bleibt in der
Regel nur, ob auch noch nach Fortsetzung der Sparbeitrag weiter zu entrichten
ist.[152] Wird der Sparbeitrag weiter geleistet, reduziert sich in vielen Tarifen der
Darlehensanspruch. Sind die Marktzinsen höher als die Bauspardarlehenszinsen,
dann ist der geringere Darlehensanspruch ein Nachteil für den Bausparer.

Ein wesentlicher Vorteil der Fortsetzung ist die Fortführung der Grundverzinsung und ggf. einer eventuellen Bonusverzinsung. Praktisch bestimmt der
Bausparer so das Vertragsende und das Ende der Bonusverzinsung. Der Renditesparer und der finanzrationale Bausparer können durch die Fortsetzungsoption
Verträge mit hoher Bonusverzinsung je nach Marktlage als hochverzinsliche,
jederzeit kündbare Sparverträge nutzen.

---

[149] Vgl. § 4 Abs. 2 MBBöB. Ein Beispiel für das Antragsverfahren: § 4 ABB Tarif R 66 der
Allianz Dresdner Bauspar AG.

[150] Vgl. § 4 Abs. 1 MBBpB. Ein Beispiel für das Befragungsverfahren: § 4 Abs. 1 ABB Tarif
A der Bausparkasse Schwäbisch Hall AG.

[151] Ein Beispiel für das automatische Zuteilungsverfahren: § 4 Abs. 1 ABB des Tarifs der
Debeka Bausparkasse AG.

[152] Siehe Abschnitt 3.3.8.

3.4.2 Wahl des Zuteilungstermins

In klassischen Tarifen wird der frühest mögliche Zuteilungstermin durch die Mindestbewertungszahl, das Mindestsparguthaben und evtl. eine Mindestsparzeit geregelt. In neueren Universaltarifen besteht bis zum frühest möglichen Zuteilungstermin lediglich eine Mindestsparzeit. Danach kann der Bausparer den Zuteilungstermin frei wählen.[153] Evtl. muss der Antrag auf Zuteilung einige Zeit vor dem gewünschten Zuteilungstermin gestellt sein.[154]

Zum gewünschten Zuteilungstermin ist zu überprüfen, ob die erworbenen Bauspardarlehensansprüche dem Bausparer genügen. Bei frühen Zuteilungsterminen sind die Bauspardarlehensansprüche noch gering oder erreichen sogar einen Mindestwert nicht.[155]

Durch die freie Wahl des Zuteilungstermins kann der Geldzufluss vom Bausparer entsprechend seinem Bedarf gesteuert werden. Zwischenkredite verlieren dadurch an Bedeutung. Der finanzrationale Bausparer hat durch die freie Wahl des Zuteilungstermins viele vermögensmaximierende Ausübungsoptionen.

3.4.3 Widerruf der Zuteilungsannahme

In der Zeit von der Zuteilungsannahme bis zur Zuteilungsauszahlung kann die Zuteilungsannahme jederzeit widerrufen werden. Der Bausparvertrag bleibt dann im nicht zugeteilten Bausparbestand, wird fortgesetzt und der Bausparer kann seine Zuteilungsrechte später wieder geltend machen. Der Bausparer hat innerhalb dieses Zeitraums die Möglichkeit, eine vorher getroffene Entscheidung auf Zuteilung ohne Angabe von Gründen zu widerrufen.[156] Der Bausparer kann bei sich verändernden Rahmenbedingungen insbesondere bei Veränderung der Marktzinsen seine Entscheidung auch mehrmals revidieren.

---

[153] Vgl. § 4 ABB Tarif A der Vereinsbank Victoria Bauspar AG.

[154] Gem. § 4 Abs. 1 ABB Tarifs R 66 der Allianz Dresdner Bauspar AG muss der Antrag auf Zuteilung wenigstens fünf Monate vor dem Zuteilungstermin gestellt werden.

[155] Beispielhaft muss gem. § 4 a) i. V. m. § 11 a) ABB Tarif A Ideal der Wüstenrot Bausparkasse AG das Bauspardarlehen mindestens 2.500 € betragen.

[156] Vgl. § 5 Abs. 1 MBBpB; § 5 Abs. 1 MBBöB; § 5 Abs. 1 ABB Tarif A der Bausparkasse Mainz AG.

3.4.4 Recht auf ein Bauspardarlehen

In der Legaldefinition eines Bausparvertrags ist bestimmt, dass der Bausparer einen Rechtsanspruch auf Gewährung eines Bauspardarlehens erwirbt.[157] Dieses Recht auf Gewährung eines Bauspardarlehens erwirbt der Bausparer erst nach Leistung von Sparbeiträgen. Solange noch Leistungen vom Bausparer erbracht werden müssen, erhält der Bausparer zunächst nur eine Anwartschaft auf ein Bauspardarlehen. Der aufschiebend bedingte Bauspardarlehensanspruch wird mit der Zuteilung zu einem unbedingten Rechtsanspruch.[158] Der Bausparer hat keine Pflicht, das Bauspardarlehen in Anspruch zu nehmen (siehe Abschnitt 3.4.7). Nimmt der Bausparer das Recht auf ein Bauspardarlehen wahr, so ist dies für wohnungswirtschaftliche Maßnahmen zweckgebunden.[159]

Nach dem Grundprinzip des Bausparens ist das Erlangen eines Bauspardarlehens für den Wohneigentumserwerb das eigentliche Ziel. Der Bausparer, insbesondere der finanzrationale Bausparer wird grundsätzlich das Bauspardarlehen nutzen, wenn der Darlehenszins unterhalb des Marktzinses steht. Ein weiterer Vorteil für den Bausparer ist, dass die Bausparkassen für kleine Darlehenssummen keine Zinszuschläge verlangen, obwohl dies bei Bankdarlehen üblich ist. Zudem verleihen die Bausparkassen das Bauspardarlehen grundsätzlich bis zu einem Beleihungswert von 80 %. Bankdarlehen werden dagegen meist teurer, wenn das Darlehen 60 % des Beleihungswertes übersteigt.[160]

Bei fehlender wohnungswirtschaftlicher Verwendung kann der Bausparer das Recht auf ein Bauspardarlehen persönlich nicht nutzen. Die Option auf ein Bauspardarlehen verfällt wertlos. Erst durch ergänzende Rechte wie der Vertragsübertragung (siehe Abschnitt 3.6.3) auf eine Person mit wohnungswirtschaftlicher Verwendung oder der Fortsetzung kann das Bauspardarlehen genutzt werden. Dann hat das Recht wieder einen Wert.

Bei einem liquiditätsbeschränkten Bausparer kann diese Option wertlos sein, wenn der Finanzierungsrahmen für das Wohneigentum zu gering ist. Durch Hinzunahme der indirekten staatlichen Förderungen[161] in Form von Zulagen und

---

[157] Vgl. § 1 Abs. 2 BSpKG. Vgl. auch die Präambel der MBBpB und die Präambel der MBBöB,

[158] Vgl. SCHÄFER/CIRPKA/ZEHNDER (1999), S. 135-136.

[159] Vgl. § 1 Abs. 1 BSpKG. Die wohnungswirtschaftlichen Maßnahmen sind in § 1 Abs. 3 BSpKG abschließend beschrieben.

[160] Vgl. STIFTUNG WARENTEST (2003c), S. 25.

[161] Vgl. Abschnitt 2.2.4.

zinsgünstigen Darlehen kann die Finanzierung des Wohneigentums möglicherweise gesichert werden. Dadurch kann das Recht auf ein Bauspardarlehen
ausgeübt werden und die Option ist somit werthaltig.

3.4.5 Just-in-Time-Garantie

Der Bausparer hat durch den Bausparvertrag zwar ein Recht auf ein Bauspardarlehen. Die Bausparkasse darf jedoch keinen festen Zeitpunkt für die
Auszahlung des Bauspardarlehens zusichern (§ 4 Abs. 5 BSpKG). Um jedoch
einen planbaren Termin für die Auszahlung der Finanzierungsmittel zu garantie-
ren, hat die Deutsche Bank Bauspar AG die „Just-in-Time-Garantie" entwickelt.
Die Just-in-Time-Garantie ist eine verbindliche Verpflichtungserklärung einer
Bausparkasse bei Erreichen der Mindestzuteilungsvoraussetzungen, also zu
einem genau bestimmten Zeitpunkt, Finanzierungsmittel zur Verfügung zu
stellen. Wird der Bausparvertrag trotz Erfüllung der Mindestzuteilungsvoraussetzungen nicht zugeteilt, kann der Bausparer einen Zwischenkredit in Höhe der
Bausparsumme erhalten. Die Darlehenszinshöhe des Zwischenkredits entspricht
der Zinshöhe des Bauspardarlehens. Die Kosten dieser Garantie belaufen sich
auf ein Promille der Bausparsumme.[162]

Der finanzrationale Bausparer wird diese Just-in-Time-Garantie nur in Erwä-
gung ziehen, wenn der Zuteilungstermin tatsächlich und nicht nur nach dem
Bausparkassengesetz unsicher ist. Wie im Abschnitt 6.6 noch gezeigt wird, ist
die Verschiebung des voraussichtlichen Zuteilungstermins zwar theoretisch
möglich, jedoch bei den aktuell gegebenen Verhältnissen und aufgrund der
Geschäftspolitik der zuverlässigen Zuteilung[163] der Deutschen Bank Bauspar
AG als Anbieter der Just-in-Time-Garantie nicht relevant.

3.4.6 Wahl der Darlehenshöhe

In vielen Tarifen errechnet sich die Höhe des Bauspardarlehens aus dem Unterschied zwischen Bausparsumme und Bausparguthaben.[164] Bei einigen Tarifen
bzw. Tarifvarianten ist die Höhe des Bauspardarlehens in Höhe von 50 % der
Bausparsumme fest.[165] Bei einigen Tarifen kann der Bausparer bei Erreichen der
Zuteilungsvoraussetzungen unter tariflich bestimmten Bedingungen jedoch die

---

[162] Vgl. GERHARDS/KELLER (2002), S. 408.

[163] Vgl. WIELENS (1993), S. 469-474.

[164] Vgl. § 6 Abs. 1 MBBpB; § 6 Abs. 1 MBBöB; § 6 Abs. 1 ABB Tarif F der Aachener
Bausparkasse AG.

[165] Vgl. § 6 Abs. 1 ABB Tarif optionN der Aachener Bausparkasse AG.

Darlehenshöhe in einem definierten Rahmen frei wählen. Damit der Ausgleich im Kollektiv gewährleistet ist, erhöht sich bei einer hohen Darlehenshöhe auch der Tilgungsbeitrag, so dass das iSKLV ungefähr gleich bleibt. Als Faustregel kann man annehmen, dass sich bei doppelter Darlehenshöhe der Tilgungsbeitrag vervierfacht.

Der Rahmen für die Höhe des Darlehenswunsches wird von den Bausparkassen sehr unterschiedlich festgelegt. Auch der aus dem Darlehenswunsch resultierende Tilgungsbeitrag ist von Tarif zu Tarif unterschiedlich definiert.[166]

Durch die Wahl der Darlehenshöhe kann der Bausparer den Darlehensbetrag seinen Bedürfnissen und seinem Finanzierungsbedarf anpassen. Durch die oben beschriebene Kombination aus doppeltem Darlehensbetrag und daraus resultierendem vierfachen Tilgungsbeitrag können für bestimmte Bausparer Liquiditätsengpässe entstehen, wenn diese hohen Tilgungsbeiträge auf Dauer nicht getragen werden können.

Der finanzrationale Bausparer kann entsprechend der gegebenen Zinskurve sein Recht auf das niedrig verzinsliche Bauspardarlehen vermögensmaximierend einsetzen. Bei einer normalen Zinskurve sind die Zinsvorteile in einer langen Laufzeit zu sehen, auch wenn dadurch die Darlehenshöhe reduziert wird. Bei einer inversen Zinsstruktur sind die Zinsvorteile in einer kurzen Laufzeit mit einer sehr hohen Darlehenshöhe i. d. R. vermögensmaximierend.

3.4.7 Darlehensverzicht

Bei einem Darlehensverzicht verzichtet der Bausparer endgültig auf den eigentlich vorgesehenen Vertragszweck, nämlich auf seinen Rechtsanspruch auf ein zinsgünstiges Baudarlehen. Der Bausparvertrag ist damit beendet. Der Darlehensverzicht wird i. d. R. in der Zuteilungsphase ausgesprochen.[167] Dies ist auch der wesentliche Unterschied zur Kündigung, die in der Sparphase erfolgt (siehe Abschnitt 3.3.6).

Da die Bausparkasse die eigentliche Leistung nicht erbringen musste, kann der Bausparer je nach Tarif bzw. Tarifvariante eine oder mehrere Zusatzleistungen in Form von Zinsboni oder Erstattung der Abschlussgebühr erhalten. Die Zusatzleistungen können auch an weitere Bedingungen geknüpft sein. Folgende

---

[166] Tarifbeispiele hierfür sind: § 6 Abs. 3 i. V. m. § 10 Abs. 2 ABB Tarif R 66 der Allianz Dresdner Bauspar AG, § 6 i. V. m. § 11 Abs. 2 ABB Tarif A der Bausparkasse Schwäbisch Hall AG, § 6 Abs. 1 i. V. m. § 11 Abs. 2 ABB Tarif A der Vereinsbank Victoria Bauspar AG.

[167] Vgl. BERTSCH/HÖLZLE/LAUX (1998), S. 46.

Zusatzleistungen mit den entsprechenden Bedingungen sind beispielhaft genannt:

➤ Der Bausparer erhält einen Zinsbonus, der sich aus einem Vielfachen der schon verdienten Grundzinsen errechnet, wenn bei Auszahlung des Bausparguthabens mindestens sieben Jahre seit Vertragsbeginn vergangen sind.[168]

➤ Der Bausparer erhält abhängig von der Bewertungszahl einen Zinsbonus. Der Zinsbonus besteht in einer auf den Vertragsbeginn rückwirkenden Erhöhung der Grundverzinsung.[169]

➤ Der Bausparer erhält abhängig von einer regelmäßigen Besparung einen Zinsbonus, wenn beim Darlehensverzicht eine Vertragslaufzeit von sieben Jahren bestand.[170]

➤ Das Bausparguthaben wird rückwirkend ab Vertragsbeginn mit einem höheren Zinssatz als bei der schon bestehenden Grundverzinsung verzinst, wenn der Vertrag mindestens sieben Jahre bei Annahme der Zuteilung des Vertrags bestand. Bei Teilung, Zusammenlegung, Ermäßigung oder Erhöhung des Bausparvertrags ist der neu ermittelte Vertragsbeginn Grundlage für die Laufzeitberechnung. Die Differenz zu den Grundzinsen wird bei Auszahlung des Bausparguthabens fällig.[171]

➤ Die Abschlussgebühr wird erstattet, wenn die Saldensumme[172] mindestens das 10-fache der Bausparsumme beträgt, wenn die Vertragslaufzeit mindestens sieben Jahre betrug und seit Vertragsbeginn keine Teilung, Zusammenlegung, Ermäßigung oder Erhöhung des Bausparvertrags erfolgte.[173]

➤ Auf einen Neuvertrag wird eine Sondervergütung in Höhe der im zugeteilten Vertrag geleisteten Abschlussgebühr gewährt.[174]

---

[168] Vgl. § 3 Abs. 3 ABB Tarif R 66 der Allianz Dresdner Bauspar AG.

[169] Vgl. § 3 Abs. 3 ABB des Tarifs der Debeka Bausparkasse AG.

[170] Vgl. § 2 Abs. 4 ABB Tarif A der Vereinsbank Victoria Bauspar AG.

[171] Vgl. § 3 ABB Tarif Dispo maXX der BHW Bausparkasse AG.

[172] Die Saldensumme ist die Summe der jeweiligen Bausparguthaben an den vom Bausparvertrag schon durchlaufenen Bewertungsstichtagen.

[173] Vgl. § 1 Abs. 3 ABB Tarif Dispo maXX der BHW Bausparkasse AG.

[174] Vgl. § 1 Abs. 3 ABB Tarif T2 Bonus der Signal Iduna Bauspar AG.

Durch den Darlehensverzicht steht dem Bausparer ein wesentliches Recht zu. Kann oder will er das Bauspardarlehen nicht nutzen, so ist der Bausparer dazu auch nicht verpflichtet. Insbesondere der finanzrationale Bausparer wird bei Zuteilung entscheiden, ob das Bauspardarlehen oder der Darlehensverzicht mit den evtl. Zusatzleistungen wie Zinsbonus oder Rückerstattung der Abschlussgebühr für ihn vermögensmaximierend ist.

3.4.8 Teildarlehensverzicht

Bei einem Teildarlehensverzicht verzichtet der Bausparer endgültig auf einen Teil des ihm zustehenden Bauspardarlehens. Obwohl auch beim Teildarlehensverzicht der Bausparer auf einen Teil seiner eigentlichen Leistung verzichtet, erhält er jedoch keine Zusatzleistung. Nur beim vollständigen Darlehensverzicht stehen dem Bausparer je nach Tarif evtl. die Zusatzleistungen zu (siehe Kapitel 3.4.7).

Durch den Teildarlehensverzicht kann der Bausparer den Darlehensbetrag seinem Finanzierungsbedarf anpassen. Ein finanzrationaler Bausparer wird entweder das Bauspardarlehen in voller Höhe in Anspruch nehmen oder ganz auf das Bauspardarlehen verzichten. Ein Teildarlehensverzicht kommt für ihn nicht in Frage, da er dadurch seinen Vorteil nur teilweise nutzen kann.

3.4.9 Anrechnung der Abschlussgebühr

Wird auf das Bauspardarlehen verzichtet, gewähren einige Tarife eine Anrechnung der für den zugeteilten Vertrag gezahlten Abschlussgebühr auf einen neuen abzuschließenden Vertrag. Dabei sind Fristen für den Neuabschluss zu beachten.[175] Bei einigen Bausparkassen erfolgt die Anrechnung der Abschlussgebühr auf einen Neuvertrag auf Antrag.[176] Mittels der Anrechnung der Abschlussgebühr kann somit die Abschlussgebühr für den Neuvertrag gespart werden. Ist ein Neuabschluss innerhalb der Frist für den Bausparer nicht relevant, so ist diese Anrechnungsmöglichkeit allerdings wertlos.

3.4.10 Guthabenträgheit des Bausparers

Bei der Guthabenträgheit wird das Bausparguthaben vom Bausparer noch nicht abgerufen, obwohl die Zuteilung schon längst erfolgt ist. Daneben existiert die Guthabenträgheit bedingt durch die Bausparkasse, die bei den Gestaltungsrechten der Bausparkasse beschrieben wird (siehe Abschnitt 3.7.4). Über die Gutha-

---

[175] Vgl. § 1 Abs. 3 ABB Tarif T2 Bonus der Signal Iduna Bauspar AG.

[176] Vgl. § 1 Abs. 4 ABB des Tarifs der HUK-COBURG Bausparkasse AG.

benträgheit existiert keine Legaldefinition. Die gesamte Guthabenträgheit des Bausparer und der Bausparkasse wird in der Bilanz der Bausparkasse als Bauspareinlage auf zugeteilte Bausparverträge ausgewiesen. Die Guthabenträgheit entsteht hauptsächlich durch die Auszahlung von runden Summen, bei dem ein Restbetrag vorläufig stehen bleibt oder die Wohnungsbauprämie bis zum Verwendungsnachweis zurückbehalten wird.[177] Der Betrag der noch nicht ausgezahlten Bausparguthaben zugeteilter Bausparverträge wird im Anhang des Geschäftsberichts der Bausparkassen im Posten Bewegung der Zuteilungsmasse nachrichtlich ausgewiesen. Dabei wird nicht unterschieden, ob die Guthabenträgheit durch den Bausparer oder durch die Bausparkasse verursacht wird.

Der Bausparer kann durch die Guthabenträgheit Nachteile erleiden, da einige Tarife die Verzinsung des Bausparguthabens mit Ablauf des Monats beenden, in dem die Bausparsumme und damit das Bausparguthaben bereitgestellt werden.[178]

Der finanzrationale Bausparer hat durch die Guthabenträgheit keinen Vorteil, insbesondere dann nicht, wenn das Bausparguthaben nicht mehr verzinst wird.

3.4.11 Darlehensträgheit des Bausparers

Auch bei Erfüllung aller Auszahlungsvoraussetzungen hat der Bausparer das Recht, das Darlehen ganz oder teilweise innerhalb einer definierten Frist nicht abzurufen. Nach § 9 Abs. 2 MBBpB beträgt die Frist zwei Jahre. Danach wird die Bausparkasse dem Bausparer eine letzte Frist von z. B. sechs Monaten[179] für den Abruf des Darlehens setzen. Bausparkassen können auch eine Bereitstellungsgebühr verlangen.[180] Bei den meisten Tarifen verschiebt sich der erste Tilgungsbeitrag bei Teildarlehensauszahlungen.[181] Wie bei der Guthabenträgheit werden die noch nicht ausgezahlten Bauspardarlehen aus Zuteilungen im Anhang des Geschäftsberichts der Bausparkassen im Posten Bewegung der Zuteilungsmasse nachrichtlich ausgewiesen. Dabei wird auch nicht unterschieden, ob die Darlehensträgheit durch den Bausparer oder durch die Bausparkasse (siehe Kapitel 3.7.5) verursacht wird.

---

[177] Vgl. BERTSCH/HÖLZLE/LAUX (1998), S. 130.

[178] Vgl. § 3 Abs. 2 ABB des Tarifs der HUK-Coburg-Bausparkasse AG.

[179] Siehe § 9 Abs. 2 ABB Tarif R 66 der Allianz Dresdner Bauspar AG.

[180] Vgl. § 6 Abs. 3 ABB Tarif Via Badenia der Deutschen Bausparkasse Badenia AG. Die Bereitstellungsgebühr ist in dem Tarif nach Tarifvarianten gestaffelt.

[181] Vgl. § 11 Abs. 4 MBBpB; § 11 Abs. 4 ABB Tarif A der Bausparkasse Schwäbisch Hall AG.

Durch die mögliche Darlehensträgheit kann der Bausparer einerseits das Darlehen entsprechend seines Bedarfs abrufen, andererseits muss ein Darlehensverzicht nicht sofort ausgeübt werden. Durch Veränderung der Marktsituation während der oben genannten Frist kann ein Darlehen für den Bausparer wieder vorteilhaft werden. Um die Vorteilhaftigkeit der Darlehensträgheit zu reduzieren, wird eine Bereitstellungsgebühr erhoben. Eine Darlehensträgheit kann nur dann finanzrational sein, wenn das Recht auf Darlehensträgheit einen höheren Wert hat als die zu zahlende Bereitstellungsgebühr.

3.5 Gestaltungsrechte des Bausparers während der Darlehensphase

3.5.1 Risikolebensversicherung

Zur Absicherung und zum Schutz der Familie des Darlehensnehmers[182] für dessen Todesfall werden Risikolebensversicherungen angeboten. Die Risikolebensversicherung ist ein zusätzliches Produkt, welches mit dem Bausparen kombiniert werden kann. Es handelt sich dabei um eine Restschuldversicherung. Dabei wird die Versicherungssumme der jährlich sinkenden Darlehensschuld angepasst und die Versicherungsbeiträge jährlich entsprechend des Alters und des Geschlechts neu berechnet und der Darlehensschuld zugeschlagen. Da die Tilgungsbeiträge gleich bleiben, verlängert sich die Tilgungsdauer im Vergleich zu einem Darlehen ohne Risikolebensversicherung.[183]

Die Risikolebensversicherung wird je nach Tarif als obligatorische oder als fakultative Risikolebensversicherung angeboten. Bei der **obligatorischen Risikolebensversicherung** meldet die Bausparkasse den Bausparer mit der Darlehensauszahlung zur Risikolebensversicherung an. Auf eine Gesundheitsprüfung kann grundsätzlich verzichtet werden, da bei obligatorischen Versicherungen mit keiner Negativselektion zu rechnen ist. Die Versicherungsbeiträge sind bei der obligatorischen Risikoversicherung im effektiven Jahreszins anzugeben.[184] Besitzt der Bausparer bereits eine andere Lebensversicherung, so kann die Bausparkasse gegen Abtretung der Rechte aus diesem Vertrag auf die obligatorische Versicherung verzichten. Der Bausparer kann, wenn er selbst

---

[182] Bis zu Beginn des Jahres 2003 wurde von der LBS Westdeutsche Landesbausparkasse ein Tarif mit einer Ansparversicherung angeboten.

[183] Vgl. Bestimmung zur Risikolebensversicherung der LBS Ostdeutsche Landesbausparkasse AB.

[184] Vgl. § 6 Abs. 3 Nr. 5 PAngV.

Versicherungsnehmer ist, innerhalb einer Frist von 14 Tagen seit Vertragsabschluss vom Versicherungsvertrag zurücktreten. Bei der **fakultativen Risikolebensversicherung** vermittelt die Bausparkasse auf Wunsch eine Risikolebensversicherung. Die Beiträge zur fakultativen Risikolebensversicherung sind nicht bei der Berechnung des effektiven Jahreszinses zu berücksichtigen.[185]

Da die Risikolebensversicherung im Bausparen eine Gruppenversicherung ist, können günstige Versicherungsbeiträge angeboten werden. Der Bausparer hat zu prüfen, ob er das Produkt Risikolebensversicherung benötigt. Wenn er eine Risikolebensversicherung benötigt, ist weiterhin zu prüfen, ob die mit dem Bausparvertrag kombinierte günstiger ist als eine separate Risikolebensversicherung eines anderen Anbieters.

3.5.2 Sondertilgung

Beim Bausparen kann eine Sondertilgung zu jeder Zeit, in jeder Höhe und beliebig oft geleistet werden.[186] Dazu sind grundsätzlich keine Formalitäten zu erfüllen, Fristen zu beachten, Teilkündigungen auszusprechen, usw. Wird nicht die gesamte Restschuld getilgt (**Sonderabschlusstilgung**), sondern nur ein Teil des Bauspardarlehens, so hat der Bausparer folgende Möglichkeiten:[187]

> ➤ Tilgungsbeiträge wie bisher weiterleisten,
>
> ➤ Sondertilgung als Vorauszahlung ansehen und frei gewählte Tilgungsbeiträge aussetzen,
>
> ➤ Tilgungsbeitrag im Verhältnis des neuen zum bisherigen Restdarlehen reduzieren (entsprechend den ABB).

Der Bausparer kann im Vergleich zum tariflichen Tilgungsbeitrag seine Schulden durch die Sondertilgungen zügiger tilgen. Einer Sonderabschlusstilgung kommt es gleich, wenn im Todesfall des Bausparers die Bausparrisikolebensversicherung fällig und zur Darlehenstilgung verwendet wird.

Der nicht liquiditätsbeschränkte vermögende Bausparer kann jederzeit sein Tilgungsverhalten den aktuellen Marktzinsen anpassen. Für den finanzrationalen Bausparer, der keine Liquiditätsbeschränkungen hat, sind die Teiltilgung und damit auch die Reduzierung des Tilgungsbeitrags wertlos. Denn er wird den

---

[185] Vgl. LBS (2002), S. 178-179.

[186] Vgl. § 11 Abs. 5 MBBpB; § 11 Abs. 6 MBBöB; § 11 Abs. 5 ABB Tarif easy plus (L) der Alten Leipziger Bauspar AG.

[187] Vgl. BERTSCH/HÖLZLE/LAUX (1998), S. 106.

gesamten Restbetrag komplett tilgen, wenn die Sondertilgung vermögensmaximierend ist. Ist dagegen eine Sondertilgung nicht vorteilhaft, erfolgt auch keine.

3.5.3 Reduzierung des Tilgungsbeitrags nach Sondertilgung

Der Bausparer kann verlangen, dass die Tilgungszeit nach Sondertilgung durch Kürzung des Tilgungsbeitrags prinzipiell gleich bleibt. In der direkten Methode wird der Tilgungsbeitrag im Verhältnis des neuen Restdarlehens zum bisherigen Restdarlehen herabgesetzt.[188] Bei der indirekten Methode wird die Bausparsumme im Verhältnis der Sondertilgung zur Restschuld herabgesetzt. Der Tilgungsbeitrag wird dann auf Basis der neuen Bausparsumme berechnet.[189] I. d. R. wird ein Mindestsondertilgungsbeitrag verlangt, damit eine Reduzierung des Tilgungsbeitrags erfolgen kann.

Der nicht rationale Bausparer hat durch die flexiblen Sondertilgungsbedingungen die Möglichkeit, sich durch Einmalzahlungen z. B. resultierend aus dem Weihnachtsgeld oder durch Erbschaften und Schenkungen frühzeitig zu entschulden.

3.5.4 Widerruf nach Darlehensinanspruchnahme

Hierbei ist zu unterscheiden, ob die Voraussetzungen eines Haustürgeschäfts nach § 312 BGB vorliegen. Bei einem Haustürgeschäft hat der Bausparer generell das Recht zum nachträglichen Widerruf über den bereits abgeschlossenen und vielleicht schon ausgezahlten Darlehensvertrag (gem. § 312 BGB i. V. m. § 355 BGB).

Den Bausparern stehen bei Darlehensverträgen grundsätzlich ein Widerrufsrecht (gem. § 495 BGB i. V. m. § 355 BGB) zu. Dieses Widerrufsrecht kann jedoch für eine Übergangszeit bis zum 30.06.2005 durch besondere schriftliche Vereinbarungen gem. § 506 BGB ausgeschlossen werden.

Wie schon beim Widerrufsrecht nach Abschluss des Bausparvertrags sind Bausparkasse und Bausparer gem. § 357 BGB verpflichtet, sich gegenseitig die empfangenen Leistungen zurückzugewähren. Die Widerrufsfrist ist grundsätzlich auf zwei Wochen festgelegt, wenn der Verbraucher eine nach § 355 Abs. 2 Satz 1 BGB gestaltete Belehrung erhalten hat. Abweichend davon verlängert sich die Frist auf insgesamt einen Monat, wenn die Belehrung erst nach Vertragsabschluss mitgeteilt wurde. Wird keine ordnungsgemäße Belehrung

---

[188] Vgl. § 11 Abs. 5 MBBpB.

[189] Vgl. § 11 Abs. 6 MBBöB.

durchgeführt, so erlischt auch das Widerrufsrecht gem. § 355 Abs. 3 Satz 3 nicht.

Nach erfolgtem Widerruf sind die gegenseitigen Leistungen zurückzugewähren und der Bausparer kann zu einem späteren Zeitpunkt wieder ein Bauspardarlehen erhalten und dann ggf. wieder widerrufen.

Der finanzrationale Bausparer nutzt dieses Widerrufsrecht ggf. mehrmals in der Widerrufszeit systematisch für Arbitrageüberlegungen hinsichtlich der Marktzinsveränderungen. Fällt der Marktzins beispielsweise innerhalb der Widerrufszeit unter dem Bauspardarlehenszinssatz, so wird der finanzrationale Bausparer sein Widerrufsrecht nutzen. Er kann sich jeweils für 14 Tage diese Option sichern.

3.5.5 Vorläufige Tilgungsaussetzung

Der Bausparer hat die Möglichkeit mehrere Tilgungsbeiträge auszusetzen. Jedoch muss er mit einer Kündigung rechnen, wenn er einerseits mit mindestens zwei Tilgungsbeiträgen in Verzug ist und andererseits die Bausparkasse dem Bausparer eine entsprechende Mahnung zukommen lässt. Für die Begleichung dieser Zahlungen wird dem Bausparer zudem noch eine Frist – z. B. vier Wochen – eingeräumt.[190]

Der Bausparer kann durch diese Option immer mindestens zwei Monate mit den Tilgungsbeiträgen im Rückstand sein. Jedoch werden für diese Zeit Darlehenszinsen berechnet. Nur wenn die Darlehenszinsen niedriger sind als die entsprechenden Marktzinsen, hat der Bausparer durch Ausübung dieser Option einen monetären Vorteil.

3.5.6 Endgültige Tilgungsaussetzung

Der Bausparer hat die Möglichkeit, jederzeit die vereinbarten Tilgungsbeiträge endgültig zu unterlassen.[191] Dies ist jedoch kein Recht sondern eine vertragliche Leistungsstörung.

Die endgültige Tilgungsaussetzung könnte bei gesunkenem Wert des Eigenheims finanzrational sein. Der Bausparer tritt das Eigenheim an die Bausparkasse ab und die restliche Darlehensschuld könnte erlassen werden. Dies setzt aber voraus, dass es keine rechtlichen Regelungen gibt, welche dem

---

[190] Vgl. § 12 Nr. a MBBpB; § 12 Nr. a MBBöB; § 12 Nr. a ABB Tarif A der Bausparkasse Schwäbisch Hall AG.

[191] Vgl. CIELEBACK (2001), S. 97.

Kreditgeber das Recht einräumen, auf andere Vermögenswerte des Bausparers zurückzugreifen, wenn der Wert des Eigenheims nicht ausreicht, die ausstehende Darlehensschuld zu tilgen.[192] Diese Voraussetzung ist vermutlich meist nicht gegeben und die diesbezüglichen Fragen des Schuldrechts sind im Zweifelsfall zu klären.

Der nicht finanzrationale Bausparer kann durch besondere Umstände wie z. B. Arbeitslosigkeit oder Scheidung nicht mehr in der Lage sein, die Tilgungsbeiträge zu begleichen. Auch bei Arbeitslosigkeit oder Scheidung sind die Schuldrechtsfragen zu klären.

Die endgültige Tilgungsaussetzung wird nachfolgend nicht weiter betrachtet, da dieser Vorgang, wie eingangs bereits gesagt, kein eigentliches Recht ist bzw. gegen die Vereinbarungen zwischen Bausparer und Bausparkasse verstößt.[193]

3.6 Zustimmungsbedürftige Rechte des Bausparers

3.6.1 Freizügigkeit des Sparverhaltens

Der zu erbringende monatliche Regelsparbeitrag ist in den jeweiligen ABB geregelt. Jedoch kann der Bausparer vom Regelsparbeitrag nach unten und nach oben abweichen. Die Bausparkasse kann den Regelsparbeitrag nicht einklagen. Die Bausparkasse hat jedoch die Möglichkeit, den Bausparvertrag nach erfolgloser Mahnung mit Fristsetzung zu kündigen. Ein Zahlungsverzug tritt nur dann ein, wenn unter Berücksichtigung geleisteter Sonderzahlungen eine in den ABB festzulegende Mindestzahl von Regelsparbeiträgen aussteht.[194]

Auch die Annahme von Sonderzahlungen kann von der Zustimmung der Bausparkasse abhängig sein.[195]

Obwohl der Tarif den Regelsparbeitrag eindeutig definiert, ist die Sparweise in der Praxis freizügig geregelt.[196]

---

[192] Vgl. CIELEBACK (2001), S. 98.

[193] Die endgültige Tilgungsaussetzung wurde nur wegen des Bezugs zur Arbeit von CIELEBACK (2001), S. 97-98 erwähnt.

[194] Vgl. SCHÄFER/CIRPKA/ZEHNDER (1999), S. 277-278 und Kapitel 3.3.7.

[195] Vgl. § 2 Abs. 2 MBBpB; § 2 Abs. 2 MBBöB; § 2 Abs. 2 ABB Tarif HausFit der AXA Bausparkasse AG.

[196] Vgl. BERTSCH/HÖLZLE/LAUX (1998), S. 98-99.

Neben dem Sparverhalten der Regelsparer sind auch andere Sparverhalten in der Praxis anzutreffen, wie z. B. das Sparverhalten der „Schnellsparer", das Sparverhalten der „Optimierer" oder ein Sparstopp wird nach dem Erreichen des Mindestspaguthabens eingelegt. Die unterschiedliche Besparung beeinflusst die Bewertungszahl. Die Bewertungszahl soll einen Ausgleich trotz unterschiedlicher Sparmuster im Kollektiv sicherstellen. Deshalb kann sich die Bausparkasse die Freizügigkeit im Sparverhalten erlauben und die Gleichbehandlung im Kollektiv sicherstellen.

Diese Freizügigkeit der Sparleistung ist auch in zahlreichen Bausparprodukten immanent. Beispielsweise werden von zahlreichen Bausparkassen „Konstant-Modelle" angeboten, bei denen die vereinbarten Sparbeiträge nicht dem Regelsparbeitrag entsprechen müssen.[197]

Bei ausbleibendem Regelsparbeitrag machen die Bausparkassen normalerweise keinen Gebrauch ihres Kündigungsrechts. Von der Kündigung wird in der Praxis zurzeit nur dann Gebrauch gemacht, wenn durch den Rückstand die Einlösung unterbleibt.[198]

Auch vom Recht Sonderzahlungen abzulehnen wird in der Praxis selten Gebrauch gemacht. Die Ablehnungsmöglichkeit von Sonderzahlungen hat mehrere Aufgaben. Zum einem dient die Ablehnung von Sonderzahlungen dem Schutz des Bausparkollektivs bei Liquiditätsengpässen der Bausparkasse, da beispielsweise in einer Hochzinsphase viele Bausparer durch Sonderzahlungen eine schnelle Zuteilung erzwingen könnten. Zudem müssen Sonderzahlungen abgelehnt werden können, damit eine Bausparkasse das nach der Bausparkassenverordnung vorgegebene Kontingent an Schnell- und Großbausparverträgen einhalten kann.[199]

Jedoch wird in jüngster Zeit die Freizügigkeit bei Sonderzahlungen in der Praxis eingeschränkt. Beispielsweise lehnen Bausparkassen Sonderzahlungen ab einer bestimmten Höhe ab und überweisen den gezahlten Sparbeitrag wieder zurück. Dies geschieht insbesondere bei Hochzinstarifen, bei denen die mögliche Gesamtverzinsung (unter Beachtung der tariflichen Voraussetzungen) über den Marktzinsen liegt. Damit wollen sich die Bausparkassen gegen Renditesparer wehren, die den Bausparvertrag als reines Sparprodukt ansehen. Die Renditesparer sind zwar für das Kollektiv wegen der gewonnenen Liquidität vorteilhaft

---

[197] Vgl. STIFTUNG WARENTEST (2003b), S. 76-79.

[198] Vgl. BERTSCH/HÖLZLE/LAUX (1998), S. 79.

[199] Vgl. BERTSCH/HÖLZLE/LAUX (1998), S. 105-106.

aber für die Bausparkasse aus Ertragsgesichtspunkten äußerst schädlich.[200] Deshalb müssen auch zum Schutz des Ertrags gerade die Sonderzahlungen abgelehnt werden können.

3.6.2 Vertragsänderungen

Als Vertragsänderungen werden hier die proportionale und unproportionale Teilung von Bausparverträgen, die Ermäßigung der Bausparsumme, die Erhöhung der Bausparsumme und die Zusammenlegung von Bausparverträgen definiert. Jede Vertragsänderung ist von der Zustimmung der Bausparkasse abhängig. Die Zustimmung kann auch konkludent erfolgen. Die Debeka Bausparkasse schreibt z. B. in ihren ABB, dass „nur aus bauspartechnischen Gründen (z. B. bei Gefahr unangemessen langer Wartezeiten bei der Zuteilung)" die Zuteilung abgelehnt werden kann.[201] Die Bausparkasse muss nach dem Gleichbehandlungsgrundsatz die Zustimmung bzw. die Ablehnung einheitlich handhaben. Zustimmung bzw. Ablehnung nur auf Einzelfälle bezogen sind nicht zulässig. Die Gleichbehandlung aller Bausparer bei gleichem Tatbestand ist ein generelles Prinzip.[202] Für die Vertragsänderung kann eine monetäre Gebühr oder auch eine Reduzierung der Bewertungszahl verlangt werden.[203] Zudem kann eine Frist (Karenzzeit) zwischen der Vertragsänderung und dem frühest möglichen Zuteilungstermin gefordert werden.[204]

Bei der **proportionalen Teilung** wird das Bausparguthaben im Verhältnis der Bausparsumme der Teilverträge aufgeteilt. Bei einer **unproportionalen Teilung** kann das Guthaben in einem beliebigen Verhältnis auf die neu entstehenden Teilverträge verteilt werden. Im Extremfall wird das gesamte Bausparguthaben

---

[200] Vgl. REICHEL (2003), S. 30.

[201] Gem. § 12 Abs. 1 ABB des Tarif der Debeka Bausparkasse AG.

[202] Vgl. BERTSCH/HÖLZLE/LAUX (1998), S. 134-135; SCHÄFER/CIRPKA/ZEHNDER (1999), S. 163-168.

[203] Vgl. § 13 ABB Tarif C der Deutschen Bank Bauspar AG.

[204] Vgl. § 13 MBBpB; § 13 Abs. 1 MBBöB; beispielsweise können gem. § 13 ABB Tarif optionN der Aachener Bausparkasse AG geteilte und ermäßigte Verträge frühestens nach sechs Monaten und zusammengelegte und erhöhte Verträge frühestens nach zwölf Monate zugeteilt werden.

einem Teilvertrag komplett gutgeschrieben und der andere Teilvertrag erhält kein Bausparguthaben.[205]

Bei einer **Ermäßigung** wird die Bausparsumme um den Ermäßigungsbetrag reduziert. Die Bewertungszahl wird grundsätzlich auf Basis der neuen Bausparsumme berechnet und der Regelsparbeitrag entsprechend gekürzt.[206] Die Abschlussgebühr kann in Abhängigkeit des Tarifs für den nicht in Anspruch genommenen Teil der Bausparsumme auf einen neu abgeschlossenen Bausparvertrag angerechnet werden.[207]

Bei einer **Erhöhung** wird die Bausparsumme erhöht und für den erhöhten Betrag eine Abschlussgebühr fällig, die dem Bausparvertrag belastet wird. Die Bewertungszahl wird mit der neuen Bausparsumme neu berechnet. Die Erhöhungsoption wird grundsätzlich nicht mehr gewährt, wenn das Neugeschäft für diese Tarife eingestellt ist.[208]

Bei einer **Zusammenlegung** werden Bausparsumme und Bausparguthaben mehrerer Verträge zu einem Vertrag zusammengefasst. Die Bewertungszahl wird neu berechnet und der neue Vertragsbeginn festgelegt.[209]

Durch Vertragsänderungen kann der Bausparer den Bausparvertrag flexibel seinen jeweiligen Bedürfnissen und Wünschen anpassen und die Mindestzuteilungsbedingungen können gegebenenfalls früher erfüllt werden. Durch das Zustimmungsrecht hat die Bausparkasse die Möglichkeit, das Kollektiv vor einer Häufung nachteiliger Vertragsänderung zu schützen.

Durch das Zustimmungsrecht der Bausparkasse kann der finanzrationale Bausparer nicht sicher sein, dass er die Zustimmung erhält. Würden sich alle Bausparer plötzlich finanzrational verhalten, kann mittels der nicht erteilten

---

[205] Vgl. § 13 Abs. 2 MBBpB; § 13 Abs. 4 MBBöB; § 13 Abs. 2 ABB Tarif Via Badenia der Deutschen Bausparkasse Badenia AG. Die unproportionale Teilung wird manchmal als inkongruente Teilung bezeichnet. Wird das gesamte Bausparguthaben einem Teilvertrag gutgeschrieben, so bezeichnet man diesen auch als Teilbausparvertrag und den anderen als Restbausparvertrag, vgl. LBS (2002), S. 186-87.

[206] Vgl. § 13 Abs. 4 MBBpB; § 13 Abs. 4 ABB Tarif Q 12 der Quelle Bauspar AG. Bei einigen Tarifen ändert sich die Bewertungszahl trotz Ermäßigung nicht; siehe beispielsweise § 14 Abs. 4 ABB Tarif T2 Bonus der Signal Iduna Bauspar AG.

[207] Beispielsweise § 1 Abs. 3 ABB Tarif Classic der LBS Baden-Württemberg.

[208] Vgl. § 13 Abs. 5 MBBpB; § 13 Abs. 2 MBBöB; § 13 Abs. 5 ABB Tarif Q 12 der Quelle Bauspar AG.

[209] Vgl. § 13 Abs. 3 MBBpB; § 13 Abs. 3 MBBöB; § 13 Abs. 3 ABB Tarif Q 12 der Quelle Bauspar AG.

Zustimmung bei Vertragsänderungen das Kollektiv stabilisiert werden. Sonst könnten viele Bausparer zur gleichen Zeit die Mindestzuteilungsvoraussetzungen erfüllen und die Zuteilung verlangen. Die zusätzliche Karenzzeit soll das Bausparkollektiv generell vor plötzlichen und schwer vorhersehbaren Zuteilungsansprüchen schützen.

3.6.3 Vertragsübertragung

Ein Bausparvertrag kann mit Zustimmung der Bausparkasse in jeder Phase auf einen Dritten übertragen werden. Der Bausparer kann auch einzelne Ansprüche oder Rechte aus dem Bausparvertrag mit Zustimmung der Bausparkasse auf einen Dritten übertragen. Für Vertragsübertragungen können Gebühren verlangt werden.[210]

Einer Übertragung vor der Darlehensphase stimmt die Bausparkasse in der Regel zu, wenn der Übernehmer ein Angehöriger im Sinne des § 15 Abgabenordnung (AO) ist.[211] Einige Bausparkassen stimmen auch bei Nichtangehörigen einer Übertragung zu, verlangen jedoch eine höhere Übertragungsgebühr.[212] In der Darlehensphase wird die Bausparkasse ihre Zustimmung vor allem von der Bonität des Übernehmers abhängig machen.[213] Die Vertragsübertragung ist unschädlich für die Gewährung der Wohnungsbauprämien, wenn der Bausparvertrag an einen Angehörigen im Sinne des § 15 AO übertragen und für den Wohnungsbau verwendet wird.[214]

Wer Angehöriger im Sinne der § 15 AO ist, verdeutlicht die folgende Abbildung:[215]

---

[210] Vgl. Gebührentabelle der Alttarife der Bausparkasse Schwäbisch Hall AG (Stand: 01/2002).

[211] Vgl. § 14 MBBpB; § 14 MBBöB; § 14 ABB Tarif Q 12 der Quelle Bauspar AG.

[212] Beispielsweise berechnet die Quelle Bauspar AG für eine Übertragung in der Sparphase auf Angehörige eine Gebühr von 0,2 % aus der zu übertragenden Bausparsumme, jedoch mindestens 15 Euro und höchstens 50 Euro. Bei Nichtangehörigen wird eine Übertragungsgebühr generell in Höhe von 1 % aus der zu übertragenden Bausparsumme berechnet, vgl. Gebührentabelle der Quelle Bauspar AG (Stand: 15.05.2003).

[213] Vgl. BERTSCH/HÖLZLE/LAUX (1998), S. 131.

[214] Vgl. § 2 Abs. 2 Nr. 2 WoPG.

[215] In Anlehnung an STÄUBER/WALTER (1996), S. 162.

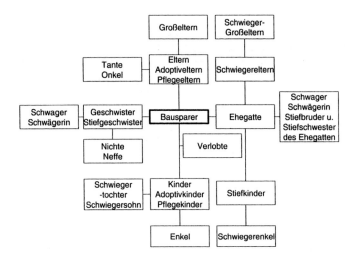

Abb. 3.2: Angehörige nach § 15 AO

Die AO weist einige Besonderheiten auf. Auch wenn die Ehe nicht mehr besteht, gelten der Ehegatte, dessen Geschwister und die Verwandten in gerader Linie des Ehegatten weiterhin als Angehörige. Als Angehörige gelten auch Personen, bei der die Verwandtschaft oder Schwägerschaft durch Annahme als Kind erloschen ist. Besteht die häusliche Gemeinschaft von Pflegeeltern bzw. von Pflegekindern nicht mehr, so gelten diese weiterhin als Angehörige, sofern die Personen weiter wie Eltern und Kind miteinander verbunden sind.[216]

Ein Handel mit Bausparverträgen, insbesondere von zuteilungsnahen Bausparverträgen, kann zu einer erheblichen Belastung für das Kollektiv führen. Hätte ein Bausparer keine wohnungswirtschaftliche Verwendung, dann müsste der Bausparer mit wartezeitverkürzenden Folgen für das Kollektiv auf das Darlehen verzichten. Durch den Vertragsübertrag aber wird aus dem Darlehensverzicht eine Darlehensinanspruchnahme und das Kollektiv wird belastet. Der freie Handel von Bausparverträgen ist aus Sicht der Bausparkassen deshalb unerwünscht.

---

[216] Vgl. § 15 Abs. 2 AO.

3.6.4 Tarifwechsel

Der Tarifwechsel ist vergleichbar mit dem Tarifvariantenwechsel (siehe Abschnitt 3.3.5). Jedoch entsteht durch den Tarifwechsel ein neuer Vertrag. Bei einem Tarifvariantenwechsel bleibt der Vertag bestehen, da innerhalb des Vertrags der Wechsel durchgeführt wird. Im Gegensatz zum Tarifvarianten- wechsel ist der Tarifwechsel i. d. R. nicht vertraglich in den ABB geregelt. Manche Bausparkassen bieten einen Tarifwechsel an, bei dem eine Zustimmung der Bausparkasse grundsätzlich erforderlich ist. Mit Zustimmung wird der Vertrag mit den Tarifmerkmalen des neuen Tarifs weitergeführt. Der Tarifwech- sel ist oft mit Nachteilen für den Bausparer in Form von Zinsabzügen, Gebühren oder auch Bewertungszahlabzügen verbunden.[217]

Ändern sich innerhalb der Vertragslaufzeit die Ziele des Bausparers, beispiels- weise wird aus einem Renditesparer ein Bausparer mit Baufinanzierungsabsicht, kann sich gerade bei den klassischen Tarifen ohne Zins- und Laufzeitwahlrecht der Tarif für den Bausparer als ungeeignet erweisen. Durch einen Wechsel in einen geeigneten Tarif, kann die neue Zielsetzung mit dem dann neuen Tarif in Einklang gebracht werden.

Eine weitere Notwendigkeit eines Tarifwechsels entsteht, wenn zwei Verträge mit unterschiedlichen Tarifen zusammengelegt werden sollen. Nur gleiche Tarife können zusammengelegt werden.

3.6.5 Tilgungsstreckung

Bei einer Tilgungsstreckung wird die monatliche Belastung des Darlehensneh- mers gesenkt und die Laufzeit des Darlehens wird verlängert. Jedoch darf eine Tilgungsstreckung das Kollektiv nicht belasten. Für eine Tilgungsstreckung gibt es verschiedene Lösungen.[218]

Im Rahmen der **tariflichen Tilgungsstreckung** wurden Tarife entwickelt, die bedingt durch eine höhere Sparerleistung auch eine höhere Kassenleistung in Form einer längeren Tilgungszeit erlauben (Langzeittarife).

Bei der **kasseninternen außerkollektiven Tilgungsstreckung** wird der Tilgungsbeitrag abgesenkt und dafür aber der Bauspardarlehenszins erhöht. Die Bausparkasse finanziert mit dem Zinszuschlag Fremdmittel, die zum Ausgleich der geringeren Tilgung in die Zuteilungsmasse eingeschleust werden. Da für die

---

[217] Vgl. BERTSCH/HÖLZLE/LAUX (1998), S. 119; LBS (2002), S. 150.

[218] Vgl. BERTSCH/HÖLZLE/LAUX (1998), S. 127-128.

Bausparkasse ein Zinsänderungsrisiko und ein hoher Verwaltungsaufwand bestehen, wird diese Tilgungsstreckungsart z. Z. nicht mehr angeboten. Bei einem **Tilgungsstreckungsdarlehen**[219] wird die Ermäßigung des Tilgungsbeitrags durch eine gleichzeitige Aufnahme eines anderen Darlehens zu Kapitalmarktkonditionen erreicht. Erst nach Tilgung des Bauspardarlehens wird das Kapitalmarktdarlehen zu einem definierten Tilgungsbeitrag getilgt.

Eine Tilgungsstreckung ist für den finanzrationalen Bausparer nicht relevant. Bei der kasseninternen außerkollektiven Tilgungsstreckung wird der abgesenkte Tilgungsbeitrag i. d. R. durch Marktzinsen refinanziert. Der finanzrationale Bausparer ist selbst in der Lage am Kapitalmarkt Geld zu Marktzinsen aufzunehmen. Nur wenn die Tilgungsstreckung von der Bausparkasse zu Zinssätzen subventioniert wird, die unter den Marktzinsen liegen, ist die Tilgungsstreckung für den finanzrationalen Bausparer interessant. Auch die tarifliche Tilgungsstreckung ist für den finanzrationalen Bausparer unbedeutend, da er bei Vertragsabschluss schon den vermögensmaximierenden Tarif gewählt hat.

3.7 Gestaltungsrechte der Bausparkasse

3.7.1 Vertragsannahme

Der Bausparvertrag kommt mit der Annahme des Antrags auf Abschluss des Bausparvertrags durch die Bausparkasse zustande. Im Falle einer Zahlung vor Antragsannahme kommt der Bausparvertrag mit Zahlungseingang zustande.[220] Die Bausparkasse kann innerhalb einer Frist (z. B. zwei Monaten) einen Widerspruch einlegen.[221] Ein Widerspruch könnte beispielsweise durch Überschreiten der Kontingente für Großbausparverträge und Schnellsparer notwendig sein.

3.7.2 Kündigung durch die Bausparkasse

Die Bausparkasse kann grundsätzlich in folgenden Fällen den Bausparvertrag kündigen:[222]

---

[219] Das Tilgungsstreckungsdarlehen wird auch als Annuitätenzuschussdarlehen, als Tilgungsaussetzungsdarlehen oder auch als Annuitätshilfedarlehen bezeichnet.

[220] Vgl. SCHÄFER/CIRPKA/ZEHNDER (1999), S. 463; LBS (2002), S. 150.

[221] Vgl. § 1 Abs. 1 Satz 2 MBBöB; § 1 Abs. 2 Satz 1 ABB Tarif Classic der LBS Norddeutsche Landesbausparkasse Berlin-Hannover.

[222] Vgl. BERTSCH/HÖLZLE/LAUX (1998), S. 79-80.

> Die Abschlussgebühr wird innerhalb einer Frist (z. B. 4 Monaten) und trotz Mahnung nicht voll gezahlt.[223]

> Der Bausparer ist unter Berücksichtigung von Sonderzahlungen trotz Mahnung mit mehr als sechs Regelsparbeiträgen im Rückstand.

> Der Bauspardarlehensnehmer ist trotz Mahnung mit mindestens zwei Tilgungsbeiträgen in Verzug.

> Die Angaben für die Darlehensvergabe sind unzutreffend oder unvollständig gemacht worden.

> Der Wert der Sicherheiten oder die persönliche Bonität verschlechtert sich wesentlich.

Die Kündigungsmöglichkeiten wegen Nichterbringung von Spar- bzw. Tilgungsbeiträgen sind bedingte Rechte, die jeweils weiter oben erläutert wurden. Die Kündigungsmöglichkeit bzgl. der Darlehensvergabe und der Sicherheiten für das Darlehen sind notwendige Gestaltungsrechte der Bausparkasse, um Missbrauch oder Fehlentwicklungen zum Schutz des Kollektivs entgegenzusteuern.

3.7.3 Berechnung nicht regelmäßiger Entgelte

Die Bausparkasse kann für Dienstleistungen Entgelte bzw. Gebühren verlangen. In einer Gebührentabelle, die der Bausparer auf Wunsch zugeschickt bekommt, sind für die wesentlichen Dienstleistungen die entsprechenden Entgelte bzw. Gebühren enthalten. Beispiele für nicht regelmäßige Gebühren sind:[224]

> Gebühr für Vertragsübertragung vor Zuteilung,

> Gebühr für Vormerkung und Abtretung/Verpfändung,

> Gebühr für Vertragsänderungen,

> Gebühr für Eintritt oder Austritt eines Mitinhabers,

> Gebühr für Pfandauswechselung,

> Gebühr für Rangänderung,

> Gebühr für Schuldnerwechsel.

---

[223] Vgl. § 4 Abs. 2 ABB Tarif 2 der Wüstenrot Bausparkasse AG.

[224] Vgl. beispielsweise Gebührentabelle der Alttarife der Bausparkasse Schwäbisch Hall AG (Stand: 01/2002); Gebührentabelle der Quelle Bauspar AG (Stand: 15.05.2003).

Die Bausparkasse hat das Recht, die Entgelte bzw. die Gebühren nach billigem Ermessen zu ändern.[225] Die Entgelte bzw. die Gebühren können nicht beliebig sein, sondern sind entsprechend ihrem Aufwand angemessen zu gestalten.[226] Jedoch gibt es hier Gestaltungsspielräume für die Bausparkassen.

3.7.4 Guthabenträgheit bedingt durch die Bausparkasse

Neben der Guthabenträgheit des Bausparers (siehe Kapitel 3.4.10) kann die Guthabenträgheit auch durch die Bausparkasse verursacht werden. Die Guthabenträgheit hat verwaltungstechnische Aspekte und entsteht dadurch, dass die Bausparguthaben in runder Summe ausgezahlt oder dass Wohnungsbauprämien bis zum Verwendungsnachweis zurückbehalten werden.[227]

3.7.5 Darlehensträgheit bedingt durch die Bausparkasse

Wie bei der Guthabenträgheit kann die Darlehensträgheit einerseits durch den Bausparer (siehe Kapitel 3.4.11) und andererseits durch die Bausparkasse verursacht sein. Die Bausparkassen zahlen die zugeteilten Bauspardarlehen erst nach Beleihungswert- und Bonitätsprüfung, nach ausreichender Sicherstellung und bei Neubauten meist nach dem Baufortschritt aus.[228]

Die Darlehensträgheit entsteht i. d. R. durch notwendige Verwaltungstätigkeiten und durch Überprüfung der Person und des Objektes. Die Darlehensträgheit kann durch den Bausparer verkürzt werden, wenn schon vorab die notwendigen Unterlagen (z. B. für die Sicherheiten) der Bausparkasse zur Verfügung gestellt werden. Durch unverhältnismäßig lange Bearbeitungszeiten kann die Darlehensträgheit von der Bausparkasse genutzt werden. Dadurch können zinsgünstige Darlehen durch verlangsamte Abwicklung erst verspätet ausgegeben werden.

---

[225] Vgl. § 17 Abs. 4 MBBpB; § 17 Abs. 2 MBBöB; § 17 Abs. 4 ABB Tarif B der Bausparkasse Mainz AG.

[226] Vgl. LBS (2002), S. 191.

[227] Vgl. BERTSCH/HÖLZLE/LAUX (1998), S. 130.

[228] Vgl. § 7 i. V. m. § 9 Abs. 1 MBBöB; § 7 i. V. m. § 9 Abs. 1 MBBpB; § 7 i. V. m. § 9 Abs. 1 ABB Tarif B der Bausparkasse Mainz AG.

3.8 Zustimmungsbedürftige Rechte der Bausparkasse

3.8.1 Vereinfachte Abwicklung

Bausparkassen können ihre Geschäftstätigkeit mittels der vereinfachten Abwicklung einstellen.[229] Im Falle der vereinfachten Abwicklung dürfen Bausparer nicht zugeteilter Bausparverträge keine Sparbeiträge mehr entrichten sowie Vertragsänderungen vornehmen. Zuteilungen und Darlehensauszahlungen finden nicht mehr statt. Zugeteilte Bausparverträge werden wie bisher getilgt. An die Stelle der Zuteilungsmasse tritt die Abwicklungsmasse, in die im Wesentlichen das verfügbare Eigenkapital der Bausparkasse, die Tilgungsbeträge sowie die Guthabenzinsen fließen. Die Bausparguthaben werden unter Abzug von Abwicklungskosten entsprechend der Mittel in der Abwicklungsmasse zurückgezahlt. Dabei werden die Bausparer nach dem Verhältnis ihrer Forderungen ohne Vorrang voreinander befriedigt, so dass – von Kleinbeträgen abgesehen – die Guthabenrückzahlungen im Allgemeinen erst mit der vollständigen Tilgung aller Bauspardarlehen beendet sein werden.[230] Die Rückzahlung erfolgt in Teilbeträgen, wenn die dafür vorgesehenen Beträge zur Vollzahlung nicht ausreichen. Dies wird als Kündigungsrente bezeichnet.[231]

Zwei grundsätzliche Voraussetzungen für die vereinfachte Abwicklung sind kumulativ zu erfüllen:[232]

> ➤ in den ABB und AGG genannte **individuelle Voraussetzungen**,[233]

> ➤ **Zustimmung** der BAFin.

Die individuellen Voraussetzungen können von Bausparkasse zu Bausparkasse insbesondere bezüglich der nicht öffentlichen AGG unterschiedlich sein und werden deshalb als „individuell" bezeichnet.

Die BAFin darf die Zustimmung gem. § 15 Satz 2 BSpKG nur erteilen, wenn die in § 15 Satz 1 BSpKG genannten Voraussetzungen kumulativ erfüllt sind:

---

[229] Siehe § 5 Abs. 2 Nr. 7 BSpKG.

[230] Vgl. BERTSCH/HÖLZLE/LAUX (1998), S. 132-133.

[231] Vgl. SCHÄFER/CIRPKA/ZEHNDER (1999), S. 222.

[232] Vgl. SCHÄFER/CIRPKA/ZEHNDER (1999), S. 419.

[233] Gem. § 5 Abs. 2 Nr. 7 BSpKG müssen die AGG Bestimmungen über eine vereinfachte Abwicklung enthalten, welche die Belange der Bausparer wahren. Gem. § 5 Abs. 3 Nr. 7 müssen die ABB die Rechtsfolgen enthalten, die sich aus einer vereinfachten Abwicklung ergeben. Vgl. § 20 Abs. 2 MBBpB; § 20 Abs. 2 MBBöB; § 20 Abs. 2 ABB Tarif D der Bausparkasse Mainz AG.

> ➢ Gefahr für die Erfüllung der Verpflichtung der Bausparkasse,

> ➢ Vermeidung des Insolvenzverfahrens unter Abwägung der Interessen der Bausparer und der übrigen Gläubiger scheint geboten.

Die vereinfachte Abwicklung ist auch dann zulässig, wenn die Bausparkasse noch nicht konkursreif ist, jedoch ein so erhebliches Ansteigen der Wartezeiten zu befürchten ist, dass eine nachhaltige Beeinträchtigung der Interessen der Bausparer vorliegt.

Die BAFin wird der vereinfachten Abwicklung auch nur dann zustimmen, wenn vorher die Möglichkeiten einer Bestandsübertragung (§ 14 BSpKG) geprüft worden sind.[234] Bei einer Bestandsübertragung wird ein Bestand an Bausparverträgen mit allen sich daraus ergebenen Rechten und Pflichten einschließlich der Forderungen aus Bauspardarlehen und der Sicherheiten auf andere Bausparkassen übertragen, ohne dass es hierfür eine Einzelübertragung der verschiedenen Vermögensgegenstände bedarf.[235]

Die vereinfachte Abwicklung kann einerseits das Bausparkollektiv vor weitergehenden Schäden schützen (z. B. erhebliches Ansteigen der Wartezeit) und dem einzelnen Bausparer zu einer angemessenen Rückgewähr seines Bausparguthabens verhelfen. Andererseits kann der einzelne Bausparer einen erheblichen monetären Schaden erleiden. Die bis zur vereinfachten Abwicklung nicht zugeteilten Bausparer haben eine Vorleistung in Form gering verzinslicher Einlagen erbracht und erhalten nun aber keine Gegenleistung in Form eines zinsgünstigen Bauspardarlehens. Auch Renditebausparer können einen erheblichen monetären Schaden erleiden, wenn durch die Bedingungen der vereinfachten Abwicklung die Voraussetzungen für einen evtl. Zinsbonus nicht mehr erfüllt werden können.

Viele Rechte der Bausparer werden durch die vereinfachte Abwicklung wertlos. Dies bedeutet jedoch im Umkehrschluss folgendes: Werden durch eine für die Bausparkasse ungünstige Marktsituation die Rechte der Bausparer sehr werthaltig,[236] kann es für eine Bausparkasse wirtschaftlich interessant sein, die vereinfachte Abwicklung durch gezielten Neugeschäftsrückgang anzustreben.

Gerade neu in den Markt eintretende Bausparkassen haben die Möglichkeit, durch große Optionsversprechen hohe Marktanteile auf dem Bausparmarkt zu

---

[234] Vgl. LEHMANN/ZINK (1994), S. 129-130.

[235] Vgl. SCHÄFER/CIRPKA/ZEHNDER (1999), S. 400-401.

[236] Im weiteren Verlauf der Arbeit wird noch gezeigt, dass die Rechte der Bausparer sehr werthaltig sein können.

gewinnen. Durch das Recht der vereinfachten Abwicklung scheinen Erträge fast sicher. Verfallen Optionen wegen ungünstiger Marktzinssituation wertlos, hat die Bausparkasse hohe Erträge erzielen können. Ist jedoch abzusehen, dass werthaltige Optionen durch den Bausparer demnächst ausgeübt werden, kann sich die Bausparkasse vor Ausübung der Optionen in die vereinfachte Abwicklung „flüchten". Die BAFin kann zwar der vereinfachten Abwicklung nicht zustimmen, jedoch könnte dann ein Konkursverfahren unvermeidlich sein.

Als Konsequenz für die BAFin wird in dieser Arbeit generell eine Überprüfung der Werthaltigkeit der Bausparoptionen gefordert. Stellt sich heraus, dass eine vereinfachte Abwicklung für eine Bausparkasse vorteilhaft sein könnte, hat die BAFin vorher einzuschreiten, um die Belange der Bausparer zu schützen.

Das gleiche Prinzip gilt schon bei der Genehmigung von Bauspartarifen. Es dürfen keine Bauspartarife genehmigt werden, mit denen die Bausparkassen bei ungünstiger Marktsituation erhebliche negative Margen erzielen.

Das Bundesaufsichtsamt für das Kreditwesen (heute: BAFin) hat darauf hingewiesen, dass Bausparen nicht abwickelbar sein darf, da die vereinfachte Abwicklung die Belange des Bausparers eben nicht wahrt. Bausparen muss, wenn es einmal zugelassen wurde, immer überleben. Deshalb sieht sich die Bausparkassenaufsicht zusätzlich zu anderen Aufsichtspflichten (z. B. Funktionsfähigkeit des Finanzsystems, ordnungsgemäße Durchführung der Geschäfte) als Konkursverhinderungsaufsicht.[237] Dies impliziert, dass auch die vereinfachte Abwicklung verhindert werden muss.

Als neuer Aspekt im Sinne des Anreizes einer vereinfachten Abwicklung ist das **Reputations-Risiko** mit einzubeziehen. Eine Bausparkasse, die in einem großen Konzern eingebettet ist, wird eine vereinfachte Abwicklung vermutlich scheuen. Der negative Ruf der untergegangenen Bausparkasse wird auf die anderen Konzernteile übergehen. Für das Image des Konzerns ist ein Untergang der eigenen Bausparkasse als schädlich zu werten.

3.8.2 Änderungen und Ergänzungen der ABB und AGG

Die BAFin besitzt ein Genehmigungsrecht von Änderungen und Ergänzungen der ABB und AGG gem. § 9 Abs. 1 Satz 2 BSpKG, wenn das Recht auf Bedingungsänderungen in den ABB vorgesehen ist. Die BAFin selbst kann gem. § 9 Abs. 2 Satz 1 BSpKG eine Änderung der ABB und AGG verlangen, wenn die Erfüllung der von der Bausparkasse in Bausparverträgen übernommenen Verpflichtungen nicht mehr gewährleistet erscheint. Zudem hat der Bausparer

---

[237] Vgl. HAPPEL (1999), S. 1-2.

nach den in den ABB definierten Bedingungsänderungen ein Widerspruchs-recht.[238]

Dieses Genehmigungsrecht von Änderungen und Ergänzungen der ABB und AGG durch die BAFin ist bedeutend. Dadurch hat die BAFin weitreichende Eingriffsmöglichkeiten in das Vertragsverhältnis von Bausparer und Bauspar-kasse. Dabei ist zu unterscheiden, ob die ABB und AGG nur für die Neuverträge oder aber auch für die bestehenden Verträge geändert werden dürfen.

Die BAFin hat bei der Genehmigung von Änderungen und Ergänzungen der ABB und AGG für bestehende Verträge das Einzelinteresse des Bausparers an der Aufrechterhaltung vereinbarter Vertragsbedingungen gegen die Interessen der Gemeinschaft aller Bausparer unter Berücksichtigung des Gleichheitsgrund-satzes abzuwägen. Die Genehmigung kann nur erteilt werden, wenn die Wahrung der Belange des Bausparkollektivs einer Bausparkasse auf anderen Wegen nicht mehr gewährleistet erscheint.[239]

Eine solche Eingriffsmöglichkeit ist nach dem Bausparprinzip unverzichtbar, da sich das Verhalten der Bausparer aus unterschiedlichen Gründen (z. B. Verände-rung der Förderung, Zinsentwicklung, wirtschaftliche Gesamtentwicklung) ändern kann. Dann kann eine Wahrung der Belange des Bausparkollektivs einer Bausparkasse nur durch die Änderung tarifbestimmender Merkmale auch für bestehende Verträge gewährleistet erscheinen. Zuvor ist zu überprüfen, ob lediglich Änderungen für Neuverträge ausreichen, um die notwendigen bauspartechnischen Wirkungen zu erzielen. Dabei ist zu beachten, dass durch die evtl. Veränderungen das Neugeschäft nicht gefährdet wird.

3.8.3 Kündigung bei Widerspruch der Bedingungsänderungen

Dem Bausparer wird für Teile der ABB ein Widerspruchsrecht bei Bedingungs-änderung eingeräumt. Für welche Teile der Bausparer ein Widerspruchsrecht hat, ist in den ABB festgelegt. Die Änderungen der ABB werden dem Bausparer schriftlich mitgeteilt oder in den Hausmitteilungen der Bausparkasse mit einem besonderen Hinweis auf der Titelseite bekannt gegeben.[240]

---

[238] Siehe Abschnitt 3.8.3; vgl. § 21 Abs. 3 MBBpB; § 21 Abs. 3 MBBöB; § 19 Abs. 3 ABB des Tarifs der HUK-COBURG-Bausparkasse AG.

[239] Vgl. SCHÄFER/CIRPKA/ZEHNDER (1999), S. 365-366.

[240] Vgl. § 21 MBBpB; § 21 MBBöB; § 21 ABB des Tarifs der HUK-COBURG-Bausparkasse AG.

Als Konsequenz des Widerspruchs durch den Bausparer kann die Bausparkasse den Bausparvertrag kündigen und so die für das Massengeschäft der Bausparkasse unentbehrliche Einheitlichkeit der Vertragsbeziehungen wiederherstellen. Ein nicht unerheblicher Vorteil für den Bausparer bei dieser Art der Kündigung ist die Erstattung der Abschlussgebühr.[241]

3.8.4 Beeinflussung des Zuteilungstermins

Die Bausparkasse kann durch Beeinflussung der verfügbaren Zuteilungsmittel den Zuteilungstermin möglicherweise verschieben. Reichen die verfügbaren Zuteilungsmittel nicht für die Befriedigung der Ansprüche der Zuteilungsanwärter aus, steigt die Zielbewertungszahl und für die Zuteilungsanwärter, die eine kleinere Bewertungszahl haben als die Zielbewertungszahl, verschiebt sich der Zuteilungstermin.

Zur Beeinflussung der verfügbaren Zuteilungsmittel gibt es mehrere Möglichkeiten. Durch Einschleusung von Eigenmitteln, von selbst finanzierten Fremdmitteln oder durch den FbtA finanzierte Fremdmittel können die verfügbaren Zuteilungsmittel erweitert werden. Ob der FbtA eingesetzt werden kann, entscheidet die obere Einsatzbewertungszahl. Wenn die Zuteilung eines Regelsparers erst bei einer Zielbewertungszahl erfolgen könnte, die zu einem höheren iSKLV als 1,0 (obere Einsatzbewertungszahl) führen würde, muss der FbtA eingesetzt werden.[242] Unterhalb der oberen Einsatzbewertungszahl hat die Bausparkasse die Möglichkeit, den FbtA in Anspruch zu nehmen, wenn das iSKLV 0,8 (untere Einsatzbewertungszahl) übersteigen würde.[243] Unterhalb der unteren Einsatzbewertungszahl ist der Einsatz des FbtA mit Zustimmung der BAFin möglich.[244]

Bei der Berechnung der verfügbaren Zuteilungsmittel hat die Bausparkasse zahlreiche Gestaltungsmöglichkeiten. Die Höhe der verfügbaren Zuteilungsmittel ist von den Entscheidungen über die Dotierung der Fortsetzerreserve sowie über die Einrechnung von Zinsen, Sparbeiträgen und Tilgungsbeträgen vom Berechnungstermin bis zum Zuteilungstermin abhängig.[245]

---

[241] Vgl. LBS (1997), S. 192-193.

[242] Vgl. § 9 Abs. 1 Satz 1 BausparkV.

[243] Vgl. § 9 Abs. 2 BausparkV.

[244] Vgl. § 9 Abs. 3 BausparkV.

[245] Vgl. BERTSCH/HÖLZLE/LAUX (1998), S. 104.

Neben den genannten Rechten bestehen indirekte Wahlmöglichkeiten wie z. B. Gestaltungsrechte bei der Berechnung des FbtA (z. B. Ausschluss von Altverträgen gem. § 19 Abs. 4 Satz 2 BSpKG und Bestimmung des außerkollektiven Zinssatzes gem. § 8 Abs. 2 Satz 1 BausparkV). Zudem kann die Neugeschäfts- und Tarifpolitik die verfügbaren Zuteilungsmittel zukünftig beeinflussen und damit den Zuteilungstermin. Auch durch Forderungsverkauf werden kollektive Mittel frei, welche die verfügbaren Zuteilungsmittel beeinflussen.[246]

Zusammenfassend hat die Bausparkasse im Wesentlichen folgenden Aktionsradius:

➤ Eigenmitteleinsatz,

➤ Fremdmitteleinsatz (von der Bausparkasse finanziert),

➤ Einsatz des FbtA (unterhalb der oberen Einsatzbewertungszahl),

➤ Gestaltungsrechte bei der Berechnung des FbtA,

➤ Gestaltungsmöglichkeiten bei der Berechnung der verfügbaren Zuteilungsmittel,

➤ Forderungsverkauf.

Die Möglichkeit auf Verschiebung des Zuteilungstermins ist zurzeit und nach der Prognose der privaten Bausparkassen[247] auch zukünftig nicht gegeben, da der Anlagegrad – das Verhältnis aus Bauspardarlehen und Bauspareinlagen – wesentlich kleiner als eins ist. Dies ist ein Hinweis darauf, dass ausreichend verfügbare Zuteilungsmittel vorhanden sind. Die Wahlmöglichkeiten zur Veränderung des Zuteilungstermins greifen nicht. Solange ausreichend verfügbare Zuteilungsmittel vorhanden sind, kann die Zielbewertungszahl nicht über die Mindestbewertungszahl steigen, da die Bausparkasse die verfügbaren Zuteilungsmittel zur Verkürzung der Wartezeit einzusetzen hat.[248] Die Verschiebung des Zuteilungstermins seitens der Bausparkasse ist theoretisch möglich aber gegenwärtig nicht relevant. Eine ausführliche Diskussion über die Verschiebung des Zuteilungstermins findet im Abschnitt 6.6 im Rahmen der Annahmendiskussion statt.

---

[246] Vgl. BERTSCH/HÖLZLE/LAUX (1998), S. 38-39.

[247] Vgl. HAFEMANN (1998), S. 264-268.

[248] Vgl. LBS (2002), S. 67.

3.9 Gesamte Darstellung der Rechte

In diesem Kapitel wurden 34 Rechte des Bausparers und 9 Rechte der Bausparkasse identifiziert und beschrieben. Abhängig vom Ideenreichtum der Tarifentwickler können jederzeit weitere Rechte hinzukommen. Deshalb erheben diese Auflistungen von Rechten keinen Anspruch auf Vollständigkeit, da insbesondere in neu entwickelten Tarifen auch neue Rechte auftreten können.[249]

Zusammenfassend werden die Rechte des Bausparers in Abbildung 3.3 dargestellt und den einzelnen Phasen des Bausparvertrags zugeordnet. Einige Rechte können nur in bestimmten Zeiträumen bzw. Phasen ausgeübt werden. Die zustimmungsbedürftigen Rechte werden durch (z) gekennzeichnet:

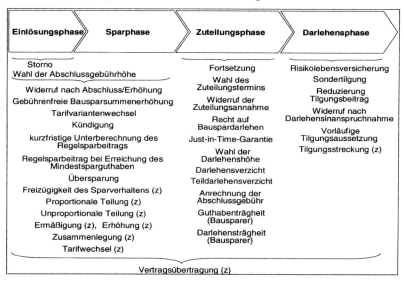

Abb. 3.3: Rechte des Bausparers

---

[249] Der Grundzüge der Tarifentwicklung ab 1921 ist in FÖSEL (2000) beschrieben.

Neben den Rechten der Bausparer werden auch die Rechte der Bausparkasse in der Abbildung 3.4 dargestellt und den entsprechenden Zeiträumen bzw. den Phasen zugeordnet:

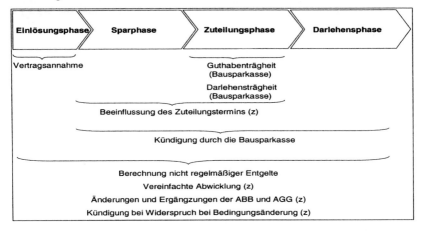

Abb. 3.4: Rechte der Bausparkasse

4 Zinsoptionsbewertungsmodelle

In den beiden vorhergehenden Kapiteln wurden das Bausparwesen und die Rechte in den Bausparverträgen beschrieben. Die Rechte in den Bausparverträgen werden dann in Kapitel 6 mit Optionsbewertungsmodellen bewertet. Da Bausparoptionen mit Zinsoptionen vergleichbar sind,[250] werden in diesem Kapitel verschiedene Zinsoptionsbewertungsmodelle vorgestellt, die für die Bewertung der Bausparoptionen in Frage kommen. Aus der Vielzahl der Bewertungsmodelle ist eines nach definierten Auswahlkriterien auszuwählen.

4.1 Begriffe und Grundlagen

In diesem Kapitel werden die Begriffe der Optionsbewertung erläutert und in die Bewertungsgrundlagen eingeführt.

4.1.1 Amerikanische, Bermuda- und Europäische Optionen:

Optionen können hinsichtlich ihres Ausübungszeitpunktes bzw. ihres Ausübungszeitraumes unterschieden werden. **Amerikanische Optionen** können zu jedem Zeitpunkt bis zur Fälligkeit einmalig ausgeübt werden. **Europäische Optionen** können nur im Fälligkeitstermin ausgeübt werden. **Bermuda-Optionen** können zu mehreren bestimmten Terminen während der Optionslaufzeit einmalig ausgeübt werden.[251]

4.1.2 Optionswert versus Optionspreis

Zur eindeutigen Begriffsklärung und zum Verständnis der Rolle von Optionsbewertungsmodellen wird in dieser Arbeit zwischen Optionswert und Optionspreis differenziert. Ein Preis ist eine reale, monetäre Größe, die sich durch Angebot und Nachfrage auf einem Markt einstellt. Dagegen stellt sich der Wert als Ergebnis einer modellmäßigen, monetären Bewertung dar. Der Optionspreis ist eine beobachtbare Größe in der realen Welt. Dagegen ist der Optionswert jeweils eine errechnete Größe aus der Sichtweise von Modellen und deren Annahmen.[252]

---

[250] Vgl. Abschnitt 5.4.2.

[251] Vgl. HULL (2003), S. 6 u. S. 436.

[252] Vgl. TERSTEGE (1995), S. 27-30.

In der Literatur wird diese Differenzierung von Realwelt und Modellwelt weitgehend vernachlässigt und die Begriffe Optionswert und Optionspreis synonym verwendet.[253] Dies könnte daran liegen, dass der empirische Marktpreis als „richtig" akzeptiert wird und dass Modelle mit ihren Annahmen so aufgebaut werden, dass das modellmäßige Bewertungsergebnis im Ideal mit den realen Preisen übereinstimmt.

In der vorliegenden Arbeit wird der Begriff „Optionswert" gegenüber dem Begriff „Optionspreis" bevorzugt, da der Autor davon ausgeht, dass der modellmäßige Wert nicht mit dem realen Optionspreis übereinstimmen muss.[254] Insbesondere bei nicht bzw. schwer handelbaren Optionen, wie bei impliziten Bausparoptionen, existieren keine Märkte auf denen sich Optionspreise beobachten ließen.

4.1.3 Besonderheiten bei der Bewertung von Zinsoptionen

Die modellbasierte Optionsbewertung für Aktien wurde 1973 von Black und Scholes eingeführt. Jedoch unterscheidet sich die Bewertung von Zinsoptionen von der Bewertung von Aktienoptionen. Die folgenden genannten Unterschiede betreffen insbesondere das dem Optionskontrakt zugrunde liegende Wertpapier.[255]

Als Basiswert bei Zinsoptionen können Anleihen oder verwandte Finanzinstrumente angesehen werden. Ein wesentlicher Unterschied von Anleihen zu Aktien liegt in der begrenzten Lebensdauer von Zinsinstrumenten mit bekanntem Rückzahlungsbetrag der Anleihe.[256] Durch die Kenntnis des Kurses bei Fälligkeit sinkt die Volatilität im Zeitablauf gegen Null bzw. die Volatilität ist in Abhängigkeit der Restlaufzeit zu betrachten. Bei Aktien muss die Annahme einer konstanten Volatilität nicht zwangsläufig falsch sein. Im Allgemeinen sind bei Anleihen nicht nur der Anleihenkurs bei Fälligkeit, sondern auch Kuponzahlungen in der Höhe und vom Fälligkeitstermin her bekannt.

Ein weiterer Unterschied ist die Wertobergrenze einer Anleihe, wenn nichtnegative Zinssätze vorausgesetzt werden. Die Wertobergrenze ergibt sich bei einem Zinssatz von Null und errechnet sich aus der Summe der noch ausstehenden Zahlungen.

---

[253] Vgl. TERSTEGE (1995), S. 28.

[254] Vgl. RIETMANN (2001), S. 2-3.

[255] Vgl. STEINER/UHLIR (2001), S. 275-276; STEINER/BRUNS (2002), S. 382-385.

[256] Ausnahmen sind Perpetual-Anleihen, die eine unbegrenzte Laufzeit haben.

Abbildung 4.1 skizziert die möglichen Kursverläufe einer Anleihe jeweils bei Zinsrückgang und bei Zinsanstieg und zeigt die Beschränkung der Kursverläufe:[257]

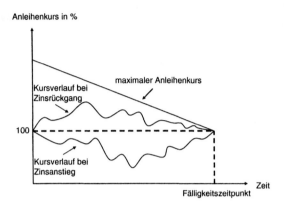

Abb. 4.1: Skizzierte Kursverläufe einer Anleihe

Im Gegensatz zu Aktien wird in der Regel nicht der Preisprozess der Anleihe, sondern der Zinsprozess stochastisch modelliert. Die Anleihenkurse werden aus der herrschenden Zinsstruktur hergeleitet. Zudem werden die ermittelten, stochastischen Zinsen einerseits zum Abzinsen und andererseits auch zur Definition der Zahlungsströme verwendet.

Weiterhin kann bei Zinsprozessen aufgrund einer ökonomischen Vermutung[258] angenommen werden, dass das Zinsniveau zu einem langfristig als typisch erachteten Mittelwert strebt. Dieses Verhalten wird als **Mean-Reversion** und das langfristige Durchschnittszinsniveau als Mean-Reversion-Level bezeichnet (siehe Abbildung 4.2). Liegt das aktuelle Zinsniveau unterhalb des Mean-Reversion-Levels, so ist es wahrscheinlicher, dass die Zinssätze steigen statt fallen. Liegt im umgekehrten Fall das aktuelle Zinsniveau über dem Mean-

---

[257] Vgl. BÜHLER (1991), S. 2.

[258] Bei vorherrschenden hohen Zinsen verlangsamt sich die Wirtschaftstätigkeit und die Nachfrage der Kreditnehmer nach Geldmitteln sinkt. Dies führt zu sinkenden Zinsen. Sind die Zinsen dagegen niedrig, steigt die Nachfrage der Kreditnehmer nach Geldmitteln; vgl. HULL (2003), S. 539.

Reversion-Level, so wird mit höherer Wahrscheinlichkeit eine Zinssenkung als eine Zinssteigerung erwartet.[259]

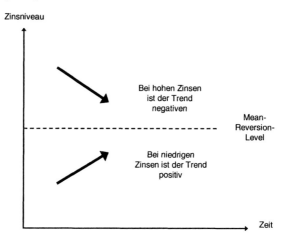

Abb. 4.2: Mean-Reversion

4.1.4 Zinsstrukturkurven

Die Diskontierung von Optionswerten erfolgt nicht mit einem einzigen Diskontfaktor, vielmehr werden die unterschiedlichen Zinssätze der gesamten Zinsstruktur für die Diskontierung verwandt. Eine Zinsstrukturkurve beschreibt die Renditen von Nullkuponanleihen vom aktuellen Zeitpunkt t_0 in Abhängigkeit der Restlaufzeit T.

Die **Nullkuponanleihe** (Zerobond) ist eine Anleihe, bei der nur am Ende der Laufzeit der Nominalbetrag zurückgezahlt wird. Es fallen keine Kuponzahlungen an. Der Wert einer Nullkuponanleihe $B(0,T)$ mit der Laufzeit T und einem Nominalwert von 100 ist durch die Spotrate s_T mit der Restlaufzeit T wie folgt definiert:[260]

---

[259] Vgl. RUDOLF (2000), S. 6 und HULL (2003), S. 539. Die zeitstetige Variante eines Mean-Reversion-Prozesses wird als Ornstein-Uhlenbeck-Prozess benannt, vgl. ALBRECHT/-MAURER (2002), S. 152-153.

[260] Vgl. GEHRIG/ZIMMERMANN (1999), S. 313-314.

$$B(0,T) = \frac{100}{(1+s_T)^T}.$$

Die Renditen von Nullkuponanleihen mit unterschiedlichen Laufzeiten werden als Zerobond-Renditen oder **Spotrates** s_T bezeichnet. Dagegen bezeichnet die **Shortrate** $r(t)$ den Zinssatz für die kürzest mögliche Anlage und wird auch als momentaner kurzfristiger Zins bezeichnet. In den stetigen Modellen ist die Shortrate ein Zinssatz, der sich auf ein infinitesimal kleines Zeitintervall bezieht:

$$r(t) = \lim_{T \to 0} s_T.$$

Zum besseren Verständnis und von praktischer Bedeutung kann die Shortrate auch durch den Tagesgeld-Zinssatz approximiert werden.

4.1.5 Stochastische Prozesse

Sämtliche Zinsoptionsmodelle gehen davon aus, dass sich die Zinsen zufallsabhängig über mehrere Perioden hinweg entwickeln. Aus modelltheoretischer Sicht lassen sich die zufallsabhängigen Entwicklungen als stochastische Prozesse formalisieren.

Ein stetiger stochastischer Prozess ist eine Familie von reellwertigen Zufallszahlen $X(t)$, die für die stetige Zeit t definiert sind. Dabei variiert t kontinuierlich in einem Zeitintervall I, z. B. $I = \{0 \le t \le T\}$. Dabei ist T das Ende des betrachteten Zeithorizontes.

Stochastische Prozesse mit speziellen Eigenschaften haben eigene Namen. Bei einem **Gauß-Prozess** ist für jede Wahl von endlich vielen Zeitpunkten $(t_1,...,t_n)$ die Diskretisierung $\left(X_{t_1},...,X_{t_n}\right)$ multidimensional normalverteilt. Bei einem **Markov-Prozess** ist nur die augenblickliche Diskretisierung $X(t)$ relevant für das zukünftige Verhalten. Die Vergangenheit ist bereits im augenblicklichen Wert berücksichtigt.[261]

Ein **Wiener-Prozess**[262] W_t (auch Brownsche Bewegung genannt) ist sowohl ein Gauß-Prozess als auch ein Markov-Prozess.[263]

---

[261] Vgl. SEYDEL (2000), S. 17-18.

[262] Vgl. SEYDEL (2000), S. 18-20; WILKENS (2000), S. 75-80; SANDMANN (2001), S. 249-266; HULL (2003), S. 216-222.

Im für die Zinsoptionsbewertung benötigten stochastischen **Zinsratenprozess** wird die Familie der reellwertigen Zinsraten mit $r(t)$ bezeichnet. Der Zinsraten-prozess wird für das Zeitintervall $t \in [0,T]$ betrachtet. Wie in der Literatur üblich wird auch in dieser Arbeit die verkürzte Bezeichnung r_t oder auch bei Eindeutigkeit des Sachverhalts nur r verwendet.[264] Der Beginn des Zinsratenpro-zesses ist durch den aktuellen Wert r_0 gegeben. Der allgemeine Zinsratenpro-zess ist abhängig von einem zeitabhängigen Erwartungswert, der **Drift** μ, und einem Maß für die Stärke der lokalen Fluktuationen, der **Volatilität** σ. In den meisten Modellen wird die Zinsrate durch einen Wiener-Prozess W_t getrieben. Der Zinsratenprozess wird dann als stochastische Integralgleichung in der Form:[265]

$$r_t = r_0 + \int_{t_0}^{t} \mu(u, r_u)\, du + \int_{t_0}^{t} \sigma(u, r_u)\, dW_u.$$

geschrieben. Dies ist ein **Itô-Prozess**.

Diese stochastische Integralgleichung wird zur Vereinfachung symbolisch in kompakter Form als eine stochastische Differentialgleichung geschrieben:[266]

$$dr_t = \mu(t, r)dt + \sigma(t, r)dW_t.$$

Wie später zu sehen ist, haben die meisten Zinsratenprozesse diese Form. Unter-schiede bestehen i. d. R. nur im Driftterm μ und im Volatilitätsterm σ.

4.1.6 Äquivalentes Martingalmaß

Wahrscheinlichkeiten werden als Maße bezeichnet, weil sie beliebige Intervalle auf nicht-negative Zahlen abbilden. Ein Maß einer nichtleeren Menge Ω heißt **Wahrscheinlichkeitsmaß** P, wenn gilt:[267]

---

[263] Die Definition des Wiener-Prozesses erfolgt im Abschnitt 10.1.

[264] Vgl. RUDOLF (2000), S. 64; HULL (2003), S. 537-553.

[265] Vgl. SEYDEL (2000), S. 17-19.

[266] Vgl. MUSIELA/RUTKOWSKI (1997), S. 462; ALBRECHT/MAURER (2002), 147-148.

[267] Vgl. RUDOLF (2000), S. 21. Ausführlicher im Anhang 10.1.

$$P(\Omega) = 1.$$

Zwei Wahrscheinlichkeiten P und Π sind **äquivalent**, wenn P und Π demselben Ereignis A eine positive Wahrscheinlichkeit zuordnen:[268]

$$P(A) > 0 \Leftrightarrow \Pi(A) > 0.$$

Ein **Martingal** ist in diesem Zusammenhang ein Instrument zur Beschreibung von Preisen auf Finanzmärkten. Ein stochastischer Prozess $\{X\}$ ist dann ein Martingal, wenn der Erwartungswert zu jedem beliebigen zukünftigen Zeitpunkt gleich seinem heutigen Wert ist. Dies bedeutet, dass die aktuelle Beobachtung die beste Prognosegröße für zukünftige Beobachtungen ist:

$$E\left[X_{t_2} \middle| \mathcal{F}_{t_1}\right] = X_{t_1} \quad \forall t_1 \leq t_2.$$

Die Informationsmenge $\mathcal{F}_t$ zum Zeitpunkt t wird durch die Pfade des Wiener Prozesses bis zum Zeitpunkt t erzeugt. Die bedingte Erwartung bezüglich der Informationsmenge $\mathcal{F}_t$ wird unter der Voraussetzung gebildet, dass der Pfad des Wiener Prozesses und insbesondere die Kursentwicklung der Nullkuponanleihen bis zum Zeitpunkt t einschließlich bekannt ist.[269]

Der Erwartungswert eines Martingals ist konstant und entspricht dem anfänglichen Wert x_0:

$$E[X_t] = x_0.$$

Bei einem Martingal ist demnach die erwartete Drift μ also der erwartete Kurszuwachs gleich null.[270]

4.1.7 Risikoneutrale Bewertung

Bei der risikoneutralen Bewertung handelt es sich um ein Bewertungsprinzip, bei dem der erwartete Zahlungsstrom mit dem risikolosen Zins diskontiert wird.

---

[268] Vgl. SANDMANN (2001), S. 129-130.

[269] $\mathcal{F}$ symbolisiert Filtration, siehe Abschnitt 10.1. Vgl. auch SANDMANN (2001), S. 365.

[270] Vgl. ALBRECHT/MAURER (2002), S. 138-139.

Dies wird möglich, indem der Erwartungswert des Zahlungsstroms nicht mit den am Markt tatsächlich statistisch feststellbaren Eintrittswahrscheinlichkeiten (**reale Welt**), sondern mit veränderten, so genannten risikoneutralen Wahrscheinlichkeiten (**risikoneutrale Welt**) ermittelt wird.[271] Die risikoneutralen Wahrscheinlichkeiten werden auch **Martingal-Wahrscheinlichkeiten** genannt.

Für die Zinsoptionsbewertung sind nun die am Markt beobachtbaren risikolosen Zinssätze und die Bestimmung der Martingal-Wahrscheinlichkeiten notwendig. Die Bestimmung der Martingal-Wahrscheinlichkeiten erfolgt so, dass der Kapitalmarkt arbitragefrei bleibt.[272] Die Existenz eines äquivalenten Martingalmaßes ist hinreichend dafür, dass im Markt keine Arbitragemöglichkeiten existieren.

Die Umkehrung dieser Überlegung führt zum „**Fundamental Theorem of Asset Pricing**": Ein betrachteter Finanzmarkt ist arbitragefrei, wenn es eine Martingal-Wahrscheinlichkeit $\Pi \in \{\pi_1, ..., \pi_m | \pi_i > 0\}$ für den Finanzmarkt gibt.[273]

4.2 Klassifikation der Zinsoptionsbewertungsmodelle

In diesem Abschnitt wird eine Klassifikation der Zinsoptionsbewertungsmodelle vorgenommen. Die Zinsoptionsbewertungsmodelle werden in Bondpreismodelle (auch Direkte Modelle genannt) und in Zinsstrukturmodelle (auch Indirekte Modelle genannt) unterschieden. Die Zinsstrukturmodelle werden weiter in Shortratemodelle und in Forwardratemodelle unterschieden. Die Literatur kennt noch weitere Unterscheidungsmerkmale, die hier nicht relevant sind.[274]

Abbildung 4.3 zeigt die Klassen und die Gliederung der Zinsoptionsbewertungsmodelle:

---

[271] HARRISON/KREPS (1979) und HARRISON/PLISKA (1981) haben das Konzept der risikoneutralen Bewertung in die Martingaltheorie eingeordnet. Mit Beispielen aufbereitet ist das Konzept ausführlich in PLISKA (1997) und in NEFTCI (2000), S. 13-40, erläutert.

[272] Eine mögliche Bestimmung der Martingal-Wahrscheinlichkeiten wird im Rahmen der Darstellung des Hull-White-Modells im Abschnitt 5.2.3 ausführlich geschildert.

[273] Vgl. ALBRECHT/MAURER (2002), S. 190.

[274] Vgl. RAULEDER (1994), S. 50-54; HEITMANN (1997), S. 9-27; HULL (2003), S. 508-591.

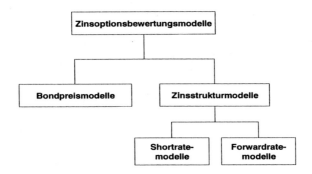

Abb. 4.3: Klassifikation von Zinsoptionsbewertungsmodellen

Bei **Bondpreismodellen** wird der Anleihenkurs als Basiswert stochastisch modelliert. Bondpreismodelle verwenden als Marktinformation lediglich den Marktpreis und die implizit geschätzte Volatilität. Die implizite Volatilität entspricht der im aktuellen Optionspreis reflektierten Erwartung der Kapitalmarktteilnehmer über die zukünftige Volatilität des Basiswertes. Dabei sind die besonderen Eigenschaften von Anleihen im Vergleich zu Aktien zu berücksichtigen (wie in Abschnitt 4.1.3 beschrieben). Bondpreismodelle müssen zudem für jede Zinsderivatklasse neu parametrisiert werden, da die Abhängigkeiten verschiedener Anleihen nicht berücksichtigt werden. Dadurch sind die impliziten Volatilitäten je nach Bewertungsobjekt unterschiedlich.[275]

Bei **Zinsstrukturmodellen** wird die gesamte Zinsstruktur und nicht nur ein Anleihenkurs selbst stochastisch modelliert. Dadurch werden die Abhängigkeiten von Anleihen unterschiedlicher Laufzeit berücksichtigt. Die Zinsstruktur kann als „Basiswert" angenommen werden. Die Modellierung der Zinsstruktur kann prinzipiell auf zwei Wegen erfolgen. Die **Shortratemodelle** treffen Annahmen über ökonomische Variablen und leiten daraus einen Zinsratenprozess ab. Die Zinsstruktur ist demnach ein Output und muss nicht zwangsläufig zur aktuellen Zinsstruktur passen. Durch Wahl von entsprechenden Parametern kann die modellhafte Zinsstruktur der beobachtbaren Zinsstruktur angepasst werden. Die Praxis zeigt jedoch, dass die Anpassung nie exakt möglich ist und dadurch signifikante Fehler in bestimmten Bereichen auftreten.[276] Die Shortratemodelle können auch so gestaltet sein, dass sie durch die Modellierung der Shortrate mit der heutigen Zinsstruktur konsistent sind. Dann ist die aktuelle

---

[275] Vgl. HEITMANN (1997), S. 14-15.

[276] Vgl. HULL (2003), S. 543.

Zinsstruktur ein Input. Eine weitere Untergliederung der Shortratemodelle unter Verwendung der Begriffe „No-Arbitrage-Modelle" und „Gleichgewichtsmodelle" wird in der Literatur definiert.[277] Diese Begriffe können irreführend sein, da unter den Martingal-Wahrscheinlichkeiten die Gleichgewichtsmodelle und die No-Arbitrage-Modelle gleichermaßen arbitragefrei sind. Deshalb wird hier auf diese Untergliederung und insbesondere auf den Begriff „No-Arbitrage-Modelle" verzichtet. Bei den **Forwardratemodellen** wird nicht die Shortrate, sondern eine Menge von Forwardrates simultan modelliert. Aus den Forwardrates können die Shortrates bei Bedarf ermittelt werden. Die Forwardratemodelle sind unter den Martingal-Wahrscheinlichkeiten alle arbitragefrei.[278]

Die Gruppe der Shortratemodelle und der Forwardratemodelle können wieder in Ein- und Mehrfaktormodelle unterschieden werden. Auf diese Unterscheidungsebene wird in der Darstellung zur Wahrung der Übersicht verzichtet. Bei **Einfaktormodellen** wird der Zinsprozess nur von einer Unsicherheitsquelle beeinflusst, welche meist die Shortrate ist. Dadurch sind alle Zinssätze miteinander perfekt korreliert und alle Zinssätze aller Laufzeiten bewegen sich in einem infinitesimalen Zeitraum immer in die gleiche Richtung. Bei den **Mehrfaktormodellen** wird der Zinsprozess von mehreren Unsicherheitsquellen beeinflusst. Dadurch können beispielsweise Übergänge von einer normalen Zinsstruktur zu einer inversen Zinsstruktur modelliert werden.

4.3 Darstellung einzelner Bewertungsmodelle

Um einen Überblick über die relevanten Zinsoptionsbewertungsmodelle zu bekommen, werden die nachfolgend vorgestellten Bewertungsmodelle anhand der zuvor eingeführten Klassen eingeordnet und kurz vorgestellt. Eine ausführliche Darstellung der Modelle ist jeweils in der angegebenen Originalarbeit und in entsprechender Sekundärliteratur zu finden. Die Zinsoptionsbewertungsmodelle werden in einer einfachen Form dargestellt. Erweiterungen der jeweiligen Modelle finden sich beispielsweise in MUSIELA/RUTKOWSKI (1997), REBONATO (2000) oder in BRIGO/MERCURIO (2001). Als Modellfamilie wird hier das jeweilige Grundmodell als solches und die jeweiligen Erweiterungen verstanden.

---

[277] Vgl. HULL (2003), S. 543-544 u. S. 709.

[278] Vgl. RUDOLF (2000), S. 53-55.

4.3.1 Black-Modell

Das Black-Modell[279] ist ein Vertreter der Bondpreismodelle und kann als eine Modifikation des Black-Scholes-Modells[280] angesehen werden. Dabei ist zu beachten, dass das Black-Scholes-Modell für Aktienoptionen entwickelt wurde und für Zinsoptionen unter anderem wegen der Annahme der geometrischen Brownschen Bewegung[281] nicht geeignet erscheint. Die geometrische Brownsche Bewegung verfolgt im Gegensatz zum elementaren Wiener-Prozess einen linearen Trend, damit im Mittel Wertsteigerungen möglich sind. Anleihen können dagegen keinem linearen Trend folgen, da der Auszahlungskurs bei Fälligkeit feststeht und die Volatilität gegen Ende der Laufzeit stark abnimmt.

Das Black-Modell, welches ursprünglich für die Bewertung von Warentermingeschäften entwickelt wurde, ist eine Modifikation des Black-Scholes-Modells, bei dem sich die Option auf den Terminpreis und nicht auf den Kassapreis bezieht. Bei Fälligkeit der Option stimmen Kassa- und Terminpreis überein. Wesentlicher Unterschied ist, dass sich im Black-Modell auch die Volatilität auf den Terminpreis bezieht und somit nicht von der Alterung der Anleihe während der Laufzeit der Option abhängig ist. Das Black-Modell ist nur für europäische Optionen geeignet. Amerikanische Optionen können nur berechnet werden, wenn nachgewiesen wird, dass eine vorzeitige Ausübung nicht sinnvoll ist.[282] Der besondere Vorteil des Black-Modells ist die geschlossene Form. Der Optionswert C ist durch den Kurs der Nullkuponanleihe $B(t_0,T)$, den zum Zeitpunkt t aktuellen Forwardpreis $F(t_0,t,T)$ für den Zeitraum von t bis T

$$F(t,t,T) = \frac{B(t,T)}{B(t,t)},$$

den Basispreis der Option X und die Volatilität des Forwardpreises σ^2 bestimmt:

$$C = B(t_0,T-t)\big(F(t_0,t,T)N(d_1) - XN(d_2)\big),$$

[279] Vgl. BLACK (1976), S. 167-179.

[280] Vgl. BLACK/SCHOLES (1973), S. 637-654.

[281] Die geometrische Brownsche Bewegung wurde von SAMUELSON (1965), S. 507-525, entwickelt. Black und Scholes haben dieses Modell übernommen, um Aktienkurse zu modellieren.

[282] Vgl. HEITMANN (1997), S. 14-15.

$$d_1 = \frac{\ln\left(F(t_0,t,T)\Big/X\right) + \frac{1}{2}\sigma^2(T-t)}{\sigma\sqrt{T-t}},$$

$$d_2 = \frac{\ln\left(F(t_0,t,T)\Big/X\right) - \frac{1}{2}\sigma^2(T-t)}{\sigma\sqrt{T-t}} = d_1 - \sigma\sqrt{T-t}.$$

Dabei bezeichnet N die Gauß'sche Normalverteilungsfunktion.

4.3.2 Vasicek-Modell

Das Vasicek-Modell wurde schon 1977 vorgestellt und ist damit ein sehr frühes Zinsstrukturmodell. Es ist ein Shortratemodell mit einem Ornstein-Uhlenbeck-Prozess (Mean-Reversion-Prozess), konstanten Drift- und Volatilitätsparametern (Mean-Reversion-Rate a, Volatilität σ) und mit einem konstanten langfristigen Mittelwert der Shortrate $\bar{r}$:[283]

$$dr_t = a\left[\bar{r} - r(t)\right]dt + \sigma dW_t.$$

Bedingt durch die Normalverteilung des Wiener-Prozesses werden auch beim Vasicek-Modell zukünftige Short Rates mit positiver Wahrscheinlichkeit negativ. Zudem kann gezeigt werden, dass die resultierende Zinsstruktur nicht an jede beliebige Ausgangszinsstruktur angepasst werden kann, da zur Anpassung an die aktuelle Zinsstruktur die Drift grundsätzlich zeitabhängig sein muss.[284]

4.3.3 Cox-Ingersoll-Ross-Modell (CIR-Modell)

Das CIR-Modell[285] ist eine Erweiterung des Vasicek-Modells mit einem Quadratwurzelprozess, da die Volatilität der Shortrateveränderung von der Quadratwurzel des derzeitigen Zinsniveaus $\sqrt{r(t)}$ abhängt:[286]

---

[283] Vgl. VASICEK (1977), S. 177-188.

[284] Vgl. HEITMANN (1997), S. 128-132.

[285] Vgl. COX/INGERSOLL/ROSS (1985), S. 385-407.

[286] Vgl. RUDOLF (2000), S. 46-47.

$$dr_t = a\left[\bar{r} - r(t)\right]dt + \sigma\sqrt{r(t)}dW_t.$$

Durch den Quadratwurzelprozess, bei der die Normalverteilungsannahme aufgehoben wurde, werden negative Zinsen ausgeschlossen. Das CIR-Modell gehört zu der Gruppe der Shortratemodelle.

4.3.4 Ho-Lee-Modell (HL-Modell)

Ho und Lee modellieren 1986 als erste die Zinsstruktur nicht nach ökonomischen Variablen, sondern nehmen die tatsächlich am Markt feststellbare Zinsstruktur in Form von Nullkuponanleihen als gegeben an und leiten die stochastischen Veränderungen so ab, dass das entstehende Bondpreissystem arbitragefrei ist. Das HL-Modell ist ein Shortratemodell. Da nur eine Zufallsvariable stochastisch verändert wird, handelt es sich dabei um ein Einfaktormodell. $F(t_0,t)$ ist der betrachtete momentane Forwardzins für die Laufzeit t zum Zeitpunkt t_0. $F_t(t_0,t)$ ist die partielle Ableitung des infinitesimalen Forwardzinses nach der Zeit t.

$$dr_t = \left[F_t(t_0,t) + \sigma^2 t\right]dt + \sigma dW_t.$$

Die Steigung der Forwardzinskurve definiert die durchschnittliche Richtung, in die sich der kurzfristige Zins zu jedem gegebenen Zeitpunkt bewegt. Dies ist aber auch ein Nachteil, da die erwarteten Zinsen mit der Zeit unbeschränkt steigen. Aus einer flachen Zinsstruktur kann nur eine normale Zinsstruktur werden. Ein weiterer Nachteil ist die Normalverteilungsannahme aufgrund des Gauß-Prozesses. Wie bei allen Gauß-Modellen können mit positiver Wahrscheinlichkeit negative Zinsen entstehen. Zu jedem Zeitpunkt sind die möglichen Zinsstrukturkurven parallel, da der Volatilitätsterm auf alle Zinsraten gleich wirkt.[287]

4.3.5 Hull-White-Modell (HW-Modell)

Das HW-Modell ist wie das HL-Modell ein Shortratemodell und in seiner Grundform als Ein-Faktor-Modell konzipiert.[288] Es kann als eine Erweiterung

---

[287] Vgl. HO/LEE (1986), S. 1044-1029; HEITMANN (1997), S. 124-127; HULL (2003), S. 809-812.

[288] Hull/White haben durch Erweiterung des Einfaktormodells ein Zweifaktormodell vorgestellt, auf das hier nicht näher eingegangen wird, vgl. HULL/WHITE (1994b), S. 37-48.

des HL-Modells mit einer Mean Reversion Rate a angesehen werden. Das HL-Modell ist ein Sonderfall des HW-Modells mit $a = 0$. Alternativ kann es als Vasicek-Modell mit einem zeitabhängigen langfristigen Mittelwert der Shortrate $\bar{r}(t)$ angesehen werden mit $\theta(t) = ar(t)$.

Die Shortrate r in der risikoneutralen Welt folgt dem folgenden Prozess mit der momentanen Standardabweichung der Shortrate σ, die nicht die Volatilität bezeichnet, einem zeitabhängigen Driftterm $\theta(t)$ und einem Wiener Prozess W:

$$dr_t = \left[\theta(t) - ar(t)\right]dt + \sigma dW_t.$$

Im Gegensatz zum HL-Modell, bei dem die Zinsstruktur parallel verläuft, konvergiert der Erwartungswert zukünftiger Spotrates mit einer bestimmten Restlaufzeit gegen einen endlichen Grenzwert. Die Volatilitätsstruktur der Spotrates nimmt mit zunehmender Restlaufzeit ab und konvergiert gegen Null. Dadurch ist die Wahrscheinlichkeit negativer Zinsen deutlich geringer als im HL-Modell. Zudem ist dieses Verhalten konsistent mit dem empirischen Ergebnis, dass die Volatilität bei langen Laufzeiten geringer ist als bei kurzen Laufzeiten.[289]

4.3.6 Black-Derman-Toy-Modell (BDT-Modell)

Das BDT-Modell ist ein Shortratemodell, bei dem die Dynamik der relativen Shortrateveränderung dr_t/r_t modelliert wird. Das Modell ist dadurch lognormalverteilt mit der Konsequenz stets positiver Shortrates. Durch den zeitabhängigen Mean-Reversion-Level und der zeitabhängigen Volatilität kann das BDT-Modell einer bestehenden Zinsstruktur angepasst werden:[290]

$$\frac{dr_t}{r_t} = a(t)dt + \sigma(t)dW_t.$$

4.3.7 Heath-Jarrow-Morton-Modell (HJM-Modell)

Im Unterschied zu den Shortratemodellen wird hier die Forwardrate und nicht die Spotrate als Itô-Prozess modelliert. Der Ansatz von Heath, Jarrow und

---

[289] Vgl. HULL/WHITE (1990b), S. 573-92; HEITMANN (1997), S. 128-132; RUDOLF (2000), S. 47-48; HULL (2003), S. 546.

[290] Vgl. BLACK/DERMAN/TOY (1990), S. 33-39.

Morton ist die Modellierung der Entwicklung der gesamten Kurve momentaner Terminzinssätze (Forward-Rates) als System von stochastischen Prozessen. Aus der allgemeinen Klasse von HJM-Modellen wird im Folgenden die Kernidee skizziert und auf den Fall einer Unsicherheitsquelle beschränkt. Der Forward-Rate-Prozess wird über eine stochastische Integralgleichung beschrieben, bei der die aktuelle Forward-Zinsrate $f(0,T)$ Ausgangspunkt der Konstruktion ist:[291]

$$f(t,T) = f(0,T) + \int_0^t \mu(u,T)\,du + \int_0^t \sigma(u,T)\,dW_u, \quad \forall t \in [0,T].$$

Aus den Forwardzinsen lassen sich die Kurse der Nullkuponanleihen herleiten, so dass über die gesamte betrachtete Laufzeit eine vollständige Menge von Kursen von Nullkuponanleihen $B(t,T)$ mit den jeweiligen Endfälligkeiten T existiert. Unter dem Martingalmass gilt folgender Prozess:

$$dB(t,T) = B(t,T)\big(r(t)\,dt + \sigma(t,T)\,dW\big).$$

Dies ist die Beschreibung des Einfaktormodells. Heath, Jarrow und Morton haben die Beschreibung der Zinsstruktur auch als Mehrfaktormodell darge-stellt.[292] Da das HJM-Modell ein Gauß-Prozess ist, können negative Zinsen entstehen.[293] Die große Überlegenheit des HJM-Modells als Mehrfaktormodell liegt darin, dass z. B. aus einer normalen Zinsstrukturkurve eine inverse Zinsstrukturkurve modelliert werden kann. Auch weitere Übergängen von Zinsstrukturkurven können mit dem Mehrperiodenmodell dargestellt werden.[294]

---

[291] Vgl. MUSIELA/RUTKOWSKI (1998), S. 305; ALBRECHT/MAURER (2002), S. 449,

[292] Vgl. HEATH/JARROW/MORTON (1990), S.419-440; HEATH/JARROW/MORTON (1992), S.77-105.

[293] Vgl. HEITMANN (1997), S. 149-152.

[294] Vgl. RUDOLF (2000), S. 147.

4.3.8 Brace-Gatarek-Musiela-Modell (BGM-Modell)

Das BGM-Modell verwendet im Gegensatz zum HJM-Modell lediglich die Forwardzinsen, die direkt am Markt beobachtbar sind. Dieses Modell wird auch LIBOR-Marktmodell[295] genannt und ist ein Forwardratemodell.

Die im Zeitpunkt t für den Zeitraum zwischen t_k und t_{k+1} beobachteten Forward-LIBOR-Zinsraten werden mit $F_{LIBOR}(t,t_k)$ und deren Volatilität mit $\sigma(t,t_k)$ bezeichnet. Die LIBOR-Zinsraten folgen dem Prozess[296]

$$dF_{LIBOR}(t,t_k) = F_{LIBOR}(t,t_k)\sigma(t,t_k)dW_t \qquad \forall t \in [t_0,t_k]$$

mit der Anfangsbedingung

$$F_{LIBOR}(t_0,t_k) = \frac{B(t_0,t_k) - B(t_0,t_{k+1})}{(t_{k+1} - t_k)B(t_0,t_k)}.$$

4.3.9 Eberlein-Raible-Modell (ER-Modell)

Das ER-Modell ist eine Erweiterung des HJM-Modells. Dabei wird anstelle des Wiener-Prozess ein allgemeiner Lévy-Prozess als treibender Prozess verwandt.[297] Ein Lévy-Prozess ist ein stochastischer Prozess mit unabhängigen und stationären Zuwächsen und stellt eine Verallgemeinerung des Wiener Prozesses dar. Einige analytische Eigenschaften des Wiener Prozesses, wie Stetigkeit der Pfade und die Eigenschaft, dass die Zuwächse normalverteilt sind, gehen verloren. Im Folgenden wird ein ER-Modell aufbauend auf dem HJM-

---

[295] Der Begriff „LIBOR" steht für London-Interbank-Offered-Rate und wird aus Befragungen von Kreditinstituten am Bankplatz London ermittelt, die bereit sind, anderen Banken mit erstklassigem Standing kurzfristige Kredite zu gewähren. Der LIBOR existiert für verschiedene Fristigkeiten (1-Monats, 3-Monats, 6-Monats, 12-Monats-LIBOR), vgl. ALBRECHT/MAURER (2002), S. 43.

[296] Vgl. BRACE/GATAREK/MUSIELA (1997), S. 127-155; JAMSHIDIAN (1997), S. 293-330; BRIGO/MERCURIO (2001), S. 192-203; BIELECKI/RUTKOWSKI (2002), S. 452-453.

[297] Vgl. EBERLEIN/RAIBLE (1999), S. 31-54. In SCHOUTENS (2003) wird eine umfangreiche Einordnung der Lévy-Prozesse zu bestehende Optionsbewertungsmodelle gegeben.

Modell für einen Forward-Zinsraten-Prozess eingeführt.[298] L_t steht für einen Lévy-Prozess:

$$f(t,T) = f(0,T) + \int_0^t \theta'(\sigma(u,T))\sigma_2(u,T)\,du - \int_0^t \sigma_2(u,T)\,dL_u, \quad \forall t \in [0,T].$$

Ferner beschreibt

$$\theta(u) = \log\left(E^{\Pi}\left[e^{uL_1}\right]\right)$$

den Logarithmus der momenterzeugende Funktion L_1, θ' die Ableitung

sowie

$$\sigma_2(u,T) = \frac{\partial}{\partial T}\sigma(u,T)$$

die (partielle) Ableitung von T.

Im Vergleich zum HJM-Modell wird somit der treibende Wiener-Prozess durch einen allgemeinen Lévy-Prozess ersetzt. Empirische Untersuchungen konnten die Überlegenheit des ER-Modells belegen.[299] Abbildung 4.4 zeigt den Vergleich der Dichte der Normalverteilung und der Dichte der logarithmierten Gewinne von Nullkuponanleihen mit einer Restlaufzeit von fünf Jahren während des Zeitraumes von 1985 – 1995:

---

[298] Vgl. EBERLEIN/RAIBLE (1999), S. 45; EBERLEIN (2001), S. 334.

[299] Vgl. EBERLEIN (2001), S. 319-335.

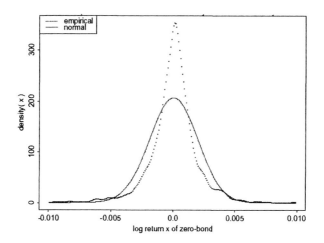

Abb. 4.4: Vergleich der Normalverteilung mit der empirischen Verteilung[300]

Dieser Vergleich zeigt, dass der Wiener-Prozess basierend auf die Normalverteilung den tatsächlichen Kursverlauf von Nullkuponanleihen nur annähernd abbilden kann.

Für die Implementierung dieser Modelle hat sich die Klasse der verallgemeinerten hyperbolischen Lévy-Prozesse als besonders geeignete Klasse erwiesen. Eine Unterklasse davon sind die Normal-Inverse-Gauß-Verteilungen (NIG-Verteilungen), die für den folgenden Vergleich genutzt wurden.[301] Die Abbildung 4.5 vergleicht die Dichte der an die Daten angepassten NIG-Verteilung mit der empirischen Dichte der logarithmierten Gewinne von Nullkuponanleihen mit einer Restlaufzeit von fünf Jahren während des Zeitraumes von 1985 – 1995:

---

[300] RAIBLE (2000), S. 100, (Reproduktion mit freundlicher Genehmigung des Autors).

[301] Vgl. RAIBLE (2000), S. 40.

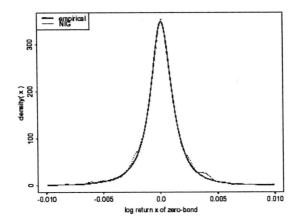

Abb. 4.5: Vergleich der empirischen Kursveränderungen mit der NIG-Verteilung[302]

Der Vergleich der Abbildungen 4.4 und 4.5 zeigt, dass die NIG-Verteilung das tatsächliche Kursverhalten der Nullkuponanleihen wesentlich besser widerspiegelt als die Normalverteilung.

Diese Überlegenheit des ER-Modells basiert auf den verallgemeinerten hyperbolischen Randverteilungen, die der Lévy-Prozess generiert. Diese sind durch fünf Parameter charakterisiert.[303] Die Normalverteilung ist lediglich durch zwei Parameter μ und σ^2 festgelegt. Eine größere Anzahl von Parametern erlaubt grundsätzlich bei der Anpassung der Verteilung an die Realität mehr Freiheitsgrade.

4.4 Übersicht der Zinsoptionsbewertungsmodelle

In den vorhergehenden Abschnitten wurde eine Auswahl bedeutender Zinsoptionsbewertungsmodelle vorgestellt. Die Tabelle 4.1 gibt einen zusammenfassenden Überblick über die Klassifikation und des zugrunde liegenden stochastischen Prozesses. In der Spalte „$r \geq 0$" wird verdeutlicht, ob bei dem jeweiligen Modell negative Zinsen möglich sind.

---

[302] RAIBLE (2000), S. 105.

[303] Vgl. RAIBLE (2000), S. 99-107; EBERLEIN (2001), S. 321-323.

Modell-bezeichnung	Klassifikation	Stochastischer Prozess	$r \geq 0$
Black	Bondpreis-modell	$C = B(t_0, T-t)\big(F(t_0,t,T)N(d_1) - XN(d_2)\big)$ $$d_1 = \frac{\ln\left(F(t_0,t,T)\big/X\right) + \frac{1}{2}\sigma^2(T-t)}{\sigma\sqrt{T-t}},$$ $$d_2 = \frac{\ln\left(F(t_0,t,T)\big/X\right) - \frac{1}{2}\sigma^2(T-t)}{\sigma\sqrt{T-t}} = d_1 - \sigma\sqrt{T-t}$$	-
Vasicek-Modell	Shortrate-modell	$dr_t = a\big[\bar{r} - r(t)\big]dt + \sigma dW_t$	nein
CIR-Modell	Shortrate-modell	$dr_t = a\big[\bar{r} - r(t)\big]dt + \sigma\sqrt{r(t)}dW_t$	ja
HL-Modell	Shortrate-modell	$dr_t = \big[F_t(0,t) + \sigma^2 t\big]dt + \sigma dW_t$	nein
HW-Modell	Shortrate-modell	$dr_t = \big[\theta(t) - ar(t)\big]dt + \sigma dW_t$	nein
BDT-Modell	Shortrate-modell	$\dfrac{dr_t}{r_t} = a(t)dt + \sigma(t)dW_t$	ja
HJM-Modell	Forwardrate-modell	$f(t,T) = f(0,T) + \int_0^t \mu(u,T)du + \int_0^t \sigma(u,T)dW_u, \ \forall t \in [0,T]$	nein
BGM-Modell	Forwardrate-modell	$dF_{LIBOR}(t,t_k) = F_{LIBOR}(t,t_k)\sigma(t,t_k)dW_t$	nein
ER-Modell	Forwardrate-modell	$f(t,T) = f(0,T) + \int_0^t \sigma'(\sigma(u,T))\sigma_2(u,T)du - \int_0^t \sigma_2(u,T)dL_u$	nein

Tab. 4.1: Übersicht bedeutender Zinsoptionsbewertungsmodelle

Die Übersicht verdeutlicht, dass alle Modelle, außer das Bondpreismodell von Black, ähnlich aufgebaut sind. In vielen Modellen können negative Zinsen nicht ausgeschlossen werden. Mit Ausnahme des ER-Modells werden die Zinsoptionsbewertungsmodelle durch einen Wiener-Prozess getrieben.

4.5 Allgemeine Implementierungsverfahren

Zur quantitativen Optionswertbestimmung sind die oben theoretisch dargestellten Zinsoptionsbewertungsmodelle zu implementieren. Dabei werden die Differentialgleichungen gelöst, welche die Dynamik von Zinsoptionen beschreiben. Existiert keine analytische Lösung, sind numerische Verfahren wie beispielsweise

> das Baumstruktur-Verfahren,

> die Finite-Differenzen-Methoden oder

> die Monte-Carlo-Simulation

zur Implementierung notwendig.[304]

Durch die **Baumstruktur** wird der stochastische Prozess zeitdiskret abgebildet. Existieren genau zwei Nachfolger für jeden Knoten, wird der Baum als Binomialbaum bezeichnet. Bei drei Nachfolgern wird der Baum Trinomialbaum genannt. Existieren zwei Vorgänger, so wird der Baum als rekombinierend bezeichnet. Für die Zeitstufen Δt im Baum werden kontinuierliche Zinssätze für jede Periode Δt definiert. Der Zins R für die Periode Δt folgt dem gleichen stochastischen Prozess wie der momentane Zins r im korrespondierenden kontinuierlichen Modell. Im Zinsbaum variieren der Zinssatz und damit der Abzinsungsfaktor von Knoten zu Knoten.

Bei der **Finite-Differenzen-Methode** wird die zu lösende Differentialgleichung in ein Bündel von Differentialgleichungen konvertiert. Anschließend werden die Differenzengleichungen iterativ gelöst.

Das Grundprinzip der **Monte-Carlo-Simulation** ist die wiederholte Wahl eines Zufallspfads in der risikoneutralen Welt. Für jeden gewählten Zufallspfad wird der Auszahlungsbetrag berechnet. Der Mittelwert sämtlicher Auszahlungsbeträge wird als erwarteter Auszahlungsbetrag angenommen. Durch Diskontierung erhält man den (geschätzten) Optionswert zu einem früheren Zeitpunkt.

4.6 Kriterien für die Auswahl von Zinsoptionsbewertungsmodellen

Für Aktienoptionen hat sich das Black-Scholes-Modell durchgesetzt. Die Händler haben sich trotz der regen Modellkritik[305] auf das Modell eingestellt.[306] Zur Bewertung von Zinsoptionen hat sich noch kein Modell in Wissenschaft und Praxis gleichermaßen durchgesetzt.

Angesichts der Vielzahl von verfügbaren Zinsoptionsbewertungsmodellen stellt sich die Frage nach der geeigneten Auswahl. Eine eindeutige Antwort auf diese

---

[304] Die Implementierungsverfahren sind allgemeingültig in HULL (2003), S. 551-607, beschrieben.

[305] Vgl. BLACK (1989), S. 78-85; RIETMANN (2001), S. 44-55.

[306] Vgl. HULL (2003), S. 624-625.

Frage wird hier nicht gegeben. Es werden jedoch Kriterien genannt und nachfolgend erläutert, die als Leitfaden einer Modellauswahl dienen:[307]

➢ Mögliche Bewertungsobjekte,

➢ Interne Konsistenz,

➢ Externe Konsistenz,

➢ Fähigkeit zur Beschreibung von beobachtbarem Übergangsverhaltens der Zinsstruktur,

➢ Sparsamkeit des Modells,

➢ Numerischer Aufwand.

Einige der Bewertungsmodelle können nicht alle Zinsoptionen sondern nur bestimmte Zinsoptionen, auch **Bewertungsobjekte** genannt, bewerten. Beispielsweise können mit dem Black-Modell keine amerikanischen Zinsoptionen bewertet werden.

Die **interne Konsistenz** bezieht sich auf das theoretische Modell und kennzeichnet die Widerspruchsfreiheit des Modells. Kernpunkt der internen Konsistenz ist die Arbitragefreiheit im Optionsbewertungsmodell. Ein Modell ist derart aufzubauen, dass mit Hilfe der fair bewerteten Wertpapiere keine risikolosen Arbitragegewinne zu erzielen sind. Zur internen Konsistenz gehört auch die konsistente Bewertung verschiedenster Bewertungsobjekte. Dies bedeutet, dass die Annahmen über die Zinsentwicklung – insbesondere die Annahmen über die Volatilität – nicht von den Bewertungsobjekten abhängen dürfen. Sind mit einem Zinsoptionsbewertungsmodell mehrere Bewertungsobjekte zu bewerten, führen beispielsweise je nach Bewertungsobjekt unterschiedliche Volatilitätsannahmen zu einem Konflikt und damit zu einer internen Inkonsistenz. In der Realität existiert dagegen nur eine Volatilität.

Die Überprüfung der **externen Konsistenz** verlangt einen empirischen Vergleich der Modellwerte mit den Marktpreisen. Gerade bei nicht gehandelten impliziten Optionen ist die externe Konsistenz schwer zu überprüfen. Es sind dann vergleichbare Optionen zur Überprüfung der externen Konsistenz heranzuziehen.

Bei der **Bewertung der Fähigkeit zur Beschreibung beobachtbaren Übergangsverhaltens der Zinsstruktur** können unterschiedliche Übergangsverhalten zugrunde gelegt werden. Typische Übergangsmuster der Zinsstruktur sind beispielsweise die Parallelverschiebung, bei der die Zinsstruktur bei kurzen

---

[307] Vgl. HEITMANN (1997), S. 21-24.

und bei langen Laufzeiten um den gleichen Betrag steigt. Ein weiteres Übergangsverhalten ist der so genannte Twist der Zinsstruktur. Ein Twist bezeichnet die gegenläufige Zinsentwicklung am kurzen und am langen Ende der Zinsstruktur. Die Parallelverschiebung lässt sich schon mit dem ersten und einfachen Zinsstrukturmodell von Ho/Lee modellieren. Zur Modellierung eines Twists ist ein aufwendiges Mehrfaktormodell, wie beispielsweise das HJM-Modell, notwendig.

Die **Sparsamkeit** beschreibt die Fähigkeit des Modells, sich auf das Wesentliche bzw. auf die wesentlichen Parameter zu beschränken. Je mehr „Stellschrauben" und Schätzungen ein Modell benötigt, desto größer ist die Gefahr einer instabilen Schätzung und einer Überanpassung an die aktuelle Marktsituation.

Für die praktische Anwendung eines Zinsoptionsbewertungsmodells ist der **numerische Aufwand** von großer Bedeutung. Numerisch aufwendig können die Kalibrierung des Modells und das Bewertungsmodell selbst sein. Der numerische Aufwand ist am geringsten, wenn eine geschlossene Bewertungsformel abgeleitet werden kann. Ohne geschlossene Bewertungsformel ist eine numerische Approximation des Modells mit unter Umständen hohem numerischem Aufwand erforderlich.

4.7 Auswahl eines Zinsoptionsbewertungsmodells zur Bewertung von Bausparoptionen

Ein konkretes Zinsoptionsmodell zur Bewertung von Bausparoptionen wird in der vorliegenden Literatur nicht vorgeschlagen.[308] Demnach ist nach den allgemeinen Auswahlkriterien und nach den Besonderheiten des Bausparens eine Auswahl zu treffen. In dieser Arbeit wird eine eindeutige, aber nicht zwangsläufige Auswahl getroffen.

Die Bewertungskriterien haben z. T. gegenläufige Zielrichtungen. Aus theoretischer Sicht scheint sich die Modellfamilie von HJM durchzusetzen, da sie einerseits präferenzfrei ist und andererseits eine gute externe Konsistenz und eine gute Fähigkeit zur Beschreibung von beobachtbarem Übergangsverhalten der Zinsstruktur aufweist. In praktischen Arbeiten scheinen Einfaktormodelle wie das HW-Modell oder auch das Modell von BDT zu überwiegen, da diese

---

[308] Welches Modell CIELEBACK (2001) verwendet, ist nicht eindeutig erkennbar.

Modelle sehr sparsam in der Anzahl der Parameter sind und einen nicht zu hohen numerischen Aufwand haben.[309]

Eine eindeutige Antwort, welches Modell im Allgemeinen verwendet werden sollte, ist nicht zu geben. Entscheidend ist die Aufgabenstellung, die gelöst werden muss. Sollen beispielsweise für den Handel (fast) kontinuierlich gehandelte Optionen bewertet werden, so ist eine ausgeprägte externe Konsistenz für das Modell unverzichtbar. Sollen dagegen Abschätzungen für Obergrenzen von impliziten Optionswerten für Kalkulationszwecke bzw. für die Rechnungslegung gefunden werden, so steht der numerische Aufwand im Mittelpunkt. Hierbei hat die externe Konsistenz insofern eine geringere Bedeutung, da der tatsächliche Wert der impliziten Option evtl. durch weitere sehr grobe Abschätzungen (z. B. Kalibrierung) bestimmt wird. Der Fehler dieser Abschätzungen scheint wesentlich größer zu sein, als mögliche Fehler im Zinsstrukturmodell.

Durch die Besonderheit beim Bausparen mit einer großen Anzahl von Ausübungszeitpunkten ist eine Modellierung mit vielen Zeitschritten nötig. Dadurch kann ein sehr hoher numerischer Aufwand entstehen, wenn kein numerisch sparsames Modell verwandt wird. Gerade beim numerischen Aufwand ist das HW-Modell als Einfaktormodell mit einem rekombinierenden Baum den Mehrfaktormodellen überlegen.[310] Die theoretisch präferierte Modellfamilie der HJM-Modelle, das BGM-Modell sowie das ER-Modell sollten hier wegen des höheren numerischen Aufwands nicht verwendet werden.

Das Black-Modell kann nur europäische Optionen bewerten. Da die Bausparoptionen im Wesentlichen Bermuda-Optionen darstellen, ist das Black-Modell nicht genügend.

Unter den numerisch sparsamen Einfaktormodellen verbleiben das HL-Modell, das BDT-Modell und das HW-Modell. Das HL-Modell wurde nicht ausgewählt, da die Fähigkeit zur Beschreibung beobachtbaren Übergangverhaltens der Zinsstruktur dem HW-Modell unterlegen erscheint. Für das HW-Modell spricht außerdem der intuitive Mean-Reverse-Prozess.

---

[309] Nach Aussage von MAYER (1999), S. 3, hat sich das HW-Modell in der Praxis als Benchmark etabliert. Das HW-Modell wurde auch in der Arbeit zur Bewertung impliziter Optionen in Lebensversicherungsverträgen in DILLMANN (2002) verwandt. In einer ähnlichen Arbeit zur Bewertung impliziter Optionen in Lebensversicherungsverträgen, HERR/KREER (1999), wurde eine Erweiterung des BDT-Modells nach FABOZZI/ KALOTAY/WILLIAMS (1997), S. 693-713, zur Bewertung genutzt.

[310] Vgl. HULL/WHITE (2001), S. 34.

Das HW-Modell hat gegenüber dem Modell von BDT den Vorteil, dass die aktuelle Zinsstruktur beim HW-Modell ein Input ist. Dagegen ist die Zinsstruktur beim BDT-Modell ein Output und muss der beobachtbaren Zinsstruktur angepasst werden.

In dieser Arbeit wird wegen der oben genannten Gründe das HW-Modell für die Bewertung der impliziten Optionen im Bausparen ausgewählt. Im folgenden Kapitel wird es deshalb ausführlich dargestellt und beschrieben.

4.8 Zusammenfassung

In diesem Kapitel wurden zuerst die Begriffe und die Grundlagen der Optionsbewertung vorgestellt. Festzuhalten ist, dass sich Anleihen wesentlich von Aktien unterscheiden. Deshalb ist das für die Aktienoptionsbewertung bekannte Black-Scholes-Modell für die Zinsoptionsbewertung nicht relevant.

Für die Zinsoptionsbewertung ist zentral, dass unter Verwendung eines risikolosen Zinssatzes die Bestimmung der Martingal-Wahrscheinlichkeiten so erfolgt, dass der Kapitalmarkt arbitragefrei bleibt.

Anschließend wurden die Zinsoptionsbewertungsmodelle vorgestellt und klassifiziert. Um die Auswahl eines geeigneten Zinsoptionsbewertungsmodells zu vereinfachen, wurden Auswahlkriterien genannt. Hiernach ist eine eindeutige Präferenz für **ein** Zinsoptionsbewertungsmodell nicht gegeben. Das Zinsstrukturmodell von Hull-White wurde deshalb ausgewählt, weil der nicht zu hohe numerische Aufwand für diese praxisnahe Aufgabe im Vordergrund steht. Dennoch beschreibt der stochastische Zinsratenprozess die Realität hinreichend gut. Da die Auswahl des Zinsoptionsbewertungsmodells je nach Aufgabenstellung auch anders ausfallen kann, wurden nicht nur das HW-Modell sondern auch weitere bedeutende Modelle vorgestellt.

Existieren keine geschlossenen Formeln sind die Zinsoptionsmodelle über numerische Verfahren zu implementieren. Die Implementierung des HW-Modells wird im folgenden Kapitel erläutert.

5 Implementierung und Kalibrierung des Hull-White-Modells

In Kapitel vier wurde das Hull-White-Modell (HW-Modell) aus einer Vielzahl von Zinsoptionsbewertungsmodellen für die Zwecke dieser Arbeit als geeignet ausgewählt. In diesem Kapitel werden die grundlegenden Ideen und eine Einführung in die Terminologien und die Implementierung des HW-Modells ausführlich dargestellt. Die Darstellung wird mit zahlreichen Beispielen angereichert, damit die Vorgehensweise einfach nachvollzogen werden kann. Dies ermöglicht dem mit Zinsstrukturmodellen unerfahrenen Leser die Implementierung selbst leicht durchzuführen. In Ergänzung zur üblichen Vorgehensweise in der Literatur[311] wird in dieser Arbeit besonders Augenmerk auf eine ansprechende Unterlegung der Theorie mit Beispielen gelegt.

Das zeitstetige HW-Modell

$$dr_t = \left[\theta(t) - ar(t) \right] dt + \sigma dW_t$$

dient als Vorlage für die Implementierung einer zeitdiskreten Darstellung. Dabei werden Eigenschaften wie z. B. der Erwartungswert und die Varianz der Zuwächse des zeitstetigen HW-Modells auf die zeitdiskrete Implementierung übertragen.

In den folgenden Berechnungen werden die Parameter a und σ entsprechend dem HW-Modell über die Zeit als konstant angenommen. Jedoch können a und σ auch als Funktion der Zeit modelliert werden.

Für die Berechnung sind der Mean-Reversion-Faktor a und die Standardabweichung σ zu bestimmen. Diese Parameter könnten direkt am aktuellen Markt beobachtet werden. Jedoch ist beispielsweise die historische Standardabweichung der Shortrate wesentlich geringer als die durch die Kalibrierung festgestellte implizite Standardabweichung der Shortrate.[312] Deshalb werden die real

---

[311] In der Originalarbeit von HULL/WHITE (1990b), S. 573-592, wird auf die Implementierung eines Modells nur rudimentär eingegangen. Die Beschreibung der Implementierung wurde später in HULL/WHITE (1994a), S. 7-16, und HULL/WHITE (2001), S. 34-43, nachgeholt. Die Implementierung wurde auch in der Sekundärliteratur beschrieben, vgl. RUDOLF (2000), S. 115-127; REBONATO (2000), S. 289-295; HULL (2003), S. 546-564.

[312] Vgl. RUDOLF (2000), S. 203.

beobachtbare Standardabweichung und die real beobachtbare Mean-Reversion-Rate nicht für das Modell verwendet. Die beiden Parameter werden aus Marktdaten gehandelter Optionen abgeleitet. Hierbei wird das Ziel verfolgt, die berechneten Modellwerte den tatsächlichen Marktpreisen anzupassen. Dies geschieht durch geeignete Wahl des Mean-Reversion-Faktor a und der Volatilität σ in der risikoneutralen Welt. Dies wird als Kalibrierung des Modells bezeichnet.[313]

Der Mean-Reversion-Faktor a und die Standardabweichung σ sind vorab unbekannt und werden erst später durch die Kalibrierung in Abschnitt 5.4 ermittelt. Um jedoch konkrete Beispielrechnungen durchführen zu können, werden die durch die Kalibrierung gefundenen Parameter vorab angenommen:

$$a = 0,058,$$

$$\sigma = 0,0085.$$

Als konstante, diskrete Periodenlänge wird

$$\Delta t = 0,25 \text{ Jahre}$$

angenommen. Das angemessene Zeitintervall Δt wird im Rahmen der bausparmathematischen Modellierung in Abschnitt 6.1.2 definiert.

5.1   Verwendete Renditen von Nullkuponanleihen

Voraussetzung für die Implementierung des HW-Modells sind die am Markt beobachtbaren Renditen von Nullkuponanleihen. Dazu werden hier die Kapitalmarktdaten vom 18.03.2003 verwendet. Als Datenquelle für die benötigten Renditen der Nullkuponanleihen steht die Online-Datenbank Datastream des Informationslieferanten Thomson Financial zur Verfügung. Datastream bietet Renditen von Nullkuponanleihen mit unterschiedlichen Laufzeiten an. Die Abstände der unterschiedlichen Laufzeiten sind monatlich.

Abbildung 5.1 zeigt Renditen von Nullkuponanleihen zur jeweiligen Laufzeit vom 18.03.2003. Die Renditen der Nullkuponanleihen beziehen sich auf den deutschen Markt:

---

[313] Vgl. HULL (2003), S. 564.

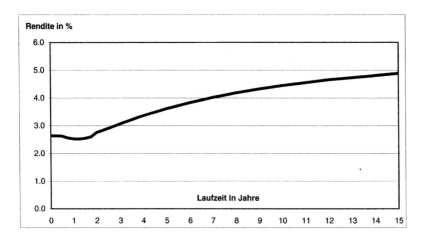

Abb. 5.1: Renditen von Nullkuponanleihen vom 18.03.2003

In Tabelle 5.1 werden einige Renditen von Nullkuponanleihen genannt. Sämtliche relevanten Renditen von Nullkuponanleihen sind im Anhang aufgelistet.

Laufzeit [Jahre]	0,25	0,5	1	2	3	4	5	6	7	8	9	10	15
Rendite [%]	2,64	2,63	2,53	2,76	3,07	3,36	3,62	3,81	4,02	4,19	4,33	4,45	4,89

Tab. 5.1: Renditen von Nullkuponanleihen vom 18.03.2003

Ab einer Laufzeit von zwei Jahren liegt eine normale Zinsstruktur auf niedrigem Niveau vor. Davor fällt die Zinsstrukturkurve kurz ab und steigt dann wieder an.

5.2 Implementierung im Trinomialbaum

Hull und White haben eine Vorgehensweise definiert, wie die diskrete Implementierung des Zinsratenprozesses erfolgen kann. Die notwendigen Schritte werden im Folgenden im Detail einzeln beschrieben:

5.2.1 Aufbau der Baumstruktur

Zur Implementierung nutzen Hull und White die Baumstruktur. Ein Zinsbaum ist eine zeitdiskrete Darstellung eines kurzfristigen Zinses. In der einfachsten Annahme bezüglich eines zukünftigen Zinses ist eine nur zweiwertige (binomiale) Verteilungsannahme. Bei dieser Annahme kann der Zins entweder steigen oder fallen. Dies wird als Baum bezeichnet. Statt eines üblichen Binomialbaums wird wegen der Modellierung einer Mean-Reversion ein Trinomialbaum mit einem zusätzlichen Freiheitsgrad gegenüber dem Binomialbaum gewählt.[314] Dadurch hat jeder Knoten drei Nachfolger. Bei einer dreiwertigen Verteilungsannahme kann der zukünftige Zins steigen, fallen oder einen mittleren Wert annehmen. Diese Verteilungsannahme wird im Trimonialbaum durch Pfade und Knoten dargestellt. Von einem Knoten verzweigen ein Pfad nach oben, ein Pfad nach unten und ein Pfad nach vorne. Abbildung 5.2 veranschaulicht die trinomiale Verteilungsannahme mittels eines Trinomialbaums:

Abb. 5.2: Darstellung der trinomialen Verteilungsannahme als Trinomialbaum

Die gesamte Baumlänge und die einzelnen Periodenlängen sind so zu wählen, dass die möglichen Zahlungszeitpunkte durch einen Knoten repräsentiert werden. Bei einer konstanten Periodenlänge von einem Quartal wird eine Gesamtbetrachtungsdauer von ca. 15 Jahren angenommen.[315] Die Begründung für die Wahl der Gesamtbetrachtungsdauer wird im Kapitel 6 gegeben. Durch die verhältnismäßig kleine Periodenlänge von einem Quartal bei einer voraussichtlichen Baumlänge von ca. 15 Jahren sind insgesamt ca. 60 Perioden zu berechnen.

Die Wahl eines rekombinierenden Baums ist aus numerischen Gründen vorteilhaft. Bei einem allgemeinen, rekombinierenden Trinomialbaum beträgt die Anzahl der Knoten bei gegebenen Perioden ($i = 60$):

$$\text{Knotenanzahl (rekombinierend)} = 2i - 1 = 119.$$

Bei einem nicht rekombinierenden Baum steigt die Anzahl der Knoten im Trinomialbaum dagegen exponentiell:

$$\text{Knotenanzahl (nicht rekombinierend)} = 3^i \approx 4 \cdot 10^{28}.$$

---

[314] Vgl. HULL (2003), S. 550-551.

[315] Die Implementierung von ungleichen Zeitstufen ist in HULL (2003), S. 561-563, beschrieben.

Bei solchen nicht rekombinierenden Bäumen ist der numerische Aufwand sehr groß.[316]

Eine Besonderheit im HW-Modell sind die verschiedenen Verästelungstechniken, die wiederum der Mean-Reversion besonders entsprechen. Normalerweise verzweigen die Pfade von einem Knoten aus einen Schritt nach oben, einen Schritt nach unten und einen Schritt nach vorne. Damit selbst bei zu hohen Zinsen alle drei Verästelungen des Trinomialbaums genutzt werden können, wird eine Abwärtsverästelung definiert. Bei der Abwärtsverästelung verzweigen die Pfade von einem Knoten einen Schritt nach vorne, einen Schritt nach unten und einen doppelten Schritt nach unten. Dies gilt analog für die Aufwärtsverästelung bei zu niedrigen Zinsen. Die Abbildung 5.3 verdeutlicht die unterschiedlichen Verästelungstechniken:

Standardverästelung   Abwärtsverästelung   Aufwärtsverästelung

Abb. 5.3: Verschiedene Verästelungsmöglichkeiten im Trinomialbaum

Der gesamte Baum beinhaltet sämtliche Verästelungsmöglichkeiten und kann wie folgt skizziert werden:[317]

---

[316] Vgl. RUDOLF (2000), S. 166-170.

[317] Vgl. DILLMANN (2002), S. 145.

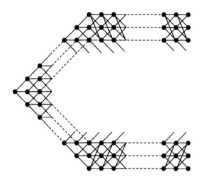

Abb. 5.4: Aufbau des Trinomialbaums

Die binomiale wie auch die trinomiale Verteilungsannahme erscheint bei Betrachtung einer Periode möglicherweise realitätsfern. Jedoch entsteht, wie in Abbildung 5.4 zu sehen ist, nach nur wenigen Perioden ein sehr breit gefächerter Zinsbaum mit sehr vielen Darstellungsmöglichkeiten für Zinsverläufe.

5.2.2 Definition der Zustandsniveaus

Der Zins kann im Trinomialbaum nach der ersten Periode einen von drei möglichen Zuständen annehmen. Am Anfangsknoten wird das Zustandsniveau z mit $z = 0$ festgelegt. Bei einer Bewegung im Trinomialbaum um einen Schritt nach oben bewegt sich der Zins auf einem um eins höheren Zustandsniveau. Bei einem Schritt nach unten bewegt sich der Zins auf einem um eins niedrigeren Zustandsniveau. Bei einem Schritt nach vorne bleibt der Zins auf demselben Zustandsniveau. Der Zins kann sich, abhängig von der Bewegung im Trinomialbaum, auf verschiedenen Zustandsniveaus bewegen. Positive Zustandsniveaus geben die mindest notwendige Anzahl von Aufwärtsbewegungen an, um den entsprechenden Knoten zu erreichen. Analog gilt dies bei negativen Zustandsniveaus. Sie geben die mindest notwendige Anzahl von Abwärtsbewegungen an, um den entsprechenden Knoten zu erreichen. Die Nummerierung der Zustandsniveaus zeigt Abbildung 5.5:

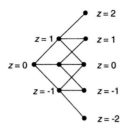

Abb. 5.5: Nummerierung der Zustände im Trinomialbaum

Die Nummerierung der Zustände wird für die weitere Indexierung der Knoten und damit auch für die Indexierung der Zinsen gebraucht, die einem Knoten später zugeordnet werden.

5.2.3 Bestimmung der Martingal-Wahrscheinlichkeiten

Entsprechend dem risikoneutralen Bewertungsprinzip müssen die Martingal-Wahrscheinlichkeiten für die Übergänge von Knoten zu Knoten im Trinomialbaum bestimmt werden. Zur Berechnung der Martingal-Wahrscheinlichkeiten der oberen (up), mittleren (middle) und unteren (down) Verzweigung in der risikoneutralen Welt π_u, π_m, π_d werden drei Gleichungen mit diesen drei Variablen gesucht. Die folgenden drei Bedingungen müssen für jeden Knoten erfüllt sein:

(1) Der Erwartungswert der Zuwächse im Trinomialbaum ist gleich dem Erwartungswert der Zuwächse des Zinsratenprozesses.

(2) Die Varianz der Zuwächse im Trinomialbaum ist gleich der Varianz der Zuwächse im Zinsratenprozess.

(3) Die Summe der drei Martingal-Wahrscheinlichkeiten im Trinomialbaum ist gleich eins.

Dabei wird mit ΔR die Schrittweite, also die Veränderung der Shortrate von einem Zustandsniveau z zu genau einem weiteren Zustandsniveau $z+1$ (bzw. $z-1$) bezeichnet. Der Erwartungswert im Trinomialbaum berechnet sich aus der Summe der mit den Martingal-Wahrscheinlichkeiten gewichteten Shortrate-Schritte. Die Varianz im Trinomialbaum berechnet sich aus der Summe der mit den Martingal-Wahrscheinlichkeiten gewichteten quadratischen Differenz aus der Schrittweite und dem Erwartungswert.[318] Die Varianz im diskreten Modell ist mit $\sigma^2 \Delta t$ gegeben. Die Martingal-Wahrscheinlichkeiten werden passend zu der erwarteten Veränderung und Varianz der Veränderung des diskreten Zinssatzes in dem nächsten Zeitintervall Δt gewählt.

Für die Standardverästelung gelten für einen Knoten demnach folgende drei Bedingungen für die Periodenlänge Δt:

$$(1)\ \pi_u \cdot \Delta R + \pi_m \cdot 0 + \pi_d \left(-\Delta R\right) = -az\Delta R\Delta t \equiv \mu(t)\Delta t,$$

$$(2)\ \pi_u \left[\Delta R - \mu(t)\right]^2 + \pi_m \left[0 - \mu(t)\right]^2 + \pi_d \left[-\Delta R - \mu(t)\right]^2 = \sigma^2 \Delta t,$$

$$(3)\ \pi_u + \pi_m + \pi_d = 1.$$

Für die Abwärts- und für die Aufwärtsverästelungen sind die Bedingungen hinsichtlich der Shortrate-Schritte anzupassen. Für die Abwärtsverästelungen lauten die drei Bedingungen:

$$(1)\ \pi_u \cdot 0 + \pi_m \cdot \left(-\Delta R\right) + \pi_d \left(-2\Delta R\right) = -az\Delta R\Delta t,$$

$$(2)\ \pi_u \left[0 - \mu(t)\right]^2 + \pi_m \left[-\Delta R - \mu(t)\right]^2 + \pi_d \left[-2\Delta R - \mu(t)\right]^2 = \sigma^2 \Delta t,$$

$$(3)\ \pi_u + \pi_m + \pi_d = 1.$$

Für die Aufwärtsverästelungen lauten die drei Bedingungen analog:

$$(1)\ \pi_u \cdot 2\Delta R + \pi_m \cdot \Delta R + \pi_d \cdot 0 = -az\Delta R\Delta t,$$

$$(2)\ \pi_u \left[2\Delta R - \mu(t)\right]^2 + \pi_m \left[\Delta R - \mu(t)\right]^2 + \pi_d \left[0 - \mu(t)\right]^2 = \sigma^2 \Delta t,$$

$$(3)\ \pi_u + \pi_m + \pi_d = 1.$$

---

[318] Vgl. allgemeine Berechnung des Erwartungswerts und der Varianz im Anhang 10.1.

Für die Bestimmung der Weite der Zinsschritte können im Prinzip arbiträre Werte genommen werden. Zur Elimination von ΔR und σ aus den Bedingungsgleichungen schlagen Hull und White folgende Wahl vor:

$$\Delta R \equiv \sigma\sqrt{3\Delta t}.$$

Für das Beispiel gilt:

$$\Delta R = 0,7361\% \quad (= 0,007361).$$

Nach dem Lösen des Gleichungssystems ergeben sich die gesuchten Martingal-Wahrscheinlichkeiten. Für die Standardverästelung errechnen sich die Martingal-Wahrscheinlichkeiten:

$$\pi_u = \frac{1}{2}\left(az\Delta t - \frac{1}{2}\right)^2 + \frac{1}{24},$$

$$\pi_m = \frac{2}{3} - a^2 z^2 \Delta t^2,$$

$$\pi_d = \frac{1}{2}\left(az\Delta t + \frac{1}{2}\right)^2 + \frac{1}{24}.$$

Für die Abwärtsverästelung errechnen sich die Martingal-Wahrscheinlichkeiten:

$$\pi_u = \frac{1}{2}\left(az\Delta t - \frac{3}{2}\right)^2 + \frac{1}{24},$$

$$\pi_m = \frac{2}{3} - \left(az\Delta t - 1\right)^2,$$

$$\pi_d = \frac{1}{2}\left(az\Delta t - \frac{1}{2}\right)^2 + \frac{1}{24}.$$

Für die Aufwärtsverästelung errechnen sich die Martingal-Wahrscheinlichkeiten:

$$\pi_u = \frac{1}{2}\left(az\Delta t + \frac{1}{2}\right)^2 + \frac{1}{24} \ ,$$

$$\pi_m = \frac{2}{3} - \left(az\Delta t + 1\right)^2 \ ,$$

$$\pi_d = \frac{1}{2}\left(az\Delta t + \frac{3}{2}\right)^2 + \frac{1}{24} \ .$$

5.2.4 Begrenzung der Zustandsniveaus

Nun stellt sich die Frage, ab welchem Zustandsniveau von der Standardverästelung auf die Abwärts- bzw. auf die Aufwärtsverästelungen gewechselt wird. Spätestens wenn eine der drei Martingal-Wahrscheinlichkeiten negativ zu werden droht (Nichtnegativitätsbedingung), muss gewechselt werden, da negative Wahrscheinlichkeiten nicht zugelassen sind. Die Martingal-Wahrscheinlichkeiten π_u und π_d können aufgrund der im letzten Abschnitt gezeigten Gleichungen nie negativ werden. Also bezieht sich die Nichtnegativitätsbedingung nur auf den mittleren Ast π_m und bedeutet für die Standardverästelung:

$$0 \le \pi_m = \frac{2}{3} - a^2 z^2 \Delta t^2 \ .$$

Daraus folgt:

$$-\frac{\sqrt{2/3}}{a\Delta t} \le z \le +\frac{\sqrt{2/3}}{a\Delta t} \ .$$

Für das Beispiel errechnet sich für die möglichen Zustände ein Intervall von

$$-56{,}31 \le z \le 56{,}31 \ .$$

Da die Zustände nur ganzzahlig sein können, wird so gerundet, dass die möglichen Zustände noch im Intervall liegen:

$$-56 \le z \le 56 \ .$$

Beim Übergang von der Standardverästelung zur Abwärtsverästelung ist zusätzlich auch die Nichtnegativitätsbedingung für die Abwärtsverästelung einzuhalten.

$$0 \leq \pi_m = \frac{2}{3} - (az\Delta t - 1)^2.$$

Daraus folgt:

$$-\frac{\sqrt{2/3}+1}{a\Delta t} \leq z \leq +\frac{\sqrt{2/3}+1}{a\Delta t}.$$

Für das Beispiel gilt entsprechend gerundet:

$$13 \leq z \leq 125.$$

Da beim Übergang von der Standardverästelung zur Abwartsverästelung die Nichtnegativitätsbedingungen der Standardverästelung und der Abwärtsverästelung einzuhalten sind, gilt:

$$-\frac{\sqrt{2/3}+1}{a\Delta t} \leq z \leq +\frac{\sqrt{2/3}}{a\Delta t}.$$

Für das Beispiel gilt entsprechend gerundet:

$$13 \leq z \leq 56.$$

Das Zustandsniveau z_{max} bezeichnet das Zustandsniveau, bei dem von der Standardverästelung zur Abwärtsverästelung gewechselt wird. Analog bezeichnet z_{min} das Zustandsniveau, bei dem von der Standardverästelung zur Aufwärtsverästelung gewechselt wird. Im HW-Modell wird die obere Begrenzung des Baums auch analog für die untere Grenze genutzt. Die Nichtnegativitätsbedingungen sind dadurch erfüllt:[319]

---

[319] Vgl. HULL (2003), S. 553.

$$z_{min} = -z_{max} \cdot$$

Welche von den möglichen Zustandsniveaus als z_{max} gewählt wird, liegt in der Entscheidung des Anwenders. Um den numerischen Aufwand zu reduzieren, wird ein früher Übergang von der Standardverästelung zur Abwärtsverästelung von Hull empfohlen.[320] Für die beispielhaften Berechnungen wird ein maximales Zustandsniveau von $z_{max} = 15$ festgelegt.

Die folgenden Berechnungen haben Modellcharakter, da größere Baumstrukturen möglicherweise genauere Werte hervorbringen können.

5.2.5 Berechnung der Martingal-Wahrscheinlichkeiten

Für den Trinomialbaum können nun die Martingal-Wahrscheinlichkeiten explizit für jeden Ast berechnet werden. Als Ergebnis fällt auf, dass die Martingal-Wahrscheinlichkeiten π_u, π_m, π_d (wie auch schon die Shortrates) nur vom Zustandsniveau, nicht aber von der Zeitperiode abhängen. Dies verdeutlicht die folgende Abbildung 5.6 mit einem nur zur Verdeutlichung angenommenen maximalen Zustandsniveau von $z_{max} = 2$. Dabei sind $\pi_u(z)$, $\pi_m(z)$, $\pi_d(z)$ die Martingal-Wahrscheinlichkeiten im Zustandsniveau z:

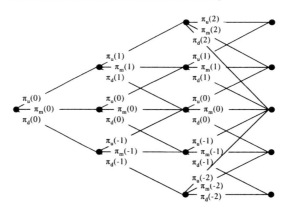

Abb. 5.6: Martingal-Wahrscheinlichkeiten im Trinomialbaum

Die im Beispiel errechneten Martingal-Wahrscheinlichkeiten zeigt Abbildung 5.7. Dabei wird verdeutlicht, dass ab der fünfzehnten Zeitperiode t_{15} und damit

---

[320] Vgl. HULL (2003), S. 553.

im Zustandniveau $z = 15$ der Übergang von der Standardverästelung zur Abwärtsverästelung bzw. im Zustandsniveau $z = -15$ der Übergang von der Standardverästelung zur Aufwärtsverästelung stattfindet:

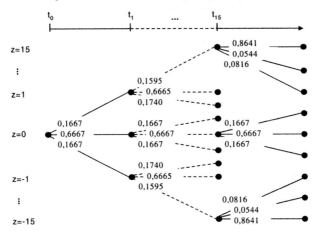

Abb. 5.7: Martingal-Wahrscheinlichkeiten im Beispiel

Die gestrichelten Linien deuten an, dass zwischen den Knoten weitere Knoten liegen.

5.2.6 Aufbau eines künstlichen Shortrate-Prozesses

Das bisher Beschriebene ist Vorarbeit für die Bildung eines Shortrate-Prozesses. Im nächsten Schritt wird ein künstlicher Shortrate-Prozess modelliert, welcher wegen des schrittweisen Aufbaus des Shortrate-Prozesses zuerst nur die Standardabweichung nicht aber die Drift berücksichtigt. Die Drift wird erst in einem weiteren Schritt berücksichtigt. Zudem wird der Ausgangspunkt der künstlichen Shortrate mit Null, $r^*(0,0) = 0$, festgesetzt. Der Wert der künstlichen Shortrate zur Zeitperiode i mit dem Zustandsniveau z wird mit $r^*(i,z)$ bezeichnet und berechnet sich aus dem Ausgangspunkt der künstlichen Shortrate, dem Zustandsniveau z und der Schrittweite ΔR folgendermaßen:

$$r^*(i,z) = r^*(0,0) + z\Delta R .$$

Vom Ausgangspunkt wird der Trinomialbaum symmetrisch aufgebaut. Die Verästelungstechnik wechselt bei z_{min} bzw. bei z_{max}. In der folgenden Abbildung wird zur Veranschaulichung wieder ein $z_{max} = 2$ angenommen:

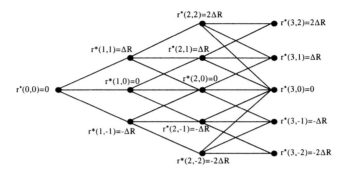

Abb. 5.8: Künstlicher Shortrate-Prozess

Das Niveau der künstlichen Shortrate ist, wie in der Abbildung 5.8 ersichtlich, entsprechend den Annahmen nur vom Zustandsniveau z, nicht aber von der Zeitperiode i abhängig. Deshalb wird im weiteren Verlauf die Zeitperiode im Index vernachlässigt. Die künstliche Shortrate kann sich also nur bei einer Beschränkung von $z_{max} = 2$ im Intervall $[-2\Delta R, 2\Delta R]$ bewegen.

Für das Beispiel errechnet sich folgender künstlicher Shortrate-Prozess:

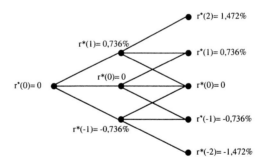

Abb. 5.9: Künstlicher Shortrate-Prozess im Beispiel

5.2.7 Berechnung der Zustandswerte

Ein Zustandswert Q berücksichtigt die Eintrittwahrscheinlichkeiten und den Zinssatz für die Diskontierung. Als Ergebnis liefern Zustandswerte eine wahrscheinlichkeitsgewogene, diskontierte Bewertung der einzelnen Zustände im Trinomialbaum. $Q(i, z)$ bezeichnet den Zustandswert für die Zeitperiode i und das Zustandsniveau z. Der initiale Zustandswert wird mit eins normiert:

$$Q(0,0) = 1.$$

Daraus lassen sich die folgenden Zustandswerte für die nächste Zeitperiode rekursiv berechnen. $\pi_u(z), \pi_m(z), \pi_d(z)$ sind die Martingal-Wahrscheinlichkeiten im Zustand z:

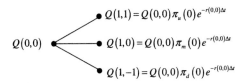

Abb. 5.10: Berechnung der Zustandswerte der ersten Periode

Die Martingal-Wahrscheinlichkeiten wurden schon bestimmt. Die Shortrate $r(0,0)$ kann aus der am Markt beobachtbaren Zinskurve abgelesen werden und beträgt im Beispiel $r(0,0) = 2,64\%$. Die Zustandswerte in der ersten Periode können demnach berechnet werden:

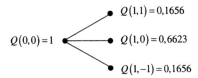

Abb. 5.11: Berechnung der Zustandswerte der ersten Periode im Beispiel

Wären die Shortrates der ersten Periode schon bekannt, könnten die Zustandspreise wie folgt berechnet werden:

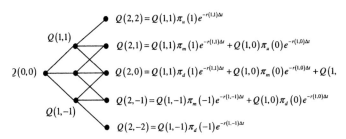

Abb. 5.12: Berechnung der Zustandswerte der zweiten Periode

Allgemein berechnen sich die Zustandswerte folgendermaßen, wobei die Martingal-Wahrscheinlichkeit $\pi_k(z)$ den Übergang vom Knoten (i,k) zum Knoten $(i+1,z)$ bezeichnet:

$$Q(i+1,z) = \sum_k Q(i,k)\, \pi_k(z)\, e^{-r(i,k)\Delta t}.$$

5.2.8 Berechnung des Driftterms

Im ersten Schritt wurde ein künstlicher Shortrate-Prozess definiert. Dieser Prozess spiegelt die Standardabweichung des Prozesses wider, da die künstliche Shortrate nur vom Zustandsniveau nicht aber von der Zeitperiode abhängt. Im zweiten Schritt wird die künstliche Shortrate um einen Driftterm $X(i)$ für die Periode i erweitert. Dieser Driftterm ist nicht vom Zustandsniveau sondern von der Zeitperiode i abhängig. Die Shortrate errechnet sich aus der künstlichen Shortrate und dem Driftterm:[321]

$$r(i,z) \equiv r^*(z) + X(i).$$

Gesucht ist der Zinsbaum $r(i,z)$ für alle Zeitperioden in allen Zustandsniveaus. Da das HW-Modell ein arbitragefreies Modell ist, muss die am Markt beobachtbare Fristenstruktur der Zinssätze mit den modellhaften Shortrates äquivalent sein. Der Wert der Nullkuponanleihe B für eine Zeitperiode $T+\Delta t$ in einem Zustandsniveau z ist:

$$B_z(T,T+\Delta t) = e^{-r(T,z)\Delta t}$$
$$= e^{\left[-r'(z)-X(T)\right]\Delta t}$$
$$= e^{\left[-z\Delta R - X(T)\right]\Delta t}.$$

Der heutige Wert einer Nullkuponanleihe mit der Fälligkeit $T+\Delta t$ ergibt sich aus den mit den Zustandswerten gewichteten einperiodigen Nullkuponanleihenwerten:

---

[321] Dabei gilt: $\overline{\theta}(t) = \dfrac{X(i)-X(i-1)}{\Delta t} + aX(i)$ ist ein Schätzer für θ.

Beim Grenzübergang $\Delta t \to 0$ gilt: $\overline{\theta} \to \theta$, vgl. HULL/WHITE (1994a), S. 12.

$$B(0,T+\Delta t) = \sum_{z \in \zeta(T)} B_z(T,T+\Delta t)Q(T,z).$$

Löst man die beiden oberen Gleichungen nach X auf, so erhält man den gesuchten Driftterm für beliebige Zeitperioden i:

$$X(i) = \frac{1}{\Delta t}\left[\ln \sum_{z \in \zeta(i)} Q(i,z)e^{-z\Delta R\Delta t} - \ln B(0,i+\Delta t)\right].$$

Die Menge $\zeta(i)$ ist die Menge aller Zustände, die in der Periode i auftreten. Zur Berechnung eines heutigen Nullkuponanleihenwertes wird der Zustandswert $Q(i,z)$ benötigt.

Sind die Zustandswerte der ersten Periode bekannt, kann der Drifttermin $X(1)$ für die erste Periode berechnet werden. Wie schon beschrieben, ist der Driftterm für alle Zustände einer Periode gleich:

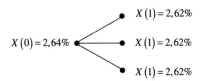

Abb. 5.13: Driftterm für die ersten beiden Perioden

5.2.9 Rekursive Berechnung der Shortrates

Nun können die Shortrates für die Periode 1 aus der künstlichen Shortrate und dem Driftterm errechnet werden:

$$r(0,0) = 2,64\% \longleftarrow \begin{array}{l} r(1,1) = r^*(1) + X(1) = 3,36\% \\ r(1,0) = r^*(0) + X(1) = 2,62\% \\ r(1,-1) = r^*(-1) + X(1) = 1,88\% \end{array}$$

Abb. 5.14: Shortrates für die ersten beiden Perioden

Sind die Shortrates für die ersten beiden Perioden bekannt, können für die nächste Zeitperiode die Zustandswerte entsprechend Abbildung 5.12 errechnet werden.

Dadurch kann Periode für Periode der Zustandswert, der Driftterm und anschließend die Shortrate berechnet werden. Mittels der Shortrate kann der Zustandswert der nächsten Periode ermittelt werden. Somit wird der Trinomialbaum rekursiv aufgebaut, bis der gesamte Shortrate-Prozess definiert ist. Der Algorithmus in Abbildung 5.15 verdeutlicht den rekursiven Aufbau:

Aufbau der Baumstruktur
Definition der Zustandsniveaus
Bestimmung der Martingal-Wahrscheinlichkeiten
Begrenzung der Zustandsniveaus
Berechnung der Martingal-Wahrscheinlichkeiten
Aufbau eines künstlichen Shortrate-Prozesses
Periode $i := 1$ bis letzte Periode
Berechnung der Zustandswerte in Periode i
Berechnung der Driftterme in Periode i
Berechnung der Shortrates in Periode i
$i := i + 1$
Ergebnis: Shortrate-Prozess

Abb. 5.15: Algorithmus der Implementierung des HW-Modells

Als Ergebnis liegt ein diskreter Shortrate-Prozess vor, bei dem zu jedem Pfad von einem Knoten zu einem anderen Knoten eine Shortrate berechnet worden ist.

5.3 Das Bewertungsprinzip

Das Ziel der Bewertung ist die Kenntnis über den aktuellen Optionswert zum Zeitpunkt t_0. Um den Optionswert C_{t_0} zum Zeitpunkt t_0 berechnen zu können, wird zuerst der Optionswert $C_T(z)$ zum Fälligkeitszeitpunkt T für jeden möglichen Zustand z ermittelt. Dies geschieht durch Bildung der Differenz aus dem Ausübungswert der Option und dem Wert bei Nichtausübung der Option. Dabei ist zu beachten, dass der Optionswert nie kleiner als Null sein kann, wenn

Rationalität der Teilnehmer vorausgesetzt wird. Wäre der Optionswert kleiner als Null, würde die Option nicht ausgeübt werden.

Bei europäischen Optionen berechnet sich der Optionswert zum Zeitpunkt t_0 im Trinomialbaum durch Rückrechnung aus den allen zustandsabhängigen Optionswerten $C_T(z)$ zum Fälligkeitszeitpunkt T. Dabei ist der aktuelle Optionswert C_{t_0} die Summe der Produkte aus den Optionswerten in den jeweiligen möglichen Zuständen multipliziert mit den jeweiligen Zustandswerten:

$$C_{t_0} = \sum_{z \in \zeta(T)} Q(T,z) C_T(z).$$

Abbildung 5.16 verdeutlicht das Bewertungsprinzip im Trinomialbaum mit dem Fälligkeitszeitpunkt der Option zum Zeitpunkt $T = t_0$, also in der Periode $i = 2$:

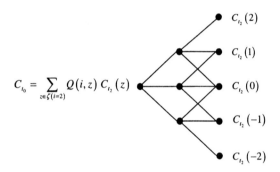

Abb. 5.16: Bewertung europäischer Optionen

Bei Bermuda-Optionen ist in jedem Knoten zusätzlich zu prüfen, ob eine Optionsausübung vorteilhaft ist. Die Berechnung erfolgt wiederum durch Rückrechnung aus bekannten Optionswerten. Es wird geprüft, ob die Summe der mit den Martingal-Wahrscheinlichkeiten gewichteten und mit der jeweiligen Shortrate diskontierten Optionswerte, die einem Knoten folgen, größer ist als der Ausübungswert in dem entsprechenden Knoten. Der größere Wert wird als Optionswert dem Knoten zugeordnet. Die Abbildung 5.17 verdeutlicht die Rückrechnung. Dabei ist C' der Optionswert ohne Berücksichtigung der folgenden Optionswerte, also der Optionswert einer europäischen Option zum Fälligkeitszeitpunkt. Zuerst werden nur die Knoten innerhalb der gestrichelten Linien betrachtet:

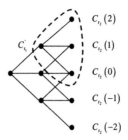

$$C_{t_1}(1) = \max\left(C_{t_1}^{'} ; \left(\pi_u(1)C_{t_2}(2) + \pi_m(1)C_{t_2}(1) + \pi_d(1)C_{t_2}(0)\right)e^{-r(1,1)\Delta t}\right)$$

Abb. 5.17: Bewertung von Bermuda-Optionen

Anschließend sind durch Rückrechnung alle möglichen Optionswerte zum Zeitpunkt t_1 zu bestimmen. Sind alle Optionswerte zum Zeitpunkt t_1 bestimmt, kann der Optionswert zum Zeitpunkt t_0 bestimmt werden. Die Abbildung 5.18 verdeutlicht dieses Bewertungsprinzip, welches durch Rückrechnung geprägt ist:

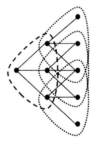

$$C_{t_i}(z) = \max\left(C_{t_i}^{'} ; \left(\pi_u(z)C_{t_{i+1}}(z+1) + \pi_m(z)C_{t_{i+1}}(z) + \pi_d(z)C_{t_{i+1}}(z-1)\right)e^{-r(i,z)\Delta t}\right)$$

Abb. 5.18: Das Bewertungsprinzip durch Rückrechnung

Nachdem alle zustandsabhängigen Optionswerte $C_T(z)$ zum Fälligkeitszeitpunkt T bestimmt worden sind, werden alle zustandsabhängigen Optionswerte $C_{T-1}(z)$ einer Periode vorher durch Rückrechnung berechnet. Dies wird rekursiv fortgesetzt, bis der Optionswert C_{t_0} zum Zeitpunkt t_0 bestimmt ist. In der Abbildung 5.18 ist das Bewertungsprinzip so dargestellt, dass die Rückrechnungen für die umrandeten Knoten mit den gepunkteten Linien zuerst durchzuführen sind. Erst wenn diese Rückrechnungen erfolgt sind, kann der Optionswert des linken Knotens innerhalb der gestrichelten Linie berechnet werden. Damit ist der Optionswert C_{t_0} zum Zeitpunkt t_0 bestimmt. Die Formel in Abbildung 5.18 zeigt das allgemeine Bewertungsprinzip zur Berechnung des Optionswertes $C_{t_i}(z)$ zu einer beliebigen Zeit t_i.

5.4 Kalibrierung

5.4.1 Grundprinzip der Kalibrierung

Der Mean-Reversion-Faktor a und die Standardabweichung der Shortrate σ ist im Rahmen der Kalibrierung zu bestimmen. Diese beiden Parameter werden aus Marktdaten gehandelter Optionen abgeleitet. Hierbei wird das Ziel verfolgt, die berechneten Modellwerte den tatsächlichen Marktpreisen anzupassen. Dies geschieht durch eine geeignete Wahl des Mean-Reversion-Faktor a und der Volatilität σ in der risikoneutralen Welt. Dies wird als Kalibrierung des Modells bezeichnet.[322]

Wenn für die zu bewertenden Finanzinstrumente keine Marktdaten verfügbar sind (Bausparverträge werden grundsätzlich nicht gehandelt), wird das Modell mit möglichst ähnlichen Finanzinstrumenten kalibriert. Diese werden als Kalibrierungsinstrumente bezeichnet.[323] Die Marktpreise der Kalibrierungs-instrumente müssen bekannt sein.

Theoretisch wäre auch eine Kalibrierung durch die analytische Berechnung der Kalibrierungsinstrumente möglich. Dies wird abgelehnt, da bei der Kalibrierung und später in der Bewertung dasselbe Modell genommen werden soll. Mögliche Fehler, wie z. B. Diskretisierungsfehler, können bei der Kalibrierung und bei der eigentlichen Bewertung gleichermaßen auftreten und heben sich bei gleicher Methodik voraussichtlich wieder auf.

5.4.2 Bausparoptionen mit Swaptions als Kalibrierungsinstrumente vergleichbar

Da für Bausparoptionen keine Marktpreise vorhanden sind, müssen für die Kalibrierung ähnliche Finanzinstrumente gefunden werden, für die Marktpreise existieren. Bei der Kalibrierung wurde angenommen, dass Swaptions den Bausparoptionen ähnlich sind. Im Folgenden wird diese Annahme bestätigt.

Swaptions sind eine Kombination aus **Swap** als Zinstauschgeschäft und **Option** als bedingtem Terminkontrakt. Das Wort Swaption setzt sich aus den Wörtern „Swap" und „Option" zusammen. Der Käufer besitzt das Recht, nicht aber die Verpflichtung, das Swapgeschäft in einem zukünftigen Zeitpunkt einzugehen.[324] Im Gegensatz dazu besteht bei einem **Forward Swap** die Verpflichtung auf ein

---

[322] Vgl. HULL (2003), S. 564.

[323] Vgl. HULL (2003), S. 564.

[324] Vgl. ALBRECHT/MAURER (2002), S. 580.

Swapgeschäft zu einem zukünftigen Zeitpunkt. Bei einem Forward Swap ist das Swapgeschäft also obligatorisch, während der Inhaber einer Swaption das Recht hat, auf den Swap zu verzichten.

Die Gesamtlaufzeit der Swaption kann in die Optionslaufzeit und in die Swaplaufzeit wie folgt unterteilt werden:

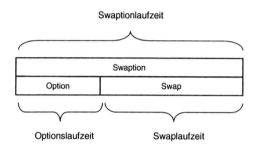

Abb. 5.19: Unterteilung der Swaptionlaufzeit in Options- und Swaplaufzeit

Ein **Swap** ist ein Vertrag über einen künftigen Zahlungsstrom-Austausch für eine bestimmte Laufzeit. Der Nennbetrag bleibt beim so genannten Plain Vanilla Zinsswap während der gesamten Laufzeit des Swapgeschäfts gleich hoch.[325] Der hier betrachtete Zinsswap[326] (im Weiteren als Swap bezeichnet) ist ein Zinstermingeschäft, bei dem Zinszahlungen auf einen bestimmten Nennwert zwischen zwei Vertragsparteien getauscht werden, ohne dass dabei die den Zinszahlungen zugrunde liegenden Verpflichtungen bzw. Forderungen ausgetauscht werden. Die eine Vertragspartei zahlt einen über die Laufzeit festen Zinssatz und bekommt von der anderen Vertragspartei dafür einen variablen Zinssatz, der sich von Periode zu Periode ändern kann. Der variable Zinssatz orientiert sich üblicherweise an einem Referenzzinssatz wie z. B. dem LIBOR. Erfolgt der Zahlungsstrom-Austausch zum gleichen Zeitpunkt, werden in der Regel nur Ausgleichszahlungen in Höhe der Differenz zwischen festem und variablem Zinssatz vorgenommen.

Bei einem Swap lassen die Geschäftspositionen in Payer-Swap und Receiver-Swap unterscheiden. Ein **Payer-Swap** ist ein Swap, bei dem eine Vertragspartei

---

[325] Vgl. BARDENHEWER (2000), S. 5-6; RUDOLF (2000), S. 194; ALBRECHT/MAURER (2002), S. 579-580.

[326] Eine andere allgemein bedeutende, hier jedoch nicht relevante, Swap-Art ist der Währungsswap, vgl. HULL (2003), S. 140-145.

einen festen Zinssatz bezahlt und einen variablen Zinssatz erhält. Die andere Vertragspartei hat dementsprechend die gegenläufige Position inne. Die gegenläufige Position wird als **Receiver-Swap** bezeichnet, bei dem eine Vertragspartei einen festen Zinssatz erhält und einen variablen Zinssatz bezahlt. Die folgende Abbildung veranschaulicht dies:[327]

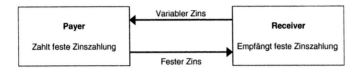

Abb. 5.20: Funktionsweisen von Payer- und Receiver-Swaps

Der Payer-Swap lässt sich mittels einer Long-Position einer Geldmarktanlage, aus der variable Zinszahlungen empfangen werden, und aus einer Short-Position einer festverzinslichen Anlage, in die feste Zinszahlungen bezahlt werden, nachbilden. Demgegenüber lässt sich der Receiver-Swap mittels einer Short-Position auf dem Geldmarkt und einer festverzinslichen Long-Position nachbilden. Der Payer-Swaption entspricht einer Call-Option auf eine Kupon-Anleihe. Der Receiver-Swaption entspricht einer Put-Option auf eine Kupon-Anleihe.[328]

Im Folgenden wird der Zahlungsstrom eines Bausparvertrags mit dem Zahlungsstrom einer Swaptions verglichen.[329] Zuerst wird die Finanzierung mittels Bauspardarlehen mit einer Finanzierung über den Kapitalmarkt zum Zuteilungszeitpunkt verglichen. Bei der Finanzierung über den Kapitalmarkt wird die Zinshöhe variabel vereinbart (variabler Marktzins). Bei der Finanzierung mittels eines Bauspardarlehens ist der Bauspardarlehenszins über die gesamte Darlehenszeit fest (fester Bauspardarlehenszins).

Die beiden Finanzierungsarten sind in Abbildung 5.21 veranschaulicht:

[327] Vgl. RAULEDER (1994), S. 11-13; SCHARPF/LUZ (2000), S. 442-445.

[328] Vgl. SCHARPF/LUZ (2000), S. 444 u. S. 460-461.

[329] Vgl. CIELEBACK (2001), S. 59-62.

Abb. 5.21: Finanzierung über Kapitalmarkt versus Bauspardarlehen

Bei der Finanzierung über den Kapitalmarkt (z. B. bei der Bank A in Abbildung 5.22) ist die Höhe der variablen Marktzinsen unsicher. Durch einen zusätzlichen Kauf eines Swaps (z. B. bei der Bank B in Abbildung 5.22) lässt sich der unsichere Zahlungsstrom bei einer Finanzierung über den Kapitalmarkt in sichere Zahlungen in Höhe des Darlehenszinssatzes des Bauspardarlehens transformieren. Dabei entsprechen der Nennwert und der feste Zins des Swaps dem Bauspardarlehen. Durch den Swap wird der variable Marktzins gegen den festen Bauspardarlehenszins getauscht. Es handelt sich dabei um den Kauf eines Payer-Zinsswaps, da der Käufer – hier der Bausparer – den festen Zinssatz zahlt. Dies verdeutlicht Abbildung 5.22:

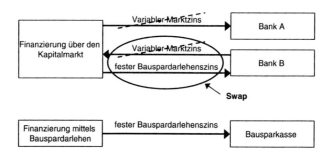

Abb. 5.22: Finanzierung über Kapitalmarkt mit Swap versus Bauspardarlehen

Die beiden Zahlungsströme aus den variablen Marktzinszahlungen heben sich gegenseitig auf. Übrig bleibt die konstante Zahlung eines festen Zinses in Höhe des Bauspardarlehenszinses. Auf diese Weise sind beide Zahlungsströme identisch.

Da das Bauspardarlehen ein Annuitätendarlehen ist und im Zeitablauf der Nennwert des Darlehens in Schritten abnimmt, ist das Bauspardarlehen mit einem Amortisationsswap vergleichbar. Bei einem Amortisationsswap verringert sich das zugrunde liegende Kapital nach einem vereinbarten Plan. Der

Amortisationsswap kann als Portfolio von Einzelswaps strukturiert sein, so dass er einen Tilgungsplan widerspiegelt:[330]

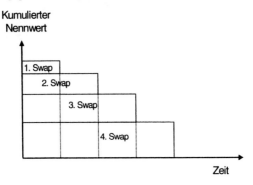

Abb. 5.23: Amortisationsswap als Portfolio von Einzelswaps

Der kumulierte Nennwert nimmt von Periode zu Periode immer stärker ab, da der Tilgungsanteil beim Bauspardarlehen immer stärker zunimmt und damit die Restschuld immer stärker abnimmt. Der Tilgungsanteil der Annuität nimmt deshalb zu, da der Zinsanteil durch die fallende Restschuld abnimmt.

Der bisherige Vergleich bezieht sich auf den Zeitpunkt der Darlehensinanspruchnahme. Vor der Darlehensinanspruchnahme wird der Bausparer nur dann das Bauspardarlehen nutzen, wenn der Darlehenszins unterhalb eines vergleichbaren Marktzinses liegt. Vergleicht man diesen Sachverhalt mit einem Swap, so liegt eine Option auf einen Swap – also eine Swaption bzw. eine Amortisationsswaption – vor.

Die Swaption ist während der Sparphase bis zum Zuteilungszeitpunkt vom Bausparer (also vom Festzinszahler) kündbar. Demnach liegt eine Callable Swaption vor.

Bei der Kalibrierung werden gehandelte Kalibrierungsinstrumente gesucht, bei denen dem Anwender Marktpreise zur Verfügung stehen. Dem Autor stand der Informationsdienst Thomson Financial Datastream zur Verfügung. Da keine Bausparoptionen direkt gehandelt werden, wird aus der Menge der Kalibrierungsinstrumente jenes ausgesucht, welches den zu bewertenden Instrumenten am ähnlichsten ist. Die zu bewertenden Bausparoptionen sind Bermuda-Swaptions sehr ähnlich. Die Sparphase im Bausparen ist vergleichbar mit der

---

[330] Vgl. PETERS (1990), S. 70-71; CIELEBACK (2001), S. 75.

Optionslaufzeit von Bermuda-Swaptions, da während dieser Zeit zu festgelegten Zeitpunkten auf eine Fortführung des Vertrags verzichtet werden kann. Während der Swaplaufzeit sind die Bermuda-Swaptions – insbesondere Amortisationsswaps – mit der Darlehensphase im Bausparen vergleichbar. In der Online-Datenbank Datastream sind keine Informationen über Bermuda-Swaptions vorhanden, aber Informationen über europäische Swaptions. Die europäischen Swaptions werden deshalb als Kalibrierungsinstrumente ausgewählt.

5.4.3 Fehlermaß

Gelingt durch die Kalibrierung keine exakte Übereinstimmung der Modellwerte mit den Marktpreisen, so ist ein Maß für die Güte der Anpassung zu finden. Bezüglich dieses Maßes ist eine Minimierung durchzuführen. Nachfolgend sind vier mögliche Maßzahlen für die Güte der Anpassung genannt. Welches Fehlermaß gewählt wird, liegt in der Entscheidung des Anwenders. Bei n Kalibrierungsinstrumenten ist U_i der Marktpreis des Kalibrierungsinstruments i und V_i der Wert, der sich für dieses Kalibrierungsinstrument aus dem Modell ergibt:[331]

Der **mittlere Fehler** ist definiert durch:[332]

$$\text{mittlerer Fehler} = \sqrt{\frac{1}{n-1}\sum_{i=1}^{n}(U_i - V_i)^2} \, .$$

Sollen die kleineren Werte stärker berücksichtigt werden, so kann der **relative mittlere Fehler** als Maß genommen werden:[333]

$$\text{relativer, mittlerer Fehler} = \sqrt{\frac{1}{n-1}\sum_{i=1}^{n}\left(\frac{U_i - V_i}{U_i}\right)^2} \, .$$

Ein weiteres mögliches Maß ist der **durchschnittliche Fehler**.[334] Dabei werden größere Differenzen nicht so stark berücksichtig wie beim mittleren Fehler.

---

[331] Vgl. HULL (2003), S. 564.

[332] Vgl. HARTUNG (2002), S. 324.

[333] Vgl. HULL (1999), S. 593.

[334] Vgl. HARTUNG (2002), S. 324.

$$\text{durchschnittlicher Fehler} = \frac{1}{n}\sum_{i=1}^{n}\left|U_i - V_i\right|.$$

Möglich ist ebenso der **relative durchschnittliche Fehler,** um kleinere Werte stärker zu berücksichtigen:

$$\text{relativer, durchschnittlicher Fehler} = \frac{1}{n}\sum_{i=1}^{n}\frac{\left|U_i - V_i\right|}{U_i}.$$

Die Minimierung kann beispielsweise durch das Levenberg-Marquardt-Verfahren[335] erreicht werden. Dieses Verfahren ist eine Weiterentwicklung des Newton-Verfahrens. Bei einer nichtlinearen Optimierung werden die unbekannten Parameter einer Funktion numerisch so angenähert, dass die optimierte Funktion möglichst gut zu einem Satz vorgegebener Werte passt.[336]

5.4.4 Implementierung der Kalibrierung

Da die Implementierung der Kalibrierung in der dem Autor vorliegenden Literatur nur rudimentär dargestellt ist, wird diese Lücke in der Literatur dadurch geschlossen, dass im Weiteren die Kalibrierung am Beispiel explizit erläutert wird.

Üblicherweise werden nicht die Marktpreise, sondern die impliziten Volatilitäten publiziert.[337] Auch Thomson Financial Datastream beschränkt sich auf die Veröffentlichung von impliziten Volatilitäten. Aus den Volatilitäten können Marktpreise abgeleitet werden, wenn das Bewertungsmodell bekannt ist. Thomson Financial Datastream stützt sich - wie allgemein üblich - auf das Black-Modell.[338] Das Preisniveau wird in Volatilitäten ausgedrückt.

Es sollte ein Bandbreite von Optionslaufzeiten aus dem Angebot von Thomson Financial Datastream gewählt werden, die den möglichen Laufzeiten der Sparphasen im Bausparen entsprechen. Wegen den langen Gesamtlaufzeiten von über 15 Jahren bei Bausparoptionen werden die Optionslaufzeiten von einem

[335] Vgl. LEVENBERG (1944), S. 164-168; MARQUARDT (1963), S. 431-441.

[336] Vgl. KUHLMANN (1980), S. 64-98.

[337] Vgl. BRIGO/MERCURIO (2001), S. 252-254, HULL (2003), S. 522-523.

[338] Vgl. RUDOLF (2000), S. 195, BRIGO/MERCURIO (2001), S. 252-254, HULL (2003), S. 522-523.

Jahr und darunter vernachlässigt. Leider stehen in der Online-Datenbank Datastream keine Daten für Swaptions mit einer Optionslaufzeit von über fünf Jahren zur Verfügung. Stehen dem Anwender jedoch auch Optionslaufzeiten von über fünf Jahren zur Verfügung, so sollten diese für die Kalibrierung auch verwendet werden.

Da nicht jede gewünschte Swaptionlaufzeit vom Informationslieferanten Thomson Financial in der Online-Datenbank Datastream für die Kalibrierung zur Verfügung steht, hält sich der Autor in diesem Zusammenhang an die Aussage von Charles Babbage (1791-1871):

„Errors using inadequate data are much less than those using no data at all."[339]

Folgende in Tabelle 5.2 dargestellten Marktvolatilitäten von Swaptions ab einer Swaplaufzeit von einem Jahr stehen explizit zur Verfügung und werden für die Kalibrierung verwendet. Die Marktvolatilitäten und die Marktwerte der Swaptions sind wie die Renditen der Nullkuponanleihen vom 18.03.2003.

		Swaplaufzeit									
	Jahre	1	2	3	4	5	6	7	8	9	10
	2	23,2%	20,9%	19,5%	18,3%	17,4%	16,7%	16,1%	15,6%	15,1%	14,7%
Options-	3	19,6%	18,1%	17,0%	16,0%	15,4%	14,9%	14,5%	14,1%	13,8%	13,6%
laufzeit	4	17,6%	16,3%	15,4%	14,7%	14,1%	13,7%	13,4%	13,2%	12,9%	12,7%
	5	16,0%	14,8%	14,3%	13,7%	13,2%	12,9%	12,7%	12,5%	12,3%	12,2%

Tab. 5.2: Mittlere Marktvolatilitäten von 6-Monats-LIBOR-Swaptions (am-Geld)

(Quelle: Datastream)

Ist der in der Option vereinbarte Festzins mit der aktuellen Forward-Swap-Rate identisch, so ist die Swaption „am-Geld" („at-the-money").[340] Um aus den Marktvolatilitäten die Marktpreise zu berechnen, sind die Forward-Swaprendi-ten erforderlich. Diese können aus den gegebenen Renditen der Nullkuponanlei-

---

[339] Charles Babbage, zitiert nach BRIGO/MERCURIO (2001), S. 252.

[340] Ist die Swaption „am-Geld" („at-the-money"), so ist der Preis für Payer- und Receiver-Swaptions rechnerisch identisch. Generell ist eine Option „im-Geld" („in-the-money"), wenn die Option bei sofortiger Ausübung einen Wert hat. Eine Option ist „aus-dem-Geld" („out-of-the-money"), wenn bei sofortiger Ausübung ein negativer Wert entstehen würde. Eine Option ist „am-Geld" („at-the-money"), wenn bei sofortiger Ausübung der Wert gleich Null ist, vgl. HULL (2003), S. 153.

hen bzw. aus den daraus resultierenden Kursen der Nullkuponanleihen berechnet werden:[341]

$$F^s(t_0,Ts,Te) = \frac{1}{m}\left(\frac{B(t_0,Ts) - B(t_0,Te)}{\sum\limits_{j=1}^{1/m(Te-Ts)} B(t,Ts+\tau j)} \right) .$$

Dabei ist $F^s(t_0,Ts,Te)$ die Forward-Swap-Rate mit m als Tenor (z. B. $m = 1/2$ für halbjährlich) zum Zeitpunkt t_0. Ts ist der Startzeitpunkt und Te der Endzeitpunkt der Swaplaufzeit. Für die benötigten Laufzeiten errechnen sich die Forward-Swap-Rates zum Zeitpunkt $t_0 = 0$ wie folgt:

	Jahre	Swaplaufzeit									
		1	2	3	4	5	6	7	8	9	10
	2	3,73%	4,00%	4,22%	4,39%	4,55%	4,67%	4,78%	4,87%	4,94%	5,01%
Options-	3	4,29%	4,48%	4,63%	4,77%	4,89%	4,98%	5,06%	5,13%	5,19%	5,23%
laufzeit	4	4,68%	4,82%	4,95%	5,06%	5,14%	5,22%	5,27%	5,34%	5,37%	5,41%
	5	4,96%	5,10%	5,20%	5,27%	5,34%	5,39%	5,45%	5,48%	5,51%	5,56%

Tab. 5.3: Errechnete Forward-Swap-Rates

Aus den impliziten Volatilitäten und den Forward-Swap-Rates können nun die Marktpreise mittels der Black-Formel für Swaptions berechnet werden:[342]

$$C_{Black}^{Swaption} = NB \cdot m \cdot \sum_{j=1}^{1/\tau(Te-Ts)} B(0,j) \cdot \left[F^s(0,Ts,Te)N(d_1) - F^s(0,Ts,Te)N(d_2) \right]$$

$$d_1 = \frac{\sigma^2}{\sigma\sqrt{Ts}}$$

$$d_2 = \frac{-\sigma^2}{\sigma\sqrt{Ts}} = d_1 - \sigma\sqrt{Ts} .$$

---

[341] Aus der Berechnungsformel der Swap-Raten, DIWALD (1999), S. 316-317, lässt sich die Formel für die Forward-Swap-Rates herleiten.

[342] Vgl. HULL (2003), S. 520-524. Die dort angegebene Formel reduziert sich, da der Festzinssatz mit der Forward-Swap-Rate gemäß der Festlegung übereinstimmen (at-the-money).

Die Swaptionpreise wurden auf den Nominalbetrag $NB = 100$ normiert. Die folgende Tabelle zeigt die aus der Volatilität und der Forward-Swap-Rates errechneten Marktpreise der Swaptions:

		Swaplaufzeit									
	Jahre	1	2	3	4	5	6	7	8	9	10
	2	0,45	0,85	1,23	1,56	1,88	2,17	2,44	2,69	2,90	3,10
Options-	3	0,51	0,96	1,37	1,73	2,09	2,41	2,71	2,98	3,24	3,48
laufzeit	4	0,55	1,03	1,46	1,86	2,21	2,54	2,86	3,18	3,43	3,68
	5	0,57	1,05	1,52	1,91	2,28	2,62	2,97	3,27	3,55	3,85

Tab. 5.4: Errechnete Marktpreise der Swaptions (nach dem Black-Modell)

Für die Kalibrierung sind die Marktpreise mit den Modellpreisen zu vergleichen. Dazu sind die Swaptionswerte mit dem HW-Modell zu bestimmen. Zur Bestimmung der Swaptionswerte werden zuerst die Swapwerte zum Startzeitpunkt der Swaplaufzeit berechnen. Der Wert eines Swaps PV^{Swap} ist der Barwert seines Zahlungsstroms. Der Zahlungsstrom eines Swaps setzt sich aus einem variablen verzinslichen Zahlungsstrom und einem fest verzinslichen Zahlungsstrom zusammen. Der fest verzinsliche Zahlungsstrom ist im Betrachtungszeitpunkt bekannt. Der Barwert des fest verzinslichen Zahlungsstroms PV^{Fest} ergibt sich aus der Summe der diskontierten Zahlungen:[343]

$$PV^{Fest} = NB \cdot F^{s}\left(0, Ts, Te\right) \cdot \sum_{j=Ts+1}^{Te} B\left(Ts, j\right).$$

Der variabel verzinsliche Zahlungsstrom ist im Betrachtungszeitpunkt nicht unmittelbar bekannt. Es kann aber gezeigt werden, dass durch Duplizierungsstrategie der Barwert des variablen Zahlungsstroms $PV^{Variabel}$ folgendermaßen berechnet werden kann:[344]

$$PV^{Variabel} = NB\left(1 - B\left(Ts, Te\right)\right).$$

Der Barwert des Swaps ist die Differenz der beiden Barwerte des variabel bzw. des fest verzinslichen Zahlungsstroms:

---

[343] Vgl. BARDENHEWER (2000), S. 7-9.

[344] Vgl. BARDENHEWER (2000), S. 9-11.

$$PV^{Swap} = PV^{Variabel} - PV^{Fest}.$$

Nach der Berechnung des Swapwertes kann die Berechnung des Swaptions erfolgen. In jedem Zustandsniveau z im Trinomialbaum ist zum Fälligkeitszeitpunkt der Option Ts (gleichzeitig der Startzeitpunkt des Swaps) der Swaptionwert zu bestimmen und mit den Zustandswerten $Q(Ts,z)$ zu bewerten. Die Summe aus der Multiplikation von Swaptionwert und dem jeweiligen Zustandswert ergibt den Wert der Swaption $C_{HW}^{Swaption}$ im HW-Modell:

$$C_{HW}^{Swaption} = \sum_z Q(Ts,z)\left(PV_z^{Swap} \cdot B_z(0,Ts)\right)^+.$$

Der besondere Schritt der Kalibrierung erfolgt nun. Die Parameter a und σ im HW-Modell werden so gewählt, dass das gewählte Maß der Güte der Anpassung minimiert wird. Als das Maß der Güte der Anpassung wird der mittlere Fehler gewählt,[345] da größere Differenzen stärker ins Gewicht fallen sollen. Die Marktpreise werden mit U und die Modellwerte werden mit V bezeichnet. Insgesamt wird mit $n = 40$ Kalibrierungsinstrumenten (hier Swaptions) kalibriert:

$$\text{mittlerer Fehler} = \sqrt{\frac{1}{n-1}\sum_{i=1}^{n}(U_i - V_i)^2}.$$

Die Parameterwerte

$$a = 0,058,$$
$$\sigma = 0,0085$$

sind das Ergebnis der Fehlerminimierung.

Mit diesen Parameterwerten errechnen sich folgende Swaptionswerte:

---

[345] Siehe Abschnitt 5.4.3.

		Swaplaufzeit								
	Jahre	1	2	3	4	5	6	7	8	9	10
	2	0,42	0,82	1,19	1,52	1,83	2,11	2,36	2,59	2,80	2,99
Options-	3	0,50	0,95	1,37	1,76	2,11	2,42	2,71	2,97	3,20	3,41
laufzeit	4	0,54	1,04	1,49	1,90	2,27	2,61	2,91	3,19	3,43	3,66
	5	0,57	1,08	1,55	1,98	2,36	2,71	3,02	3,31	3,56	3,79

Tab. 5.5: Berechnete Swaptionswerte nach dem HW-Modell

Zur intuitiven Abschätzung des Fehlers wird die absolute und prozentuale Differenz der Marktpreise zu den Modellwerten in Tabelle 5.6 bzw. Tabelle 5.7 gebildet:[346]

		Swaplaufzeit								
	Jahre	1	2	3	4	5	6	7	8	9	10
	2	0,02	0,03	0,04	0,04	0,05	0,06	0,08	0,09	0,09	0,11
Options-	3	0,01	0,01	0,00	-0,02	-0,02	-0,01	0,00	0,01	0,04	0,07
laufzeit	4	0,01	-0,01	-0,02	-0,04	-0,06	-0,06	-0,05	-0,01	-0,01	0,02
	5	0,00	-0,03	-0,04	-0,06	-0,09	-0,09	-0,05	-0,04	-0,01	0,06

Tab. 5.6: Absolute Differenz von Marktpreisen zu Modellwerten

		Swaplaufzeit								
	Jahre	1	2	3	4	5	6	7	8	9	10
	2	5%	3%	3%	3%	3%	3%	3%	3%	3%	4%
Options-	3	3%	1%	0%	-1%	-1%	0%	0%	0%	1%	2%
laufzeit	4	2%	-1%	-2%	-2%	-3%	-2%	-2%	0%	0%	1%
	5	0%	-3%	-2%	-3%	-4%	-3%	-2%	-1%	0%	1%

Tab. 5.7: Prozentuale Differenz von Marktpreisen zu Modellwerten

Der durch die Kalibrierung entstandene **mittlere Fehler in Höhe von 0,050** und der **prozentuale durchschnittliche Fehler in Höhe von 2,0 %** liegen im Bereich der Berechnungen von Hull und White.[347]

Nachdem die Implementierung des HW-Modells erfolgt ist und die Parameter durch Kalibrierung bestimmt sind, kann nun die eigentliche Bewertung der Bausparoptionen beginnen.

---

[346] Rundungsdifferenzen sind zu beachten.

[347] Sie berechnen einem „root mean square pricing error", der in den mittleren Fehler umgerechnet einen Wert in Höhe von 0,057 bei 80 Kalibrierungsinstrumenten hat. Der durchschnittliche Fehler bei HULL/WHITE (2001), S. 39, beträgt 2,5 %.

5.5 Zusammenfassung

Hull und White schlagen eine Vorgehensweise mittels Trinomialbaum für die Implementierung ihres Modells vor. Um sehr große und sehr kleine Zinssätze auszuschließen, ist der Trinomialbaum durch seine spezifischen Verästelungstechniken nach oben und nach unten beschränkt. Zudem sind aufgrund der Martingal-Wahrscheinlichkeitsbedingungen Begrenzungen für mögliche Zustandsniveaus definiert. Ab einem bestimmten Zustandsniveau darf sich der Trinomialbaum nicht mehr nach oben bzw. nicht mehr nach unten verzweigen.

Das besondere am HW-Modell ist die rekursive Berechnung des Shortrate-Prozesses. Für die Berechnung der Shortrates für eine Periode sind vorab die Berechnungen der Driftterme für dieselbe Periode notwendig. Für die Berechnung der Driftterme sind wiederum die Zustandswerte der gleichen Periode notwendig. Um aber den Zustandswert zu berechnen, ist die Shortrate der Vorperiode notwendig. Deshalb werden die Shortrates Periode für Periode rekursiv berechnet.

Die Bewertung der Optionen erfolgt über eine Rückrechnung. Dabei wird geprüft, ob die Summe der mit den Martingal-Wahrscheinlichkeiten gewichteten und mit der jeweiligen Shortrate diskontierten Optionswerte, die einem Knoten folgen, größer ist als der Ausübungswert in dem entsprechenden Knoten. Der größere Wert wird als Optionswert dem Knoten zugeordnet. Bei Bermuda-Optionen wird zudem in jedem Knoten geprüft, ob eine Ausübung vorteilhaft ist.

Zur Bestimmung der Parameter im HW-Modell ist eine Kalibrierung notwendig. Als Kalibrierungsinstrumente werden Swaptions verwendet, da Swaptions mit Bausparoptionen vergleichbar sind. Da Modellwerte und Marktwerte abweichen können, ist ein Fehlermaß zu definieren, welches mittels Bestimmung der Parameter minimiert wird. Der mittlere Fehler wird als Fehlermaß aus einer von mehreren Möglichkeiten für die Kalibrierung gewählt. Die in dieser Arbeit vorgestellte Kalibrierung hat einen mittleren Fehler in Höhe von 2,0 %. Die Höhe des mittleren Fehlers ist mit Veröffentlichungen von Hull und White vergleichbar.

Als Voraussetzung für die Implementierung des HW-Modells standen die Renditen von Nullkuponanleihen und für die Kalibrierung die Marktvolatilitäten und die Marktwerte von Swaptions des Informationslieferanten Thomson Financial mit der Online-Datenbank Datastream zur Verfügung. Die Marktdaten beziehen sich jeweils beispielhaft auf die Zinsstrukturkurve vom 18.03.2003.

6 Bewertung von Bausparoptionen

Dies ist das zentrale Kapitel der Arbeit. Nachdem die impliziten Bauspar-optionen beschrieben und Zinsoptionsmodelle vorgestellt wurden, wird in diesem Kapitel gezeigt, dass die Bausparoptionen überhaupt einen Wert haben. Dabei wird festgestellt, dass die Bausparoptionen sogar einen sehr hohen Wert für den Bausparer haben.

Für zahlreiche Bausparoptionen wie z. B. für die Kündigungsoption, für die Kombination der Zuteilungsoptionen und für die Sondertilgungsoption wird zum ersten Mal in der Literatur ein Optionswert bestimmt.

Die Bausparoptionen werden zunächst einzeln und danach in Kombination mit mehreren Optionen bewertet. Dadurch wird deutlich, dass der kombinierte Optionswert nicht die Summe der einzelnen Optionswerte ist. Einige Optionen sind überraschenderweise in der Kombination mit mehreren Optionen sogar vernachlässigbar, obwohl der einzelne Optionswert relevant ist.

Nach der Optionsbewertung findet eine Annahmendiskussion statt. Dabei wird insbesondere die Annahme eines festen Zuteilungstermins und die Annahme eines finanzrationalen Bausparers diskutiert.

Die diskrete Implementierung des HW-Modells wurde im vorhergehenden Kapitel beschrieben. Im Weiteren wird die Optionsbewertung aus Vereinfa-chungsgründen – wie in der Literatur üblich – mit der stetigen Schreibweise symbolisch dargestellt.

6.1 Allgemeiner Bewertungsansatz für Bausparoptionen

6.1.1 Ökonomische Annahmen

Entsprechend der Bewertungstheorie wird im weiteren Verlauf der Arbeit das Bausparen als individuelles Finanzprodukt angesehen und mit dem Kapitalmarkt verglichen. Dazu ist neben dem Kapitalmarkt der Bausparmarkt zu modellieren und vereinfachende Annahmen darüber zu treffen:

Spezielle Annahmen über den Bausparmarkt:

a) Finanzrationalität:
Die Bausparkassen und der einzelne Bausparer handeln finanzrational.

b) Zuteilungssicherheit:
Der Zuteilungstermin wird als fest angenommen.

c) Ausschluss der vereinfachten Abwicklung:
Die Bausparkasse darf keine vereinfachte Abwicklung durchführen und hat
bestehende Verträge zu erfüllen. Bestandsübertragungen unter Beibehaltung der
Vertragsinhalte sind erlaubt.[348]

d) Keine Transaktionskosten:
Der Bausparer zahlt die tariflich festgelegten Gebühren und Entgelte. Weitere
individuelle Transaktionskosten des Bausparers bleiben unberücksichtigt.

e) Keine Steuern:
Der Bausparer ist von der Steuer befreit.

f) Keine staatlichen Förderungen:
Der Bausparer erhält zunächst keine Wohnungsbauprämie und keine Arbeitnehmersparzulage. In einer späteren Erweiterung werden die staatlichen Förderungen berücksichtigt.

g) Keine Bonitätsrisiken:
Der Bausparer erfüllt seine Spar- und Tilgungsbeiträge termingerecht und in
vollem Umfang. Die Bausparkasse selbst hat keine Liquiditäts- oder Ertrags-
probleme und beantragt keine vereinfachte Abwicklung.

Die Annahmen werden am Ende des Kapitels einer kritischen Diskussion und
Würdigung unterzogen.

6.1.2 Bausparmathematische Modellierung der Optionswerte

Für die nachfolgenden Überlegungen nehmen wir einen endlichen Zeithorizont
T an.[349] Der Zeithorizont wird so festgelegt, dass alle zu betrachtenden
Zahlungsströme vor T enden. Der Beginn der Betrachtung wird mit $t_0 = 0$
festgelegt. Zwischen t_0 und T werden die Zahlungsströme in einem diskreten
Zeitraster mit einem konstanten Zeitabstand Δt dargestellt.[350]

---

[348] Siehe Abschnitt 3.8.1.

[349] Theoretisch könnte man sich auch vorstellen, dass die Sparphase unendlich ist, wenn der
Bausparer nie kündigt bzw. nie die Zuteilung beantragt bzw. annimmt. Der
Bausparvertrag wäre dann mit Perpetual-Anleihen vergleichbar, die eine unendliche
Laufzeit haben. Der Betrachtungshorizont T wäre dann unendlich. Die Betrachtung eines
unendlichen Zeithorizonts ist nur von theoretischem Interesse. Zudem vereinfacht ein
endlicher Zeithorizont das Modell.

[350] Die Methodik und die Notation für die gesamte Modellierung der Optionsbewertung lehnt
sich an folgende Literatur an: MUSIELA/RUTKOWSKI (1998), S. 183-192; DILLMANN
(2002), S. 105-121; SANDMANN (2001), S. 379-390.

Definition 6.1: Zeitraster

Für den Zeithorizont $T > 0$ und den konstant gewählten Zeitabstand $\Delta t > 0$ ist

$$\Gamma = \left\{ t_i \in [0,T] \mid \text{mit } t_{i+1} - t_i = \Delta t, \ i \in \mathbb{N}_0 \right\}$$

die endliche Menge der betrachteten Zeitpunkte. Γ wird auch Zeitraster genannt. Zu einem späteren Zeitpunkt t ist die Menge der noch ausstehenden betrachteten Zeitpunkte

$$\Gamma_t = \left\{ t_i \in [t,T] \mid \text{mit } t_{i+1} - t_i = \Delta t, \ i \in \mathbb{N}_0 \right\}.$$

□

Wie groß die Zeitabstände gewählt werden, ist von den möglichen, bausparvertragsspezifischen Zahlungsterminen abhängig. Sind beispielsweise die Sparbeiträge, die Tilgungsbeiträge und die Zuteilungstermine alle monatlich, so sind die Zeitabstände monatlich zu wählen. Sollten die Zuteilungstermine täglich sein, so sind die Zeitabstände modelltheoretisch täglich zu wählen.[351] Bei der Wahl der Zeitabstände ist sicherzustellen, dass alle möglichen Zahlungen und möglichen Ausübungszeitpunkte von impliziten Optionen im festgelegten Zeitraster Γ erfasst werden können. In dieser Arbeit wird, wie in der Bausparliteratur üblich, von konstanten, quartärlichen Zeitabständen

$$\Delta t = 1/4 \quad \text{mit} \quad \Gamma = \left\{ 0; \ 1/4; \ 1/2; \ 3/4; \ 1; \ \dots ; T \right\}$$

ausgegangen.[352] Um das Modell einfach zu halten, wird auch die diskrete Simulation der Zinsen an dieses Raster mit $\Delta t = 1/4$ angepasst. Dies ist zwar nicht zwingend, da die diskrete Simulation der Zinsen auch in kleineren Zeitabständen bis hin zur stetigen Simulation erfolgen könnte. Jedoch steigt mit einem

---

[351] Bei der Vereinsbank Victoria Bauspar AG entsprechen gem. § 4 ABB des Tarifs A die Zuteilungstermine den Geschäftstagen des Kalenderjahres. Soll diese Besonderheit modelliert werden, können zur Vereinfachung der Modellierung der Zuteilungstermine nicht nur die Geschäftstage, sondern alle Tage als Zuteilungstermine angenommen werden.

[352] Anstelle der in dieser Arbeit angenommenen konstanten Zeitabstände, können auch unterschiedliche Zeitabstände angenommen werden, vgl. HULL (2003), S. 563-564.

feineren Zeitraster zwangsläufig der numerische Aufwand, ohne einen relevanten Informationsgewinn zu erhalten.[353]

Nachdem die zu betrachtenden Zeitpunkte t innerhalb des Zeitrasters definiert
sind, werden als nächstes die Zahlungsströme zu diesen Zeitpunkten festgelegt.
Hierbei wird das Ziel verfolgt, den Zahlungsstrom möglichst allgemein zu
definieren.

Definition 6.2: Zahlungsstrom des Bausparvertrags

Der zukünftige Zahlungsstrom eines Bausparvertrags wird durch folgende sechs
Ein- bzw. Auszahlungstatbestände definiert:

SB_t: Höhe des vom Bausparer an die Bausparkasse zu zahlenden
           Sparbeitrags zum Zeitpunkt t.

TB_t: Höhe des vom Bausparer an die Bausparkasse zu zahlenden
           Tilgungsbeitrags zum Zeitpunkt t.

BG_t: Höhe des von der Bausparkasse an den Bausparer zu zahlenden
           Bausparguthabens zum Zeitpunkt t.

BD_t: Höhe des von der Bausparkasse an den Bausparer zu zahlenden
           Bauspardarlehens zum Zeitpunkt t.

$Bonus_t$: Höhe des von der Bausparkasse an den Bausparer zu zahlenden
           Zinsbonusses zum Zeitpunkt t.

AG_t: Höhe des von der Bausparkasse an den Bausparer zu erstattende
           Abschlussgebühr zum Zeitpunkt t.

                                                                        □

Nach dieser allgemeinen Definition können die Spar- und Tilgungsbeitragshö-
hen von Zeitpunkt zu Zeitpunkt – also hier quartärlich – unterschiedlich sein.
Diese allgemeingültige Definition zeigt unter anderem die Stärke des Modells.
Es wird jedoch ohne Beschränkung der Allgemeinheit davon ausgegangen, dass
Sparbeitrag und Tilgungsbeitrag quartärlich konstant sind und dies den tarifli-
chen Vorgaben entspricht.

---

[353] Es kann gezeigt werden, dass durch eine Reduzierung der Schrittweite von $\Delta t = 1/4$ auf
$\Delta t = 1/12$ die Berechnungsdauer um mehr als das 30fache steigt, wobei sich der Optionswert nur um ca. 0,1 % verändert. Vgl. DILLMANN (2002), S. 171.

Nach der erfolgten Definition des Zahlungsstroms ist dieser nun zu bewerten. Wird ein Zahlungsstrom bewertet, müssen zeitlich näher liegende Zahlungsversprechen höher bewertet werden als zeitlich entfernter liegende Zahlungsversprechen. Dies ist unmittelbar einsichtig, denn früher zufließende Zahlungen können zwischenzeitlich zinsbringend angelegt werden. Aus diesem Grund wird für solche Zahlungen bzw. Zahlungsströme der Barwert (Present Value) PV durch Diskontierung auf den Bewertungsstichtag errechnet, um sie mit zeitlich anderen Zahlungen bzw. Zahlungsströmen vergleichbar zu machen. Dieser Barwert wird mit dem (fairen) Marktwert gleichgesetzt.[354]

In diesem Barwertkonzept werden die Zahlungen nicht mit einem einzigen Zinssatz abgezinst. Für unterschiedliche Laufzeiten existieren auch unterschiedliche Zinssätze. Dabei wird ein stochastischer Zinsratenprozess

$$\{r(t);\ t \in \Gamma\}$$

erzeugt, der für gleiche Laufzeiten in Abhängigkeit von den Zinssätzen der Vorperiode unterschiedliche Zinssätze modelliert und diese dann mit Wahrscheinlichkeiten versieht. Der Zinsratenprozess bewegt sich in der risikoneutralen Welt mit einem zum empirischen Wahrscheinlichkeitsmaß P äquivalenten Martingalmaß Π. Dadurch sind Arbitragemöglichkeiten ausgeschlossen. Bei der Bewertung ist zu beachten, dass der Zinsratenprozess bis zum Betrachtungszeitpunkt und damit zum Abzinsungszeitpunkt t bekannt ist. Dies wird als Filtration $\mathcal{F}_t$ bezeichnet, bei der keine Informationen aus der Vergangenheit verloren gehen.[355]

Mittels des Zinsratenprozesses lässt sich z. B. der Nullkuponwert $B(t,k)$ zum Zeitpunkt k auf den Betrachtungszeitpunkt t mit $t < k$ mittels der bedingten Erwartung bezüglich $\mathcal{F}_t$ unter dem äquivalenten Martingalmaß diskontieren:[356]

$$B(t,k) = E^{\Pi}\left[e^{-\int_t^k r(u)\, du} \,\middle|\, \mathcal{F}_t \right].$$

---

[354] Vgl. STEINER/UHLIR (2001), S. 7-12.

[355] Vgl. Abschnitt 4.1.6.

[356] Der arbitragefreie Nullkuponwert $B(t,k)$ ist mit dem Zinsratenprozess konsistent, vgl. ZIMMERMANN (1998), S. 118-123.

Analog dazu kann nun der gesamte Zahlungsstrom unter Betrachtung seiner Einzelbestandteile diskontiert werden. Somit kann der Barwert PV_t zum Betrachtungszeitpunkt t berechnet werden:

$$PV_t = E^\Pi \left[\sum_{k \in \Gamma_t} \left(SB_k + TB_k + BG_k + BD_k + Bonus_k + AG_k \right) e^{-\int_t^k r(u)\,du} \bigg| \mathcal{F}_t \right].$$

In Kapitel 3 wurden zahlreiche implizite Optionen definiert und erläutert. Überträgt man diese Optionen in das folgende mathematische Modell, so besitzt der Bausparer immer ein vertraglich zugesichertes Recht, den vorgesehenen zukünftigen Zahlungsstrom (Referenzzahlungsstrom) ab dem Betrachtungszeitpunkt in irgendeiner Art und Weise, sei es in der Höhe oder im Zeitpunkt, zu verändern.

Definition 6.3: Optionswert

Der Wert einer impliziten Option im Bausparvertrag zum Zeitpunkt t wird mit C_t und zum Ausübungszeitpunkt $T^* \in \Gamma$ mit C_{T^*} bezeichnet. Durch die Optionsausübung zum Zeitpunkt T^* mit $t \leq T^* \leq T$ wird der Zahlungsstrom des Bausparvertrags BV_{T^*}

$$BV_{T^*} = \left\{ SB_k, TB_k, BG_k, BD_k, Bonus_k, AG_k \mid \forall k \in \Gamma_{T^*} \right\}$$

auf einen anderen Zahlungsstrom eines abgeleiteten Bausparvertrags $\widetilde{BV}_{T^*}$

$$\widetilde{BV}_{T^*} = \left\{ \widetilde{SB}_k, \widetilde{TB}_k, \widetilde{BG}_k, \widetilde{BD}_k, \widetilde{Bonus}_k, \widetilde{AG}_k \mid \forall k \in \Gamma_{T^*} \right\}$$

abgebildet.

□

Der Optionswert wird zunächst zum Ausübungszeitpunkt T^*, unter der zusätzlichen Annahme, dass nur ein möglicher Ausübungszeitpunkt vorhanden ist, bewertet. Dies entspricht einer europäischen Option. Dabei wird die Differenz aus dem Barwert des optionalen Zahlungsstroms

$$PV_{T^*}^{Option}$$

und dem Barwert des vorhandenen Zahlungsstroms (Referenzzahlungsstrom)

$$PV_{T^*}^{Referenz}$$

ermittelt. Der Optionswert ist das Maximum aus dieser Differenz und Null, da bei einem negativen Optionswert keine Ausübung stattfinden würde:[357]

$$C_{T^*} = \max\left(PV_{T^*}^{Option} - PV_{T^*}^{Referenz}, \; 0 \right) = \left(PV_{T^*}^{Option} - PV_{T^*}^{Referenz} \right)^+.$$

Ist der Wert der Option zu einem früheren Zeitpunkt t oder gar zu Beginn des Betrachtungszeitraumes t_0 von Interesse, so ist der berechnete Optionswert C_{T^*} mit dem oben vorgestellten stochastischen Zinsratenprozess abzuzinsen:

$$C_t = E^\Pi \left[C_{T^*} \, e^{-\int_t^{T^*} r(u)du} \, | \mathcal{F}_t \right].$$

Bisher wurde der Optionswert unter der Annahme berechnet, dass nur ein Ausübungszeitpunkt vorhanden ist. Im nächsten Schritt werden zur Verallgemeinerung mehrere mögliche Ausübungszeitpunkte modelliert. Dabei ist zu beachten, dass lediglich eine Ausübung der Option möglich ist. Eine Option kann kein zweites Mal ausgeübt werden. Unter den möglichen Ausübungszeitpunkten, auch die Menge aller möglichen Stoppzeiten $\tau \in T_{[t, \, T]}$ genannt, ist nun derjenige Zeitpunkt zu wählen, bei dem der Optionswert am größten ist. Dabei wird das Supremum[358] gebildet.[359] Es ist wiederum zu beachten, dass für die Optionsausübung nur die bis zu diesem Zeitpunkt vorhandenen Informationen über den Zinsratenprozess bekannt sind (Filtration $\mathcal{F}_t$):

$$C_t = \sup_{\tau \in T_t} E^\Pi \left[C_\tau \, e^{-\int_t^\tau r(u)du} \, | \mathcal{F}_t \right].$$

---

[357] Die Funktion $(x)^+$ steht dabei aus Gründen der einfacheren Notation für das Maximum von x und Null, also $(x)^+ = \max(x, \, 0)$.

[358] Supremum ist die kleinste obere Schranke einer nach oben beschränkten, nicht leeren Menge. Vgl. Erläuterungen im Abschnitt 10.1 „Mathematische Grundlagen".

[359] Bedingt durch das diskrete Zeitraster könnte statt des Supremums auch das Maximum gebildet werden. Um sich nicht auf das diskrete Zeitraster und diskrete Bewertungsmodelle festzulegen, wird hier das allgemeingültige Supremum gebildet.

Für diese von der Zinsstruktur abhängigen Bermuda-Optionen sind dem Autor in dieser Allgemeinheit keine expliziten Formeln bekannt. Deshalb werden zur Optionsbewertung aufwendigere numerische Verfahren, wie zum Beispiel das HW-Modell, verwendet.

6.1.3 Gemeinsame Bewertung mehrerer Optionen

Bisher wurde implizit unterstellt, dass lediglich eine Option bewertet wurde. Dies verdeutlicht die Abbildung von einem BV_t auf ein $\widetilde{BV}_t$. Wie im Kapitel 3 dargestellt, enthält ein Bausparvertrag tatsächlich viele verschiedene Optionen. Aus praktischen Gründen wird daher eine Auswahl der wesentlichen Optionen getroffen. Diese ausgewählten Optionen können in ihrer Gesamtheit auch als **die Bausparoption** bewertet werden.

Bei der Bewertung mehrerer Optionen können die einzelnen Optionen nicht einfach addiert werden, da viele Optionen voneinander abhängig sind. Wird beispielsweise die Option „Kündigung" ausgeübt, so verfallen gleichzeitig alle Zuteilungsoptionen. Wird dagegen ein Bauspardarlehen gewährt, verfällt die Darlehensverzichtsoption. Dass bei Ausübung der einen Option die andere verfällt, ist beim Bausparen jedoch nicht zwingend. Ein Beispiel dafür ist das Sondertilgungsrecht. Das Sondertilgungsrecht kann bei Bestehen eines Bauspardarlehens immer unabhängig von den Optionsausübungen in der Vergangenheit ausgeübt werden. Wie schon gesagt, muss dann jedoch ein Bauspardarlehen vorhanden sein.

Zunächst wird angenommen, dass eine Option die andere ausschließt. Zur Bewertung der gesamten Option werden zu jedem möglichen Ausübungstermin T^* alle i möglichen Optionswerte $C_{T^*}^i$ zum jeweiligen Ausübungstermin berechnet. Können an einem Ausübungstermin mehrere Optionen ausgeübt werden, entscheidet sich der finanzrationale Bausparer für die Option mit dem größten positiven Optionswert. Durch die Ausübung einer Option verfallen die anderen Optionen. Der gemeinsame Optionswert ist das Supremum aller diskontierten Optionswerte zu allen möglichen Ausübungszeitpunkten:

$$C_t^{Gemeinsame\ Option} = \sup_{\tau \in T_t} E^{\Pi}\left[\max_i C_\tau^i \ e^{-\int_t^\tau r(u)\ du} \Big| \mathcal{F}_t \right].$$

Schließen sich die Optionen nicht gegenseitig aus und sind sie dadurch voneinander unabhängig, werden die Optionswerte im jeweiligen Ausübungszeitpunkt addiert:

$$C_t^{Gemeinsame\ Option} = \sup_{\tau \in T_t} E^\Pi \left[\sum_i C_\tau^i\ e^{-\int_t^\tau r(u)\ du} \Big| \mathcal{F}_t \right].$$

6.2 Auswahl relevanter Bausparoptionen

In dieser Arbeit können nicht alle im Kapitel 3 beschriebenen Bausparoptionen quantitativ bewertet werden. Dies würde den Rahmen der Arbeit sprengen. Es wird eine Auswahl der Gestaltungsrechte des Bausparers bewertet. Die zustimmungsbedürftigen Rechte des Bausparers werden nicht bewertet, da die Bausparkasse eine gewünschte Veränderung des Zahlungsstroms verweigern kann. Es wird zudem eine Auswahl getroffen, die sich nach der Werthaltigkeit der Option und seiner Häufigkeit in den Tarifen richtet.[360] Die Gliederung nach der Werthaltigkeit beruht auf der Einschätzung des Autors. Optionen mit sehr eingeschränkten Fristen, wie z. B. das 14-tägige Widerrufsrecht, werden mit einem niedrigen Optionswert eingeschätzt. Zudem werden Optionen, die den Zahlungsstrom nur geringfügig beeinflussen (z. B. Risikolebensversicherung) auch als geringwertige Optionen betrachtet. Die Rechte der Bausparkasse werden in diesem Zusammenhang nicht bewertet, da auch dies den Rahmen dieser Arbeit sprengen würde.

Das folgende Diagramm zeigt die Gliederung der Bausparoptionen:

---

[360] Die untersuchten Tarife sind in den Abschnitten 10.4 und 10.5 genannt.

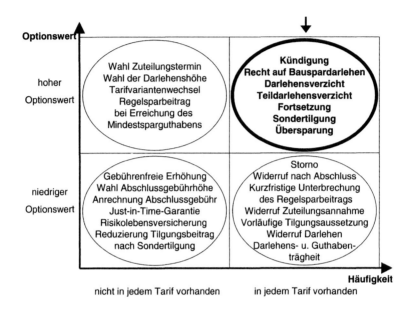

Abb. 6.1: Gliederung der Bausparoptionen nach Optionswert und Häufigkeit

Die für diese Arbeit relevanten Bausparoptionen sind rechts oben dargestellt. Die relevanten Bausparoptionen haben einen hohen Optionswert und sind in jedem Tarif vorhanden. Der Wert der Teildarlehensverzichtsoption geht für den finanzrationalen Bausparer im Wert der Darlehensverzichtsoption auf. Deshalb wird die Teildarlehensverzichtsoption nicht separat bewertet. Die Übersparungsoption wird wegen rechtlicher Unsicherheiten nicht bewertet.[361] Das Recht auf ein Bauspardarlehen, das Recht auf Darlehensverzicht und das Recht auf Fortsetzung wird unter dem Begriff „**Zuteilungsoptionen**" zusammengefasst. Diese Zusammenfassung vereinfacht die weiteren Erklärungen.

---

[361] Siehe Abschnitt 3.3.9.

6.3 Entscheidungsmöglichkeiten innerhalb der relevanten Optionen

In dieser Arbeit setzt sich die Option „Bausparen" aus den relevanten Optionen Kündigung, Zuteilungsoptionen und Sondertilgung zusammen. Die Zuteilungsoptionen unterteilen sich in das Recht auf ein Bauspardarlehen, in das Recht auf Darlehensverzicht und auf das Recht der Fortsetzung. Im weiteren Verlauf der Arbeit werden das Kündigungsrecht, die Zuteilungsoptionen und das Sondertilgungsrecht bewertet. Zuerst wird bewusst die einzelne Option bewertet, anschließend werden jeweils mehrere Optionen gemeinsam betrachtet.

Die in dieser Arbeit modellierten Optionen sind im folgenden Entscheidungsbaum dargestellt. Zur Vereinfachung fällt der Entscheidungszeitpunkt über die Kündigung bzw. die Zuteilung mit dem Kündigungszeitpunkt bzw. mit dem Zuteilungszeitpunkt zusammen.[362] Der Bausparer kann ab Beginn jeder Zeitperiode bis eine Periode vor der Zuteilung entscheiden, ob er den Bausparvertrag kündigen möchte. Der Vertrag ist nach einer Kündigung beendet.

Ab dem Erreichen der Zuteilungsvoraussetzungen zum Zeitpunkt s hat der Bausparer drei Alternativen. Zum einen kann der Bausparer das Bauspardarlehen mit einer Tilgungszeit von tb in Anspruch nehmen. Damit stehen ihm in der Darlehensphase Sondertilgungsmöglichkeiten zur Verfügung. Des Weiteren kann der Bausparer auf das Bauspardarlehen endgültig verzichten. Nach einem Darlehensverzicht ist der Bausparvertrag wie bei einer Kündigung beendet. Nimmt der Bausparer keine Darlehen in Anspruch und erklärt er auch keinen Darlehensverzicht, so wird der Bausparvertrag bis zur nächsten Periode fortgesetzt. Danach kann wieder über die drei Entscheidungsalternativen Darlehensinanspruchnahme, Darlehensverzicht oder Vertragsfortsetzung entschieden werden. Die Fortsetzungszeit wird mit f symbolisiert. Der Entscheidungsbaum läuft bis zur längsten Wartezeit des Bausparvertrags lw. Die längste Wartezeit bezeichnet den Zeitraum vom Sparbeginn bis zur Ansparung der vollen Bausparsumme.[363] Danach wird der Bausparvertrag automatisch beendet.

Die Rauten stellen im Diagramm Entscheidungssituationen dar. Die abgerundeten Rechtecke symbolisieren Vertragszustände. Der Standardverlauf (Referenz) ist mit stärkeren Pfeilen markiert und verläuft in der Abbildung 6.2 direkt von oben nach unten. Beim Standardverlauf wird nicht gekündigt, bei der ersten

---

[362] Durch das Zusammenfallen von Entscheidungszeitpunkt und Ausführung wird die Option tendenziell leicht zu hoch bewertet.

[363] Vgl. BERTSCH/HÖLZLE/LAUX (1998), S. 141-142.

Zuteilungsmöglichkeit zum Zeitpunkt s das Darlehen genommen und die Darlehensphase durchlaufen bis der Vertrag durch vollständige Tilgung beendet wird.

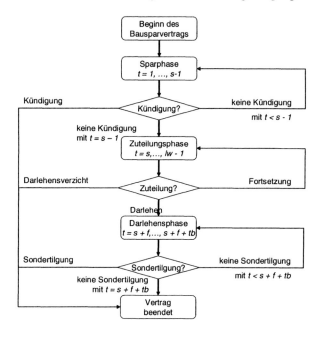

Abb. 6.2: Entscheidungsbaum der betrachteten Bausparoptionen

6.4 Tarifbeispiel mit verschiedenen Zahlungsströmen

Damit die Bausparoptionen quantitativ bewertet werden können, wird ein Bauspartarif konstruiert und als Grundlage für die resultierenden Zahlungsstrom-Verläufe genutzt. Nur die für die Optionsbewertung relevanten Tarifmerkmale werden definiert:

Tarifmerkmal	Tarifausprägung
Abschlussgebühr	1,0 % der Bausparsumme
Grundverzinsung	2,0 % p. a.
Zinsbonus bei Darlehensverzicht	zusätzlich 2,0 % p. a. und Erstattung der Abschlussgebühr
Darlehensverzinsung	4,5 % p. a.
Höhe des Bauspardarlehens	Bausparsumme - Bausparguthaben
Zuteilungsvoraussetzungen	Modellhaft nach 7 Jahre erfüllt Zuteilung erfolgt nach weiteren 3 Monaten

Tab. 6.1: Beispielhafte Tarifmerkmale und Tarifausprägungen

Als Vertragsbeginn t_0 wird der 31.12.00 angenommen. Die Zahlung der Abschlussgebühr erfolgt sofort und die weiteren Sparbeiträge erfolgen zum Ende des jeweiligen Quartals. Mögliche Steuerbelastungen und staatliche Förderungen werden hier nicht berücksichtigt. Die Erweiterung der beispielhaften Berechnungen um die Wohnungsbauprämie und der Einfluss der Wohnungsbauprämie auf den Optionswert werden im Abschnitt 7.2.5 untersucht.

Folgende Beträge wurden für die Berechnungen angenommen:

Vertragsmerkmal	Betrag
Bausparsumme	100.000 €
Sparbeitrag (quartärlich)	1.500 €
Tilgungsbeitrag (quartärlich)	2.100 €

Tab. 6.2: Beispielhafte Vertragsmerkmale

Als erstes werden beispielhafte Zahlungsströme in der Einlösungs- und Sparphase mit den Kündigungsoptionen dargestellt. Wird die Kündigungsoption zum Ausübungszeitpunkt t vor dem Zuteilungszeitpunkt s ausgeübt ($t_0 < t < s$), erhält der Bausparer das Bausparguthaben zum Zeitpunkt t ausgezahlt.

Die Tabelle 6.3 ist folgendermaßen zu verstehen: Wird beispielsweise zum Zeitpunkt $t = 12$ gekündigt, erhält der Bausparer sein Bausparguthaben in Höhe von $BG_{12} = 18.500$ €. Wird nicht gekündigt, ist der quartärliche Sparbeitrag in Höhe von $SB = 1.500$ € weiter zu leisten. Ab dem Zeitpunkt $t = s = 29$ verfällt die Kündigungsoption. Sämtliche Werte sind in Euro dargestellt und auf volle Euro gerundet:

Datum		t	Spar-beitrag	Bausparguthaben bei Auszahlung	Datum		t	Spar-beitrag	Bausparguthaben bei Auszahlung
M	J	t	SB	BG	M	J	t	SB	BG
12	00	0	1.000	0	3	05	17	1.500	26.540
3	01	1	1.500	1.500	6	05	18	1.500	28.172
6	01	2	1.500	3.008	9	05	19	1.500	29.811
9	01	3	1.500	4.523	12	05	20	1.500	31.458
12	01	4	1.500	6.045	3	06	21	1.500	33.116
3	02	5	1.500	7.575	6	06	22	1.500	34.781
6	02	6	1.500	9.113	9	06	23	1.500	36.453
9	02	7	1.500	10.658	12	06	24	1.500	38.133
12	02	8	1.500	12.211	3	07	25	1.500	39.823
3	03	9	1.500	13.772	6	07	26	1.500	41.521
6	03	10	1.500	15.341	9	07	27	1.500	43.228
9	03	11	1.500	16.917	12	07	28	1.500	44.940
12	03	12	1.500	18.500	3	08	s	1.500	46.665
3	04	13	1.500	20.093					
6	04	14	1.500	21.693					
9	04	15	1.500	23.300					
12	04	16	1.500	24.915					

Tab. 6.3: Sparguthaben bei Kündigung

Wird der Bausparvertrag nicht gekündigt, kann ab dem frühest möglichen Zuteilungszeitpunkt $t \geq s$ jeweils gewählt werden, ob das Bauspardarlehen in Anspruch genommen wird, ob auf das Bauspardarlehen endgültig verzichtet wird oder ob der Bausparer den Vertrag fortsetzen kann.

Nimmt der Bausparer das Bauspardarlehen in Anspruch, erhält er das Bausparguthaben und das Bauspardarlehen ausbezahlt und muss dafür quartärlich für die errechnete Tilgungsdauer tb den festen Tilgungsbeitrag TB leisten. Zusätzlich ist ein letzter Tilgungsbeitrag, auch Schlussrate genannt, in Höhe von TB_{tb+1} zu leisten.

Bei einem Darlehensverzicht erhält der Bausparer neben dem Bausparguthaben einen Zinsbonus und die Erstattung der Abschlussgebühr. Der Zinsbonus erhöht die Gesamtverzinsung rückwirkend.

Wird der Vertrag fortgesetzt, wird angenommen, dass die tariflichen Sparbeiträge weiter gezahlt werden. Durch die weiteren Sparbeiträge erhöht sich das Bausparguthaben, wodurch sich das mögliche Bauspardarlehen verringert, da die Höhe des Bauspardarlehens die Differenz aus Bausparsumme und Bausparguthaben ist. Die Tilgungszeit nimmt ab, da trotz geringeren Bauspardarlehens der Tilgungsbeitrag konstant bleibt. Es wird angenommen, dass der Bausparvertrag automatisch endet, wenn der Bausparvertrag bis zur längsten Wartezeit lw fortgesetzt wird. Wurde die Bausparsumme innerhalb der längsten Wartezeit vollständig bespart, wird das Bausparguthaben ausgezahlt, da der eigentliche Vertragszweck, ein Bauspardarlehen zu erlangen, nicht mehr möglich ist.[364]

Tabelle 6.4 zeigt den beispielhaften Verlauf eines Bausparvertrags und die jeweiligen Auszahlungsbeträge bei Ausübung der Kündigungsoption bzw. der Zuteilungsoptionen und ist wie folgt zu verstehen:

Wurde vor dem frühest möglichen Zuteilungszeitpunkt $t = s = 29$ nicht gekündigt, stehen dem Bausparer die Zuteilungsoptionen zur Verfügung. Eine Kündigung ist ab dem Zeitpunkt s ausgeschlossen. Wird beispielsweise zum Zeitpunkt $t = 35$ auf das Darlehen verzichtet, so erhält der Bausparer neben dem ausgezahlten Bausparguthaben in Höhe von $BG_{35} = 57.185$ € zusätzlich einen Zinsbonus in Höhe von $Bonus_{35} = 5.158$ € und die Abschlussgebühr in Höhe von $AG_{35} = 1.000$ € wird erstattet. Wählt der Bausparer aber ein Darlehen, so erhält er ein Bauspardarlehen in Höhe von $BD_{35} = 42.815$ € und muss dann 23 Quartale lang einen quartärlichen Tilgungsbeitrag von $TB = 2.100$ € leisten. Der letzte Tilgungsbeitrag beträgt $TB_{24} = 610$ €. Setzt der Bausparer jedoch den Vertrag fort, so ist der quartärliche Sparbeitrag in Höhe von 1.500 € weiter zu leisten. Sämtliche Werte in der Tabelle sind in Euro dargestellt und auf volle Euro gerundet.

---

[364] Das Auflösen eines Bausparvertrags bei Erreichen der Bausparsumme ist zwar realitätsfremd, jedoch für die modellhafte Betrachtung äußerst hilfreich, da dadurch ein Vertragsende plausibel festgelegt werden kann.

Datum		t	Spar-beitrag	Bauspargut-haben bei Auszahlung	Zinsbonus bei Darlehens-verzicht	Erstattung der Abschluss-gebühr	Bauspar-darlehen	Tilgungs-beitrag	Letzter Tilgungs-beitrag	Tilgungs-dauer in Quartale
M	J	t	SB	BG	Bonus	AG	BD	TB	TBtb+1	tb
3	08	s	1.500	46.665	3.417	1.000	53.335	2.100	164	30
6	08	30	1.500	48.397	3.680	1.000	51.603	2.100	1.941	28
9	08	31	1.500	50.137	3.952	1.000	49.863	2.100	1.640	27
12	08	32	1.500	51.884	4.231	1.000	48.116	2.100	1.358	26
3	09	33	1.500	53.643	4.532	1.000	46.357	2.100	1.090	25
6	09	34	1.500	55.410	4.842	1.000	44.590	2.100	841	24
9	09	35	1.500	57.185	5.158	1.000	42.815	2.100	610	23
12	09	36	1.500	58.967	5.482	1.000	41.033	2.100	398	22
3	10	37	1.500	60.762	5.832	1.000	39.238	2.100	198	21
6	10	38	1.500	62.564	6.189	1.000	37.436	2.100	17	20
9	10	39	1.500	64.374	6.554	1.000	35.626	2.100	1.954	18
12	10	40	1.500	66.191	6.926	1.000	33.809	2.100	1.810	17
3	11	41	1.500	68.022	7.326	1.000	31.978	2.100	1.675	16
6	11	42	1.500	69.860	7.734	1.000	30.140	2.100	1.558	15
9	11	43	1.500	71.706	8.149	1.000	28.294	2.100	1.458	14
12	11	44	1.500	73.560	8.572	1.000	26.440	2.100	1.373	13
3	12	45	1.500	75.428	9.026	1.000	24.572	2.100	1.298	12
6	12	46	1.500	77.303	9.487	1.000	22.697	2.100	1.239	11
9	12	47	1.500	79.186	9.955	1.000	20.814	2.100	1.195	10
12	12	48	1.500	81.076	10.431	1.000	18.924	2.100	1.168	9
3	13	49	1.500	82.981	10.941	1.000	17.019	2.100	1.148	8
6	13	50	1.500	84.894	11.458	1.000	15.106	2.100	1.144	7
9	13	51	1.500	86.815	11.983	1.000	13.185	2.100	1.153	6
12	13	52	1.500	88.743	12.515	1.000	11.257	2.100	1.179	5
3	14	53	1.500	90.686	13.084	1.000	9.314	2.100	1.211	4
6	14	54	1.500	92.638	13.660	1.000	7.362	2.100	1.256	3
9	14	55	1.500	94.596	14.244	1.000	5.404	2.100	1.317	2
12	14	56	1.500	96.562	14.835	1.000	3.438	2.100	1.392	1
3	15	57	1.500	98.545	15.466	1.000	1.455	2.100	1.471	0
6	15	lw	1.500	100.000	16.105	1.000	0	0	0	0

Tab. 6.4: Mögliche Zahlungsströme bei unterschiedlichen Zeitpunkten

Mittels dieser Zahlungsströme werden im Abschnitt 6.5 die Bausparoptionen quantitativ bestimmt.

Das definierte Bewertungsmodell und die entwickelte Software sind nicht nur auf die oben beschriebenen Zahlungsströme beschränkt. Sämtliche möglichen Zahlungsströme können nach diesem Prinzip bewertet werden. Durch die allgemeine Modellierung der bausparmathematischen Optionsbewertung wurde dem Leser das Handwerkszeug gegeben, nicht nur die im weiteren Verlauf dieser Arbeit bewerteten Optionen, sondern sämtliche im Kapitel 3 beschriebenen impliziten Optionen im Bausparen zu bewerten. Dadurch kann die Option „Bausparen" auch anders interpretiert und dem entsprechend der Optionswert berechnet werden.

6.5 Quantitative Bewertung relevanter Bausparoptionen

Nachfolgend werden nun die als relevant festgestellten Bausparoptionen (Kündigung, Zuteilungsoptionen und Sondertilgung) bewertet.

6.5.1 Kündigung

Der Bausparer hat aufgrund der Kündigungsoption das Recht, während der Sparphase bis zum Zuteilungstermin s zu einem beliebigen Zeitpunkt t zu kündigen. Es wird entsprechend dem Tarifbeispiel aus Abschnitt 6.4 angenommen, dass bei einer Kündigung kein tariflicher Zinsbonus gezahlt wird und keine Erstattung der Abschlussgebühr erfolgt. Zinsbonus und Erstattung der Abschlussgebühr erfolgen nur bei Darlehensverzicht.

Der Zahlungsstrom einer möglichen Kündigung wird mit dem Referenzzahlungsstrom verglichen. Als Referenzzahlungsstrom dient der Zahlungsstrom bei frühest möglicher Darlehensinanspruchnahme. Dabei erhält der Bausparer automatisch zum Zuteilungszeitpunkt s das Bauspardarlehen BD_s und das Bausparguthaben BG_s. Zur Begleichung der Darlehensschuld muss der Bausparer konstante Tilgungsbeiträge TB für die Tilgungszeit tb leisten. Die letzte Tilgungsrate TB_{s+tb+1} zum Zeitpunkt $s+tb+1$ wird in der Regel keinen vollen Tilgungsbeitrag betragen und wird als Restrate bezeichnet. Der Barwert $PV_s^{Referenz}$ des Referenzzahlungsstroms zum Zuteilungszeitpunkt s kann nun errechnet werden:

$$
PV_s^{Referenz} = BG_s + BD_s
$$

$$
-E^\Pi \left[\sum_{k=s+1}^{s+tb} TB \; e^{-\int_s^k r(u)du} \,|\mathcal{F}_s \right] - E^\Pi \left[TB_{s+tb+1} \; e^{-\int_s^{s+tb+1} r(u)du} \,|\mathcal{F}_s \right].
$$

Da die Kündigung nicht zum Zuteilungszeitpunkt sondern bereits vorher zu einem Zeitpunkt $t < s$ erfolgt, sind einerseits die durch die Zuteilung veranlassten Zahlungsströme auf den Kündigungszeitpunkt t mittels des Zinsratenprozess zu diskontieren und andererseits die noch ausstehenden Sparbeiträge vom Kündigungstermin t bis zum Zuteilungstermin s diskontiert zu berücksichtigen:

$$PV_t^{Referenz} = E^\Pi \left[PV_s^{Referenz} \ e^{-\int_t^s r(u)du} - \sum_{k=t}^{s} SB \ e^{-\int_t^k r(u)du} \ \Big| \mathcal{F}_t \right].$$

Bei Kündigung entfallen die nachfolgenden Sparbeiträge und die Auszahlung des Bauspardarlehens sowie die daraus folgenden Tilgungsbeiträge. Demnach ist der Barwert $PV_s^{Kündigung}$ bei einer Kündigung gleich dem ausgezahlten Bausparguthaben BG_t zum Zeitpunkt t mit $t_0 < t < s$:

$$PV_t^{Kündigung} = BG_t.$$

Der Optionswert zum Kündigungszeitpunkt ist die Differenz der beiden Barwerte. Der Optionswert kann jedoch nicht negativ werden und ist deshalb mindestens Null:

$$C_t^{Kündigung} = \left(PV_t^{Kündigung} - PV_t^{Referenz} \right)^+.$$

Da die Kündigung von Beginn der Sparphase bis eine Periode vor dem Zuteilungstermin erlaubt ist, wird die optimale Stoppzeit mit dem größten, diskontierten Optionswert $C_t^{Kündigung}$ bestimmt:

$$C_{t_0}^{Kündigung} = \sup_{\tau \in [t_0, \ s-1]} E^\Pi \left[C_\tau^{Kündigung} \ e^{-\int_{t_0}^\tau r(u)du} \ \Big| \mathcal{F}_{t_0} \right].$$

Die Kündigungsoption im Beispielfall hat bei Vertragsbeginn t_0 folgenden Wert:

$$C_{t_0}^{Kündigung} = 1.965 \ €.$$

Dieser Optionswert entspricht ca. 2 % der Bausparsumme. Die Kündigungsoption ist also eine sehr werthaltige Option. Dies resultiert daher, dass der Bausparer bei besseren Alternativanlagen grundsätzlich jederzeit aus seinem Bausparvertrag aussteigen kann. Nur bei anfänglich sehr niedrigen Marktzinsen und bei später sehr hohen Marktzinsen wird der Bausparer nicht kündigen. Bei niedrigen Marktzinsen, die unter den Bausparguthabenszinsen liegen, erwirtschaftet der Bausparer sichere Mehrerträge. Steigt das Zinsniveau vor der

Zuteilung über die Bauspardarlehenszinsen, so ist das Bauspardarlehen wiederum sehr werthaltig.

6.5.2 Zuteilungsoptionen

Wie schon beschrieben, hat der Bausparer beim Erreichen der Zuteilungsvoraussetzungen zum Zeitpunkt s die Wahl, das Bauspardarlehen anzunehmen, auf das Bauspardarlehen zu verzichten oder den Vertrag fortzusetzen und die mögliche Zuteilung auf die nächste Periode zu verschieben. Der Bausparer kann nach der Vertragsfortsetzung das Recht auf ein Bauspardarlehen zu jeder Periode wieder geltend machen. Die Zuteilungsoptionen setzen sich aus dem Recht auf ein Bauspardarlehen, der Darlehensverzichtsoption und der Fortsetzungsoption zusammen. Die Darlehensverzichtsoption ist für sich alleine betrachtet eine europäische Option. Durch die Fortsetzungsoption kann man die Darlehensverzichtsoption auch als Bermuda-Option ansehen.

Die Modellierung der Darlehensverzichtsoption hat Ähnlichkeiten mit der Modellierung der Kündigungsoption. Im Gegensatz zur Kündigung erhält der Darlehensverzichter bei Auszahlung unter bestimmten Bedingungen zusätzlich einen Zinsbonus und die Abschlussgebühr wird erstattet.

In der ersten Betrachtung hat der Bausparer nur zum Zuteilungszeitpunkt s die Entscheidungsmöglichkeit, entweder das Bauspardarlehen zu nehmen oder ganz darauf zu verzichten.

Der Barwert $PV_s^{Referenz}$ des Referenzzahlungsstroms wurde schon bei der Kündigungsoption beschrieben und kann hier übernommen werden:

$$PV_s^{Referenz} = BG_s + BD_s$$

$$-E^{\Pi}\left[\sum_{k=s+1}^{s+tb} TB\, e^{-\int_s^k r(u)du}\,\Big|\mathcal{F}_s\right] - E^{\Pi}\left[TB_{s+tb+1}\, e^{-\int_s^{s+tb+1} r(u)du}\,\Big|\mathcal{F}_s\right].$$

Bei einem Darlehensverzicht entfallen die Auszahlung des Bauspardarlehens und die daraus resultierenden Tilgungsbeitragszahlungen. Demnach ist der Barwert $PV_s^{Darlehensverzicht}$ bei einem Darlehensverzicht gleich dem ausgezahlten Bausparguthaben BG_s zum Zuteilungstermin s:

$$PV_s^{Darlehensverzicht} = BG_s.$$

Sind zudem noch die Bedingungen für die Gewährung eines Zinsbonusses und die Bedingungen für die Erstattung der Abschlussgebühr erfüllt, erhöht sich der

Auszahlungsbetrag um den Zinsbonus $Bonus_s$ und um die Höhe der Abschlussgebühr AG:

$$PV_s^{Darlehensverzicht \, / \, Bonus \, / \, AG} = BG_s + Bonus_s + AG.$$

Der Optionswert zum Zuteilungszeitpunkt s ist das Maximum von Null und von der Differenz der beiden vergleichenden Barwerte:

$$C_s^{Darlehensverzicht} = \left(PV_s^{Darlehensverzicht} - PV_s^{Referenz} \right)^+.$$

Der Wert der Darlehensverzichtsoption zu einem früheren Zeitpunkt t oder gar zu Beginn des Betrachtungszeitraumes t_0 errechnet sich durch seine Diskontierung mittels des Zinsratenprozesses:

$$C_t^{Darlehensverzicht} = E^\Pi \left[C_s^{Darlehensverzicht} \, e^{-\int_t^s r(u)du} \, \middle| \, \mathcal{F}_t \right].$$

Die Darlehensverzichtsoption im Beispielfall hat bei Vertragsbeginn t_0 folgenden Wert:

$$C_{t_0}^{Darlehensverzicht} = 411 \ \text{€}.$$

Auf das Bauspardarlehen wird grundsätzlich dann verzichtet, wenn zum Zuteilungstermin die erwartete Gesamtverzinsung eines Amortisationsswaps unter dem angenommenen Darlehenszinssatz von 4,5 % liegt.[365]

Wird zudem noch ein Zinsbonus gewährt und die Abschlussgebühr erstattet, hat die Darlehensverzichtsoption folgenden Wert:

$$C_{t_0}^{Darlehensverzicht \, / \, Bonus \, / \, AG} = 2.029 \ \text{€}.$$

Die Darlehensverzichtsoption inklusive der Gewährung eines Zinsbonusses und die Gewährung der Abschlussgebühr ist im vorliegenden Beispielfall und bei

---

[365] Der Amortisationsswap ist mit einem Bauspardarlehen vergleichbar, siehe Abschnitt 5.4.2.

den niedrigen Kapitalmarktzinsen ca. 2 % der Bausparsumme oder ca. 4 % des Bausparguthabens wert. Durch den Zinsbonus und die Erstattung der Abschlussgebühr ist die Darlehensverzichtsoption sehr werthaltig. Das Bauspardarlehen tritt in den Hintergrund und ist nur noch bei sehr hohen Marktzinsen interessant. Der Marktzinssatz muss somit weit über dem Bauspardarlehenszinssatz liegen, damit das Bauspardarlehen für den finanzrationalen Bausparer interessant ist.

Die Darlehensverzichtsoption kann nur zum Zuteilungstermin ausgeübt werden. Durch die **Fortsetzungsoption** kann zu jedem Zeitpunkt vom Zuteilungszeitpunkt s bis zum Zeitpunkt der längsten Wartezeit lw^{366} mit der Fortsetzungszeit f mit $s \leq s + f \leq lw$ die Darlehensverzichtsoption ausgeübt werden. Es wird die Annahme getroffen, dass zusätzlich für jede weitere Periode, in der das Recht auf Zuteilung nicht wieder geltend gemacht wird, Sparbeiträge zu leisten sind. Bei der Fortsetzungsoption reduziert sich durch die geleisteten Sparbeiträge der Nennwert der Option.

Zum möglichen Zuteilungszeitpunkt $s + f$ hat der Bausparer den Zahlungsstrom bei Wiedergeltendmachung mit dem Zahlungsstrom bei Darlehensverzicht zu vergleichen. Durch die Wiedergeltendmachung gelangt ein Bausparvertrag wieder in den Status der Zuteilungsannahme und kann zugeteilt werden.[367] Der Barwert bei Wiedergeltendmachung $PV_{s+f}^{Wiedergeltendmachung}$ ist gleichbedeutend mit dem Barwert bei Darlehensinanspruchnahme zum Fortsetzungszeitpunkt $s + f$:

$$PV_{s+f}^{Wiedergeltendmachung} = BG_{s+f} + BD_{s+f}$$

$$-E^{\Pi}\left[\sum_{k=s+f+1}^{s+f+tb} TB\, e^{-\int_{s+f}^{k} r(u)du} \Big| \mathcal{F}_{s+f}\right]$$

$$-E^{\Pi}\left[TB_{s+f+tb+1}\, e^{-\int_{s}^{s+f+tb+1} r(u)du} \Big| \mathcal{F}_{s+f}\right].$$

Zur Bestimmung des Barwerts der Zuteilungsoptionen $PV_{s,f}^{Zuteilungsoptionen}$ zum Zeitpunkt s mit der bestimmten Fortsetzungszeit f ist zu überprüfen, ob ein Darlehensverzicht oder eine Wiedergeltendmachung zum Fortsetzungszeitpunkt

---

[366] Das Ende des Bausparvertrags wurde durch die längste Wartezeit definiert, da die Übersparungsoption nicht bewertet wird.

[367] Vgl. BERTSCH/HÖLZLE/LAUX (1998), S. 144.

$s + f$ vorteilhafter im Sinne der Vermögensmaximierung ist. Dazu wird das Maximum der bewerteten Zahlungsströme zur Vergleichbarkeit auf den Zuteilungstermin diskontiert. Von dem diskontierten Maximum der beiden Zahlungsströme sind zusätzlich die zu zahlenden diskontierten Sparbeiträge während der Fortsetzungszeit zu subtrahieren. Da zum Zeitpunkt s formal keine Wiedergeltendmachung möglich ist, sondern nur in vorgesehener Art und Weise ein Darlehen in Anspruch genommen werden kann, ist formal der Ausdruck $PV_s^{Wiedergeltendmachung}$ in $PV_s^{Referenz}$ zu ersetzen:

$$PV_{s,f}^{Zuteilungsoptionen} =$$

$$E^{\Pi}\left[\max\left(PV_{s+f}^{Darlehensverzicht}; PV_{s+f}^{Wiedergeltendmachung}\right)e^{-\int_s^{s+f} r(u)du} - \sum_{k=s}^{s+f} SB\ e^{-\int_s^k r(u)du}\bigg|\mathcal{F}_s\right]$$

$$\text{mit } PV_s^{Wiedergeltendmachung} = PV_s^{Referenz}.$$

Der Optionswert sämtlicher Zuteilungsoptionen errechnet sich aus dem Maximum von Null und der Differenz des bewerteten optimalen Zahlungsstroms nach dem Zuteilungszeitpunkt s und dem Referenzzahlungsstrom ohne Optionsausübung:

$$C_{s,f}^{Zuteilungsoptionen} = \left(PV_{s,f}^{Zuteilungsoptionen} - PV_s^{Referenz}\right)^+.$$

$$\forall\ f \in \Gamma_s \text{ mit } s \leq s + f \leq lw$$

Dieser Vergleich ist für alle möglichen Fortsetzungszeiten durchzuführen und das Supremum zu bestimmen. Ist der Wert der Zuteilungsoption zu einem früheren Zeitpunkt t oder zum Vertragsbeginn t_0 von Interesse, so ist der berechnete Optionswert zu diskontieren:

$$C_t^{Zuteilungsoptionen} = \sup_{\tau \in [s,lw]} E^{\Pi}\left[C_{s,\tau}^{Zuteilungsoptionen}\ e^{-\int_t^{s+\tau} r(u)du}\bigg|\mathcal{F}_t\right].$$

Die Zuteilungsoptionen haben im Beispielfall zu Vertragsbeginn t_0 folgenden Wert:

$$C_{t_0}^{Zuteilungsoptionen} = 464\ \text{€}.$$

Wird bei Darlehensverzicht ein Zinsbonus und die Erstattung der Abschlussgebühr gewährt, so erhöht sich der Optionswert stark:

$$C_{t_0}^{Zuteilungsoptionen / Bonus / AG} = 2.597 \ €.$$

Wie hier gezeigt werden konnte, ist der zusätzliche Wert durch die Fortsetzungsoption ohne die Gewährung eines Zinsbonus bzw. der Erstattung der Abschlussgebühr sehr gering. Die Erklärung liegt in der Annahme begründet, dass bei Vertragsfortsetzung die Sparbeiträge weiterhin entrichtet werden. Dadurch reduziert sich das mögliche Bauspardarlehen von Periode zu Periode und der mögliche Vorteil eines zinsgünstigen Bauspardarlehens wird somit von Periode zu Periode geringer. Nur durch einen stark ansteigenden Marktzins nach dem frühest möglichen Zuteilungstermin wird eine spätere Inanspruchnahme des Bauspardarlehens für den Bausparer vorteilhafter im Sinne der Vermögensmaximierung.

Wird jedoch ein Bonus gewährt, tritt der Vorteil eines Bauspardarlehens in den Hintergrund. Durch die Fortsetzungsoption wird die Möglichkeit eröffnet, eine eventuell höhere Gesamtverzinsung des Bauspargutbabens gegenüber dem Marktzins weiterhin zu nutzen. Dieser Vorteil spiegelt sich im sehr hohen Optionswert wieder und entspricht im vorliegenden Beispielfall mehr als 2,5 % der Bausparsumme.

6.5.3 Sondertilgungsrecht

Das Sondertilgungsrecht ist vergleichbar mit einem monatlich **kündbaren Amortisationsswap**.

Zur Bewertung des Sondertilgungsrechts $C_{st}^{Sondertilgung}$ zum Sondertilgungstermin st werden analog zur bisherigen Bewertungsmethode zwei bewertete Zahlungsströme verglichen. Der Referenzzahlungsstrom setzt sich aus den noch ausstehenden Tilgungsbeiträgen zum Zeitpunkt einer möglichen Sondertilgung inklusive der Restrate zusammen. Der Zahlungsstrom bei der Sondertilgung besteht lediglich aus einer Zahlung in Höhe des Restdarlehens BD_{st} zum Zeitpunkt der Sonderzahlung st:[368]

---

[368] Der finanzrationale Bausparer tilgt, wenn überhaupt, immer die ganze Restschuld und nie einen Teil der Restschuld, vgl. Abschnitt 3.5.2.

$$C_{st}^{Sondertilgung} =$$

$$\left(-BD_{st} + E^{\Pi} \left[\sum_{k=st+1}^{s+tb} TB \ e^{-\int_{st}^{k} r(u)du} \Big| \mathcal{F}_{st} \right] + E^{\Pi} \left[TB_{tb+1} \ e^{-\int_{st}^{s+tb+1} r(u)du} \Big| \mathcal{F}_{st} \right] \right)^{+}.$$

Aus den gegebenen möglichen Sondertilgungszeitpunkten ist aus der Sicht des finanzrationalen Bausparers derjenige zu wählen, welcher den größten Optionswert generiert. Sind alle Optionswerte gleich Null, so ist eine Sondertilgung nicht finanzrational.

Um den Optionswert zu einem früheren Zeitpunkt t zu kennen, ist dieser mit dem Zinsratenprozess abzuzinsen:

$$C_{t}^{Sondertilgung} = \sup_{\tau \in [s+1, \ s+tb]} E^{\Pi} \left[C_{\tau}^{Sondertilgung} \ e^{-\int_{t}^{\tau} r(u)du} \Big| \mathcal{F}_{t} \right].$$

Im Beispiel errechnet sich folgender Wert für die Sondertilgungsoption:

$$C_{t_0}^{Sondertilgung} = 379 \ €.$$

Der Wert der Sondertilgungsoption ist im Vergleich zu der Kündigungsoption und den Zuteilungsoptionen nicht so bedeutend. Die Sondertilgungsoption entspricht weniger als 0,4 % der Bausparsumme bzw. ca. 0,7 % des Bauspardarlehens.

Je früher die Sondertilgung erfolgt, desto höher ist im Allgemeinen auch der finanzielle Vorteil, da das Bauspardarlehen von Periode zu Periode abnimmt.

6.5.4 Gemeinsame Bewertung der Zuteilungsoptionen und der Kündigungsoption

Der Wert der gemeinsamen Option $C_t^{Kündigung+Zuteilungsoptionen}$ bestehend aus Zuteilungsoptionen und Kündigungsoption ist das Maximum der beiden Optionen zum Zeitpunkt t. Dies kann deshalb so berechnet werden, da bis zum Zeitpunkt $s-1$ nur Kündigungen möglich sind und ab dem Zeitpunkt s nur Zuteilungsoptionen ausgeübt werden können. Die Ausübung beider Optionen schließen sich aus. Allgemein berechnet sich der Optionswert wie folgt:

$$C_t^{K\ddot{u}ndigung + Zuteilungsoptionen} =$$

$$\sup_{\tau \in [t,s]} E^{\Pi} \left[\max \left(C_\tau^{K\ddot{u}ndigung}, C_\tau^{Zuteilungsoptionen} \right) e^{-\int_t^\tau r(u)du} \Big| \mathcal{F}_t \right].$$

Im Beispiel errechnet sich folgender gemeinsamer Wert der Zuteilungsoptionen und der Kündigungsoption:

$$C_{t_0}^{K\ddot{u}ndigung + Zuteilungsoptionen} = 1.980 \, \text{€}.$$

Wird bei den Zuteilungsoptionen lediglich die Darlehensverzichtsoption bewertet, errechnet sich der Optionswert wie folgt:

$$C_t^{K\ddot{u}ndigung + Darlehensverzicht} =$$

$$\sup_{\tau \in [t,s]} E^{\Pi} \left[\max \left(C_\tau^{K\ddot{u}ndigung}, C_\tau^{Darlehensverzicht} \right) e^{-\int_t^\tau r(u)du} \Big| \mathcal{F}_t \right].$$

Im Beispiel errechnet sich folgender gemeinsamer Optionswert bestehend aus der Kündigungsoption und der Darlehensverzichtsoption:

$$C_{t_0}^{K\ddot{u}ndigung + Darlehensverzicht} = 1.966 \, \text{€}.$$

Der Vergleich der Kündigungsoption mit der gemeinsamen Option aus der Kündigungsoption und der Darlehensverzichtsoption zeigt, dass die Darlehensverzichtsoption die Kündigungsoption nicht mehr wesentlich erhöht. Dies liegt daran, dass der finanzrationale Bausparer in den ersten Perioden aus dem Vertrag aussteigt und damit schon am Anfang auf das Bauspardarlehen implizit „verzichtet". Der Darlehensverzicht bietet dem Bausparer lediglich eine Periode länger die Möglichkeit, sich gegen ein Bauspardarlehen zu entscheiden. Dies ist auch der Grund für den relativ geringen Mehrwert der gemeinsamen Option.

Werden dagegen zusätzlich noch ein Zinsbonus bzw. die Erstattung der Abschlussgebühr berücksichtigt, so errechnet sich der gemeinsame Optionswert wie folgt:

$$C_t^{Kündigung + Darlehensverzicht / Bonus / AG} =$$

$$\sup_{\tau \in [t,s]} E^{\Pi} \left[\max \left(C_\tau^{Kündigung}, C_\tau^{Darlehensverzicht / Bonus / AG} \right) e^{-\int_t^\tau r(u)du} \Big| \mathcal{F}_t \right].$$

Im Beispiel errechnet sich folgender Optionswert:

$$C_{t_0}^{Kündigung + Darlehensverzicht / Bonus / AG} = 2.455 \ \text{€}.$$

Dieser Optionswert ist wesentlich höher als derjenige ohne Berücksichtigung eines Zinsbonusses und der Erstattung der Abschlussgebühr. Durch den Zinsbonus in Kombination mit der Erstattung der Abschlussgebühr wird ein hoher Anreiz gegeben, erst bei Zuteilung zu entscheiden, ob auf das Bauspardarlehen verzichtet wird. Eine Kündigung wird dann nur bei hohen Marktzinsen interessant.

Durch die Erweiterung der gemeinsamen Option durch die Fortsetzungsoption entsteht eine gemeinsame Option aus Kündigungsoption und Zuteilungsoptionen unter Berücksichtigung des Zinsbonusses und der Erstattung der Abschlussgebühr. Der Optionswert berechnet sich wie folgt:

$$C_t^{Kündigung + Zuteilungsoptionen / Bonus / AG} =$$

$$\sup_{\tau \in [t,s]} E^{\Pi} \left[\max \left(C_\tau^{Kündigung}, C_\tau^{Zuteilungsoptionen / Bonus / AG} \right) e^{-\int_t^\tau r(u)du} \Big| \mathcal{F}_t \right].$$

Für den Beispielfall errechnet sich folgender Wert:

$$C_{t_0}^{Kündigung + Zuteilungsoptionen / Bonus / AG} = 2.940 \ \text{€}.$$

Der nochmalige Anstieg des Optionswertes liegt im Zinsbonus begründet, der bei niedrigen Marktzinsen länger genutzt werden kann. Dieser Optionswert entspricht fast 3 % der Bausparsumme.

6.5.5 Gemeinsame Bewertung von relevanten Bausparoptionen

Bei der Modellierung der gemeinsamen Bewertung der Zuteilungsoption, der Kündigungsoption und zusätzlich der Sondertilgungsoption müssen bei jeder Bewertung des Rechts auf ein Bauspardarlehen die Sondertilgungsmöglichkeiten berücksichtigt werden. Dazu wird der bewertete Referenzzahlungsstrom bzw. der bewertete Zahlungsstrom bei Wiedergeltendmachung um den Optionswert der Sondertilgungsoption erweitert. Die Inanspruchnahme eines Bauspardarlehens wird um den Optionswert der Sondertilgungsoption attraktiver:

$$PV_{s,f}^{Zuteilungsoptionen+Sondertilgung} =$$

$$E^{\Pi}\left[\max\left(PV_{s+f}^{Darlehensverzicht}; \ PV_{s+f}^{Wiedergeltendmachung} + C_{s+f}^{Sondertilgung}\right) e^{-\int_s^{s+f} r(u)du} - \sum_{k=s}^{s+f} SB \ e^{-\int_s^k r(u)du} \Big| \mathcal{F}_s\right]$$

$$\text{mit } PV_s^{Wiedergeltendmachung} = PV_s^{Referenz}.$$

Wie in diesem Abschnitt schon dargestellt, errechnet sich der Optionswert sämtlicher Zuteilungsoptionen mit der Sondertilgungsoption aus dem Maximum von Null und der Differenz des bewerteten optimalen Zahlungsstroms nach dem Zuteilungszeitpunkt s und dem Referenzzahlungsstrom ohne Optionsausübung analog. Das Supremum der diskontierten Optionswerte ist demnach wie folgt zu bilden:

$$C_{s,f}^{Zuteilungsoptionen+Sondertilgung} = \left(PV_{s,f}^{Zuteilungsoptionen+Sondertilgung} - PV_s^{Referenz}\right)^+$$

$$\forall \ f \in \Gamma_s \text{ mit } s \leq s+f \leq lw.$$

Aus den möglichen Fortsetzungsterminen ist die beste Fortsetzungszeit auszuwählen:

$$C_s^{Zuteilungsoptionen+Sondertilgung} =$$

$$\sup_{\tau \in [s,lw]} E^{\Pi}\left[C_{s,\tau}^{Zuteilungsoptionen+Sondertilgung} \ e^{-\int_s^{s+\tau} r(u)du} \Big| \mathcal{F}_s\right].$$

Mit Integration der Kündigungsoption errechnet sich die gemeinsame Option zum Zeitpunkt t_0 folgendermaßen:

$$C_{t_0}^{K\ddot{u}ndigung+Zuteilungsoptionen+Sondertilgung} =$$

$$\sup_{\tau \in [t_0,s]} E^{\Pi} \left[\max\left(C_{\tau}^{K\ddot{u}ndigung}, C_{\tau}^{Zuteilungsoptionen+Sondertilgung} \right) e^{-\int_{t_0}^{\tau} r(u)du} \bigg| \mathcal{F}_{t_0} \right].$$

Im Folgenden werden einige gemeinsame Optionen mit der Sondertilgungsoption entsprechend dem Beispiel berechnet.

Die Berechnung der gemeinsamen Option aus Sondertilgung und Darlehensverzicht ergibt im Beispielfall den folgenden Wert:

$$C_{t_0}^{Darlehensverzicht+Sondertilgung} = 442 \; \text{€}.$$

Durch die Sondertilgungsoption erhöht sich der gemeinsame Optionswert im Vergleich zur ausschließlichen Darlehensverzichtsoption. Dagegen erhöht sich der gemeinsame Optionswert im Vergleich zum Darlehensoptionswert mit Zinsbonus und Erstattung der Abschlussgebühr nur unwesentlich und ist auf volle Euro gerundet nicht erkennbar:

$$C_{t_0}^{Darlehensverzicht / Bonus / AG+Sondertilgung} = 2.029 \; \text{€}.$$

Da die Optionswerte mit und ohne Sondertilgungsoption nahezu identisch sind, ist die Wahrscheinlichkeit, dass die Wahl eines Darlehensverzichts mit Bonus und Erstattung der Abschlussgebühr im Trinomialbaum finanzrational ist, auch identisch. Der Anteil der Bausparer, die ein Bauspardarlehen mit Sondertilgung bei den Darlehensverzichtsbedingungen nutzen ist nahezu Null.

Die zusätzliche Berücksichtigung der Kündigungsoption, aber ohne Berücksichtigung eines Zinsbonusses und ohne Berücksichtigung der Erstattung der Abschlussgebühr, ergibt im Beispielfall den folgenden Wert:

$$C_{t_0}^{K\ddot{u}ndigung+Darlehensverzicht+Sondertilgung} = 1.966 \; \text{€}.$$

Im Vergleich dieser Option mit der gemeinsamen Option aus Kündigungsoption und Darlehensverzichtsoption fällt auf, dass die Sondertilgung auch hier keine relevante Erhöhung des Optionswertes bewirkt. Da in diesem Fall die Wahrscheinlichkeit, im Trinomialbaum ein Darlehen zu wählen, verschwindend gering ist, ist die Wahrscheinlichkeit, die Sondertilgung zu wählen, noch geringer.

Das gleiche Verhalten zeigt sich bei der Berücksichtigung des Zinsbonusses mit Erstattung der Abschlussgebühr:

$$C_{t_0}^{Kündigung+Darlehensverzicht\,/\,Bonus\,/\,AG+Sondertilgung} = 2.455\ \text{\euro}.$$

Auch hier lässt sich beim Vergleich dieser Option mit der korrespondierenden Option ohne Sondertilgung keine relevante Erhöhung des Optionswertes feststellen.

Insgesamt ist festzustellen, dass aufgrund der Interdependenzen der Gestaltungsrechte die Optionswerte nicht linear additiv bestimmt werden können.

6.5.6 Bewertung der Option auf ein Bauspardarlehen

Die Hauptleistung der Bausparkasse ist die Gewährung eines Bauspardarlehens mit fest vereinbartem Darlehenszinssatz. Das Recht auf das Bauspardarlehen steht zwangsläufig in Beziehung zur Darlehensverzichtsoption. Es kann nur eines der beiden Rechte wahrgenommen werden.

Bei der Bewertung der Optionen wurde bisher immer mit dem Referenzzahlungsstrom verglichen. Da die Inanspruchnahme des Bauspardarlehens der Referenzzahlungsstrom ist, kann hier nicht mit demselben verglichen werden.

Zur Optionsbewertung werden daher die Tilgungsbeiträge inklusive der Restrate mit dem Zinsratenprozess diskontiert und vom anfänglichen Bauspardarlehen BD_s zum Zuteilungszeitpunkt s subtrahiert. Ist der Wert positiv, so ist auch der Optionswert auf ein Bauspardarlehen positiv. Bei einem negativen Wert wird die Option nicht ausgeübt und die Option verfällt wertlos:

$$C_s^{Recht\ auf\ Bauspardarlehen} =$$

$$\left(BD_s - E^{\Pi}\left[\sum_{k=st+1}^{s+tb} TB\ e^{-\int_s^k r(u)du} + TB_{tb+1}\ e^{-\int_s^{s+tb+1} r(u)du} \Big| \mathcal{F}_s \right] \right)^+.$$

Ist der Optionswert zu Beginn des Betrachtungszeitraumes t_0 von Interesse, so ist der Optionswert mit dem Zinsratenprozess zu diskontieren. Dieser Optionswert wird vorläufig mit $\tilde{C}$ bezeichnet:

$$\tilde{C}_{t_0}^{Recht\ auf\ Bauspardarlehen} = E^{\Pi}\left[C_s^{Recht\ auf\ Bauspardarlehen}\ e^{-\int_{t_0}^s r(u)du} \Big| \mathcal{F}_{t_0} \right].$$

Im Beispielfall hat das Recht auf ein Bauspardarlehen einen Optionswert von:

$$\tilde{C}_{t_0}^{Recht\ auf\ Bauspardarlehen} = 1.938\ \text{€}.$$

Dabei ist allerdings zu beachten: Dieses Recht auf ein zinsgünstiges Bauspardarlehen wird nur gewährt, wenn bis zur Zuteilung die niedrig verzinslichen Sparbeiträge weiter geleistet werden. Als Gegenleistung erhält der Bausparer dann das Bausparguthaben. Der Barwert aus den Sparbeiträgen und dem Bausparguthaben ist wie folgt zu bilden:

$$PV_{t_0}^{Sparbeiträge\,/\,Bausparguthaben} = E^{\Pi}\left[BG_s\ e^{-\int_{t_0}^{s} r(u)du} - \sum_{k=1}^{s} SB\ e^{-\int_{t_0}^{k} r(u)du}\,\bigg|\mathcal{F}_{t_0}\right].$$

Der Barwert aus den Sparbeiträgen und dem Bausparguthaben errechnet sich im Beispielfall wie folgt:

$$PV_{t_0}^{Sparbeiträge\,/\,Bausparguthaben} = -3.468\ \text{€}.$$

Erst die bewertete Differenz aus dem Recht auf ein zinsgünstiges Bauspardarlehen und die Pflicht, niedrig verzinsliche Sparbeiträge zu leisten, ergibt den tatsächlichen Optionswert:

$$C_{t_0}^{Recht\ auf\ Bauspardarlehen} = \left(\tilde{C}_{t_0}^{Recht\ auf\ Bauspardarlehen} + PV_{t_0}^{Sparbeiträge\,/\,Bausparguthaben}\right)^{+}.$$

Im Beispiel errechnet sich der Optionswert zum Vertragsbeginn wie folgt:

$$C_{t_0}^{Recht\ auf\ Bauspardarlehen} = \left(1.938\ \text{€} - 3.468\ \text{€}\right)^{+} = 0\ \text{€}.$$

In diesem Beispiel ist das Recht auf ein Bauspardarlehen zum Zeitpunkt des Vertragsabschlusses wertlos.

Jedoch kann im Zeitablauf das Recht auf ein Bauspardarlehen, unter Annahme der gleichen Zinsstruktur, einen erheblichen Wert bekommen. Die Verpflichtung, das Bausparguthaben der Bausparkasse niedrigverzinslich zu überlassen und Sparbeiträge zu leisten, ist verantwortlich für den Optionswert von Null. Erst mit längerer Vertragsdauer wird diese Verpflichtung immer unbedeutender. Spätestens zum Zuteilungszeitpunkt ist diese Verpflichtung nicht mehr gegeben und daher wertlos. Der Optionswert $\tilde{C}$ bleibt bei der angenommenen Zinsstruktur hingegen werthaltig. Bei höheren Kapitalmarktzinsen bleibt diese Aussage prinzipiell unverändert, da einerseits der Vorteil eines zinsgünstigen Bauspardarlehens bei höheren Kapitalmarktzinsen größer ist, andererseits ist auch der Nachteil in Form niedrig verzinslicher Bausparguthaben und Sparbeiträge größer.

6.5.7 Sonderfall: Bausparen als Festgeldanlage

Seit einigen Jahren besteht durch die niedrigen Kapitalmarktzinsen die Möglichkeit, den Bausparvertrag als Festgeldanlage zu nutzen. Auf dem Bausparmarkt werden Bausparverträge angeboten, bei denen die Gesamtverzinsung in der Nähe oder sogar über den Kapitalmarktzinsen liegt. Die hohe Gesamtverzinsung im Bausparen setzt sich aus einer Grundverzinsung und einem Zinsbonus zusammen, wobei der Zinsbonus an bestimmte Bedingungen geknüpft ist.[369]

Als Ausgangslage wird angenommen, dass ein Einmalbeitrag beispielhaft in Höhe von 100.000 € angelegt werden soll und der Bausparer keine Verwendungsmöglichkeit für ein Bauspardarlehen hat. Der Bausparer lässt das Bausparguthaben solange im Bausparvertrag, bis sich vermögensmaximierende Alternativen auf dem Kapitalmarkt bieten. Die Bausparkasse akzeptiert einen hohen einmaligen Sondersparbeitrag zu Beginn des Vertrags. Die Bedingungen für den Zinsbonus und die Erstattung der Abschlussgebühr werden nach sieben Jahren Laufzeit erfüllt. Vorher sind Kündigungen möglich. Jedoch wird bei einer Kündigung innerhalb der sieben Jahre lediglich der Grundzins gewährt. Als Annahme wird die maximale Laufzeit auf die längste Wartezeit begrenzt und mit 14 Jahren und 6 Monaten angenommen.[370] Diese Option wird hier als Festgeldoption bezeichnet.

Ein Bausparvertrag mit der Festgeldoption ist mit einer **kündbaren Stufenzins-Nullkuponanleihe** (Putable-Step-up-Zerobond) vergleichbar, da während der Laufzeit keine Zinsen gezahlt werden, die Verzinsung in Abhängigkeit von der Laufzeit in Stufen steigt und vom Gläubiger (hier dem Bausparer) kündbar ist. Eine **Stufenzinsanleihe** (Step-up-Bond) weist eine im Zeitverlauf in Stufen steigende Nominalverzinsung auf.[371] Eine **Mehrstufenzinsanleihe** (Multi-Step-

---

[369] Vgl. z. B. § 3 ABB Tarif Q12 der Quelle Bauspar AG und Abschnitt 3.4.7.

[370] Die längste Wartezeit lw errechnet sich aus dem Regelsparbeitrag und der Grundverzinsung.

[371] Vgl. SCHARPF/LUZ (2000), S. 662.

up-Bond) besitzt mehr als eine Zinsstufe. Anleihen mit Kündigungsrechten werden unterschieden in **Kündigungsrechte des Schuldners** (Callable Bond) und **Kündigungsrechte des Gläubigers** (Putable Bond).[372]

Unter einer im Beispiel nicht getroffenen Annahme, dass ein Bausparvertrag keine feste Laufzeit hat, ist der Bausparvertrag mit einer **kündbaren ewigen Stufenzins-Nullkuponanleihe** (Putable-Step-up-Perpetual-Zerobond) vergleichbar. Die **Perpetual-Anleihe** ist ein Wertpapier mit unbegrenzter Laufzeit.[373]

Bei der Bewertung der Festgeldoption wird das Bausparen als **kündbare (Mehr-)Stufenzins-Nullkuponanleihe** mit einer nicht kündbaren Nullkuponanleihe zum Kurs $B(t_0, lw)$ mit der festen Laufzeit lw verglichen.[374] Die Zahlungsströme der beiden Anleihen sind jeweils durch eine Einzahlung zu Beginn und eine Auszahlung am Ende der Laufzeit bzw. beim Kündigungs- oder Darlehensverzichtstermin geprägt. Die Einzahlungen brauchen nicht berücksichtigt zu werden, da bei beiden Alternativen die Höhe und der Zeitpunkt identisch sind.

Bei der Optionsbewertung ist zu beachten, dass der Auszahlungsbetrag je nach Rückzahlungstermin unterschiedlich zu berechnen ist. Bei einer Kündigung innerhalb der ersten sieben Jahre wird das Bausparguthaben im Beispiel mit 2 % (= Grundverzinsung) verzinst. Bei Auszahlung des Bausparguthabens ab einer Laufzeit von sieben Jahren wird das Bausparguthaben rückwirkend mit 4 % (2 % Grundverzinsung + 2 % Zinsbonus) verzinst. Bei einer Laufzeit unter sieben Jahren entfallen demnach der Zinsbonus und die Erstattung der Abschlussgebühr. Bis auf die Abschlussgebühr werden keine weiteren Gebühren, wie z. B. die Kontogebühr, erhoben.

Zuerst ist der Optionswert der Festgeldoption $C_t^{Festgeld}$ für jeden möglichen Ausübungszeitpunkt t zu errechnen. Dabei wird der Auszahlungsbetrag zum möglichen Ausübungszeitpunkt t bestehend aus Bausparguthaben BG_t, Zinsbonus $Bonus_t$ und Abschlussgebühr AG mit dem diskontierten Auszahlungsbetrag am Laufzeitende verglichen:

---

[372] Vgl. SCHARPF/LUZ (2000), S. 105.

[373] Vgl. BRUNS/MEYER-BULLERDIEK (2003), S. 630.

[374] Bei der Festgeldoption wird nicht mit dem Zahlungsstrom eines Darlehensnehmers als Referenz verglichen, da ein Darlehen gemäß den Annahmen nicht gewollt bzw. nicht möglich ist.

$$C_t^{Festgeld} = \left(BG_t + Bonus_t + AG - E^{\Pi}\left[\left(BG_{lw} + Bonus_{lw} + AG \right) \; e^{-\int_t^{lw} r(u)du} \; \big| \mathcal{F}_t \right] \right)^+$$

mit $Bonus_t = 0, \; \forall t < 7$ Jahre

und $AG = 0, \; \forall t < 7$ Jahre.

Aus den möglichen Ausübungszeitpunkten wird die optimale Stoppzeit also der optimale Rückzahlungstermin ermittelt und der Optionswert wie folgt errechnet:

$$C_{t_0}^{Festgeld} = \sup_{\tau \in \left[t_0, \; lw \right]} E^{\Pi}\left[C_t^{Festgeld} \; e^{-\int_{t_0}^{\tau} r(u)du} \; \big| \mathcal{F}_{t_0} \right].$$

Die Festgeldoption hat im Beispielfall bei Vertragsbeginn folgenden Wert:

$$C_{t_0}^{Festgeld} = 15.134 \; €.$$

Der beispielhafte Bausparvertrag hat durch die Festgeldoption einen zusätzlichen Wert in Höhe von $C_{t_0}^{Festgeld} = 15.134$ €. Der Vergleich der Endwerte mit den entsprechenden Renditen zeigt Tabelle 6.5. Der Endwert des Bausparvertrags ohne Festgeldoption ist durch den Auszahlungsbetrag bestimmt. Der Endwert des Bausparvertrags mit Festgeldoption ist die Summe aus dem Endwert des Bausparvertrags ohne Festgeldoption und dem Endwert der Festgeldoption. Die Endwerte der Nullkuponanleihe und der Festgeldoption werden mittels der gegebenen Laufzeit von 14 Jahren und 6 Monaten sowie dem entsprechenden Kapitalmarktzinssatz von 4,85 % errechnet:

Festgeldanlage	Endwerte	Rendite
Bausparvertrag ohne Festgeldoption	175.865 €	3,97%
Bausparvertrag mit Festgeldoption	205.939 €	5,11%
Nullkuponanleihe	198.720 €	4,85%

Tab. 6.5: Endwerte und Renditen bei alternativen „Festgeldanlagen"

Tabelle 6.5 verdeutlicht, dass der Bausparvertrag mit Festgeldoption vermögensmaximierender und damit vorteilhafter ist als die Nullkuponanleihe. Die Festgeldoption hat einen signifikanten Wert und steigert die Rendite des Bausparvertrags unter Berücksichtigung der Festgeldoption gewaltig.

6.6 Annahmendiskussion

„Making the assumptions more realistic hasn't produced a formula that works better across a wide range of circumstances."[375]

Modelle vereinfachen die Wirklichkeit. Sinn und Zweck von Modellen ist, die komplexe Wirklichkeit durch die Wahl von vereinfachenden Annahmen erklären zu können. Dies ist bei der Diskussion der Modellannahmen zu berücksichtigen.

Wie in diesem Kapitel gezeigt wurde, können mit Hilfe von allgemeinen Zinsstrukturmodellen implizite Optionen bewertet werden. Wie es bei der Verwendung von Modellen notwendig ist, wurden zahlreiche Annahmen getroffen.

Ob Bausparoptionen überhaupt mit angepassten Zinsoptionsmodellen bewertet werden können, hängt im Wesentlichen davon ab, wie die Besonderheiten im Bausparen im Modell entsprechend abgebildet werden können. Eine zentrale

---

[375] BLACK (1989), S. 78.

Besonderheit des Bausparens ist, dass der Zuteilungstermin nicht verbindlich zugesichert werden darf.[376] Auch die Frage nach der Allgemeingültigkeit der Finanzrationalität der Beteiligten im Bausparen ist zu stellen. Gerade auf diese beiden zentralen Aspekte wird im Rahmen der Annahmendiskussion über den Bausparkassenmarkt ausführlich eingegangen.

Im Folgenden werden die Annahmen über den Kapitalmarkt, spezielle Annahmen über das Zinsoptionsbewertungsmodell, über die Bausparkassenstruktur und über das Verhalten der Bausparer diskutiert. Daraus stellt sich die Frage nach der generellen Anwendbarkeit von Zinsoptionsbewertungsmodellen hinsichtlich der Bewertung von impliziten Optionen in Bausparverträgen. Die nachfolgend diskutierten Aspekte zeigen Probleme und Grenzen auf.

6.6.1 Diskussion der ökonomischen Kapitalmarktannahmen

Die im Kapitel 4 vorgestellten Zinsoptionsmodelle beziehen sich auf einen modelltypischen Kapitalmarkt. Dieser modelltypische Kapitalmarkt wurde schon im Abschnitt 2.6 eingeführt, da der finanzrationale Bausparer den gleichen modelltypischen Kapitalmarkt nutzt. Um mögliche realitätsfern erscheinende Annahmen über den Kapitalmarkt zu rechtfertigen, werden einige dieser Annahmen hier diskutiert.[377]

Kapitalmarktannahmen:

a) Finanzrationalität

Finanzrational bedeutet hier, dass die Marktteilnehmer ein Mehr an Vermögen einem Weniger vorziehen und damit vermögensmaximierend handeln. Diese strenge Annahme wird nicht benötigt. Vermutlich werden nicht alle Kapitalmarktteilnehmer finanzrational handeln. Es wird lediglich eine geringe Anzahl von Marktteilnehmern ohne Liquiditätsbeschränkungen und ohne Oligopolmacht benötigt, die Arbitragemöglichkeiten konsequent nutzen können und wollen, um das Prinzip der Arbitragefreiheit sicherzustellen. Kurzzeitige Arbitragemöglichkeiten entstehen durch beschränkt rationales Handeln anderer Kapitalmarktteilnehmer. Durch das Nutzen von Arbitragemöglichkeiten wird sichergestellt, dass ein durch beschränkt rationales Handeln entstandener Preis

---

[376] Gem. § 4 Abs. 5 BSpKG können sich Bausparkassen vor Zuteilung eines Bausparvertrags nicht verpflichten, die Bausparsumme zu einem bestimmten Zeitpunkt auszuzahlen.

[377] Vgl. BLACK (1989), S. 78-85; FIGLEWSKI (1989), S. 1289-1311; BARTELS (1995), S. 3-21; WEHRMANN (1998), S. 7-19.

korrigiert wird. Die Arbitragemöglichkeiten verschwinden sehr schnell wieder. Deshalb ist es vernünftig, dass Arbitragefreiheit angenommen wird.[378]

b) Informationseffizienz

Bei Informationseffizienz werden zu jedem Zeitpunkt alle bewertungsrelevanten Informationen augenblicklich und umfassend in den Wertpapierpreisen verarbeitet, so dass keine systematische Arbitragemöglichkeit auf Basis eines überlegenen Informationsstands erzielbar ist. Bei real vorliegenden Kosten der Informationsbeschaffung stellt sich die Frage, wie sämtliche Informationen durch entsprechende Verarbeitung in den Preisen enthalten sein können, wenn doch aufgrund der gegebenen Informationseffizienz keinerlei Anreize für die Kapitalmarktteilnehmer zur kostenverursachenden Suche und Auswertung von Informationen gegeben sind. Wenn jedoch keine Informationen erworben und verarbeitet werden, kann der Wertpapierpreis diese auch nicht reflektieren.[379] Dieses so genannte Informationsparadoxon kann aufgelöst werden, wenn es Anleger gibt, die nicht alle neuen bewertungsrelevanten Informationen unmittelbar und in angemessener Weise umsetzen bzw. umsetzen können. Es entstehen dadurch Abweichungen zwischen dem beobachtbaren Marktpreis und dem theoretisch gerechtfertigten Wert, was als „Rauschen" bezeichnet wird. Beim Vorhandensein von Rauschen besteht ein Anreiz, mehr bewertungsrelevante Informationen als andere Kapitalmarktteilnehmer zu generieren, auch wenn dafür Kosten anfallen.[380] Dieses Rauschen könnte ein Grund dafür sein, dass die durch die Kalibrierung ermittelten Werte von Swaptions nicht exakt mit den Marktpreisen übereinstimmen. Da der theoretisch gerechtfertigte Wert meist nicht zur Verfügung steht bzw. nicht bekannt ist, wird der beobachtbare Marktpreis als guter Schätzer für den theoretisch gerechtfertigten Wert angenommen. Dann kann wieder von Informationseffizienz ausgegangen werden.

c) Aktualität:

Die Annahme der Aktualität fordert, dass alle Transaktionen zu den benötigten Zeitpunkten und ohne Verzögerung simultan am Markt realisiert werden können. An den Kapitalmärkten sind die Voraussetzungen für den weltweiten Handel „rund und die Uhr" geschaffen.[381] Diese Aktualität wird bei kontinuierlichen Modellen vorausgesetzt, da sich bei kontinuierlichen Modellen die

---

[378] Vgl. HULL (2003), S. 170-171.

[379] Vgl. GROSSMANN/STIGLITZ (1980), S. 393-408; SEEGER (1998), S. 23.

[380] Vgl. MICHAELSEN (2001), S. 14-15.

[381] Vgl. STEPHAN (1998), S. 26-27.

Veränderungen auf infinitesimal kleine Zeitintervalle beziehen. Beim Vergleich des Bausparmarkts mit dem Kapitalmarkt wird diese strenge Forderung nicht benötigt, da die Modellierung der Zahlungsströme im Bausparvertrag quartalsweise erfolgt. Bei der diskreten Bewertung der Bausparoptionen wird lediglich ein quartalsweiser Handel an den Kapitalmärkten vorausgesetzt.

d) Keine Transaktionskosten oder Marginforderungen

Durch Transaktionskosten wird der Handel eingeschränkt. Transaktionskosten haben zur Folge, dass an einem arbitragefreien Finanzmarkt ein Intervall möglicher Optionspreise existiert. Welcher Preis aus der möglichen Bandbreite zustande kommt, hängt von der jeweiligen Angebots- und Nachfragekonstellation ab.[382] Ein Optionswert ohne Berücksichtigung von Transaktionskosten liegt in jedem Fall innerhalb dieser Bandbreite. Transaktionskosten und arbitrageorientierte Optionsbewertung schließen sich aus, wenn ein eindeutiger Optionswert gefordert ist.[383] Da mittels eindeutiger Optionswerte die Aussagen klarer werden, wird auf die Berücksichtigung von Transaktionskosten verzichtet, obwohl diese in der Realität vorhanden sind.

e) Keine Steuern

Unter Einbeziehung von Steuern bleibt die Vorgehensweise der Optionstheorie die gleiche. Statt dem Vorsteuer-Zahlungsstrom wird ein Nachsteuer-Zahlungsstrom betrachtet. Dabei zeigt sich, dass bei unterschiedlichen Grenzsteuersätzen Arbitragemöglichkeiten vorhanden sind.[384] Unter einem progressiven Steuersystem existieren lokale Arbitragemöglichkeiten, mit denen jedoch keine unendlichen Arbitragegewinne generiert werden können, da sich der Grenzsteuersatz bei Ausnutzung der Arbitragemöglichkeiten verändert.[385] Durch die Arbitrage verändern sich die Steuerbemessungsgrundlage und der Grenzsteuersatz. Diese Betrachtung hat aber den Nachteil, dass unterschiedliche Optionswerte bei unterschiedlichen Grenzsteuersätzen entstehen können, wenn sich die Grenzsteuersätze der Kapitalmarktteilnehmer nicht angleichen. So können keine eindeutigen Aussagen getroffen werden. Um eindeutige Aussagen über den Optionswert zu erhalten, werden Steuern und daraus resultierende, steuerlich induzierte Arbitragemöglichkeiten nicht berücksichtigt.

---

[382] Vgl. WALLMEIER (2003), S. 5.

[383] Vgl. REIß (1998), S. 258.

[384] Vgl. SCHMID (1997), S. 55-56.

[385] Vgl. DAMMON/GREEN (1987), S. 1152; ROSS (1987), S. 376.

f) Investoren als Preisnehmer

Durch zahlreiche oder voluminöse Transaktionen können Kapitalmarktteilnehmer Preise verändern und beeinflussen. Dadurch kann der Marktpreis vom
ursprünglich theoretisch gerechtfertigen Wert abweichen.[386] Da die Volumen bei
Bausparverträgen im Vergleich zu den gut organisierten Termin- und Kassamärkten gering sind, können die Investoren im Bausparmarkt als Preisnehmer
angenommen werden.

g) Keine Bonitätsrisiken

Bei der Bewertung von börsengehandelten Derivaten wird davon ausgegangen,
dass eine Vertragserfüllung sichergestellt ist. Bei nicht börsengehandelten
Derivaten ist die Bonität des Handelspartners zu überprüfen und ein mögliches
Ausfallrisiko in die Kalkulation einzubeziehen. Für den Termin- wie für den
Kassamarkt gilt gleichermaßen, dass die Ausfallwahrscheinlichkeit die Preise
beeinflusst.[387] Sind Ausfallwahrscheinlichkeiten zu erwarten und demnach zu
bewerten, existieren Erweiterungsvorschläge für Optionsbewertungsmodelle.[388]
Da hier davon ausgegangen wird, dass nur auf gut organisierten Märkten mit
Handelspartnern guter Bonität gehandelt wird, kann die Bonität vernachlässigt
werden. Bei Bausparkunden kann aufgrund der vorangegangenen Sparphase ein
Indiz für eine gute Bonität abgeleitet werden.[389]

h) Beliebige Teilbarkeit der Wertpapiere

Die beliebige Teilbarkeit von Wertpapieren ohne Berücksichtigung von Losgrößen liegt auf realen Kapitalmärkten nicht vor. Zudem lässt sich durch ein-
faches Runden nicht die optionale Arbitragestrategie unter Berücksichtigung
von Losgrößen ermitteln.[390] Die notwendigen Gegengeschäfte nach dem
Arbitrageprinzip können unter Berücksichtigung von Losgrößen nicht perfekt
abgewickelt werden. Dies führt zu einem höheren Risiko und zu höheren
Kosten.[391] Sind die für die Anpassungsmöglichkeiten notwendigen Wertpapiere
mit einer Stückelung von einem Hundertstel des zugrunde liegenden Nennwerts
am Kapitalmarkt vorhanden, führt dies zu einer Kostenerhöhung um 1% des

---

[386] Vgl. JANßEN (1995), S. 108-110.

[387] Vgl. HULL (2003), S. 610-619.

[388] Vgl. JURGEIT (1989), S. 174-428.

[389] Vgl. LBS (2002), S. 73.

[390] Vgl. WEHRMANN (1998), S. 9.

[391] Vgl. WEHRMANN (1998), S. 9.

losgrößenunabhängigen Optionspreises. Sind die notwendigen Wertpapiere mit einer Stückelung von einem Tausendstel des zugrunde liegenden Nennwerts am Kapitalmarkt verfügbar, führt dies praktisch zu keiner Kostenerhöhung mehr und die Losgrößenbedingung hat keine praktische Relevanz.[392] Da am Kapitalmarkt mittlerweile viele Wertpapiere mit einer Stückelung von 0,01 € gekauft werden können,[393] ist die Einschränkung der Teilbarkeit ohne praktische Relevanz. Deshalb wird nachfolgend von beliebiger Teilbarkeit ausgegangen.

i) Möglichkeit von Leerverkäufen

Eine Voraussetzug für die Durchführung von Arbitrage zwischen Termin- und Kassamärkten ist die Möglichkeit von Leerverkäufen. Bei einem Leerverkauf wird ein Wertpapier ohne eine entsprechende physische Deckung verkauft.[394] Wenn ein Markt für bestimmte Finanzinstrumente fehlt, wie z. B. bei Bausparverträgen, kann der Leerverkauf auch mittels vergleichbarer Finanzinstrumente abgewickelt werden.

Zusammenfassend kann im Rahmen der Annahmendiskussion festgestellt werden, dass diese Kapitalmarktannahmen für die vorliegende Optionsbewertung geeignet sind. Einige Annahmen könnten zwar realitätsnäher modelliert werden, jedoch die eindeutige Aussage mittels eines eindeutigen Optionswerts würde verloren gehen. Gerade die Finanzrationalität aller Kapitalmarktteilnehmer muss nicht gefordert werden. Finanzrationale Teilnehmer nehmen Arbitragemöglichkeiten wahr, wenn beschränkt rationale Teilnehmer diese ermöglichen. Die aus den Kapitalmarktannahmen mögliche Arbitragefreiheit ist Voraussetzung für den Gebrauch der Optionsbewertungsmodelle.

6.6.2 Allgemeine Zinsstrukturmodellannahmen des HW-Modells

a) Normal verteilter Wiener-Prozess

Durch die Annahme der Normalverteilung stellen sich gleichzeitig zwei Fragen:

> ➤ Wird das tatsächliche Verhalten der Zinsstruktur hinreichend gut widergespiegelt?

> ➤ Wie wird mit der Existenz von negativen Zinsen umgegangen?

In den neuesten Entwicklungen konnte gezeigt werden, dass ein Lévy-Prozess mit einer hyperbolischen Verteilung das tatsächliche Verhalten der Zinsstruktur

---

[392] Vgl. WEHRMANN (1998), S. 68-69.

[393] Vgl. BONDBOARD (2004).

[394] Vgl. BRUNS/MEYER-BULLERDIEK (2003), S. 626.

besser modelliert als ein normal verteilter Wiener-Prozess.[395] Diese Verbesserung wird aber mit einem erheblich höheren numerischen Aufwand „erkauft". Hier muss ein Anwender des Modells die Frage beantworten, ob eine bessere Abbildung des tatsächlichen Verhaltens der Zinsstruktur einen hohen numerischen Aufwand im Einzelfall rechtfertigt.

Des Weiteren kann durch die Normalverteilung bedingt die **Existenz von negativen Zinsen** nicht ausgeschlossen werden. Gerade in Niedrigzinsphasen wächst im Modell die Wahrscheinlichkeit negativer Zinsen. Soll die Existenz von negativen Zinsen ausgeschlossen werden, kann die Zinsentwicklung mit einer log-normalen Verteilung modelliert werden, bei dem der Logarithmus normalverteilt ist. Ein Beispiel ist das BDT-Modell. Eine weitere Alternative ist die Wahl eines Quadratwurzelprozesses, bei dem die Zinsen immer nichtnegativ sind. Ein Beispiel dafür ist das CIR-Modell. Eine weitere Möglichkeit ist die Wahl einer Log-Normal-Verteilung bei Zinsen kleiner als 1 % und einer Normalverteilung bei Zinsen größer als 1 %.[396]

In der Vergangenheit gab es „negative Zinsen" in der Schweiz. Negative Zinsen sind in der Schweiz die übliche Bezeichnung für die Ende der 70er Jahre im Zusammenhang mit den Abwehrmaßnahmen gegen den Kapitalfluss aus dem Ausland zeitweise auf ausländische Gelder erhobene Kommissionsbelastung. Auch in jüngster Zeit werden in der Schweiz geldpolitische Instrumente, die mit den negativen Zinsen der 70er Jahre vergleichbar sind, gefordert.[397] Diese negativen Zinsen entstanden nicht als Resultat freier Kapitalmärkte, sondern durch eine Kommissionsbelastung, welche eine Steuer auf ausländische Gelder darstellt. Diese durch Steuern induzierten negativen Zinsen sind nicht mit den im Modell entstehenden negativen Zinsen vergleichbar, da entsprechend den Kapitalmarktannahmen Steuern ausgeschlossen wurden.

Für die praktische Verwendung der Optionswerte stellt sich die Frage, ob negative Zinsen den Optionswert beeinflussen.

Die folgende Tabelle zeigt den Zinsbaum für die ersten acht Quartale mit den entsprechenden Zuständen z für das HW-Modell. Die Bereiche mit negativen Zinsen sind markiert:

---

[395] Vgl. EBERLEIN/KELLER (1995), S. 281-299; EBERLEIN/RAIBLE (1999), S. 31-53.

[396] Vgl. HULL/WHITE (1997), S. 168-169.

[397] Vgl. Schweizer Parlament (1998).

z\Zeit	t=0	t=1	t=2	t=3	t=4	t=5	t=6	t=7
7								9,05%
6							7,32%	8,31%
5						6,36%	6,59%	7,58%
4					5,45%	5,62%	5,85%	6,84%
3				4,64%	4,72%	4,89%	5,12%	6,10%
2			3,90%	3,90%	3,98%	4,15%	4,38%	5,37%
1		3,36%	3,17%	3,17%	3,24%	3,41%	3,64%	4,63%
0	2,64%	2,62%	2,43%	2,43%	2,51%	2,68%	2,91%	3,90%
-1		1,88%	1,69%	1,69%	1,77%	1,94%	2,17%	3,16%
-2			0,96%	0,96%	1,04%	1,20%	1,43%	2,42%
-3				0,22%	0,30%	0,47%	0,70%	1,69%
-4					-0,44%	-0,27%	-0,04%	0,95%
-5						-1,00%	-0,77%	0,21%
-6							-1,51%	-0,52%
-7								-1,26%

Tab. 6.6: Zinsbaum mit negativen Zinsen

Die Zustandsbereiche am Rande haben nur einen geringen Zustandswert, d. h. die Zustände tragen nur einen geringen Wert zum Gesamten bei. In der folgenden Tabelle sind die Martingal-Wahrscheinlichkeiten für die Zustände berechnet. Die Martingal-Wahrscheinlichkeiten der Zustände, die mit negativen Zinsen korrespondieren, sind wieder markiert. Dadurch wird ersichtlich, dass die Wahrscheinlichkeit, negative Zinsen zu berücksichtigen, sehr gering ist und damit grundsätzlich für die Optionsbewertung kaum relevant ist:

z\Zeit	t=0	t=1	t=2	t=3	t=4	t=5	t=6	t=7
7								0,0%
6							0,0%	0,0%
5						0,0%	0,0%	0,1%
4					0,1%	0,2%	0,4%	0,7%
3				0,4%	1,1%	1,9%	2,6%	3,3%
2			2,7%	5,3%	7,4%	8,9%	9,9%	10,7%
1		16,7%	22,2%	23,7%	23,6%	23,0%	22,3%	21,6%
0	100,0%	66,7%	50,2%	41,2%	35,7%	32,0%	29,4%	27,3%
-1		16,7%	22,2%	23,7%	23,6%	23,0%	22,3%	21,6%
-2			2,7%	5,3%	7,4%	8,9%	9,9%	10,7%
-3				0,4%	1,1%	1,9%	2,6%	3,3%
-4					0,1%	0,2%	0,4%	0,7%
-5						0,0%	0,0%	0,1%
-6							0,0%	0,0%
-7								0,0%

Tab. 6.7: Aggregierte Martingal-Wahrscheinlichkeiten

Bei einer normalen Zinsstrukturkurve steigen die erwarteten Zinsen im jeweiligen Zustand grundsätzlich an. Beispielsweise beginnt der Zinsprozess im Zustand $z = 0$ mit dem Zinssatz 2,64 % und steigt auf 3,90 % im Zeitpunkt $t = 7$. In den ersten Perioden im Zustand $z = 0$ ist der Zinssatz zuerst gefallen bevor er steigt, da die Zinsstrukturkurve vom 18.03.2003 zu Beginn ebenfalls fällt und erst nach einigen Perioden als normale Zinsstrukturkurve anzusehen ist. Das Steigen der Zinsen im jeweiligen Zustand bedeutet aber auch, dass die Bereiche mit negativen Zinsen geringer werden. Dieses Verhalten verdeutlicht der Übergang von $t = 6$ auf $t = 7$, da die Zinsen im Zustand $z = -4$ und $z = -5$ positiv geworden sind. Die noch verbleibenden Zustände mit negativen Zinsen ($z = -6$ und $z = -7$) im Zeitpunkt $t = 7$ sind Randwerte mit sehr geringen Martingal-Wahrscheinlichkeiten und daher von sehr geringer Bedeutung für den Optionswert.

Die Modellierung von negativen Zinsen ist demnach für die Optionsbewertung akzeptabel, da die Existenz negativer Zinsen in der Modellierung für das Ergebnis kaum relevant ist.

b) Mean-Reversion-Prozess

Es stellt sich weiterhin die Frage, ob die Annahme eines Mean-Reversion-Prozesses bei Zinsprozessen realitätsnah ist.

Abbildung 6.3 zeigt den Verlauf der 3-Monats-Geldmarktzinssätze am Frankfurter Bankplatz seit 1960:

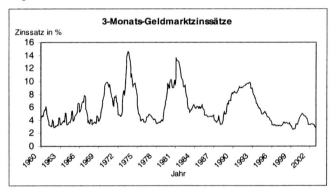

Abb. 6.3: 3-Monats-Geldmarktzinssätze am Frankfurter Bankplatz[398]

Die Abbildung 6.3 zeigt, dass sich die 3-Monats-Geldmarktzinsen innerhalb einer Bandbreite bewegen. Die Zinssätze seit 1960 steigen nicht höher als 15 % und fallen nicht unter 2 %. Anhand dieser Zeitreihe lässt sich vermuten, dass nach einer Hochzinsphase eine Niedrigzinsphase folgt und umgekehrt. Im

---

[398] Quelle: DEUTSCHE BUNDESBANK (2003a).

Rahmen empirischer Studien kann gezeigt werden, dass am deutschen Geldmarkt die Annahme eines Mean-Reversion-Prozesses für die Vergangenheit bestätigt werden kann.[399] Gerade die letzten Jahre zeigen jedoch, dass über die Dauer und über den Ausschlag (Amplitude) einer Niedrigzinsphase bzw. einer Hochzinsphase keine allgemeine Aussage getroffen werden kann. So können 3-Monats-Geldmarktzinssätze unter 2 % im Rahmen der jetzigen Niedrigzinsphase nicht ausgeschlossen werden.

c) Ein-Faktor-Modell

Die Abbildung des stochastischen Prozesses der Zinsstruktur wird beim HW-Modell als Ein-Faktor-Modell modelliert. In einem Ein-Faktor-Modell wird der Zinsratenprozess nur von einer Unsicherheitsquelle beeinflusst. Dadurch können Verschiebungen der Zinsstrukturkurve erfasst werden. Jedoch beziehen sich die Verschiebungen immer auf die gesamte Zinsstrukturkurve. Eine Drehung von einer normalen zu einer inversen Zinsstrukturkurve kann somit nicht modelliert werden. Mittels der Zwei- bzw. Mehr-Faktoren-Modelle können sämtliche Veränderungen modelliert werden. Jedoch benötigen diese Mehr-Faktoren-Modelle wesentlich mehr Aufwand für die Implementierung und für die Berechnung. Das scheint der Grund dafür zu sein, dass die Mehr-Faktoren-Modelle mehr in der Forschung als in der routinemäßigen Preisbestimmung verwendet werden.[400]

6.6.3 Diskussion der Annahmen über den Bausparkassenmarkt

a) Finanzrationalität

Die Annahmen über den finanzrationalen Bausparer setzen voraus, dass der Bausparer vermögensmaximierend handelt. Eine Voraussetzung dafür ist, dass der Bausparer die **Marktinformationen** kennt und die gewonnenen Erkenntnisse in Handlungen umsetzen kann. Das Durchdringen der Informationen über den Bausparmarkt und den Zinsmarkt ist in der Realität sehr schwer abzuschätzen bzw. zu überprüfen. Selbst auf sehr aktiven Märkten, wie beispielsweise dem Aktienmarkt, kann die Gültigkeit der Informationseffizienzhypothese von Fama (1970) nicht vollständig belegt werden.[401]

Die Finanzrationalität setzt weiterhin voraus, dass die Zinssätze für die Kapitalanlage (**Habenzinssatz**) und für die Kapitalbeschaffung (**Sollzinssatz**) gleich

---

[399] Vgl. WALTER (1996), S. 152-158.

[400] Vgl. HULL (2003), S. 571.

[401] Vgl. SAPUSEK (1998), S. 141-143.

sind. Ein Vergleich der Effektivzinsen von Hypothekarkrediten und Renditen von Bundesanleihen zeigt, dass die Zinssätze eben unterschiedlich sind. Dabei wurden die effektiven Hypothekenzinssätze von Banken zu Festzinsen auf zehn Jahre mit den Renditen von 10-jährigen Bundesanleihen der letzten 20 Jahre verglichen:[402]

Abb. 6.4: Vergleich von Soll- und Haben-Zinssätze

Die Hypothekarkreditzinsen unterscheiden sich von den Renditen der Bundesanleihen signifikant. Die durchschnittlichen Hypothekarkredite mit einer Laufzeit von 10 Jahren haben einen Durchschnittszinssatz von 7,64 %. Dagegen haben die durchschnittlichen Renditen von Bundesanleihen mit einer Laufzeit von 10 Jahren eine Durchschnittsrendite von 6,40 %. Der Unterschied zwischen Soll- und Habenzinssätzen beträgt demnach 1,24 %.

Der finanzrationale Bausparer ist aufgrund von Marktinformationen in der Lage, den Hypothekarkredit mit dem geringsten Effektivzins zu erhalten. Die durchschnittlichen Effektivzinssätze der oben genannten Hypothekarkredite haben eine Schwankung von 7,31 % bis 8,12 %. Trotzdem bleibt beim Vergleich mit den geringsten Effektivzinsen ein Unterschied zwischen Soll- und Habenzinssätzen in Höhe von 0,89 %. Bei fehlenden Marktinformationen sind entsprechend höhere Differenzen zu kalkulieren. Die Voraussetzung von identischen Zinsen ist nicht gegeben.

---

[402] Quellen: Datastream, DEUTSCHE BUNDESBANK (2003a) und eigene Berechnungen.

In der Regel gelten die Effektivzinssätze bei Hypothekarkrediten nur für Kredite ab 50.000 € und einem **Beleihungswertauslauf**[403] bis 60 %. Bei Krediten unter 50.000 € (Kleinkredite) werden in der Regel **Mindermengenzuschläge** verlangt. Bei einem Beleihungswertauslauf über 60 % werden in der Regel weitere Zuschläge verlangt. In den Bauspartarifen werden keine Mindermengenzuschläge erhoben. Auch endet der Beleihungswertauslauf erst bei 80 %. Insbesondere die Beleihung selbst ist bei Kleinkrediten in Form von Blanko-Darlehen oder Darlehen gegen Negativerklärung besonders unbürokratisch und ohne Grundbuchkosten.

Bei Darlehen gegen Negativerklärung verpflichtet sich der Darlehensnehmer der Bausparkasse gegenüber, eine mögliche Sicherung durch Grundpfandrechte nicht durch die Verpfändung des Pfandobjekts für eine andere Verbindlichkeit oder durch eine Veräußerung zu verhindern. Bauspardarlehen gegen Negativerklärung kommen nur bis zu einer Höhe von 15.000 € in Betracht. Blanko-Darlehen können ohne Sicherheiten bis zu einer Höhe von 10.000 € gewährt werden.[404]

Gerade bei Kleindarlehen haben Bauspardarlehen im Vergleich zu Bankdarlehen Kostenvorteile, da keine Mindermengenzuschläge erhoben werden und bei Blanko-Darlehen und Bauspardarlehen gegen Negativerklärung grundsätzlich die Grundbuchkosten entfallen. Als Konsequenz könnten bei Kleindarlehen beim Zinsvergleich die Marktzinsen mit einem Zinszuschlag versehen werden.[405]

Tabelle 6.8 zeigt die Größenklassengliederung des nicht zugeteilten Bausparvertragsbestands bei den privaten Bausparkassen im Jahre 2002:

---

[403] Der Beleihungswert ist nicht mit dem Verkehrswert oder den Baukosten vergleichbar, sondern stellt den auf lange Sicht geltenden Wert des Objekts dar. Der Beleihungswert wird nach den Prinzipien der Vorsicht ermittelt und erhält Abschläge für konjunkturell überhöhte Preise, besonders aufwendige Bauweise, Liebhaberpreise usw., vgl. LAUX (1992), S. 80.

[404] Vgl. LBS (2002), S. 167-169.

[405] Siehe Abschnitt 8.4.5.

Größenklasse nach Bausparsumme [in €]	Anzahl absolut	Anteil prozentual
bis 10.000	4.413.444	26,81%
über 10.000 - 25.000	7.953.807	48,32%
über 25.000 - 150.000	4.005.724	24,34%
über 150.000 - 500.000	84.681	0,51%
über 500.000	1.796	0,01%
Insgesamt	16.459.452	100,00%

Tab. 6.8: Größengliederung der nicht zugeteilten Bausparverträge[406]

Die Größenklassengliederung zeigt, dass die meisten Bausparverträge nur eine geringe Bausparsumme aufweisen. Aus den vielen Bausparverträgen mit geringen Bausparsummen entstehen i. d. R. auch nur Kleinkredite.

Eine weitere Voraussetzung der Finanzrationalität ist die **wohnungswirtschaftliche Verwendung**. Bauspardarlehen stehen nur für wohnungswirtschaftliche Maßnahmen zur Verfügung. Hat der Bausparer keine wohnungswirtschaftliche Verwendung und kann er den Bausparvertrag auch nicht übertragen (z. B. an einen Angehörigen), so verfällt das Recht auf ein Bauspardarlehen wertlos.

Da, wie oben vermutet wird, die Finanzrationalität in der realen Welt nicht uneingeschränkt gegeben ist, kann der berechnete Optionswert als **obere Schranke** verstanden werden. Jede Abweichung von der Finanzrationalität verringert den Optionswert. Vorschläge für die Integration eines realen Bausparerverhaltens werden im Abschnitt 8.4 im Rahmen der Rechnungslegung von Bausparverträgen vorgestellt.

b) Zuteilungssicherheit

Das Wartezeitproblem wird seit Bestehen des Bausparwesens intensiv diskutiert. Schon während den Anfängen des Bausparens wurde die Bedeutung der Zuteilungssicherheit und damit das Wartezeitproblem erkannt: „Die Frage nach der Wartezeit ist eines der wichtigsten Probleme des deutschen Bausparwesens, ja sogar das große grundlegende Problem, von dem aus alle übrigen Fragen zu beurteilen sind."[407] Die Antwort auf das Wartezeitproblem wurde auch gefun-

---

[406] Quelle: Verband Privater Bausparkassen (2003).

[407] KRAHN / KALTENBOECK (1931), S. 59.

den: Das Wartezeitproblem kann nie gelöst werden. Es ist dem Bausparen immanent und unaufhebbar. Die Auswirkungen des Wartezeitproblems können jedoch gemildert und durch Hinzunahme von Zusatzkosten sogar erheblich reduziert werden.[408]

Eine Möglichkeit der Milderung bzw. der weitgehenden Eliminierung des Wartezeitproblems ist die Bildung einer bauspartechnischen Rückstellung, die später im Bausparkassengesetz von 1991 als Fonds zur bauspartechnischen Absicherung (FbtA) bezeichnet wurde.[409] Es kann gezeigt werden, dass die Bausparkassen alleine durch den Einsatz des FbtA dem Ziel einer Verstetigung der Wartezeit sehr nahe kommt. Nur in extremen Ausnahmesituationen (Neugeschäftseinbruch von über 50 % und sehr hohe Marktzinsen) kann der FbtA die Wartezeit nicht auf Dauer stabilisieren.[410] Andere Zuteilungssicherungsmaßnahmen wie z. B.

➢ Grenzen für das individuelle Sparer- Kassenleistungsverhältnis,

➢ Grenzen des kollektiven Sparer- Kassenleistungsverhältnisses,

➢ Kontingente für Großbausparverträge und Schnellsparer,

➢ Reservenbildung, wie die Schwankungsreserve, Trägheitsreserve und Fortsetzerreserve,

verstetigen zudem die Wartezeit.

Die Wartezeitproblematik ist eine Folge der Sofortverteilungsprämisse. Die Sofortverteilungsprämisse besagt, dass die Bausparguthaben in Bauspardarlehen anzulegen sind, sodass eine möglichst kurze Wartezeit entsteht (gem. § 6 Abs. 1 BSpKG). Jedoch scheint nach Einführung der modifizierten Sofortverteilungsprämisse bzw. durch die Zuteilungssicherungsmaßnahmen das Wartezeitproblem als gelöst. Die modifizierte Sofortverteilungsprämisse besagt, dass unter Bildung von Reserven die Wartezeit verstetigt werden soll (gem. § 10 Abs. 1 BSpKG). Dabei gilt, dass die aus einer Progression des Neugeschäfts herrührenden Zuteilungsmöglichkeiten nicht zu einer Verkürzung der Wartezeit genutzt werden.[411] Es werden also nicht alle Bausparguthaben in Bauspardarlehen angelegt. Zwar kann der Zuteilungstermin immer noch nicht im Voraus

---

[408] Vgl. LAUX (1985b), S. 19.

[409] GRAMER (1984) beschrieb sehr kritisch das Wartezeitproblem und forderte die Einführung einer bausparmathematischen Reserve, die später in Form des FbtA eingeführt wurde.

[410] Ausführliche Modellrechnungen über die Auswirkungen des FbtA sind in LEHMANN (1992) beschrieben.

[411] Vgl. LBS (2002), S. 119-121.

garantiert werden, jedoch ist die Wahrscheinlichkeit einer Verschiebung des Zuteilungstermins wesentlich geringer als unter der Sofortverteilungsprämisse.

Ein Indiz für die aktuelle Zuteilungssicherheit ist das Verhältnis von Bauspardarlehen zu Bausparguthaben. Das Verhältnis von Bauspardarlehen zu Bausparguthaben wird als Anlagegrad bezeichnet.[412] Nach der Sofortverteilungsprämisse sind die Bausparguthaben in Bauspardarlehen anzulegen. In wartezeitkritischen Situationen ist die Höhe der Bauspardarlehen fast gleich der Höhe der Bausparguthaben. In wartezeitstabilen Situationen herrscht ein erheblicher Überschuss an Bausparguthaben im Verhältnis zu den Bauspardarlehen. Nicht angelegte Bausparguthaben dienen als Zuteilungsreserven. Die folgende Grafik zeigt den Verlauf von Bausparguthaben und Bauspardarlehen sowie die daraus resultierende Entwicklung des Anlagegrades von 1976 bis 2002:

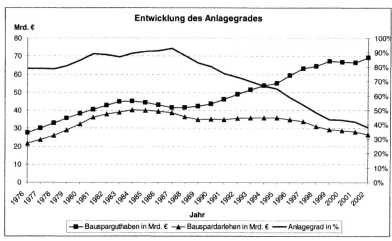

Abb. 6.5: Entwicklung des Anlagegrades der privaten Bausparkassen[413]

Von 1976 bis ca. 1990 hat sich der Anlagegrad durchweg auf hohem Niveau befunden. Erst danach ist der Anlagegrad stark gefallen. Besonders auffällig ist, dass die Bausparguthaben nach 1990 gestiegen, die Bauspardarlehen dagegen gefallen sind. Die Gründe für die geringe Höhe der Bauspardarlehen sind sicherlich vielschichtig und können im Einzelnen nur vermutet werden. Eine

---

[412] Vgl. BERTSCH/HÖLZLE/LAUX (1998), S. 15-16.

[413] Quelle: BAUER/LAUX (1998), S. 321; VERBAND PRIVATER BAUSPARKASSEN (2003); eigene Berechnungen.

wichtige Rolle spielen die neuen Zuteilungssicherungsmaßnahmen im Zuge der Neufassung des Gesetzes über Bausparkassen zum 1. Januar 1991. Neben diesen Zuteilungssicherungsmaßnahmen können z. B. die wirtschaftliche Situation in Zusammenhang mit der Bauwirtschaft, die Niedrigzinsphase mit teilweise geringeren Hypothekarkreditzinsen als manche Bauspardarlehenszinsen,[414] die staatlichen Fördermaßnahmen und die Geschäftspolitik der zuverlässigen Zuteilung der Bausparkassen eine Rolle spielen. Eine Geschäftspolitik der zuverlässigen Zuteilung betreibt eine Bausparkasse dann, wenn sie sichtbar bestrebt und auch fähig ist, eine gleichmäßige Zuteilungsfolge dauerhaft gewährleisten zu können. Bei der Geschäftspolitik der zuverlässigen Zuteilung ist prinzipiell ein niedrigerer Anlagegrad als ohne diese Geschäftspolitik notwendig.[415]

Ein wichtiger Hinweis auf eine zuverlässige Zuteilung ist auch die **Selbsteinschätzung** der Bausparkassen. Eine langfristige Prognose für die Entwicklung des Anlagegrades der privaten Bausparkassen wurde 1998 veröffentlicht.[416] Diese Prognose weist einen langfristigen Anlagegrad von rund 75 % ab dem Jahre 2015 aus. Dieses Ergebnis beruht auf der Annahme eines zukünftig gleich bleibenden Neugeschäfts. Bei einer Neugeschäftsteigerung von jährlich 6 % wird ein Anlagegrad von 55 % prognostiziert. Es ist jedoch davon auszugehen, dass der Anlagegrad niedriger liegen wird, da ein Anlagegrad bei konstantem Neugeschäft für das Jahr 2002 bei knapp 65 % prognostiziert wurde. Jedoch liegt der tatsächliche Anlagegrad für das Jahr 2002 unter 40 %, da die Bauspardarlehen weniger in Anspruch genommen wurden als prognostiziert worden war (siehe Abb. 6.5).

Durch Tarifgestaltung und durch einen entsprechenden Vertriebsmix kann eine Bausparkasse eine Geschäftspolitik der zuverlässigen Zuteilung betreiben. Die Deutsche Bank Bauspar AG wirbt mit dem Produkt „**Just-in-Time-Garantie**" für die Geschäftspolitik der zuverlässigen Zuteilung. Diese Just-in-Time-Garantie stellt sicher, dass dem Bausparer bei Erreichen der Mindestzuteilungsvoraussetzungen die benötigten Finanzierungsmittel zur Verfügung stehen. Da der Zuteilungstermin nicht zugesichert werden darf, werden für die Finanzierung Eigen- bzw. Fremdmittel von der Bausparkasse bis zum eigentlichen Zuteilungstermin zur Verfügung gestellt. Der Bausparer hat für diese Finanzierungsmittel den gleichen Zins zu zahlen wie später für sein Bauspardarlehen.

---

[414] Vgl. Abb. 6.4 beispielsweise mit dem effektiven Bauspardarlehenszins i. H. v. 6,86 % gem. § 10 Abs. 1 ABB Tarif Vario R der LBS Landesbausparkasse Baden-Württemberg.

[415] Vgl. WIELENS (1993), S. 469-474; LEHMANN (1994), S. 424.

[416] Vgl. HAFEMANN (1998), S. 266-268.

Diese Just-in-Time-Garantie macht deutlich, dass die Deutsche Bank Bauspar AG in ihrer Einschätzung keine Wartezeitprobleme erwartet.[417]

Es gibt Bausparkassen, die bei Kombinationsprodukten (Konstantdarlehen und Vorausdarlehen) ein Darlehen in Höhe des Bauspardarlehens zum vereinbarten Zuteilungstermin anbieten, wenn trotz ordnungsgemäßer Besparung nicht zugeteilt wird.[418] Dies sichert dem Bausparer ein zinsgünstiges Darlehen zu, welches jedoch juristisch nicht als Bauspardarlehen bezeichnet werden kann und aus Eigen- bzw. Fremdmitteln der Bausparkasse bestritten werden muss. Würde der Zuteilungstermin schwanken, könnten für die Bausparkasse hohe Kosten für das eingesetzte Eigenkapital bzw. für das Fremdkapital entstehen. Auch dieses Beispiel zeigt, dass die Bausparkassen den Zuteilungstermin als zuverlässig ansehen.

Dies alles zeigt, dass unter den gegenwärtigen Bedingungen für die nächsten Jahre die Zuteilungstermine als gesichert anzunehmen sind, auch wenn eine hundertprozentige Garantie nicht gegeben werden kann. Eine Verschiebung des voraussichtlichen Zuteilungstermins ist zwar theoretisch immer noch möglich, aber für die Optionsbewertung bei den aktuell gegebenen Verhältnissen nicht relevant.

c) Ausschluss der vereinfachten Abwicklung

Im Abschnitt 3.8.1 wurde geschildert, dass die vereinfachte Abwicklung von zahlreichen Voraussetzungen und von der Zustimmung der Bundesanstalt für Finanzdienstleistungsaufsicht (BAFin) abhängig ist. Ebenso wurde auf einen möglichen Missbrauch hingewiesen. Die BAFin ist grundsätzlich bestrebt, die vereinfachte Abwicklung zu verhindern, da Bausparen, einmal zugelassen, immer „überleben" müsse. Um dies zu erreichen, sieht sich die BAFin bei den Bausparkassen auch als Konkursverhinderungsaufsicht. Damit „Bausparen" immer überlebt, wird davon ausgegangen, dass die BAFin das Ziel erreicht, die vereinfachte Abwicklung und den **Konkurs von Bausparkassen zu verhindern**.

d) keine Transaktionskosten

Diese Annahme ist realitätsfremd, da zahlreiche Kosten durch die Optionsausübung entstehen. Die Kosten können in materielle und zeitliche Kosten unterteilt werden.

---

[417] Siehe Abschnitt 3.4.5 Just-in-Time-Garantie.

[418] Vgl. Nr. 4.6 in den Darlehensbedingungen der Debeka Bausparkasse AG.

Als **materielle Kosten** sind hier nicht die Kosten gemeint, die der Bausparer im Rahmen von Gebühren, Entgelten und Auslagen an die Bausparkasse zahlen muss. Diese Gebühren, Entgelte und Auslagen werden in der Optionsbewertung schon berücksichtigt. Hier sind vielmehr die Kosten gemeint, die an Dritte fällig werden. Dabei handelt es sich beispielsweise um Kosten der Informationsbeschaffung, wie z. B. Telefonkosten, Internetkosten und Beratungskosten.

Neben den materiellen Kosten spielen die **zeitlichen Kosten** als Teilmenge der immateriellen Kosten eine wichtige Rolle. Der Bausparer benötigt entsprechend Zeit zur Beschaffung der Marktinformationen, Zeit für die Entscheidungsfindung und Zeit für entsprechende Handlungen. Der Bausparer wird sich überlegen, welche zeitlichen Kosten er investieren möchte, um seine Bausparverträge zu optimieren.

Gerade bei Bausparverträgen mit kleinen Bausparsummen liegt die Vermutung nahe, dass auf eine Optimierung wegen der ungünstigen Relation von Aufwand und Ertrag verzichtet wird. Die Größengliederung in Tabelle 6.8 zeigt, dass sehr viele Bausparverträge kleine Bausparsummen aufweisen. Zudem werden voraussichtlich nur die wenigsten Bausparer den Optionswert nach mathematischen Modellen berechnen können bzw. berechnen lassen.

Es ist demnach davon auszugehen, dass die Transaktionskosten einige Bausparer von der Realisierung möglicher Optionswerte abhalten.

e) keine Steuern

Sollten die Steuern berücksichtigt werden, ist der steuerrelevante Zahlungsstrom mit dem individuellen Steuersatz zu belegen. Eine allgemeine Aussage ist wegen der individuell unterschiedlichen Steuersätze nicht möglich. Die Steuern könnten für den Bausparvertrag betrachtet werden. Das in dieser Arbeit verwendete Modell vergleicht den Bausparvertrag mit Swaptions. Die Swaptions werden jedoch anders als ein Bausparvertrag steuerlich betrachtet. Neben den laufenden Erträgen (§ 20 Abs. 1 EStG) sind auch die Einnahmen aus einer evtl. Veräußerung der Swaptions (§ 20 Abs. 2 Nr. 4 EStG) und gegebenenfalls Stückzinsen zu berücksichtigen (§ 20 Abs. 2 Nr. 3 EStG).

Die steuerliche Betrachtung der Swaptions verkompliziert das Modell erheblich. Sollen trotzdem die Steuern berücksichtigt werden, würde die vereinfachende Annahme eines konstanten Steuersatzes hilfreich sein.

f) keine staatliche Förderung

Durch die Berücksichtigung der staatlichen Förderung in Form der Wohnungsbauprämie und der Arbeitnehmersparzulage verändert sich das Verhalten des finanzrationalen Bausparers. Der Bausparer ist bestrebt, die Bedingungen zur Erlangung der Förderung zu erfüllen, wenn dies für ihn vorteilhaft im Sinne der Vermögensmaximierung ist. Die staatliche Förderung kann in den Zahlungsströmen modelliert werden. Welche Auswirkung die staatliche Förderung für den Bausparer bzw. für die Berechnung der Optionswerte hat, wird beispielhaft im Abschnitt 7.2.5 analysiert.

g) Keine Bonitätsrisiken

Bei den Zinsvergleichen wurde bis jetzt die **Bonität** vernachlässigt. Wären die Bonitäten unterschiedlich, so müssten die Optionswerte mit unterschiedlichen Zinshöhen berechnet werden, da die Bonität die Zinshöhe beeinflusst.[419] Die verwendeten Renditen der Nullkuponanleihen und die Marktvolatilitäten der Swaptions aus der Online-Datenbank Datastream beziehen sich auf den Handel von Banken mit einem Rating von AAA oder AA.[420] Ratingagenturen wie Standard & Poor's bewerten die Kreditwürdigkeit von Anleihen mit Ratingsymbolen. Bei dem Bewertungssystem von Standard & Poor's steht das Ratingsymbol AAA für das beste Rating und damit für die beste Bonität. Das nächst beste Rating ist AA. Zwischenstufen werden durch Zusätze wie „+" und „–" symbolisiert.[421] Demnach haben die verwendeten Nullkuponanleihen und die Swaptions eine hohe Bonität.

Beim finanzrationalen Bausparer und bei den Bausparkassen wird von einer guten Bonität ausgegangen. In der realen Welt sind die Bonitäten der Bausparer und wohl auch die der Bausparkassen unterschiedlich. Eine generelle Aussage über die Bonität der Bausparer ist nicht möglich und muss individuell geprüft werden. Da jedoch vermutet werden kann, dass Bausparer mit regelmäßigen Sparbeiträgen auch Tilgungsbeiträge regelmäßig leisten können, kann von einer guten Bonität der Bausparer ausgegangen werden. Von den Bausparkassen haben bisher drei Bausparkassen ein Rating veröffentlicht:[422]

---

[419] Vgl. HULL (2003), S. 610-611.

[420] Vgl. KOCH (2004).

[421] Vgl. STEINER/BRUNS (2002), S. 189-191.

[422] Quelle: ADAM (2004), S. 70.

Bausparkasse	Rating	Ratingagentur
Bausparkasse Schwäbisch Hall AG	A+	Fitch
BHW Bausparkasse AG	A	Standard&Poor's
Debeka Bausparkasse AG	A-	Fitch

Tab. 6.9: Rating von Bausparkassen

Die drei Bausparkassen haben demnach alle eine gute Bonität.[423] Da Bausparer annahmegemäß auch eine gute Bonität haben und die verwendeten Marktzinsen sich auf den Handel unter Marktteilnehmern mit mindestens guter Bonität beziehen, sind die Bonitäten im vergleichbaren Rahmen und Ausfallrisiken können bei der Optionsbewertung vernachlässigt werden.

Der finanzrationale Bausparer hat keine Liquiditätsprobleme. In der Realität können aber **Liquiditätsprobleme** auftreten, sodass beispielsweise die Tilgungsbeiträge nicht mehr erbracht werden können. Durch ein Umschulden von einem Bauspardarlehen in ein höher verzinsliches Hypothekendarlehen kann das Liquiditätsproblem gelöst werden, da der Tilgungsanteil in Hypothekendarlehen in der Regel niedriger ist als in Bauspardarlehen.

6.6.4 Fazit der Annahmendiskussion

Die Kapitalmarktmodelle sind für die Optionsbewertung geeignet, da durch sie das Prinzip der Arbitragefreiheit ermöglicht wird. Es können dadurch eindeutige Optionswerte bestimmt werden.

Die Zinsstrukturmodellannahmen innerhalb des HW-Modells sind angemessen. Die Existenz von negativen Zinsen wird zwar nicht ausgeschlossen, jedoch ist der Einfluss der negativen Zinsen auf den Optionswert sehr gering. Der normal verteilte Wiener-Prozess und die Implementierung als Ein-Faktor-Modell ermöglichen einen akzeptablen numerischen Aufwand.

Bei den Annahmen über den Bausparmarkt sind zwei Annahmen besonders relevant: die Finanzrationalität der Bausparer und die Zuteilungssicherheit. Der

---

[423] Die Ratingsymbole der Ratingagentur Fitch sind mit den Ratingsymbolen von Standard & Poor's nahezu identisch.

Bausparoptionswert wird unter der Annahme berechnet, dass alle Bausparer die vorhandenen Arbitragemöglichkeiten nutzen. Durch eine Veränderung der Annahmen über den Bausparmarkt können modifizierte Optionswerte errechnet werden. Z. B. unter Berücksichtigung der Wohnungsbauprämie (siehe Abschnitt 7.2.5) und unter Berücksichtigung von unterschiedlichen Soll- und Habenzinssätzen (siehe Abschnitt 8.4.5) verändern sich die Optionswerte erheblich. Das Prinzip der Arbitragefreiheit bleibt bestehen.

Der nicht garantierte Zuteilungstermin wäre grundsätzlich zu berücksichtigen, da eine Verschiebung des Zuteilungstermins theoretisch möglich ist. Eine Ablehnung des Modells wegen der nicht garantierten Zuteilungstermine ist jedoch nicht gegeben, da eine Verschiebung von Zuteilungsterminen unter den gegebenen Bedingungen nur theoretisch möglich und im Augenblick sowie für die nächste Zeit in Deutschland nicht relevant ist.

6.7   Vergleich mit dem Forschungsstand

Bisher gab es zwei veröffentlichte wissenschaftliche Arbeiten über die Bewertung von Bausparoptionen. In diesen beiden Arbeiten von CIELEBACK (2001) und STARK (2002, S. 199-207) wird jeweils das einmalige **Recht auf ein Bauspardarlehen** bewertet. Weitere Bausparoptionen, wie z. B. das Sondertilgungsrecht oder andere Bausparoptionen mit mehreren Ausübungsterminen, konnten wegen den Einschränkungen der verwandten Software (Software der Firma Bloomberg) oder des gewählten Bewertungsmodells (Black-Modell) nicht bewertet werden.

Ein direkter Vergleich der quantitativen Ergebnisse der vorliegenden Arbeit mit der Arbeit von Cieleback ist wenig aussagekräftig, da die Bewertungsmethodik der verwendeten Software in Cielebacks Arbeit nicht beschrieben wurde. Der Vollständigkeit halber wurde der folgende Vergleich der Forschungsergebnisse dennoch durchgeführt. Damit kann gezeigt werden, dass die Optionswerte in derselben Bandbreite liegen:

Option: Recht auf ein Bauspardarlehen			
Autoren	*Cieleback*	*Stark*	*Rietmann*
Bewertungsmodell	Software von Bloomberg	Black-Modell	Hull-White-Modell
Zinsstruktur	22.09.2000	4 % konstant	18.03.2003
Darlehenszinssatz	4,75%	4,50%	4,50%
Höhe des Darlehens	47.358 DM	57.254 DM	53.335 €
Optionswert	1.639 DM	2.064 DM	1.938 €

Tab. 6.10: Vergleich der Forschungsergebnisse: Cieleback / Stark / Rietmann

Der hier betrachtete Optionswert für das Recht auf ein Bauspardarlehen ist nur eine partielle Betrachtung. Die Option auf ein Bauspardarlehen kann nur „erkauft" werden, wenn die Sparphase durchlaufen wird. Stark nennt dies den „Preis", den ein Optionskäufer für die Option bezahlen muss. Cieleback berechnet lediglich den Optionswert, ohne mögliche „Kosten" bzw. „Preise" während der Sparphase einzubeziehen. Der Beispielfall in dieser Arbeit verdeutlicht, dass die Option auf ein Bauspardarlehen einen sehr hohen Wert haben kann. Ist jedoch ein noch höherer Aufwand aufgrund der niedrig verzinslichen Bausparguthaben zu erbringen, so kann die eigentliche Option auf ein Bauspardarlehen nichts mehr wert sein.[424]

Im Gegensatz zu Cieleback und Stark wurde in der vorliegenden Arbeit der mathematische Ansatz so allgemeingültig formuliert, dass alle Bausparoptionen bewertet und die Berechnungen schrittweise nachvollzogen werden können.

6.8 Zusammenfassung

Es konnte gezeigt werden, dass Bausparoptionen mittels des Zinsstrukturmodells von Hull und White bewertet werden können. Anhand eines Beispielfalls wurden ausgewählte Bausparoptionen, namentlich Kündigungsoption, Recht auf

---

[424] Siehe Abschnitt 6.5.6.

ein Bauspardarlehen, Darlehensverzichtsoption, Fortsetzungsoption und Sondertilgungsoption bewertet.

Die Kündigungsoption und die Darlehensverzichtsoption unter Berücksichtigung eines Zinsbonusses mit Erstattung der Abschlussgebühr dominieren die anderen Optionen. Für Renditesparer ist insbesondere die Fortsetzungsoption von großer Bedeutung, da dadurch der Darlehensverzicht und damit die Auszahlung verschoben werden können. Deshalb kann eine vorteilhafte Gesamtverzinsung aus Grundzins und Zinsbonus über einen langen Zeitraum genutzt werden.

Die gemeinsamen Optionen können wegen den Interdependenzen nicht linear additiv aus den Einzeloptionen bestimmt werden. Wird beispielsweise die Sondertilgungsoption mit der Darlehensverzichtsoption mit Zinsbonus inklusive Erstattung der Abschlussgebühr verbunden, erhöht sich der gemeinsamen Optionswert lediglich marginal.

Eine besonders werthaltige Option ist die Festgeldoption. Dabei wird der Bausparvertrag als reine Kapitalanlage mittels einer Einmalanlage genutzt. Obwohl die Gesamtverzinsung aus Grundzins und Zinsbonus im Beispiel um fast einen Prozent niedriger ist als die Rendite einer laufzeitäquivalenten Kapitalmarktanlage, hat der Bausparvertrag wegen der Festgeldoption einen höheren Endwert und ist damit vorteilhafter im Sinne der Vermögensmaximierung. Dieser höhere Endwert stammt aus den Kündigungs- und Darlehensverzichtsmöglichkeiten. Bei steigenden Kapitalmarktzinsen erfolgen eine Rückzahlung des Bausparguthabens und eine Investition am Kapitalmarkt.

Im Rahmen der Annahmendiskussion sind die Hauptkritikpunkte die Finanzrationalität des Bausparers und die Annahme über einen planbaren Zuteilungstermin. Der Zuteilungstermin kann unter Berücksichtigung der Zuteilungssicherungsmaßnahmen und den z. T. daraus resultierenden niedrigen Anlagegraden als fest angenommen werden, da eine Verschiebung des Zuteilungstermins theoretisch möglich, aber unter den vorhandenen Bedingungen nicht relevant ist. Die Annahme der Finanzrationalität ist kritisch zu bewerten. Der berechnete Optionswert ist eine obere Schranke. Entsprechend der Verwendung der Optionswerte, ist das reale Verhalten der Bausparer, welches von der Finanzrationalität erheblich abweichen kann, zu berücksichtigen.

7 Implikationen für die Tarifkalkulation

In diesem Kapitel wird ein Vorschlag unterbreitet, wie die bisher gewonnenen Erkenntnisse über die Berechnung von Bausparoptionen angewandt werden können. Als Anwendungsmöglichkeit wird die Tarifkalkulation vorgestellt. Dabei werden Aussagen der klassischen Tarifkalkulationsmethoden mit den Aussagen der Optionsbewertung verglichen. Zuvor werden die Grenzen der klassischen Tarifkalkulation aufgezeigt. Beispielhaft werden verschiedene Tarifmerkmale ausgewertet. Zusätzlich wird unter Berücksichtigung der staatlichen Förderung in Form der Wohnungsbauprämie die Veränderung der Optionswerte und das modelltheoretische Verhalten der Bausparer untersucht.

7.1 Klassische Tarifkalkulation

7.1.1 Einführung in die klassische Tarifkalkulation

Im Rahmen der Tarifkalkulation ist es üblich, neue Bauspartarife mit bestehenden zu vergleichen bzw. während der Tarifentwicklung entsprechende Tarifalternativen miteinander zu vergleichen. Abhängig vom Ziel werden unterschiedliche Vergleichsmaße angewandt. Als klassische Methoden der Tarifkalkulation werden in dieser Arbeit

> ➤ Kompatibilität nach dem iSKLV[425] (kollektive Gleichbehandlung) und

> ➤ Ertragsbarwert nach der Marktzinsmethode (Rentabilitätsvergleich)

angesehen.

Neben den beiden genannten Methoden ist die Kollektivsimulation zu erwähnen. Mittels der Kollektivsimulation werden Bausparbestände unter vorher festgelegten Prämissen fortgeschrieben und unter anderem die Integration neuer Tarife in bestehende Bausparbestände untersucht. Die Kollektivsimulation wird nicht näher untersucht, da in dieser Arbeit nur einzelvertragliche Methoden betrachtet werden.[426]

Im Folgenden werden die unterschiedlichen Vergleichsmaße erläutert, mit Beispielen verdeutlicht und Grenzen aufgezeigt.

---

[425] Vgl. Abschnitt 2.8.2.

[426] Beispiele für eine Kollektivsimulation werden in GOTTERBARM (1985) und LEHMANN (1992) vorgestellt.

7.1.2 Kompatibilität nach dem individuellen Sparer-Kassenleistungsverhältnis

Wird die Kompatibilität mehrerer Bauspartarife oder Tarifvarianten im Kollektiv untersucht, so werden die unterschiedlichen iSKLV verglichen. Damit soll sichergestellt werden, dass ein Bauspartarif oder eine Tarifvariante das Kollektiv nicht schädigt oder von ihm profitiert. Durch kurze bzw. lange Wartezeiten bis zur Zuteilung soll kein Bauspartarif bevorzugt bzw. benachteiligt werden.

Auf die Einhaltung des Gleichbehandlungsprinzips achtet der BAFin insbesondere bei der Genehmigung von neuen Tarifen. Die Verträglichkeit der Tarife zueinander, in der Bauspartechnik als Kompatibilität bezeichnet, ist nachzuweisen. Wieweit ein iSKLV eines bestehenden Tarifs von einem kompatiblen neuen Tarif abweichen darf, ist in den Gesetzen, Verordnungen und in der Literatur nicht explizit genannt. Jedoch besteht die qualitative Forderung der BAFin, dass Vor- und Nachteile durch entsprechende Mehr- oder Minderleistungen auszugleichen sind.[427] Das iSKLV darf nur in dem Maße abweichen, wie dies aufgrund der speziellen Struktur in Form von Unterschieden in der Höhe der Laufzeit, des tariflichen Zinsniveaus, der tariflichen Zinsspannen und der impliziten Optionen der Tarife geboten ist.[428] Durch die unterschiedliche Struktur kann demnach Kompatibilität gegeben sein, obwohl das iSKLV der zu vergleichenden Bauspartarife unterschiedlich ist. Das Gleichbehandlungsprinzip bezieht sich nur auf Bauspartarife einer Bausparkasse und nicht auf Bauspartarife anderer Bausparkassen zueinander.

Die Kompatibilität wird in bauspartechnische und betriebswirtschaftliche Kompatibilität unterschieden. Mittels der betriebswirtschaftlichen Kompatibilität werden unterschiedliche Guthaben- und Darlehenszinsen bei Bauspartarifen untersucht. Die notwendige bauspartechnische Kompatibilität, also vergleichbare iSKLV der unterschiedlichen Tarife zueinander, wird i. d. R. durch die Bewertungszahlfaktoren[429] hergestellt.

7.1.3 Rentabilität nach der Marktzinsmethode

Mittels der Marktzinsmethode[430] wird der auf den Einzelfall bezogene Zahlungsstrom mit den Zinssätzen des Geld- und Kapitalmarktes für die jeweilige

---

[427] Vgl. BERTSCH/HÖLZLE/LAUX (1998), S. 59-60.

[428] Vgl. Bertsch/Hölzle/Laux (1998), S. 74; SCHÄFER/CIRPKA/ZEHNDER (1999), S. 478-481.

[429] Siehe Abschnitt 2.7.2.

[430] Das Konzept der Marktzinsmethode wurde von SCHIERENBECK (1985) grundlegend eingeführt und von RAAYMANN (1995) auf Bausparverträge übertragen.

Laufzeit entsprechend der aktuellen Zinsstrukturkurve auf den Zeitpunkt des Vertragsabschlusses diskontiert. Als Ergebnis der Anwendung der Marktzinsmethode erhält man unter der Annahme, jederzeit zu der gegebenen Zinsstrukturkurve Geld aufnehmen bzw. anlegen zu können, einen Ertragsbarwert, der den Ertrag eines Einzelgeschäfts zum aktuellen Zeitpunkt widerspiegelt. Es wird die Frage beantwortet, welches Zinsergebnis erwirtschaftet wird, wenn ein Kundengeschäft, hier der Bausparvertrag, anstelle eines alternativ möglichen laufzeitgleichen Geld- und Kapitalmarktengagement getätigt wird.[431]

Im Rahmen der Marktzinsmethode werden die Zahlungsströme und somit die Laufzeiten als fest angenommen. Für diese Laufzeit und für jeden Zahlungszeitpunkt des Zahlungsstroms sind zinsstrukturspezifische Diskontfaktoren notwendig. Die Ermittlung der jährlichen Diskontfaktoren erfolgt sequentiell mit Hilfe der kumulierten Diskontfaktoren der vorhergehenden Jahre. Dabei ist D_t der Diskontfaktor für die Zahlung im Zeitpunkt t und s die dazugehörige Spotrate:

$$D_t = \frac{1 - s_t \cdot kumulierter\ Diskontfaktor_{t-1}}{1 + s_t}.$$

Der kumulierte Diskontfaktor ist die Summe der jährlichen Diskontfaktoren:

$$kumulierter\ Diskontfaktor_t = \sum_{i=0}^{t} D_i.$$

Bei unterjähriger Betrachtung werden die Diskontsätze durch banktypische lineare Interpolation gewonnen. Die Zeitpunkte t werden als ganze Jahre und die noch fehlenden Tage als tg symbolisiert:

$$D_{t,tg} = \frac{1 - s_{t,tg} \cdot kumulierter\ Diskontfaktor_t}{1 + s_{t,tg} \frac{tg}{360}}.$$

Im Folgenden wird das Beispiel aus Abschnitt 6.4 wieder aufgegriffen. Es sind demnach Diskontfaktoren für jedes Quartal vom Beginn der Betrachtung an bis zum angenommenen Vertragsende zu bestimmen. Tabelle 7.1 zeigt die Diskontfaktoren mit den benötigten kumulierten Diskontfaktoren:

---

[431] Vgl. SCHIERENBECK (2001), S. 157-161.

Sparphase					Darlehensphase			
Jahre	Monate	Spotrate in %	Diskont- faktor	Kumulierter Diskontfaktor	Jahre	Monate	Spotrate in %	Diskont- faktor	Kumulierter Diskontfaktor
0	3	2,64	0,9934	0,2484	7	6	4,10	0,7348	6,4635
0	6	2,63	0,9870	0,4935	7	9	4,15	0,7248	6,6396
0	9	2,56	0,9811	0,7359	8	0	4,19	0,7147	6,8108
1	0	2,53	0,9753	0,9753	8	3	4,22	0,7050	6,9870
1	3	2,52	0,9693	1,2177	8	6	4,26	0,6953	7,1584
1	6	2,55	0,9629	1,4568	8	9	4,29	0,6855	7,3249
1	9	2,60	0,9560	1,6924	9	0	4,33	0,6759	7,4866
2	0	2,76	0,9470	1,9223	9	3	4,36	0,6664	7,6532
2	3	2,83	0,9389	2,1570	9	6	4,39	0,6569	7,8151
2	6	2,91	0,9305	2,3875	9	9	4,42	0,6475	7,9722
2	9	2,99	0,9218	2,6137	10	0	4,45	0,6381	8,1247
3	0	3,07	0,9129	2,8352	10	3	4,48	0,6291	8,2820
3	3	3,14	0,9038	3,0612	10	6	4,50	0,6201	8,4348
3	6	3,21	0,8945	3,2825	10	9	4,53	0,6112	8,5831
3	9	3,29	0,8849	3,4989	11	0	4,56	0,6023	8,7271
4	0	3,36	0,8752	3,7104	11	3	4,58	0,5933	8,8754
4	3	3,43	0,8655	3,9268	11	6	4,61	0,5844	9,0192
4	6	3,49	0,8556	4,1382	11	9	4,64	0,5755	9,1586
4	9	3,55	0,8456	4,3446	12	0	4,66	0,5667	9,2937
5	0	3,62	0,8356	4,5459	12	3	4,68	0,5585	9,4333
5	3	3,67	0,8256	4,7523	12	6	4,70	0,5505	9,5690
5	6	3,72	0,8156	4,9537	12	9	4,72	0,5424	9,7006
5	9	3,78	0,8055	5,1501	13	0	4,74	0,5346	9,8283
6	0	3,83	0,7954	5,3413	13	3	4,75	0,5266	9,9599
6	3	3,88	0,7852	5,5376	13	6	4,77	0,5186	10,0876
6	6	3,92	0,7752	5,7289	13	9	4,79	0,5107	10,2113
6	9	3,97	0,7650	5,9151	14	0	4,81	0,5029	10,3312
7	0	4,02	0,7547	6,0961	14	3	4,83	0,4950	10,4549
7	3	4,06	0,7448	6,2822	14	6	4,85	0,4872	10,5748
					14	9	4,87	0,4794	10,6907
					15	0	4,89	0,4947	10,8259

Tab. 7.1: Aus den Spotrates berechnete Diskontfaktoren

Der Ertragsbarwert ist die Summe aller barwertigen Zahlungen und wird aus Sicht der Bausparkasse bewertet. Dabei werden die Zahlungen zu einem bestimmten Termin mit dem jeweiligen Diskontfaktor multipliziert. Zur besseren Interpretation werden die Einlösungsphase, die Sparphase und die Darlehensphase zunächst separat berechnet. Die Tabelle 7.2 zeigt exemplarisch die Vorgehensweise für die Spar- und Darlehensphase:

Sparphase

Jahre	Monate	Cash Flow	Diskont-faktor	Barwert
0	3	1.500,00	0,9934	1.490,17
0	6	1.500,00	0,9870	1.480,54
0	9	1.500,00	0,9811	1.471,72
1	0	1.500,00	0,9753	1.463,00
1	3	1.500,00	0,9693	1.453,90
1	6	1.500,00	0,9629	1.444,31
1	9	1.500,00	0,9560	1.434,04
2	0	1.500,00	0,9470	1.420,44
2	3	1.500,00	0,9389	1.408,29
2	6	1.500,00	0,9305	1.395,75
2	9	1.500,00	0,9218	1.382,74
3	0	1.500,00	0,9129	1.369,38
3	3	1.500,00	0,9038	1.355,70
3	6	1.500,00	0,8945	1.341,73
3	9	1.500,00	0,8849	1.327,38
4	0	1.500,00	0,8752	1.312,76
4	3	1.500,00	0,8655	1.298,20
4	6	1.500,00	0,8556	1.283,47
4	9	1.500,00	0,8456	1.268,45
5	0	1.500,00	0,8356	1.253,33
5	3	1.500,00	0,8256	1.238,45
5	6	1.500,00	0,8156	1.223,41
5	9	1.500,00	0,8055	1.208,24
6	0	1.500,00	0,7954	1.193,08
6	3	1.500,00	0,7852	1.177,87
6	6	1.500,00	0,7752	1.162,76
6	9	1.500,00	0,7650	1.147,47
7	0	1.500,00	0,7547	1.132,10
7	3	-45.165,00	0,7448	-33.637,02
Σ Barwerte Sparphase:				3.501,67

Darlehensphase

Jahre	Monate	Cash Flow	Diskont-faktor	Barwert
7	3	-53.335,00	0,7448	-39.721,70
7	6	2.100,00	0,7348	1.543,10
7	9	2.100,00	0,7248	1.522,02
8	0	2.100,00	0,7147	1.500,91
8	3	2.100,00	0,7050	1.480,44
8	6	2.100,00	0,6953	1.460,05
8	9	2.100,00	0,6855	1.439,55
9	0	2.100,00	0,6759	1.419,29
9	3	2.100,00	0,6664	1.399,35
9	6	2.100,00	0,6569	1.379,56
9	9	2.100,00	0,6475	1.359,73
10	0	2.100,00	0,6381	1.340,01
10	3	2.100,00	0,6291	1.321,06
10	6	2.100,00	0,6201	1.302,29
10	9	2.100,00	0,6112	1.283,52
11	0	2.100,00	0,6023	1.264,90
11	3	2.100,00	0,5933	1.245,99
11	6	2.100,00	0,5844	1.227,17
11	9	2.100,00	0,5755	1.208,45
12	0	2.100,00	0,5667	1.189,99
12	3	2.100,00	0,5585	1.172,83
12	6	2.100,00	0,5505	1.155,99
12	9	2.100,00	0,5424	1.139,13
13	0	2.100,00	0,5346	1.122,60
13	3	2.100,00	0,5266	1.105,79
13	6	2.100,00	0,5186	1.089,14
13	9	2.100,00	0,5107	1.072,50
14	0	2.100,00	0,5029	1.056,06
14	3	2.100,00	0,5066	1.063,86
14	6	2.100,00	0,4987	1.047,25
14	9	2.100,00	0,4834	1.015,22
15	0	164,00	0,4990	81,83
Σ Barwerte Darlehensphase:				-1.712,13

Tab. 7.2: Ertragsbarwerte der Spar- und Darlehensphase

Der gesamte Ertragsbarwert ist die Summe der Ertragsbarwerte der Einlösungsphase, der Sparphase und der Darlehensphase (vgl. Tabelle 7.3). Da die Abschlussgebühr zu Beginn des Vertrags vollständig bezahlt wird, ist der Ertragsbarwert der Einlösungsphase gleich der Höhe der Abschlussgebühr.

Abschlussgebühr:	1.000,00 €
Σ Ertragsbarwerte Sparphase:	3.501,67 €
Σ Ertragsbarwerte Darlehensphase:	-1.712,13 €
Ertragsbarwert gesamt:	**2.789,54 €**

Tab. 7.3: Gesamter Ertragsbarwert

Dieser Ertragsbarwert sagt aus, dass die Bausparkasse einen arbitragefreien Ertrag in Höhe von 2.789,54 € erzielen kann, wenn die angenommenen Zahlungsströme realisiert werden. Dieser Ertrag bezieht sich auf den aktuellen Betrachtungszeitpunkt.

7.1.4 Grenzen der klassischen Tarifkalkulation

Wie jedes Modell haben auch die Beurteilung der Bauspartarife nach dem iSKLV und nach der Marktzinsmethode ihre immanenten und implementierungsabhängigen Grenzen. Zur Entscheidungsunterstützung ist es notwendig, diese Grenzen zu kennen.

Grenzen der Kompatibilität nach dem iSKLV:

Diese Methode ist geeignet, Tarife einzelvertraglich miteinander zu vergleichen. Weitergehende Rückschlüsse auf die Stabilität des Kollektivs können lediglich vermutet werden. Bei der prospektiven Berechnung des iSKLV sind feste Annahmen über die Spar- und Darlehensphase notwendig. Beispielsweise werden die Kündigungsoption, die Darlehensverzichtsoption und andere Optionen nicht wahrgenommen sowie der frühest mögliche Zuteilungstermin realisiert. Das unterschiedliche Verhalten der Bausparer bei unterschiedlicher Zinsstruktur wird nicht berücksichtigt. Erst durch die Einführung des kSKLV werden z. T. tatsächliche Vertragsverläufe retrospektiv bewertet.[432]

Bei der Berechnung des iSKLV werden keine Gebühren berücksichtigt, da die Gebühren nicht ins Kollektiv fließen, sondern in den Ertrag der Bausparkasse. Das iSKLV ist also nur bedingt nützlich zur Bewertung der Ertragskraft eines Tarifs. Das iSKLV berücksichtigt nicht die aktuelle Zinsstruktur und das daraus evtl. ableitbare Verhalten der Bausparer.

---

[432] Siehe Abschnitt 2.8.2.

Grenzen der Marktzinsmethode:

Es ist eine Methode, die die Ertragskraft eines einzelnen Vertrags darstellt, bei dem auch Gebühren berücksichtigt werden können. Die Marktzinsmethode ist eine reine Einzelvertragsbetrachtung und berücksichtigt die Besonderheiten und die Liquidität des Kollektivs nicht.[433] Um doch noch Ertragsaussagen entsprechend der kollektiven Verhaltensweisen zu erhalten, wird die Marktzinsmethode mit der Kollektivsimulation verknüpft.[434] Entsprechend den gewählten Szenarien erhält man unterschiedliche Ergebnisse.

Die Marktzinsmethode setzt die Kenntnis des Zahlungsstroms im Bewertungszeitpunkt voraus. Da die Zahlungsströme in den Bausparverträgen wegen der vielen Bausparoptionen nicht fest sind, wird in der Literatur vorgeschlagen, dass die Marktzinsmethode bei impliziten Optionen um Optionswertmodelle ergänzt werden soll.[435]

7.2 Erweiterte Tarifkalkulation

7.2.1 Vorgehensweise

Die beiden Methoden Kompatibilität nach dem iSKLV und Marktzinsmethode haben gemeinsam, dass die vorher festgelegten Zahlungsströme sich nicht mehr verändern. Da jedoch gerade in Bausparverträgen durch die vielen impliziten Optionen fast jeder Bausparvertrag nicht dem vorher festgelegten Zahlungsstrom folgt,[436] existiert eine Lücke in der Tarifkalkulation.

Diese Lücke kann durch die Kalkulation der Bausparoptionen geschlossen werden. Denn gerade bei der Bewertung der Bausparoptionen werden insbesondere die bisher nicht beachteten impliziten Optionen berücksichtigt. Dies wird der tatsächlichen Struktur der Bausparverträge mehr gerecht, als dies durch vorher starr festgelegte Zahlungsmuster erfolgt. Der Autor ist der Überzeugung, dass alle drei Methoden zur Entscheidungsunterstützung nebeneinander relevant sind.

Jede Methode hat Stärken und Grenzen. Dies wird nachfolgend anhand einiger Beispiele demonstriert. Dabei wird für jeden Untersuchungsgegenstand das

---

[433] Vgl. auch LAUX (1996), S. 726-728.

[434] Vgl. ROLLINGER (2001).

[435] Vgl. SCHIERENBECK (2001), S. 250-286.

[436] Vgl. LAUX (1996), S. 728.

iSKLV, der Ertragsbarwert nach der Marktzinsmethode sowohl für Darlehensverzichter als auch für Darlehensnehmer berechnet und einem Optionswert
gegenübergestellt. Als Optionswert wird die gemeinsame Option aus Kündigungsoption und Zuteilungsoptionen berechnet.

7.2.2 Einfluss unterschiedlicher Tarifzinshöhen

Zunächst werden die drei Methoden auf unterschiedliche Tarifzinshöhen
angewandt. Die Guthabenverzinsung gz und die Darlehensverzinsung dz sind
aus bausparmathematischen Gründen in gleicher Weise zu variieren, damit die
Zinsspanne zwischen der Guthabenverzinsung und der Darlehensverzinsung
konstant bleibt. Die Zinsspanne zwischen Guthabenverzinsung und Darlehensverzinsung wurde konstant mit 2,5 % angenommen. Die Guthabenzinsen und
die Darlehenszinsen sind, wie auch in den weiteren Beispielen, beliebig gewählt.

Tabelle 7.4 zeigt die Ergebnisse der drei Kalkulationsmethoden mit unterschiedlichen tariflichen Zinsniveaus:

Guthabenzins	1,0%	2,0%	3,0%	4,0%
Darlehenszins	3,5%	4,5%	5,5%	6,5%
iSKLV	0,71	0,73	0,76	0,79
Ertragsbarwert für Darlehensverzichter	2.438 €	1.237 €	-11 €	-1.308 €
Ertragsbarwert für Darlehensnehmer	1.700 €	1.936 €	2.096 €	2.150 €
Wert: Kündigungoption + Zuteilungsoptionen	1.719 €	1.980 €	2.268 €	2.669 €

Tab. 7.4: Vergleich der Methoden bei Variation der tariflichen Zinsniveaus

Die Ergebnisse zeigen, dass durch ein höheres tarifliches Zinsniveau höhere
iSKLV erreicht werden. Höhere iSKLV stabilisieren grundsätzlich die Liquidität
des Kollektivs und sind demnach aus Kollektivgesichtspunkten vorzuziehen.

Die Marktzinsmethode mit den Ertragsbarwerten zeigt ein differenziertes Bild,
da die Ergebnisse stark davon abhängen, welcher Bauspartyp angenommen
wird. Bei höheren tariflichen Zinsniveaus steigt der Ertragsbarwert der
Darlehensnehmer kontinuierlich an. Werden also Darlehensnehmer unterstellt,
sind höhere tarifliche Zinsniveaus aus Ertragssicht für die Bausparkasse vorteilhafter. Aber bei der Gruppe der Darlehensverzichter zeigt die Marktzinsmethode, dass gerade das höchste tarifliche Zinsniveau bei der gegebenen
Zinsstruktur hohe negative Erträge erzeugt. Das hohe tarifliche Zinsniveau stellt
demnach für die Bausparkasse ein hohes Ertragsrisiko dar. Das Ertragsrisiko
kommt dann zum Tragen, wenn sich viele Bausparer gegen das Bauspardarlehen
entscheiden. Wie viele Bausparer sich aber gegen das Bauspardarlehen

entscheiden, ist ex ante nicht bekannt und wird in dieser Methode auch nicht berücksichtigt. Um Ertragsrisiken zu minimieren, müssen nach dieser Methode niedrige tarifliche Zinsniveaus empfohlen werden. Niedrige tarifliche Zinsniveaus stellen sicher, dass unabhängig vom Verhalten des Bausparers grundsätzlich positive Ertragsbarwerte erzeugt werden. Arbitragemöglichkeiten des Bausparers werden ausgeschlossen. Im Gegenzug verzichtet die Bausparkasse bei den niedrigen tariflichen Zinsniveaus auf etwas höhere Ertragsbarwerte bei der Gruppe der Darlehensnehmer.

Die Optionsbewertung als weitere Tarifkalkulationsmethode zeigt, dass bei niedrigen tariflichen Zinsniveaus die Optionswerte auch niedriger sind. Je niedriger die Optionswerte, desto niedriger sind auch die Ertragsrisiken für die Bausparkasse im Falle einer finanzrationalen Ausübung der Bausparoptionen durch den Bausparer. Ist der Optionswert größer als der Ertragsbarwert bei Darlehensnehmern, dann existieren Arbitragemöglichkeiten für den Bausparer. Für die Bausparkasse sind dies Risiken bezüglich negativer Erträge. Ist der Optionswert größer als der Ertragsbarwert, muss die Bausparkasse hoffen, dass sich nicht alle Bausparer finanzrational verhalten und die vorhandenen Arbitragemöglichkeiten nutzen. Aus diesen Gründen ist es für die Bausparkasse ratsam, keine Bauspartarife auf den Markt zu bringen, die einen wesentlich höheren Optionswert haben als den Ertragsbarwert.

Es ist festzustellen, dass die Differenz aus Optionswert und Ertragsbarwert immer positiv ist, sogar bei höheren tariflichen Zinsniveaus stärker ansteigt. Dass der Kündigungsoptionswert mindestens so hoch sein muss wie der Ertragsbarwert, ist erklärbar. Der Ertragsbarwert ist aus Sicht der Bausparkasse bewertet. Aus Sicht des Bausparers ist der Ertragsbarwert in selber Höhe negativ. Da der Bausparer in der nächsten Periode schon wieder den Bausparvertrag kündigen kann, reduziert sich der vorher kalkulierte Ertragsbarwert gegen Null. Die Kündigungsoption ermöglicht dem Bausparer, mindestens seinen negativen Ertragsbarwert auszugleichen. Bei höheren tariflichen Zinsniveaus stellt die garantierte Grundverzinsung einen hohen Wert dar, sodass nicht nur eine schnelle Kündigung sinnvoll sein kann. Bei Marktzinsen unter der garantierten Grundverzinsung ergeben sich Ertragsmöglichkeiten für den Bausparer, die eine Erhöhung des Optionswertes bewirken.

Zusammenfassend ist festzustellen, dass keine eindeutige Empfehlung für die tarifliche Zinshöhe auszusprechen ist. Jedoch ist ein niedriges tarifliches Zinsniveau aus Ertrags- und Risikogesichtspunkten ratsam, wenn entsprechend dem geringeren iSKLV der Gleichbehandlungsgrundsatz erfüllt ist und keine Liquiditätsprobleme zu erwarten sind.

7.2.3 Einfluss eines Zinsbonusses

In diesem Beispiel wird untersucht, welchen Einfluss ein Zinsbonus in Höhe von zusätzlich 2,0 % p. a. hat, der bei Darlehensverzicht ausbezahlt wird. Es wird ein Guthabenzins (Grundzins) von 2,0 % p. a. und ein Darlehenszins von 4,5 % p. a. unterstellt. Tabelle 7.5 zeigt die Ergebnisse der drei Tarifkalkulationsmethoden einmal mit und einmal ohne einen Zinsbonusses:

Guthabenzins	2,0%	2,0%
Darlehenszins	4,5%	4,5%
Zinsbonus	0,0%	2,0%
iSKLV	0,73	0,73
Ertragsbarwert für Darlehensverzichter	1.237 €	-1.308 €
Ertragsbarwert für Darlehensnehmer	1.938 €	1.938 €
Wert: Kündigungoption + Zuteilungsoptionen	1.980 €	2.455 €

Tab. 7.5: Vergleich der Methoden bei Berücksichtigung eines Zinsbonusses

Das iSKLV verändert sich unter Berücksichtigung eines Zinsbonusses nicht, da bei der Berechnung von einer Darlehensinanspruchnahme ausgegangen wird. Der Zinsbonus setzt jedoch einen Darlehensverzicht voraus.

Die Auswirkungen eines Zinsbonusses werden durch die Marktzinsmethode sehr drastisch verdeutlicht. Der Ertragsbarwert für Darlehensnehmer ist unverändert, da ein Zinsbonus bei Darlehensinanspruchnahme auch bei der Bonusvariante nicht gewährt wird. Der Ertragsbarwert für Darlehensverzichter wird bei der Bonusvariante sehr stark negativ mit hohen negativen Erträge für die Bausparkasse. Ob die Bausparer zum Zuteilungszeitpunkt Darlehensverzichter oder Darlehensnehmer werden, ist bei Vertragsabschluss unbekannt. Die Bausparkassen tragen bei einem hohen Zinsbonus hohe Ertragsrisiken.

Die Optionsbewertung gibt bei Vertragsabschluss auch keine Antwort auf die Frage, ob die Bausparer im Zuteilungszeitpunkt Darlehensverzichter oder Darlehensnehmer werden. Jedoch werden durch die stochastische Modellierung viele mögliche Zinsszenarien in einem Modell bewertet. Der um fast 500 € höhere Optionswert bei der Bonusvariante zeigt, dass die Wahrscheinlichkeit hinsichtlich eines Darlehensverzichts mit höheren Renditen für den Bausparer gestiegen ist. Bei der Bonusvariante ist der Optionswert wesentlich höher als der Ertragsbarwert. Dies beinhaltet ein hohes Ertragsrisiko für die Bausparkasse.

7.2.4 Einfluss unterschiedlicher Kündigungsbedingungen

Die Kündigung wird teilweise innerhalb der Bauspartarife dadurch erschwert, dass ein Kündigungs-Diskont einbehalten bzw. eine Kündigungskarenzzeit eingehalten werden muss. Der Einfluss dieser Kündigungsbedingungen wird in diesem Abschnitt untersucht. Dabei werden der Kündigungs-Diskont und die Kündigungskarenzzeit einzeln behandelt, obwohl die Kündigungsbedingungen meist in Kombination auftreten.[437] Durch die separate Betrachtungsweise wird allerdings die Schlussfolgerung erleichtert.

Tabelle 7.6 zeigt die Ergebnisse der Tarifkalkulation der drei Tarifkalkulationsmethoden unter Berücksichtigung eines Kündigungsdiskonts. Zusätzlich wird der Ertragsbarwert für Kündiger nach 4 Jahren untersucht. Als Basis dient der Tarif mit 2,0 % p. a. Guthabenverzinsung und 4,5 % p. a. Darlehensverzinsung:

Guthabenzins	**2,0%**	**2,0%**
Darlehenszins	**4,5%**	**4,5%**
Kündigungs-Diskont	**0,0%**	**3,0%**
iSKLV	0,73	0,73
Ertragsbarwert für Kündiger nach 4 Jahren	760 €	1.413 €
Ertragsbarwert für Darlehensverzichter	1.237 €	1.237 €
Ertragsbarwert für Darlehensnehmer	1.938 €	1.938 €
Wert: Kündigungoption + Zuteilungsoptionen	1.980 €	1.941 €

Tab. 7.6: Vergleich der Methoden unter Berücksichtigung eines Kündigungs-Diskonts

Das iSKLV bleibt unter Einbeziehung eines Kündigungs-Diskonts gleich, da eine Kündigung bei der Berechnung des iSKLV nicht berücksichtigt wird.

Selbstverständlich bleiben die Ertragsbarwerte für Darlehensnehmer und Darlehensverzichter konstant, da auch hier die Kündigung nicht berücksichtigt wird. Deshalb wird ein weiterer Ertragswert berechnet, der die Kündigung berücksichtigt. Als Beispiel wurde eine Kündigung nach vier Jahren unterstellt. Der Kündigungs-Diskont erhöht den Ertragsbarwert bei Kündigung erheblich. Der Ertragsbarwert bei Kündigung liegt damit zwischen dem Ertragsbarwert bei Darlehensverzicht und dem Ertragsbarwert bei Darlehensinanspruchnahme. Deshalb ist es aus Ertragsaspekten sinnvoll die Kündigung zu erschweren.

---

[437] Siehe Abschnitt 3.3.6.

Der Optionswert wird durch den Kündigungs-Diskont nur leicht reduziert, da der finanzrationale Bausparer i. d. R. schon sehr früh kündigt. Das frühe Kündigen wird durch den Kündigungs-Diskont noch verstärkt, da der absolute Betrag des Kündigungs-Diskonts am Anfang noch gering ist und erst mit der Höhe des Bausparguthabens wächst. In der ersten Zeit der Sparphase ist die Höhe des Bausparguthabens noch gering und das Instrument des Kündigungs-Diskonts greift noch nicht. Das Instrument des Kündigungs-Diskonts verfehlt zu Beginn seine Wirkung.

Tabelle 7.7 zeigt die Ergebnisse der Tarifkalkulation der drei Methoden unter Berücksichtigung einer Kündigungskarenzzeit von null, sechs bzw. von zwölf Monaten:

Guthabenzins	2,0%	2,0%	2,0%
Darlehenszins	4,5%	4,5%	4,5%
Kündigungskarenzzeit	keine	6 Monate	12 Monate
iSKLV	0,73	0,73	0,73
Ertragsbarwert für Kündiger nach 4 Jahren	760 €	760 €	760 €
Ertragsbarwert für Darlehensverzichter	1.237 €	1.237 €	1.237 €
Ertragsbarwert für Darlehensnehmer	1.938 €	1.938 €	1.938 €
Wert: Kündigungoption + Zuteilungsoptionen	1.980 €	1.975 €	1.959 €

Tab. 7.7: Vergleich der Methoden unter Berücksichtigung einer Kündigungskarenzzeit

Unter Berücksichtigung einer Kündigungskarenzzeit verändert sich das iSKLV wiederum nicht, da generell keine Kündigung angenommen wird. Die Ertragsbarwerte verändern sich ebenso nicht, da beim Darlehensverzichter und beim Darlehensnehmer keine Kündigung angenommen wird. Auch bei den Kündigern nach vier Jahren ändern sich die Zahlungsströme und damit der Ertrag nicht. Nur die Optionswerte gehen leicht zurück, da die Flexibilität des Kündigungsrechts eingeschränkt wird. Die Kündigungskarenzzeit hat einen, wenn auch geringen, Einfluss.

7.2.5 Berücksichtigung der Wohnungsbauprämie

Die bestehende staatliche Förderung, hier am Beispiel der Wohnungsbauprämie, wird vermutlich das Verhalten des finanzrationalen Bausparers verändern. Durch die Bindefrist von sieben Jahren wird ein Anreiz gegeben, nicht vorher zu kündigen. Für den Bausparer wird sich der Zahlungsstrom verändern, da er nach sieben Jahren die Wohnungsbauprämie gutgeschrieben bekommt bzw. vor sieben Jahren, wenn die Bausparmittel für wohnungswirtschaftliche

Verwendung genutzt werden. Für die Bausparkasse bleibt der planmäßige Zahlungsstrom im Wesentlichen der Gleiche. Durch die Berücksichtigung der Wohnungsbauprämie und die daraus resultierende Verhaltensänderung des finanzrationalen Bausparers werden sich vermutlich auch die Optionswerte verändern.

Zusätzlich zu den Optionswerten wurde hier das Verhalten des Bausparers im Trinomialbaum des Bewertungsmodells untersucht. Dazu wurde in jedem Knoten festgehalten, ob und welche Option der Bausparer ausübt. Mittels den jedem Knoten zugeordneten Wahrscheinlichkeiten kann der Anteil der Kündiger, Darlehensverzichter und Darlehensnehmer ermittelt werden.

Tabelle 7.8 zeigt den Einfluss der staatlichen Förderung auf die Ergebnisse der unterschiedlichen Tarifkalkulationsmethoden und auf die Verhaltensveränderung der Bausparer. Da die Förderung durch Höchstbeträge begrenzt ist, wurden die Beträge aus dem Beispiel vom Abschnitt 6.4 auf jeweils 1/10 reduziert. Damit bleibt die Vergleichbarkeit mit den bestehenden Beispielen erhalten. Es wird angenommen, dass sämtliche Einzahlungen prämienberechtigte Aufwendungen sind, d. h. die Förderungshöchstbeträge[438] werden unter der Annahme eingehalten, dass der Bausparer verheiratet ist und die Einkommensgrenzen nicht überschreitet. Zudem wird angenommen, dass der Bausparer seine eigenen Spar- bzw. Tilgungsbeiträge um den Auszahlungsbetrag der Wohnungsbauprämie im entsprechenden Quartal kürzt.

---

[438] Siehe Abschnitt 2.2.2.

Guthabenzins	2,0%	2,0%
Darlehenszins	4,5%	4,5%
Wohnungsbauprämie	nein	ja
iSKLV	0,73	0,73
Ertragsbarwert für Darlehensverzichter	123,70 €	123,70 €
Ertragsbarwert für Darlehensnehmer	193,80 €	193,80 €
Wert: Kündigungoption + Zuteilungsoptionen	198,00 €	46,40 €
Anteil Kündiger	99%	0%
Anteil Darlehensverzichter	1%	30%
Anteil Darlehensnehmer	0%	70%

Tab. 7.8: Einfluss der Wohnungsbauprämie

Das iSKLV verändert sich durch die Wohnungsbauprämie nicht, da sich der Zahlungsstrom nicht ändert. Die Wohnungsbauprämie ersetzt annahmegemäß lediglich den relevanten Spar- bzw. Tilgungsbeitrag.

Auch die Ertragsbarwerte für die Darlehensverzichter und Darlehensnehmer werden durch die Wohnungsbauprämie nicht berührt, da sich der Zahlungsstrom hier nicht ändert.

Der Optionswert der gemeinsamen Optionen in Form der Kündigungsoption und den Zuteilungsoptionen verringert sich durch die Berücksichtigung der Wohnungsbauprämie allerdings drastisch. Der errechnete Wert der gemeinsamen Option unter Berücksichtigung der Wohnungsbauprämie in Höhe von 46,40 € ist exakt genau so hoch wie der alleinige Wert der Zuteilungsoptionen.[439] Ist dies Zufall oder ist die Kündigungsoption wertlos geworden? Da die Wohnungsbauprämie nur für die Sparphase bewilligt und die Darlehensphase nicht gefördert wird, hat die Wohnungsbauprämie keinen Einfluss auf den Wert der Zuteilungsoptionen. Wenn der Wert der Zuteilungsoptionen gleich geblieben ist, muss die Kündigungsoption unter Berücksichtigung der Wohnungsbauprämie wertlos sein.

Die Untersuchung des Verhaltens der Bausparer im Trinomialbaum bestätigt das Ergebnis. Der Anteil der Kündiger ist ohne Berücksichtigung der Wohnungsbauprämie 99 % und sinkt unter Berücksichtigung der Wohnungsbauprämie auf

---

[439] Siehe Abschnitt 6.5.2. Dabei ist die Reduzierung auf jeweils 1/10 zu berücksichtigen.

0 %, d. h. kein finanzrationaler Bausparer kündigt seinen Vertrag während der Sparphase. Unter Berücksichtigung der Wohnungsbauprämie erreichen 70 % das eigentliche Ziel des Bausparens. 30 % werden Darlehensverzichter. Dies ist aus Sicht der Bausparkasse eine sehr gute Verteilung, da aus Liquiditätserfordernissen Darlehensverzichter grundsätzlich für das Kollektiv notwendig sind.

Dieses Ergebnis macht eindrucksvoll deutlich, dass durch die Förderung mittels Wohnungsbauprämie das politische Ziel der Förderung von Wohnungsbau[440] erreicht werden kann.

7.3 Zusammenfassung

Die bestehenden Tarifkalkulationsmethoden Kompatibilität nach dem iSKLV sowie die Marktzinsmethode sind für die Tarifkalkulation weiterhin relevant. Zusätzlich sind Optionswerte zu ermitteln, um Risiken zu erkennen und evtl. zu vermeiden. Die drei Tarifkalkulationsmethoden stehen daher gleichberechtigt nebeneinander, haben Stärken sowie Grenzen und dienen zur Entscheidungsunterstützung.

Beispielhaft wurden einige Tarifmuster nach den drei Methoden untersucht und bewertet. Die Untersuchung der Variation unterschiedlicher tariflichen Zinshöhen ergab eine Präferenz für niedrige tarifliche Zinshöhen, da bei hohem tariflichen Zinsniveau einerseits negative Ertragsbarwerte entstehen können und andererseits hohe Optionswerte mit entsprechend hohen Ertragsrisiken für die Bausparkasse vorhanden sind. Die Optionswerte sind dann niedrig, wenn die tariflichen Zinsniveaus wesentlich unterhalb den Kapitalmarktzinsen liegen.

> ➢ Ergebnis 1: Niedrigere tarifliche Zinsniveaus bevorzugen.

Durch die Gewährung eines Zinsbonusses gehen Bausparkasse sehr hohe Ertragsrisiken ein. Für die Bausparkasse bleibt nur zu hoffen, dass nicht ein großer Teil der Bausparer auf das Bauspardarlehen verzichtet und dadurch den Zinsbonus in Anspruch nimmt. Wenn ein Zinsbonus gewährt wird, dann muss er so kalkuliert sein, dass keine negativen Ertragsbarwerte entstehen können.

> ➢ Ergebnis 2: Hohe Zinsbonusse vermeiden.

Die Kündigungsoption hat für den Bausparer einen sehr hohen Wert. Die in den Tarifen vorkommenden Kündigungsbedingungen, wie Kündigungs-Diskont und Kündigungskarenzzeit, reduzieren den Kündigungsoptionswert jedoch nur

---

[440] Vgl. STÄUBER/WALTER (1996), S. 36.

gering. Der Ertragsbarwert steigt jedoch durch den Kündigungs-Diskont erheblich, wenn ein hohes Bausparguthaben vorhanden ist.

➢ Ergebnis 3: Geringer Einfluss durch Kündigungskarenzzeit.

➢ Ergebnis 4: Erhöhter Ertragsbarwert durch Kündigungs-Diskont.

Die Wohnungsbauprämie stellt ein zentrales Instrument zur Förderung der Bausparverträge dar. Die Bausparer erhalten durch die Bindefrist den Anreiz, während der Sparphase nicht zu kündigen. Dadurch erreichen viele das Ziel, ein Bauspardarlehen für wohnungswirtschaftliche Verwendung zu bekommen. Damit werden auch das Ziel der tatsächlichen wohnungswirtschaftlichen Verwendung und damit das Ziel der Wohnungsbauförderung erreicht.

➢ Ergebnis 5: Wohnungsbauprämie für Bausparer und Bausparkasse wichtig.

Die vorgestellten Untersuchungen und die klaren Ergebnisse zeigen den hohen Informationsgehalt, der durch die bewerteten Bausparoptionen gewonnen wurde. Die Modelle sind für zukünftige Fragestellungen offen.

8 Berechnungsvorschläge eines Fair Values nach IAS

Von der Entscheidung der EU-Kommission, die International Accounting Standards (IAS) ab 2005 als verbindliches Regelwerk zur Erstellung konsolidierter Abschlüsse für kapitalmarktorientierte Gesellschaften in der EU einzuführen,[441] sind auch die Bausparkassen in Deutschland betroffen. Die Mitgliedsstaaten können vorschreiben oder gestatten, die IAS auch auf nicht-kapitalmarktorientierte Unternehmen und den Einzelabschlüssen auszudehnen. Im Referentenentwurf des Bilanzrechtsreformgesetzes (BilReG-E) dürfen auch nicht-kapitalmarktorientierte Unternehmen ihren Konzernabschluss nach IAS aufstellen (§ 315a Abs. 1 HGB-E). Beim Einzelabschluss kann auf freiwilliger Basis zum Zweck der Offenlegung nach IAS bilanziert werden. Es bleibt aber beim Einzelabschluss weiterhin die Pflicht, einen HGB-Abschluss aufzustellen (§ 325 Abs. 2a HGB-E).[442] Zudem können durch eine Übergangsregelung bis 31.12.2004 schon jetzt Unternehmen gem. § 292a HGB unter einschränkenden Voraussetzungen einen befreienden Konzernabschluss nach IAS aufstellen.

Demnach müssen bzw. können auch Bausparkassen einen IAS-Abschluss erstellen, sei es als Pflicht innerhalb eines Konzernabschlusses eines kapitalmarktorientierten Unternehmens oder auf freiwilliger Basis.

Die Rechnungslegung von Bausparverträgen und insbesondere die impliziten Optionen in Bausparverträgen sind im Einzelnen in den IAS nicht näher geregelt und bedürfen daher der Interpretation.

In dieser Arbeit wird nur die Rechnungslegung der impliziten Bausparoptionen und nicht das gesamte Bauspargeschäft untersucht. Deswegen wird die Bewertung eines Agios, eines Disagios, Gebühren sowie Vor- und Zwischenfinanzierungskredite nicht thematisiert.

Wie im weiteren Verlauf noch gezeigt wird, kann heute noch nicht eindeutig bestimmt werden, nach welchen Prinzipien Bausparverträge bewertet werden müssen. Dabei konkurrieren die beiden Rechnungslegungsprinzipien:

> ➤ Fair Value (auch beizulegender Zeitwert genannt) und

> ➤ Fortgeführte Anschaffungskosten.

---

[441] Vgl. Verordnung (EG) Nr. 1606/2002. Unternehmen, die an US-amerikanischen Börsen gelistet sind, dürfen bis 2007 den US-GAAP anwenden.

[442] Siehe auch WENDLANDT/KNORR (2004), S. 45-46.

Diese Arbeit ist kein Plädoyer für eines der beiden Bewertungsprinzipien. Wenn jedoch entschieden wird, dass nach dem Prinzip des Fair Values die Bausparverträge bzw. die impliziten Optionen bewertet werden müssen oder können, dann können die in dieser Arbeit unterbreiteten Vorschläge zur Berechnung einer Fair Values für Bausparverträge genutzt werden. Die Berechnungsmethode nach den fortgeführten Anschaffungskosten ist prinzipiell geklärt und muss nicht grundlegend diskutiert werden.[443]

Bevor die Vorschläge dargestellt werden, werden die für die weitere Untersuchung relevanten Grundlagen des IAS, die Bewertungsprinzipien und mögliche Interpretationen aufgezeigt.

8.1 Grundlagen

8.1.1 Rechtlicher und organisatorischer Rahmen

Das International Accounting Standards Board (IASB) verfolgt das Ziel der internationalen Vereinheitlichung von Rechnungslegungsvorschriften. Es ist aus dem International Accounting Standards Committee (IASC) hervorgegangen. Als nationale Standardisierungsorganisation, oder auch als Standardsetter bezeichnet, wurde das Deutsche Rechnungslegungs Standards Committee (DRSC) geschaffen. Das DRSC arbeitet mit dem IASB zusammen, um die Konvergenz der internationalen Rechnungslegung voranzutreiben und die Belange der deutschen Rechnungsleger und Kapitalmarktteilnehmer einzubringen.

Die Rechnungslegungsstandards werden als **International Financial Reporting Standards (IFRS)** veröffentlicht. Bisher wurden diese Rechnungslegungsstandards als International Accounting Standards (IAS) veröffentlicht. Die Bezeichnung für bestehende IAS wird beibehalten, wobei die IFRS als Oberbegriff sowohl die bisher bestehenden IAS als auch die neu veröffentlichten IFRS umfassen.[444]

Neben den IFRS existieren Interpretationen, so genannte **IFRIC**, die vom International Financial Reporting Interpretations Committee erstellt werden. Die bis zur Umstrukturierung des IASC veröffentlichten Interpretationen, so genannte **SIC**, wurden vom Standing Interpretations Committee erstellt. Die Interpretationen umfassen sowohl bestimmte Themen im Anwendungsbereich

---

[443] Vgl. SCHARPF (2001), S. 142.

[444] Vgl. KPMG (2003), S. 1-2.

bestehender IAS, die nur unbefriedigend in der Praxis umgesetzt wurden, als auch neu auftretende Fragen bezüglich bestehender IAS, die bei deren Ausarbeitung noch nicht berücksichtigt wurden. Dabei werden grundsätzlich nur solche Themen behandelt, die von umfassender Bedeutung sind. Die Interpretationen stehen gleichrangig neben den bestehenden IAS und sind verbindlich anzuwenden.[445]

Bevor die IAS aber im Rahmen der oben genannten Verordnung rechtlich verbindlich werden können, müssen sie von der Europäischen Kommission freigegeben werden. Alle bestehenden IAS und SIC mit Ausnahme von IAS 32 und IAS 39 und den korrespondierenden SIC 5, SIC 16 und SIC 17 wurden von der Europäischen Kommission freigegeben. IAS 32 und IAS 39 behandeln die Rechnungslegung von Finanzinstrumenten. Diese wurden im Dezember 2003 überarbeitet, veröffentlicht und in Teilbereichen werden diese zurzeit weiter überarbeitet. Deren Überarbeitung soll zügig zum Abschluss gebracht werden, damit die EU-Kommission sie ebenfalls rechtzeitig bis zur verbindlichen Einführung der IAS/IFRS im Jahr 2005 prüfen kann.[446] Die vom Dezember 2003 überarbeiteten IAS 32 und IAS 39 liegen vor.[447]

8.1.2 Das IAS-Rahmenkonzept

Das IAS-Rahmenkonzept legt die Konzeption für die Aufstellung und Darstellung von Abschlüssen zugrunde. Dabei werden folgende Ziele verfolgt:[448]

➢ Unterstützung des IASB bei der Entwicklung zukünftiger IFRS sowie bei der Überprüfung bereits bestehender IFRS.

➢ Unterstützung des IASB bei der Förderung der Harmonisierung von Vorschriften, Rechnungslegungsstandards und Verfahren hinsichtlich der Darstellung von Abschlüssen, indem eine Grundlage für die Reduzierung der Anzahl der alternativen Bewertungsmethoden, die nach den IAS/IFRS zulässig sind, geschaffen wird.

➢ Unterstützung der nationalen Standardsetter bei der Entwicklung nationaler Standards.

---

[445] Vgl. KPMG (2003), S. 4.

[446] Vgl. EU (2003).

[447] ED IAS 32 und ED IAS 39.

[448] Das Rahmenkonzept wird einerseits in den IAS vorgestellt und ist im Anhang der Kommentare zu bestimmten Artikeln der Verordnung (EG) Nr. 1606/2002 veröffentlicht.

> Unterstützung der mit der Aufstellung von Abschlüssen befassten Personen bei der Anwendung der IAS/IFRS sowie bei der Behandlung von Themen, die noch Gegenstand eines IAS/IFRS sein werden.

> Unterstützung von Abschlussprüfern bei der Urteilsfindung, ob Abschlüsse den IAS/IFRS entsprechen.

> Unterstützung der Abschlussadressaten bei der Interpretation der Informationen aus den Abschlüssen, die gemäß IAS/IFRS aufgestellt wurden.

> Bereitstellung von Informationen über das Vorgehen bei der Formulierung der IAS/IFRS für die Personen, die sich für die Arbeit des IASB interessieren.

Diese Aufstellung der Ziele zeigt, dass das Rahmenkonzept die unterschiedlichen Personengruppen bezüglich der Erstellung und Interpretation des IAS/IFRS unterstützen soll. Das Rahmenkonzept als solches ist aber kein IAS/IFRS. In den Fällen, in denen Konflikte zwischen dem Rahmenkonzept und einem IAS/IFRS bestehen, haben die Anforderungen aus dem IAS/IFRS Vorrang.

An die Rechnungslegung werden im Rahmenkonzept **qualitative Anforderungen** gestellt. Die vier wichtigsten qualitativen Anforderungen sind Verständlichkeit, Relevanz, Verlässlichkeit und Vergleichbarkeit.

Bei der **Verständlichkeit** wird von den Adressaten vorausgesetzt, dass sie eine angemessene Kenntnis geschäftlicher und wirtschaftlicher Tätigkeit sowie der Rechnungslegung besitzen. Zudem müssen die Adressaten die Bereitschaft besitzen, die Informationen mit entsprechender Sorgfalt zu lesen. Unter dieser Voraussetzung müssen die im Abschluss erteilten Informationen für die Adressaten leicht verständlich sein. Jedoch dürfen Informationen zu komplexen Themen, die auf Grund ihrer Relevanz für wirtschaftliche Entscheidungen der Adressaten im Abschluss enthalten sein müssen, nicht allein deswegen weggelassen werden, weil sie für bestimmte Adressaten zu schwer verständlich sein könnten.

Voraussetzung für die **Relevanz** einer Information ist ihre Art und ihre **Wesentlichkeit**. Die Wesentlichkeit bezieht sich auf das quantitative Ausmaß der Informationen. Grundsätzlich ist eine Information immer dann als wesentlich einzustufen, wenn ihre Veröffentlichung oder Nicht-Veröffentlichung ökonomische Entscheidungen der Adressaten beeinflusst.[449]

---

[449] Vgl. KPMG (2003), S. 23.

Informationen sind dann **verlässlich**, wenn sie frei von wesentlichen Fehlern und Willkür sind. Die Verlässlichkeit wird vor allem durch die Einhaltung folgender Grundsätze gewährleistet:

Glaubwürdigkeit: Das Prinzip der glaubwürdigen Darstellung besagt, dass sämtliche Vermögenswerte und Schulden bilanziert werden, welche die Ansatzkriterien erfüllen. Wenn es wahrscheinlich ist, dass ein mit dem Sachverhalt verbundener künftiger wirtschaftlicher Nutzen dem Unternehmen tatsächlich zu- oder abfließen wird, muss der Sachverhalt auch verlässlich bewertet werden.

Wirtschaftliche Betrachtungsweise: Geschäfte und andere Ereignisse sind nach ihrem wirtschaftlichen Gehalt und nicht nach ihrer rechtlichen Gestaltung abzubilden.

Neutralität: Die im Abschluss enthaltenen Informationen müssen frei von jeglicher Willkür sein.

Vorsicht: Das Vorsichtsprinzip stellt eine allgemeine Schätzregel zur Berücksichtigung ungewisser Erwartungen dar. Das Vorsichtsprinzip bedeutet ein Maß an Sorgfalt bei der Ermessensausübung für die erforderliche Schätzung, sodass Vermögenswerte bzw. Erträge nicht zu hoch und Schulden oder Aufwendungen nicht zu niedrig angesetzt werden. Jedoch dürfen Vermögenswerte bzw. Schulden nicht allein aufgrund des Vorsichtsprinzips unterbewertet bzw. überbewertet werden. Über- bzw. Unterbewertungen entstehen aus der Unsicherheit heraus. Eine willkürliche Bildung stiller Reserven durch zu hoch dotierte Rückstellungen wird ausgeschlossen. Die imparitätische Erfassung von Aufwendungen und Erträgen entsprechend dem HGB[450] verstößt gegen das Vorsichtsprinzip nach IAS.[451]

Vollständigkeit: Unter Abwägung von Wesentlichkeit und Kosten der Informationsgewinnung müssen die im Abschluss enthaltenen Informationen vollständig sein, um verlässlich zu sein.

Die **Vergleichbarkeit** von Abschlüssen eines Unternehmens muss einerseits über die Zeit hinweg möglich sein, andererseits müssen die Abschlüsse verschiedener Unternehmen verglichen werden können. Die Übereinstimmung mit den IAS/IFRS und die Angabe der Bilanzierungs- und Bewertungsmethode hilft die Vergleichbarkeit zu erreichen. Die Vergleichbarkeit ist nicht mit

---

[450] Vorsichtsprinzip im HGB gem. § 252 Abs. 1 Nr. 4 HGB.

[451] Vgl. HEUSER/THIELE (2003), Rz. 125.

Einheitlichkeit zu verwechseln. Nach IAS 1.27 können Änderungen beispielsweise der Bewertungsmethodik vorgenommen werden, wenn dadurch die Aussagefähigkeit erhöht werden kann oder eine Änderung der IAS/IFRS bzw. eine Interpretation (IFRIC) dies verlangt.

8.1.3 Bewertungsmethoden bei fehlenden IAS/IFRS bzw. Interpretationen

Das Management eines Unternehmens hat die Bilanzierungs- und Bewertungsmethoden so auszuwählen und anzuwenden, dass der Abschluss mit allen Vorschriften des IAS/IFRS und der SIC/IFRIC übereinstimmen. Fehlen für einen Sachverhalt spezielle Vorschriften, so hat die Geschäftsführung gemäß IAS 1.20 und IAS 1.22 Bilanzierungs- und Bewertungsrichtlinien zu entwickeln. Bei der Festlegung der Bilanzierungs- und Bewertungsrichtlinien müssen das Rahmenkonzept sowie die Anforderungen und Anwendungsleitlinien in den IAS/IFRS, die ähnliche oder verwandte Fragen behandeln, beachtet werden.

8.1.4 Bewertungsprinzipien

Wie schon oben erwähnt, existieren in den IAS mehrere Rechnungslegungsprinzipien nebeneinander, welches als Mixed-Model-Ansatz bezeichnet wird.[452] Die für den Bausparvertrag relevanten Bewertungsprinzipien sind der Fair Value (auch beizulegender Zeitwert genannt) und das Prinzip der fortgeführten Anschaffungskosten.

Fair Value:

Der Begriff „Fair Value" ist in IAS 32.11 definiert: Der Fair Value ist der Betrag, zu dem zwischen sachverständigen, vertragswilligen und voneinander unabhängigen Geschäftspartnern ein Vermögenswert getauscht oder eine Verbindlichkeit beglichen werden könnte.

Fortgeführte Anschaffungskosten:

Die fortgeführten Anschaffungskosten eines finanziellen Vermögenswerts oder einer finanziellen Verbindlichkeit berechnen sich laut IAS 39.9 aus den Anschaffungskosten, abzüglich Tilgungen, abzüglich oder zuzüglich der kumulierten Amortisation eines möglichen Agios oder Disagios. Transaktionskosten werden wie ein Agio oder Disagio behandelt. Zusätzlich sind außerplanmäßige Abschreibungen wegen Uneinbringlichkeit von den Anschaffungskosten abzuziehen.

---

[452] Vgl. KROPP/KLOTZBACH (2002), S. 1010.

Die Amortisation eines Agios oder Disagios erfolgt grundsätzlich nach der Effektivzinsmethode. Bei der Effektivzinsmethode wird ein konstanter, effektiver Zinssatz als Kalkulationszinssatz verwendet und dient zur Kalkulation der Zinserträge und der Verteilung der Agien und Disagien.[453]

8.1.5 Zusammenhang zwischen Bewertungskategorie und Bewertungsprinzip

IAS 39.9 unterteilt finanzielle Vermögenswerte in vier Kategorien. Bei diesen Kategorien handelt es sich ausschließlich um Bewertungskategorien und nicht um Ausweiskategorien. Die Bewertung erfolgt in zwei Schritten: Zuerst wird die Klassifizierung des Finanzinstruments entsprechend der Bewertungskategorie festgelegt. Im zweiten Schritt erfolgt die Bewertung abhängig von der Klassifizierung entweder zu fortgeführten Anschaffungskosten oder zum Fair Value. Im Folgenden werden die vier Kategorien beschrieben:

Kategorie: „Held for Trading" bzw. „At Fair Value through profit of loss"

Ein Finanzinstrument wird zu Handelszwecken gehalten, wenn es hauptsächlich mit der Absicht erworben wurde, einen Gewinn aus kurzfristigen Preisschwankungen oder Händlermargen zu erzielen. Die Absicht beim Erwerb ist maßgeblich. Ein Finanzinstrument wird zu Handelszwecken eingestuft, wenn es ungeachtet der ursprünglichen Erwerbsabsicht Teil eines Portfolios ist, für das substanzielle Hinweise auf eine tatsächliche Folge von kurzfristigen Gewinnmitnahmen aus der jüngsten Vergangenheit vorliegen. Derivative Finanzinstrumente werden grundsätzlich zu Handelszwecken eingestuft, es sei denn, sie sind zu Sicherungszwecken wirksam eingesetzt. Durch IAS 39.9 wird den Unternehmen eine Möglichkeit eröffnet, auch Finanzinstrumente, die nicht zu Handelszwecken gehandelt werden, als „Held for Trading" zu klassifizieren. Das Unternehmen kann dieses Wahlrecht beim Erwerb eines jeden Finanzinstruments erneut in Anspruch nehmen. Nach IAS 39.9 werden diese Finanzinstrumente als „At Fair Value through profit or loss" bezeichnet. Diese stellen also eine Obergruppe der Kategorie „Held for Trading" dar, obwohl ggf. kein Handel beabsichtigt wird. Durch das Designationswahlrecht, alle Finanzinstrumente zum Fair Value bilanzieren zu dürfen, geht die Forderung nach Vergleichbarkeit verloren.[454] Die Bewertung diese Kategorie erfolgt grundsätzlich nach dem **Fair Value**.

---

[453] Vgl. SCHARPF (2001), S. 142.

[454] LÜDENBACH (2002) spricht von der Einführung „gewillkürter" Handelswerte.

Kategorie: „Held-to-maturity"

In dieser Kategorie werden Finanzinstrumente mit festen oder bestimmbaren Zahlungen sowie einer festen Laufzeit eingeordnet, die das Unternehmen bis zur Endfälligkeit halten will und kann. Die Bewertung erfolgt nach den **fortgeführten Anschaffungskosten.**

Kategorie: „Loans and receivables"

In diese Kategorie gehören Ausleihungen und Forderungen, die vom Unternehmen direkt ausgehen und nicht zu Handelszwecken genutzt werden. Diese Finanzinstrumente verfügen über keinen notierten Marktpreis auf einem aktiven Markt. Die Bewertung erfolgt nach den **fortgeführten Anschaffungskosten.**

Kategorie: „Available for sale"

Dieser Residualkategorie werden solche Finanzinstrumente zugeordnet, welche die Anforderungen der drei anderen Kategorien nicht erfüllen. Die Bewertung erfolgt nach dem **Fair Value.**

Bei den Finanzinstrumenten, die zum Fair Value bilanziert werden müssten, aber der Fair Values nicht verlässlich bestimmt werden kann, erfolgt die Bewertung im Rahmen einer Ausnahme zu fortgeführten Anschaffungskosten (IAS 39.AG80).

Abbildung 8.1 zeigt die unterschiedlichen Kategorien von Finanzinstrumenten und die daraus resultierenden Bewertungsprinzipien:

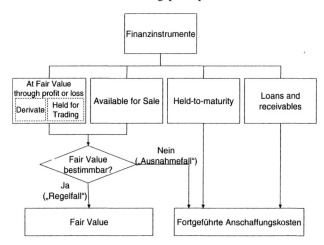

Abb. 8.1: Zuordnung von Bewertungsprinzip zur Kategorie

Nun ist die Frage zu beantworten, wie sind Bausparverträge einzuordnen und nach welchem Prinzip sind diese zu bewerten.

8.2 Interpretation der IAS für Bausparverträge aus aktueller Sicht

Da in den IAS/IFRS keine besonderen Rechnungslegungsvorschriften über das Bauspargeschäft vorhanden sind, müssen die bestehenden Standards entsprechend ausgelegt und interpretiert werden. Die Interpretation der IAS/IFRS für Bausparverträge – insbesondere für Bausparoptionen – wurde von den Wirtschaftsprüfern und Steuerberatern Apitzsch, Knüdeler und Weigel durchgeführt.[455] Diese Interpretation wird im weiteren Verlauf nachvollzogen und die Ergebnisse werden kritisch gewürdigt. Zudem werden Interpretationsergebnisse bei Versicherungsverträgen verwendet, da die impliziten Optionen in Versicherungsverträgen mit den impliziten Optionen in Bausparverträgen verwandt sein könnten. Abschließend werden die Schlussfolgerungen für die Rechnungslegung gezogen.

8.2.1 Rechnungslegung der Bausparverträge nach IAS

Der Bausparvertrag könnte ein Finanzinstrument im Sinne IAS 32.11 sein. Nach IAS ist ein **Finanzinstrument** ein Vertrag, der gleichzeitig bei dem einen Unternehmen zu einem finanziellen Vermögenswert und bei dem anderen zu einer finanziellen Verbindlichkeit oder einem Eigenkapitalinstrument führt. Gem. IAS 39.14 werden unter dem Begriff „Unternehmen" Einzelpersonen, Personengesellschaften, Kapitalgesellschaften und öffentliche Institutionen verstanden. In der Sparphase des Bausparvertrags führen Sparbeiträge zu finanziellen Vermögenswerten beim Unternehmen Bausparer und zu finanziellen Verpflichtungen beim Unternehmen Bausparkasse. In der Darlehensphase entstehen beim Bausparer finanzielle Verpflichtungen und bei der Bausparkasse entstehen finanzielle Vermögenswerte. Demnach ist der Bausparvertrag als Finanzinstrument zu werten und die IAS 32 und IAS 39 sind anwendbar.

Als eine Teilmenge der Finanzinstrumente existieren die so genannten **eingebetteten derivaten Finanzinstrumente**. Zusammen mit dem Basisvertrag bildet das eingebettete derivate Finanzinstrument das so genannte hybride oder auch **zusammengesetzte Finanzinstrument** (IAS 39.10).

---

[455] Vgl. APITZSCH/KNÜDELER/WEIGEL (2002); APITZSCH/KNÜDELER/WEIGEL (2003).

Da IAS 32 und IAS 39 sowie die entsprechenden Interpretationen SIC von der Kommission der Europäischen Gemeinschaft nicht übernommen wurden, verstärkt dies die momentane Unsicherheit und erhöht den Interpretationsbedarf. Mangels Alternativen wird trotzdem hier entsprechend den IAS 32 und IAS 39 bewertet. Bei der Anwendung der IAS stellt sich als nächstes die Frage, nach welcher Kategorie sind Bausparverträge einzuordnen.

In der Sparphase von Bausparverträgen führen beispielsweise die Sparbeiträge nicht nur zu finanziellen Vermögenswerten und finanziellen Verpflichtungen des Basisvertrags, sondern weitere Rechte des Bausparers und der Bausparkasse sind vorhanden oder entstehen. Diese weiteren Rechte wurden in den vorhergehenden Kapiteln als implizite Optionen bezeichnet und sind Derivate. Der Basisvertrag wird als Sparvertrag mit festen Sparbeiträgen und einer festen Laufzeit definiert.[456] Diese Vorgehensweise ist vergleichbar mit der Definition des Referenzzahlungsstroms im Kapitel 6. Demnach ist der Bausparvertrag ein zusammengesetztes Finanzinstrument bestehend aus einem Basisvertrag und eingebetteten derivaten Finanzinstrumenten.

Zu klären bleibt, ob die Rechte in den Bausparverträgen als **Derivate** gelten. Ein derivates Finanzinstrument muss folgende Eigenschaften kumulativ aufweisen (IAS 39.9):

> ➢ Der Wert des Finanzinstruments verändert sich infolge einer Änderung eines festgelegten Zinssatzes, Wertpapiers, Rohstoffpreises, Wechselkurses, Preis- oder Zinsindexes, Bonitätsratings oder Kreditindexes oder ähnlichen Variablen.

> ➢ Es ist keine oder nur eine geringe anfängliche Investition erforderlich.

> ➢ Die Fälligkeit von Zahlungen erfolgt zu einem späteren Zeitpunkt.

Im Abschnitt 5.4.2 wurde gezeigt, dass Bausparverträge mit Swaptions vergleichbar sind. Swaptions erfüllen alle oben genannten Voraussetzungen, da sich der Wert der Swaption aufgrund von Zinsänderungen verändert. Speziell für diese Swaptions ist vom Bausparer keine anfängliche Investition erforderlich. Weiterhin verändert der Wert sich infolge von Kapitalmarktzinsänderungen und die Verpflichtungen werden erst bei Optionsausübung fällig. Demnach erfüllen die impliziten Bausparoptionen die Voraussetzungen eines Derivats.

Für die eingebetteten derivaten Finanzinstrumente wurden Kriterien ermittelt, wie diese zu bewerten sind. Bei Bausparverträgen muss die Entscheidung getroffen werden, ob das eingebettete derivate Finanzinstrument getrennt vom

---

[456] Vgl. APITZSCH/KNÜDELER/WEIGEL (2002), S. 807-808.

Basisvertrag oder mit ihm als Einheit behandelt werden muss. Davon abhängig ist der Bewertungsansatz. Ein eingebettetes derivates Finanzinstrument ist vom Basisvertrag abzutrennen, wenn folgende Voraussetzungen kumulativ erfüllt sind (IAS 39.11):

> ➢ Die wirtschaftlichen Merkmale und Risiken des eingebetteten derivaten Finanzinstruments sind nicht eng mit den wirtschaftlichen Merkmalen und Risiken des Basisvertrags verbunden.

> ➢ Ein eigenständiges Instrument mit den gleichen Bedingungen wie das eingebettete derivate Finanzinstrument würde die Definition eines derivaten Finanzinstruments erfüllen.

> ➢ Das zusammengesetzte Finanzinstrument wird nicht mit dem Fair Value (beizulegender Zeitwert) bewertet und dessen Änderungen schlagen sich nicht im Periodenergebnis nieder.

Zuerst ist die enge Verbundenheit des eingebetteten derivaten Finanzinstruments mit dem Basisvertrag zu prüfen. IAS 39 enthält keine zum Begriff der engen Beziehung weitergehende Definition, sondern Beispielfälle für nicht eng verbunden (IAS 39.AG30) und Beispielfälle für eng verbundene (IAS 39.AG33) eingebettete derivate Finanzinstrumente mit dem Basisvertrag. Das Ergebnis ist durch Auslegung zu bestimmen. Mit Bausparverträgen direkt vergleichbare Beispielfälle werden nicht genannt. Apitzsch, Knüdeler und Weigel stellen fest, dass eine enge Beziehung gegeben ist, da Basisvertrag und die Bausparoption jeweils dem Zinsrisiko als Hauptrisiko unterliegen.[457]

Der Autor hält dieses Ergebnis nicht für eindeutig, da beispielsweise die Fortsetzungsoption innerhalb der Bausparoption Merkmale einer nicht engen Verbundenheit aufweist. Eine Option zur Verlängerung der Laufzeit einer Verbindlichkeit ist gem. IAS 39.AG30c nicht eng mit dem von einem Unternehmen gehaltenen, originären Schuldinstrument verbunden. Daraus könnte abgeleitet werden, dass die Fortsetzungsoption nicht als Option zur Verlängerung der Laufzeit einer Verbindlichkeit, sondern als Option zur Laufzeitverlängerung eines Sparvertrags angesehen werden kann.

Gegen eine enge Verbindung sprechen zudem die Gläubiger- und Schuldnerkündigungsrechte, wenn die Ausübungspreise im Zugangszeitpunkt zu keinem wesentlichen Gewinn oder Verlust führten. Nach herrschender Meinung wird eine Aufspaltung nur dann notwendig sein, wenn die Ausübungspreise im Zeitpunkt des Vertragsabschlusses weit im-Geld bzw. weit aus-dem-Geld

---

[457] Vgl. APITZSCH/KNÜDELER/WEIGEL (2002), S. 807-808; APITZSCH/KNÜDELER/WEIGEL (2003), S. 58.

sind.[458] Dies ist jeweils bei Vertragsabschluss zu prüfen. Gerade Gläubiger- und Schuldnerkündigungsrechte, die weit im-Geld bzw. weit aus-dem-Geld sind, haben einen hohen Optionswert und sind für die Rechnungslegung wesentlich. Die Kündigungsrechte in den Bausparoptionen sind weit im-Geld, wie im Kapitel 6 gezeigt wurde.

Ob eine enge Verbundenheit vorliegt oder nicht, kann nach Meinung des Autors derzeit nicht abschließend beurteilt werden.

Die zweite Voraussetzung – Vorliegen eines Derivates – ist eindeutig erfüllt, da die eingebetteten Rechte als eigenständige Instrumente mit einem Swaption vergleichbar sind und Swaptions die Voraussetzungen eines Derivats erfüllen (siehe oben).

Derivate sind grundsätzlich zum Fair Value unter erfolgswirksamer Berücksichtigung von Wertänderungen zu bewerten (IAS 39.9). Jedoch sind die Bausparguthaben als finanzielle Verbindlichkeiten nicht mit dem Fair Value, sondern mit den fortgeführten Anschaffungskosten zu bewerten. Da die beiden Bewertungsregeln voneinander abweichen und beide nicht mit dem Fair Value bewertet werden, ist die dritte Voraussetzung erfüllt.

Ist das eingebettete derivative Finanzinstrument gesondert zu bewerten, ist aber eine gesonderte Bewertung nicht möglich, dann kann auf eine Aufspaltung des zusammengesetzten Finanzinstruments verzichtet werden. Das zusammengesetzte Finanzprodukt ist wie ein zu Handelszwecken gehaltenes Finanzinstrument zu behandeln (IAS 39.12). Zu Handelszwecken gehaltene Finanzinstrumente sind zum Fair Value zu bewerten (IAS 39.9).

Die Prüfkriterien und die Konsequenzen verdeutlicht Abbildung 8.2:[459]

---

[458] Vgl. auch BERTSCH (2003), S. 562.

[459] Modifiziert übernommen aus: HEUSER/THEILE (2003), S. 253.

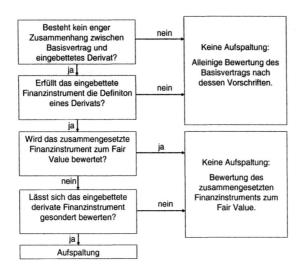

Abb. 8.2: Ablaufschema zur Aufspaltung zusammengesetzter Finanzinstrumente

Als Ergebnis ist festzuhalten: Wird keine enge Verbundenheit angenommen, so sind die einzelnen Bestandteile durch Aufspaltung getrennt voneinander zu bewerten. Das eingebettete Derivat ist in die Kategorie der Vermögenswerte, die zu Handelszwecken gehandelt werden, einzuordnen und grundsätzlich nach dem Fair Value zu bewerten. Der Basisvertrag ist als Finanzinstrument zu behandeln. Die Bauspareinlagen sind als finanzielle Verbindlichkeiten, die nicht zu Handelszwecken gehalten werden, mit den fortgeführten Anschaffungskosten zu bewerten. Die Bauspardarlehen sind bis zur Endfälligkeit zu haltende Finanzinstrumente und sind mit den fortgeführten Anschaffungskosten unter Verwendung der Effektivzinsmethode zu bewerten.

Liegen die Voraussetzungen für eine Trennung nicht vor, wird also eine enge Verbundenheit von Basisvertrag und Bausparoption angenommen, ist der Bausparvertrag als Ganzes auszuweisen und zu bewerten. Dabei erfolgt die alleinige Bewertung des Basisvertrags nach dessen Vorschriften. Bauspareinlagen und Bauspardarlehen sind zu fortgeführten Anschaffungskosten zu bewerten.[460]

Da die enge Verbundenheit von Basisvertrag und eingebettetem derivaten Finanzinstrument bei Bausparverträgen nicht eindeutig bestimmt werden kann,

---

[460] Vgl. KPMG (2003), S. 145-147.

bleibt offen, ob nur der Basisvertrag zu fortgeführten Anschaffungskosten bewertet wird oder ob eine Aufspaltung notwendig ist.

Des Weiteren sollen nach IAS 39.9 sämtliche Finanzinstrumente in die Kategorie „At Fair Value through Profit or loss" eingeordnet und nach dem Fair Value bilanziert werden können. Dadurch erspart man sich die Diskussion über die Aufspaltung, da der Basisvertrag und das eingebettete Derivat zum Fair Value bewertet werden können.

Eine Aufspaltung würde sehr irritierende Ergebnisse zu Vertragsbeginn eines Bausparvertrags erzeugen, da zu Beginn die fortgeführten Anschaffungskosten sehr gering sind und die Bausparoptionen sehr hohe Werte haben können.[461] Diese irritierenden Informationen können nicht gewollt sein. Deshalb gibt es wohl nur zwei sinnvolle Alternativen:

> ➢ Alleinige Bewertung des Basisvertrags zu fortgeführten Anschaffungskosten oder

> ➢ Bewertung des Basisvertrags und der eingebetteten Derivate zum Fair Value.

Bei der alleinigen Bewertung des Basisvertrags zu fortgeführten Anschaffungskosten ist der Bilanzansatz im Zeitpunkt des Vertragsabschlusses prinzipiell Null. Dagegen wären bei der Bewertung des Basisvertrags zum Fair Value die erwarteten Gewinne bereits im Zeitpunkt des Vertragsabschlusses voll zu vereinnahmen. Dem gegenüber steht der Fair Value des eingebetteten Derivates. Durch die sofortige Kündigungsmöglichkeit ist der Fair Value unter der Annahme eines finanzrationalen Bausparers mindestens genau so hoch wie der Fair Value des Basisvertrags, da der erwartete Gewinn für die Bausparkasse sofort wieder durch die Kündigung hinfällig wäre.

8.2.2 Exkurs: Eingebettete Derivate bei Versicherungsverträgen

Da die Interpretation von Bausparverträgen zurzeit noch sehr schwer fällt, wird hier versucht, den Kenntnisstand von ähnlich eingebetteten Derivaten verwandter Verträge zu beachten, wie dies entsprechend in IAS 1.22 gefordert wird. Die Versicherungsverträge beinhalten, wie die Bausparverträge, Optionen, die dem Vertragsinhaber das Recht einräumen, vom vorgesehen Zahlungsstrom abzuweichen. Beispiele dafür sind die Kündigungs- und Verlängerungsoptionen

---

[461] Siehe Abschnitt 6.5.

in Lebensversicherungsverträgen und viele andere mehr.[462] Insbesondere die Zinsgarantie bei Lebensversicherungsverträgen ist für die Optionswerte maßgeblich.

Im Gegensatz zu Bausparverträgen wurde vom IASC bereits 1997 ein Projekt „Insurance Contracts" initiiert, welches versicherungsspezifische Sachverhalte normiert und die Konsistenz mit der Bilanzierung erzielen soll. Damit verbunden ist die Rechnungslegung von Versicherungsverträgen und die Diskussion über den Fair Value und dessen Ermittlung. Ein solches Projekt fehlt für Bausparverträge.

Vor dem Hintergrund der verbindlichen Einführung von IAS für Konzernabschlüsse im Jahre 2005 wurde das Projekt in zwei Phasen aufgeteilt. Phase 1 soll 2005 in Kraft treten und einen Übergang bis zur endgültigen Normierung eines eigenständigen IFRS bilden. In Phase 1 sollte vergleichbar mit IAS 30.24 eine verpflichtende Offenlegungspflicht des Fair Value im Anhang des Abschlusses ab dem Jahr 2006 erfolgen. Das IASB hat im Juli 2003 einen Entwurf „ED 5 Insurance Contracts" (ED 5) veröffentlicht, der weitgehend eine Beibehaltung der bisherigen nationalen Bilanzierungspraxis in Phase 1 ermöglicht. Trotzdem sollen schon in Phase 1 Grundsätze des Fair Value festgelegt werden. Da auch für Versicherungsverträge keine Hinweise oder Vorgaben zur Ermittlung des Fair Values vorhanden sind, wurde auf die Angabe des Fair Values vorläufig verzichtet.[463]

In der Phase 2 soll ab 2007 eine umfassende Fair Value-Bilanzierung verankert werden und diese von den Versicherungsunternehmen verpflichtend angewendet werden.

Der entscheidende Punkt bei der Bewertung eingebetteter Derivate, sowohl in Bausparverträgen als auch in Versicherungsverträgen, ist das Kriterium der engen Verbundenheit zwischen Basisvertrag und eingebettetem Derivat. Ob eine enge Verbundenheit vorliegt, ist bei Versicherungsverträgen wie auch bei Bausparverträgen im Speziellen zu klären. ED 5 nennt spezielle Ausnahmetatbestände, die eine enge Verbindung zum Basisvertrag aufweisen. Gemäß ED 5.5 sind Derivate eng mit dem Basisvertrag verbunden, wenn das Derivat selbst ein Versicherungsvertrag ist. Auch die Option des Versicherungsnehmers auf der Höhe nach garantierten Rückkaufwerten ist eng mit dem Basisvertrag verbunden

---

[462] In HELD (1999) sind die Optionen in Lebensversicherungsverträgen ausführlich beschrieben.

[463] IASB, Update January 2004, S. 5.

(ED 5.6). Diese Ausnahmetatbestände sind mit den Bausparverträgen nicht direkt vergleichbar.

Abgesehen von den Ausnahmetatbeständen muss gemäß der Implementation Guidance zu ED 5 der Versicherungsvertrag zerlegt und mit dem Fair Value bewertet werden, wenn zum Zeitpunkt des Vertragsabschlusses die Mindestzinsgarantie über dem Marktzins liegt.[464] Dieser Sachverhalt ist auch mit dem garantierten Grundzins und dem garantierten Zinsbonus bei Darlehensverzicht in Bausparverträgen vergleichbar. Demnach sind die Bausparoptionswerte, die aus dem garantierten Grundzins und dem garantierten Zinsbonus resultierten, nach dem Fair Value zu bilanzieren, wenn bei Vertragsabschluss die Summe aus Grundzins und Zinsbonus über dem Marktzins liegt.

Der Exkurs zu der Bilanzierung eingebetteter Derivate bei Versicherungsverträgen hat gezeigt, dass gerade die werthaltigen Optionen nach dem Fair Value bewertet werden müssen. Dies bedeutet für die Kündigungs- und Darlehensverzichtsoption eine Bewertung zum Fair Value, wenn bei Vertragsabschluss die Summe aus Grundzins und Zinsbonus über dem Marktzins liegt. Die Sondertilgungsoption ist mit Sicherheit dann zum Fair Value zu bilanzieren, wenn der Marktzins höher liegt als der Bauspardarlehenszins.

8.2.3 Schlussfolgerung für die Bilanzierung nach IAS

Die größte Unsicherheit besteht bei der Aufspaltung von eingebettetem Derivat und Basisvertrag, da das Kriterium der engen Verbindung viel Interpretationsspielraum lässt. Muss der Bausparvertrag nach eingebettetem Derivat und Basisvertrag aufgespalten werden, so ist das eingebettete Derivat zum Fair Value zu bewerten.

Gegen eine enge Verbindung und damit für eine Bilanzierung des eingebetteten Derivats zum Fair Value sprechen insbesondere die im Bausparen vorhandene Fortsetzungsoption. Wenn der Marktzins bei Vertragsbeginn kleiner ist als die Summe aus Grundzins und Zinsbonus, muss die Kündigungsoption nach dem Fair Value bewertet werden. Ist der Marktzins höher als der Bauspardarlehenszins, so ist die Sondertilgungsoption nach dem Fair Value zu bewerten.

Für eine enge Verbindung und damit für einen generellen Verzicht auf eine Bilanzierung des eingebetteten Derivates sprechen insbesondere die gleichen Marktpreisrisiken und die Kündigungsrechte, solange die eingebetteten Optionen am-Geld oder in deren Nähe liegen.

---

[464] Vgl. auch EBBERS (2003), S. 525.

Die Interpretation lässt weiterhin Spielraum. Fraglich bleibt, ob das Kriterium der Fortführungsoption oder das Kriterium gleicher Marktpreisrisiken überwiegt. Jedoch für die Verträge, bei denen die Summe aus Grundzins und Zinsbonus größer ist als der Marktzins bzw. die Bauspardarlehenszinsen geringer sind als der Marktzins, muss die einbettete Kündigungs- bzw. Sondertilgungsoption bewertet werden. Die Bewertung der Optionen als Teilmenge der Derivate erfolgt dann zum Fair Value.

8.3 Ermittlungsprinzip des Fair Values

Obwohl bei der Bilanzierung unterschiedliche Bewertungsprinzipien (fortgeführte Anschaffungskosten und Fair Value) nebeneinander existieren, fordert IAS 30.24 die Angabe des Fair Values entsprechend IAS 32.86 bis IAS 32.93 für jede Klasse von finanziellen Vermögenswerten und finanziellen Verbindlichkeiten im Anhang des Abschlusses. Deshalb ist grundsätzlich ein Fair Value zu ermitteln.

Die Prinzipien zur Ermittlung des Fair Values sind in den IAS geregelt. Ein öffentlich notierter Marktpreis in einem aktiven und liquiden Markt stellt den besten Anhaltspunkt für den Fair Value dar (IAS 39.AG71). Da Bausparverträge (noch) nicht frei gehandelt werden, existieren keine intersubjektiv nachprüfbaren Marktpreise. Bei fehlenden Marktpreisen können Bewertungsverfahren zur Bestimmung eines hinreichend verlässlichen Fair Values herangezogen werden (IAS 32.AG74). Verlässlich sind Verfahren, wenn keine bedeutende Schwankungsbreite der vernünftigen Schätzungen des Fair Values besteht oder die Eintrittswahrscheinlichkeit der verschiedenen Schätzungen innerhalb dieser Bandbreite vernünftig geschätzt werden kann.[465] Zu den etablierten Schätzverfahren der Finanzmärkte gehören:

➢ der Vergleich mit den Marktwerten vergleichbarer Finanzinstrumente,

➢ die Analyse von diskontierten Zahlungsströmen sowie

➢ die Optionspreismodelle.

Apitzsch, Knüdeler und Weigel sind der Auffassung, dass der Vergleich mit den Marktwerten vergleichbarer Finanzinstrumente bei der Bewertung des Basisvertrags über den Vergleich mit einem Bank-Sparvertrag denkbar ist. Problematisch sei jedoch die Vergleichbarkeit bei der Bausparoption. Die Möglichkeit der Analyse von diskontierten Zahlungsströmen wird nicht weiter erwähnt. Zudem

---

[465] Vgl. APITZSCH/KNÜDELER/WEIGEL (2003), S. 60.

versage die Optionswerttheorie bei Bausparoptionen.[466] Das Versagen der
Optionswerttheorie als verlässlicher Schätzer für den Fair Value scheint nicht
zwangsläufig zu sein, zumal Apitzsch, Knüdeler und Weigel keine hinreichende
Begründung für das Versagen der Optionswerttheorie geben.

Würdigt man die gängigen Optionswertmodelle, so könnten sich Zweifel an der
Angemessenheit des Modells daraus ergeben, dass die Modelle mit einer Reihe
realitätsfremder Kapitalmarktannahmen arbeiten. Hierzu gehören das Fehlen
von Transaktionskosten und Steuern, die beliebig hohe Aufnahme von Fremdmitteln und die Öffnung des Marktes zu jeder beliebigen Zeit. Einem derartigen
Zweifel wird man jedoch nicht folgen können, da Optionspreismodelle (mit den
realitätsfremden Kapitalmarktannahmen) in IAS 39.AG74 ausdrücklich als an
den Finanzmärkten etablierte Verfahren gelten,[467] obwohl sich diese Optionspreismodelle auf realitätsfremden Kapitalmarktannahmen beziehen.

Jedoch könnte aufgrund der Annahme, dass Bausparer Arbitragemöglichkeiten
konsequent nutzen, die Bewertungen gegen das Grundprinzip des Vorsichtsprinzips des IAS-Rahmenkonzepts verstoßen. In Kapitel 6.6 dieser Arbeit werden
die Annahmen über den Bausparer ausführlich gewürdigt. Die alleinige
Annahme der Arbitragefreiheit könnte gegen das Vorsichtsprinzip des IAS-
Rahmenkonzepts verstoßen, da das Vorsichtsprinzip keine prinzipielle Über-
bzw. Unterbewertung erlaubt. Der aus der Annahme von Arbitrageüberlegungen
berechnete Optionswert stellt lediglich eine obere Schranke dar, da Bausparer in
der Realität vermutlich nicht uneingeschränkt nach Arbitrageüberlegungen
handeln. Deshalb könnte der Optionswert für die Rechnungslegung prinzipiell
zu hoch bewertet sein.

Dieselbe Problematik zeigt sich auch bei Versicherungsverträgen. Die
Vermutung liegt nahe, dass auch Versicherungsnehmer nicht finanzrational
handeln.[468] Trotzdem fordert das IASB bei Versicherungsverträgen eine Fair
Value-Bilanzierung, obwohl der Fair Value gestützt auf subjektiven Annahmen
und der Schätzung eines unsicheren Zahlungsstroms ermittelt werden muss. Der
Zahlungsstrom ist unter Berücksichtigung von Sterblichkeitsannahmen und
Verhaltensannahmen des Versicherungsnehmers entsprechend den versiche-
rungstechnischen Rechnungsgrundlagen zu schätzen.[469] Dabei wird ein unter

---

[466] Vgl. APITZSCH/KNÜDELER/WEIGEL (2003), S. 60.

[467] Vgl. LÜDENBACH in Haufe IAS-Kommentar § 28 Rz. 234.

[468] Vgl. ROCKEL/SAUER (2003), S. 1113.

[469] Vgl. PERLET (2003), S. 442 und 452.

unsicheren Annahmen ermittelter Fair Value bevorzugt, statt auf eine Fair Value-Bilanzierung gänzlich verzichten zu müssen.

Bei Bausparverträgen gehen Apitzsch, Knüdeler und Weigel aufgrund der nicht verlässlichen Annahmen davon aus, dass ein Fair Value nicht ermittelt werden kann. In solchen Fällen kann statt eines festen Betrags eine Spanne angegeben werden, in der sich der Fair Value voraussichtlich bewegen dürfte (IAS 39.AG80). Zur Ermittlung dieser Spanne könnten die bestehenden bauspartechnischen Simulationsmodelle dienen. Diese Simulationsmodelle sind jedoch von subjektiven Einschätzungen der jeweiligen Bausparkasse bestimmt und können dadurch unterschiedliche Ergebnisse trotz gleichen Sachverhalts liefern.[470] Wenn keine Angaben zum Fair Value gemacht werden können, weil der Fair Value nicht hinreichend verlässlich zu ermitteln ist, sind Informationen über die wesentlichen Merkmale zur Bewertung des Bausparvertrags zu geben (IAS 32.90).

Die Darstellung der Informationen über die wesentlichen Merkmale zur Bewertung des Bausparvertrags ist selbstverständlich nicht so aussagekräftig wie die Bewertung mittels eines Fair Values. Deshalb kann die bloße Darstellung der Informationen nur dann genügen, wenn die hinreichend verlässliche Ermittlung des Fair Values scheitert. Die Ermittlung des Fair Values scheitert im Wesentlichen am zugrunde liegenden Arbitrageprinzip, da angenommen wird, dass Bausparer die Arbitragemöglichkeiten nicht uneingeschränkt nutzen. Um die nicht genutzten Arbitragemöglichkeiten zu berücksichtigen, werden im nächsten Abschnitt Vorschläge zur Berechnung einer Fair Values unter Berücksichtigung der Optionswertmodelle unterbreitet. Mittels dieser Vorschläge ist eine hinreichend verlässliche Ermittlung des Fair Values möglich. Es kann auf die Notlösung, lediglich bloße Informationen über die wesentlichen Merkmale zur Verfügung zu stellen, verzichtet werden.

8.4   Vorschläge zur konkreten Berechnung von Fair Values

Zunächst wird ein Fair Value unter der bestehenden Annahme des Arbitrageprinzips berechnet. Da jedoch die Kritik an dem Arbitrageprinzip insbesondere bei gleichen Soll- und Habenzinssätze speziell für den Zweck der Rechnungslegung nach IAS durchgreifend sein könnte, werden Vorschläge zur Berechnung eines Fair Values unterbreitet und diskutiert, die das tatsächliche Verhalten von Bausparern eher widerspiegeln.

---

[470] Vgl. APITZSCH/KNÜDELER/WEIGEL (2003), S. 60.

8.4.1 Berechnung des Fair Values unter Berücksichtigung des Arbitrageprinzips

In einem ersten Schritt wird der Wert des einzelnen Bausparvertrags ohne Optionen bewertet. Dabei wird angenommen, dass der Bausparer in der Sparphase regelmäßig den Sparbeitrag bezahlt, die Zuteilung zum frühest möglichen Zeitpunkt annimmt und in der Darlehensphase regelmäßig den Tilgungsbeitrag bezahlt. Der Zahlungsstrom ist damit eindeutig bestimmt und der heutige Barwert PV_{t_0} kann nach der Marktzinsmethode zum Zeitpunkt t_0 bestimmt werden.

Um die impliziten Optionen des Bausparers zu berücksichtigen, ist der Barwert PV_{t_0} um den Optionswert C_{t_0} der Bausparoptionen unter Berücksichtigung des Arbitrageprinzips zu reduzieren. Die Subtraktion beider Werte ergibt den Fair Value zum Zeitpunkt t_0:

$$Fair\,Value_{t_0} = PV_{t_0} - C_{t_0}.$$

Dieser Fair Value gilt nur unter der Annahme, dass Bausparer alle Arbitragemöglichkeiten nutzen.

8.4.2 Vorschläge zur Berechnung des Fair Values unter modifizierten Annahmen

Der oben berechnete Fair Value könnte jedoch gegen das Vorsichtsprinzip verstoßen haben, da dieser zu niedrig angesetzt wurde. Dazu sind die diskutierten Annahmen im Abschnitt 6.6 wieder aufzugreifen. Das tatsächliche Verhalten der Bausparer spiegelt diese Annahmen höchst wahrscheinlich nicht wieder.

Um jedoch dem tatsächlichen Verhalten der Bausparer in der Rechnungslegung gerecht zu werden, werden folgende drei unterschiedliche Vorschläge diskutiert:

➢ Prozentualer Abschlag auf den Optionswert,

➢ Aufteilung in statistisches und optionales Verhalten,

➢ Einbeziehung unterschiedlicher Soll- und Habenzinsen im Optionsbaum.

Dabei wird je nach Wahl der Alternativen ein modifizierter Optionswert $C_{t_0}^{modifiziert}$ und/oder ein modifizierter Barwert $PV_{t_0}^{modifiziert}$ ermittelt, der für die Bewertung des Fair Values genutzt werden kann.

Durch die modifizierte Berechnung wird die Annahme modifiziert, dass Bausparer unter den Kapitalmarktannahmen die sich bietenden Arbitragemöglichkeiten vollständig nutzen. Je nach Vorschlag sind die Annahmen entsprechend zu interpretieren.

8.4.3 Modifizierter Optionswert mittels eines prozentualen Abschlags

Bei dieser Methode wird der nach dem Arbitrageprinzip berechnete Optionswert durch einen noch zu bestimmenden Faktor gekürzt. Diese Vorgehensweise wurde bereits für die Bewertung von impliziten Optionen bei Versicherungsunternehmen vorgestellt.[471] Das vollständige Nutzen von Arbitragemöglichkeiten seitens des Kunden sei eine Extremannahme und für die Praxis unrealistisch. Ebenso sei die Annahme unrealistisch, Versicherungskunden verhielten sich hinsichtlich ihrer Optionen völlig indifferent. Der prozentuale Abschlag, auch Faktor genannt, schafft den Ausgleich beider Extremannahmen. Würden demnach 50 % der Kunden ihre Vorteile aus Optionen konsequent nutzen, dann würde sich der errechnete Optionswert auch um 50 % reduzieren.

Der Optionswert wird demnach um einen festen prozentualen Abschlag, also um einen Faktor k mit $0 \leq k \leq 1$ gekürzt. Der Fair Value berechnet sich dann wie folgt:

$$Fair\,Value_{t_0} = PV_{t_0} - C_{t_0}^{modifiziert}$$

mit

$$C_{t_0}^{modifiziert} = kC_{t_0}.$$

Jedoch stellt sich die Frage, wie hoch dieser Faktor gewählt werden soll. Der Faktor ist aus Vergangenheitswerten abzuleiten. Jedoch fällt nach Meinung des Autors die Argumentation schwer, den Bausparer so einzuschätzen, dass der Bausparer seine Möglichkeiten beispielsweise nur zu 50 % nutzt. Danach wäre das Verhalten des realen Bausparers nur zu 50 % finanzrational begründet. Wären dann die anderen 50 % seines Verhaltens irrational? Auf Grundlage irrationaler Verhaltensannahmen über die Kunden kann nach Meinung des Autors die Rechnungslegung nicht begründet sein. Vielleicht findet sich noch eine bessere Argumentation für einen prozentualen Abschlag, damit irrationales Verhalten nicht angenommen werden muss.

---

[471] Vgl. GERDES (1997), S. 123.

Die Bestimmung eines verlässlichen Faktors gestaltet sich sehr schwierig, da das Verhalten der Bausparer Veränderungen unterworfen sein kann und deshalb nicht einfach aus dem Verhalten der Vergangenheit gewonnen werden. Mögliche Verhaltensveränderungen können einerseits durch Veränderung der Marktzinsen und andererseits durch **Aufklärung der Bausparer** hervorgerufen werden. Beim Vergleich mit dem Versicherungsmarkt fällt auf, dass Lebensversicherungsverträge mittlerweile in einem **Zweitmarkt** an mögliche Marktteilnehmer verkauft werden können.[472] Durch einen im Augenblick noch nicht vorstellbaren Handel von Bausparverträgen würde sich das Verhalten der Bausparer vermutlich verändern.

Unter Risikoaspekten (aus Sicht der Bausparkasse) muss der Faktor zudem sehr vorsichtig bestimmt werden. Trotzdem scheint eine pragmatische Bestimmung eines Faktors für die Praxis ein denkbarer Ansatz.

8.4.4 Modifizierter Optionswert durch Aufteilung in statistisches und optionales Verhalten

In diesem Vorschlag werden die Bausparer nach ihrem Verhalten in zwei Gruppen unterteilt. Die eine Bausparergruppe verhält sich unabhängig von der vorhandenen Zinsstruktur und vernachlässigt dadurch Arbitragemöglichkeiten. Der Bausparkunde richtet sich somit bei der Frage, ob er sein Optionsrecht wahrnehmen will, nicht nach den Gegebenheiten des Geld- und Kapitalmarktes. Vielmehr sind persönliche Motive, wie z. B. Emotionen, Unkenntnis oder Trägheit, für die Ausübung der Option von Bedeutung. Das Ausübungsverhalten dieser Bausparergruppe bezüglich der impliziten Bausparoptionen kann statistisch aus Vergangenheitswerten der jeweiligen Bausparkasse gewonnen werden. Dies wird daher als „**statistische**" Ausübung bezeichnet. Eine statistische Ausübung der Optionsrechte liegt vor, wenn die Ausübung unabhängig von der aktuellen Zinsstruktur erfolgt. Die statistische Ausübung wird durch sämtliche ökonomische Größen außer dem Marktzins erklärt. Die andere der beiden Bauspargruppen nutzt sämtliche Arbitragemöglichkeiten. Dieses Verhalten wird als „**optionale**" Ausübung bezeichnet. Die optionale Ausübung wird allein durch den Marktzins bestimmt.

Diese Aufteilung in statisches und optionales Verhalten wurde für die Analyse von impliziten Optionen im Retail Banking entwickelt.[473] Dabei wurde bewusst

---

[472] Die Gesellschaft Cash Life erwirbt Lebensversicherungsverträge und zahlt bis zu 5 % über den Rückkaufswert, den die Lebensversicherungsgesellschaft zahlen würde, vgl. HERDEN (2002), S. 9. Es werden also Marktpreise für Lebensversicherungsprodukte gestellt.

[473] Vgl. PAEßENS/SCHMITT/BECK/SIEVI (2001), S. 2-11.

auf die Begriffe „rationales" und „irrationales" Verhalten verzichtet, da mögliches emotionales Handeln nicht mit dem Begriff „irrational" belegt wird. Die Vorgehensweise ist auf die Belange des Bausparens zu transformieren. Dies geschieht im Folgenden.

Um einen Fair Value zu bestimmen, müssen Annahmen getroffen werden, wie sich der Bestand an Bausparern bei einer Bausparkasse auf die beiden Bauspargruppen aufteilt. Diese Verteilung kann von Bausparkasse zu Bausparkasse unterschiedlich sein.

Zudem sind Annahmen zu treffen, welche Optionen für die Bauspargruppe mit statistischer Ausübung relevant sind und auch genutzt werden. Zudem sind zu jedem Ausübungszeitpunkt T Wahrscheinlichkeiten für die Ausübung der jeweiligen Option, ein entsprechender Zahlungsstrom und der dazugehörige Barwert zu ermitteln.

Für die Sparphase ist zu jedem möglichen Kündigungstermin eine statistische Ausübungswahrscheinlichkeit $^{T}k^{K\ddot{u}ndigung}$ und der Barwert des jeweiligen Zahlungsstroms $^{T}PV_t^{K\ddot{u}ndigung}$ zum Betrachtungszeitpunkt t zu bestimmen. Ab dem frühest möglichen Zuteilungstermin s sind die statistischen Ausübungswahrscheinlichkeiten $^{T}k^{Darlehensverzicht}$ für den Darlehensverzicht und der korrespondierende Barwert $^{T}PV_t^{Darlehensverzicht}$ zu bestimmen.

Für das Recht auf ein Bauspardarlehen sind für jeden Zeitpunkt von der Zuteilung s über die gesamte Tilgungszeit $(s,...,s+tb)$ hinweg Sondertilgungen zum Zeitpunkt st möglich. Es wird angenommen, dass bei der Sondertilgung immer die gesamte Restschuld getilgt wird, also eine Sonderabschlusstilgung vorliegt. Für jede dieser Sondertilgungsoptionen sind statistische Ausübungswahrscheinlichkeiten zu ermitteln. Dabei bezeichnet $^{st,T}PV_t^{Darlehen}$ den Barwert des Rechts auf ein Bauspardarlehen zum Betrachtungszeitpunkt t mit Ausübung zum Zeitpunkt T mit einer kompletten Sonderabschlusstilgung zum Zeitpunkt st. $^{st,T}k^{Darlehen}$ ist die korrespondierende Ausübungswahrscheinlichkeit dazu.

Die benötigten statistischen Ausübungswahrscheinlichkeiten $^{T}k^{Option}$ für die jeweilige Option zum jeweiligen Ausübungszeitpunkt T mit dem entsprechenden Barwert $^{T}PV_t^{Option}$ zum Betrachtungszeitpunkt t sind der Tabelle 8.1 zu entnehmen:

Option	Ausübungs-zeitpunkt	Statistische Ausübungs-wahrscheinlichkeit	Barwert
Kündigung	$T = 1$	$^{1}k^{Kündigung}$	$^{1}PV_t^{Kündigung}$
Kündigung	$T = 2$	$^{2}k^{Kündigung}$	$^{2}PV_t^{Kündigung}$
...	...	...	...
Kündigung	$T = s\text{-}1$	$^{s-1}k^{Kündigung}$	$^{s-1}PV_t^{Kündigung}$
Darlehensverzicht	$T = s$	$^{s}k^{Darlehensverzicht}$	$^{s}PV_t^{Darlehensverzicht}$
...	...	...	...
Darlehensverzicht	$T = lw$	$^{lw}k^{Darlehensverzicht}$	$^{lw}PV_t^{Darlehensverzicht}$
Sofortiges Darlehen ohne Sondertilgung	$T = s$ $st = s + tb$	$^{s+tb,s}k^{Darlehen}$	$^{s+tb,s}PV_t^{Darlehen}$
Sofortiges Darlehen mit Sondertilgung nach der ersten Periode	$T = s$ $st = s + 1$	$^{s+1,s}k^{Darlehen}$	$^{s+1,s}PV_t^{Darlehen}$
...	...	...	...
Sofortiges Darlehen mit Sondertilgung zur vorletzten Periode	$T = s$ $st = s + tb - 1$	$^{s+tb-1,s}k^{Darlehen}$	$^{s+tb-1,s}PV_t^{Darlehen}$
...	...	...	...
Darlehen zum letzt möglichen Termin ohne Sondertilgung	$T = lw\text{-}1$ $st = lw\text{-}1 + tb$	$^{lw-1+tb,lw-1}k^{Darlehen}$	$^{lw-1+tb,lw-1}PV_t^{Darlehen}$
Darlehen zum letzt möglichen Termin mit Sondertilgung nach der ersten Periode	$T = lw\text{-}1$ $st = lw$	$^{lw,lw-1}k^{Darlehen}$	$^{lw,lw-1}PV_t^{Darlehen}$
Darlehen zum letzt möglichen Termin mit Sondertilgung zur vorletzten Periode	$T = lw\text{-}1$ $st = lw\text{-}1 + tb - 1$	$^{lw-1+tb-1,lw-1}k^{Darlehen}$	$^{lw-1+tb-1,lw-1}PV_t^{Darlehen}$

Tab. 8.1: Statistische Ausübungswahrscheinlichkeiten und Barwerte

Der Fair Value bei **statistischer Ausübung** ist dann die Summe der mit den Wahrscheinlichkeiten gewichteten Barwerten:

$$PV_{t_0}^{modifiziert} = \sum_{T=1}^{s-1} {}^{T}k^{K\ddot{u}ndigung} \cdot {}^{T}PV_{t_0}^{K\ddot{u}ndigung}$$

$$+ \sum_{T=s}^{lw} {}^{T}k^{Darlehensverzicht} \cdot {}^{T}PV_{t_0}^{Darlehensverzicht}$$

$$+ \sum_{T=s}^{lw-1} \sum_{st=T+1}^{T+tb-1} {}^{st,T}k^{Darlehen} \cdot {}^{st,T}PV_{t_0}^{Darlehen} \quad .$$

Der Fair Value bei **optionaler Ausübung** ist weiterhin der Optionswert aus finanzrationaler Sicht C_{t_0}.

Der Fair Value für den gesamten Bausparvertrag ist die gewichtete Summe aus dem Barwert des Zahlungsstroms bei statistischer Ausübung $PV_{t_0}^{modifiziert}$ und dem Optionswert bei optionaler Ausübung C_{t_0}. Dabei ist m der Anteil der Bausparer mit optionaler Ausübung der Optionen und wird hier als Aufteilungsfaktor bezeichnet. Die andere Bauspargruppe mit statistischem Ausübungsverhalten hat einen Anteil von $(1-m)$:

$$Fair\,Value_{t_0} = (1-m)PV_{t_0}^{modifiziert} + mC_{t_0}$$

mit $0 \leq m \leq 1$.

Der Aufteilungsfaktor m beschreibt die Verteilung der beiden heterogenen Bauspargruppen im Bausparkollektiv und ist aus Vergangenheitswerten der jeweiligen Bausparkasse zu ermitteln.

8.4.5 Modifizierter Optionswert durch Einbeziehung einer Zinsdifferenz

Eine weitere Möglichkeit, das tatsächliche Verhalten der Bausparer zu berücksichtigen, ist die Einführung einer Zinsdifferenz zwischen Soll- und Habenzinssätzen. Dabei wird die vorhandene Zinsstrukturkurve für die Habenzinssätze genutzt. Der Bausparer hat durch den Kauf von z. B. Bundesanleihen oder Pfandbriefen die Möglichkeit, vergleichbare Zinssätze bzw. Renditen zu erzielen. Jedoch erhält der Bausparer zu diesen Zinssätzen kein vergleichbares Hypothekendarlehen. In Abschnitt 6.6.3 konnte gezeigt werden, dass der durchschnittliche Effektivzins für ein Hypothekendarlehen mit 10-jähriger Laufzeit um ca. 1,2 % über den durchschnittlichen Renditen von Bundesanleihen mit 10-

jähriger Laufzeit liegt.[474] Die Sollzinssätze können beispielsweise aus der Summe der Habenzinssätze und einer Zinsdifferenz ermittelt werden. Diese Zinsdifferenz könnte als Risikozuschlag bzw. als Kreditzuschlag aus dem Zins für Hypothekendarlehen und dem Zins für laufzeitgleiche Bundesanleihen bestimmt werden.

Da die betrachteten Hypothekendarlehen erstrangig sind und Bauspardarlehen zweitrangig sein können, kann im Zuge der Vergleichbarkeit ein Zinsaufschlag berücksichtigt werden. Ein Zuschlag für einen höheren Beleihungswertauslauf, hier Beleihungswertzuschlag genannt, ist entsprechend den qualitativen Anforderungen insbesondere nach dem Grundsatz der Vorsicht und Neutralität zu bestimmen. Ein Beleihungswertzuschlag von $0,2$ % bis $0,3$ % könnte angemessen sein.[475]

Des Weiteren sind Transaktions- und Informationskosten des Bausparers zu berücksichtigen. Einerseits könnte ein fester Betrag als Optionsausübungsschwelle dienen. Nur wenn die Vorteilhaftigkeit der Optionsausübung über dieser Schwelle liegt, wird der Bausparer die Option ausüben. Andererseits könnten die Kosten auch in Prozent angegeben werden. Prozentuale Kosten vereinfachen die Berechnung, da dieser Prozentsatz einfach zu der bisherigen Zinsdifferenz addiert werden kann. Deshalb werden ein Transaktionskostenzuschlag und ein Informationskostenzuschlag jeweils in Prozent eingeführt.

Bei Hypothekendarlehen unter 50.000 € werden in der Regel Mindermengenzuschläge berücksichtigt. Da in Bausparverträgen keine Mindermengenzuschläge verlangt werden, kann dafür eine weitere Zinsdifferenz berücksichtigt werden.

Generell bereitet die Schätzung der Zinszuschläge praktische Schwierigkeiten, da diese nach dem Rahmenkonzept nicht willkürlich geschätzt werden dürfen. Bei der Schätzung ist das Vorsichtsprinzip einzuhalten, welches eine möglichst realitätsnahe Schätzung fordert.

Zur Berechnung des Optionswertes werden nun zwei Zinsstrukturen benötigt. Die am Markt beobachtbare Zinsstrukturkurve wird für die Habenzinssätze genutzt. Die Sollzinssätze errechnen sich aus der Addition der beobachtbaren Kapitalmarktzinsen und der Summe der oben beschriebenen Zinszuschläge:

---

[474] Siehe Abbildung 6.4.

[475] Vgl. PFEIFER (2003), BOCKHOLT (2004), S. 43.

Sollzinssatz = Habenzinssatz

   +Kreditzuschlag

   +Informationskostenzuschlag

   +Transaktionskostenzuschlag

   +Beleihungswertzuschlag

   +Mindermengenzuschlag .

Der Bausparoptionswert wird nun durch zwei Zinsbäume ermittelt. Der Zinsbaum mit den Sollzinssätzen dient dem Bausparer bei der Entscheidung, das Bauspardarlehen oder eine Hypothekendarlehen aufzunehmen. In den Optionsbewertungen ist somit der Referenzzahlungsstrom mit den Sollzinssätzen zu bewerten. Die weitere Optionsbewertung erfolgt dann wieder mit dem bisherigen Zinsbaum, der die Habenzinssätze widerspiegelt.

Das Ergebnis der Berücksichtigung von unterschiedlichen Soll- und Habenzinssätzen wird am Beispiel der Darlehensverzichtsoption deutlich. Im Folgenden werden die Darlehensverzichtsoptionswerte bei unterschiedlichen Zinsdifferenzen dargestellt:

Zinsdifferenz Soll- und Habenzinssätze	Optionswert Darlehensverzicht
0,00%	411 €
1,00%	203 €
1,25%	173 €
1,50%	144 €
1,75%	124 €
2,00%	112 €
2,50%	88 €
3,00%	64 €

Tab. 8.2: Optionswerte unter Berücksichtigung von Zinsdifferenzen

Durch die Berücksichtigung einer Zinsdifferenz zwischen Soll- und Habenzinssätzen verringert sich der Optionswert Darlehensverzicht erheblich. Schon durch eine Zinsdifferenz von einem Prozent ist der Optionswert weniger als die Hälfte des Optionswertes ohne Berücksichtigung einer Zinsdifferenz wert. Welche Zinsdifferenz für die Rechnungslegung verwendet wird, ist von der Bausparkasse festzulegen.

Ist der modifizierte Optionswert mittels Zinsdifferenz bestimmt, kann der Fair Value aus dem Barwert des tariflich als Regel vorgesehenen Zahlungsstroms und dem modifizierten Optionswert berechnet werden:

$$Fair\,Value_{t_0} = PV_{t_0} - C_{t_0}^{modifiziert}.$$

Mittels dieser Methode wird weiterhin angenommen, dass der Bausparer vermögensmaximierend handelt und Arbitragemöglichkeiten nutzt. Durch die realitätsnahe Zinsdifferenz zwischen Soll- und Habenzinssätze wird ein Risikoaufschlag modelliert. Dadurch wird das Arbitrageprinzip nicht in Frage gestellt. Zusätzlich wird vermieden, den Bausparer als „irrational" einzuschätzen bzw. evtl. emotionale Beweggründe der Bausparer zu beurteilen und in einem Faktor zu werten. Der große Vorteil dieser Methode liegt darin, dass nicht Verhaltensmuster aus der Vergangenheit in die Zukunft fortgeschrieben werden müssen. Selbstverständlich können die Zinsdifferenzen aufgrund von Änderungen der Marktgegebenheit angepasst werden.

Die Komplexität des Modells ist durch die Einführung einer Zinsdifferenz zwischen Soll- und Habenzinssätzen zwar gestiegen, jedoch bleibt das Modell mit den bisher genutzten Instrumenten anwendbar.

8.4.6 Kritische Würdigung der drei Vorschläge

Durch die modifizierte Bewertung der eingebetteten Optionen wurde eine Annäherung an das realistische Verhalten eines Bausparers erreicht. Kritisch zu beurteilen bleiben, insbesondere beim prozentualen Abschlag und bei der Ermittlung des statistischen Verhaltens, die subjektiven Annahmen. Bei der Optionsbewertung mittels einer Zinsdifferenz zwischen Soll- und Habenzinssätzen sind zwar die subjektiven Annahmen von geringerer Bedeutung, jedoch wird dabei nur der Kapitalmarktzins als alleinige Erklärungsvariable für das Verhalten der Bausparer herangezogen. Andere ökonomische Größen, wie z. B. die Arbeitslosigkeit, die Scheidungsquote und die Veränderung des Zinsniveaus, haben vermutlich auch Auswirkungen auf das Spar- und Finanzierungsverhalten der Bausparer. Ein Modell unter Einbeziehung aller ökonomischen Größen würde vermutlich den Rahmen sprengen und wäre nicht praktikabel.

Die entscheidende Frage ist, ob eines oder mehrere dieser Modelle oder gar ein anderes Modell sich als etabliertes Verfahren[476] durchsetzen kann und eine Fair

---

[476] Bewertung mittels Optionspreismodellen und diskontierten Zahlungsströmen sind im Allgemeinen etablierte Verfahren (IAS 39.100).

Value-Bewertung innerhalb einer engen Schwankungsbandbreite[477] ermöglicht. Dies wird die Praxis in Zukunft zeigen.

8.5 Zusammenfassung

Kapitalmarktorientierte Bausparkassen unterliegen ab 2005 der Verpflichtung, im Rahmen des Konzernabschlusses die Rechnungslegung nach IAS durchzuführen. Jedoch existieren keine expliziten Regelungen, wie Bausparverträge nach IAS zu bilanzieren sind, weshalb Interpretationen notwendig sind. Bausparverträge sind nach den IAS 32 und IAS 39, die für Finanzinstrumente relevant sind, zu bewerten. Ein weiteres Problem besteht darin, dass die IAS 32 und IAS 39 von der Europäischen Kommission nicht freigegeben wurden und zurzeit überarbeitet werden. Dies erhöht die Unsicherheit und den Interpretationsbedarf.

Für notwendige Interpretationen steht das Rahmenkonzept der IAS zur Verfügung. Darin sind die qualitativen Anforderungen, wie Verständlichkeit, Relevanz, Verlässlichkeit und Vergleichbarkeit, beschrieben.

In einer Arbeit von Apitzsch, Knüdeler und Weigel[478] wurde der Versuch unternommen, Bausparverträge entsprechend den aktuellen IAS 32 und IAS 39 zu bewerten. Die drei Autoren interpretieren die IAS so, dass die Bilanzierung der Bausparverträge nach dem Prinzip der fortgeführten Anschaffungskosten zu erfolgen hat. Jedoch konnte in der vorliegenden Arbeit gezeigt werden, dass die Interpretation auch anders ausfallen kann und dann nach dem Fair Value bilanziert werden muss. Überarbeitete IAS 32 und IAS 39 können selbstverständlich diese Interpretationen zukünftig wieder verändern.

Unabhängig davon, welches Bewertungsprinzip bei der Bilanzierung verwendet worden ist, fordert IAS 32.86 die Angabe des Fair Values für jede Klasse von finanziellen Vermögenswerten und finanziellen Verbindlichkeiten im Anhang. Deshalb ist die Berechnung eines Fair Values grundsätzlich notwendig. Zudem besteht für das Management eines Unternehmens gemäß IAS 39.9 das Wahlrecht, Bausparverträge in die Kategorie „At Fair Value through Profit or Loss" einzuordnen und generell zum Fair Value zu bilanzieren.

Bei der Berechnung des Fair Values sind auch die impliziten Optionen zu bewerten. Jedoch erscheinen die bisher definierten Annahmen für diese Zwecke nicht geeignet, da diese dem Vorsichtsprinzip nach IAS nicht genügen könnten.

---

[477] Vgl. IAS 39.95 i. V. m. IAS 39.102.

[478] APITZSCH/KNÜDELER/WEIGEL (2002); APITZSCH/KNÜDELER/WEIGEL (2003).

Durch die Annahme, dass keine Differenz zwischen Soll- und Habenzinssätzen vorhanden ist, könnten die Optionswerte für die Rechnungslegung zu hoch sein. Deshalb werden folgende drei Möglichkeiten zur Berechnung des Fair Values vorgeschlagen:

> Prozentualer Abschlag auf den Optionswert,

> Aufteilung in statistisches und optionales Verhalten,

> Einbeziehung unterschiedlicher Soll- und Habenzinsen im Options- baum.

Der Autor hält den prozentualen Abschlag unter den drei Möglichkeiten am wenigsten geeignet, da angenommen wird, dass der Bausparer Arbitragemög- lichkeiten wegen undefinierten Gründen nur zum Teil nutzen. Die beiden anderen Methoden berücksichtigen jedoch voraussichtlich mehr das reale Verhalten der Bausparer. Beide Methoden sind nach Meinung des Autors zu empfehlen. Der Vorteil bei der Methode der Einbeziehung unterschiedlicher Soll- und Habenzinssätzen liegt darin, dass kein vom Management subjektiv bestimmtes Verhalten der Bausparer unterstellt werden muss, da das Verhalten direkt aus dem Entscheidungsbaum vorgegeben ist und nur durch den Input der Kapitalmarktzinsen bestimmt ist. Nach diesem Vorschlag werden Arbitrage- möglichkeiten unter Einbeziehung von Zinsdifferenzen zwischen Soll- und Habenzinssätze genutzt. Diese Zinsdifferenzen können als Risikozuschlag interpretiert werden. Ein vom Kapitalmarkt unabhängiges Verhalten der Bauspa- rer einzubeziehen, birgt den Nachteil, dass dieses aus der Vergangenheit abgeleitet oder subjektiv eingeschätzt werden muss.

Die Berücksichtigung von unterschiedlichen Soll- und Habenzinssätzen zeigt am Beispiel der Darlehensverzichtsoption, dass der Optionswert stark abnimmt. Wird eine Zinsdifferenz zwischen Soll- und Habenzinssätze von einem Prozent im Beispiel angenommen, verringert sich der Optionswert um ca. die Hälfte. Bei einer Zinsdifferenz von zwei Prozent verringert sich der Optionswert auf ca. einem Viertel.

Die Argumente, den Fair Value nicht berechnen zu können, sind entkräftet. Eine Bewertung zum Fair Value bedeutet, dass die Gefahr einer managementorien- tierten[479] Rechnungslegung in Kauf genommen wird, um die Chance einer kapitalmarktorientierten Rechnungslegung zu wahren.

Welche der vorgeschlagenen Berechnungsmethoden sich durchsetzen wird, bleibt der Praxis überlassen.

---

[479] Vgl. LÜDENBACH in Haufe IAS-Kommentar § 28 Rz. 162.

9 Zusammenfassung und Ausblick

Ziel der Arbeit war es festzustellen, dass in Bauspartarifen zahlreiche implizite Optionen vorhanden sind und diese auch einen Wert haben. Die durchgeführte systematische Erfassung zeigt eine Vielzahl von möglichen impliziten Optionen. Die Liste der genannten Optionen kann jedoch nicht vollzählig sein, da der Erfindungsreichtum der Produktentwickler in den Bausparkassen nicht vorhersehbar ist. Deshalb wurde die Optionsbewertung allgemeingültig modelliert, damit auch zukünftige Optionen problemlos nach dem vorgestellten Modell bewertet werden können.

Zur Bewertung werden vorhandene Zinsstrukturmodelle genutzt. Da zahlreiche Zinsstrukturmodelle verfügbar sind, ist eine Auswahl zu treffen. Deshalb wurden zuerst Auswahlkriterien genannt, um für den jeweiligen Einsatzzweck das geeignete Zinsstrukturmodell zu nutzen. Im Wesentlichen muss bei der Auswahl ein Kompromiss gefunden werden hinsichtlich interner bzw. externer Konsistenz und dem numerischen Aufwand. Ein guter Kompromiss scheint das Hull-White-Modell (HW-Modell) zu sein, welches durch die diskrete Implementierung als Baumstruktur auch intuitiv leicht verständlich ist. Das HW-Modell wurde für die Optionsbewertung zu einem Stichtag kalibriert, d. h., ausgehend von der aktuellen Zinsstrukturkurve und den Marktdaten (hier Swaptions) werden die Parameter des HW-Modells bestimmt.

Die Modellierung der Optionsbewertung beruht auf der Annahme, dass die Bausparoptionen den Swaptions ähneln. Da das HW-Modell Swaptions bewerten kann, kann das gleiche Modell auch Bausparoptionen bewerten. Zur Bewertung wird ein mathematischer Erwartungsbarwert mittels eines Martingalmaßes (in einer risikoneutralen Welt) berechnet. Dazu wird in jedem Knoten im Zinsbaum für die jeweilige Bausparoption der mögliche Zahlungsstrom bestimmt und mit einem Referenzzahlungsstrom verglichen. Der jeweils vermögensmaximierende Zahlungsstrom wird für die Berechnung herangezogen.

Exemplarisch wurden die Kündigungsoption, die Darlehensoption, die Darlehensverzichtsoption mit und ohne Zinsbonus, die Fortsetzungsoption und die Sondertilgungsoption bewertet. Diese Optionen wurden einzeln und teilweise auch gemeinsam bewertet. Optionswerte von über zwei Prozent der Bausparsumme wurden berechnet. Als Spezialfall wurde auch das Bausparen als Festgeldanlage geschildert.

Für die Berechnung der impliziten Bausparoptionen sind viele Annahmen notwendig. Zentral sind die Annahme über einen festen Zuteilungstermin und die Annahme, dass Bausparer vorhandene Arbitragemöglichkeiten nutzen. Eine

Verschiebung des Zuteilungstermins seitens der Bausparkasse ist zwar theoretisch möglich, aber unter den vorhandenen Bedingungen nicht relevant. Gerade die bauspartechnischen Zuteilungssicherungsmaßnahmen haben das Ziel der Verstetigung der Wartezeit bis zur Zuteilung. Die aktuell geringen Anlagegrade sind ein nachhaltiges Indiz für eine Einhaltung der voraussichtlichen Zuteilungstermine. Die Annahme fester Zuteilungstermine ist also konsistent. Die Annahmen über den finanzrationalen Bausparer werfen dagegen mehrere Fragezeichen auf. Das tatsächliche Verhalten der Bausparer wird vom finanzrationalen Bausparer abweichen, da der reale Bausparer beispielsweise keine gleichen Soll- und Habenzinssätze zur Verfügung hat. Zusätzlich zur Zinsdifferenz von Soll- und Habenzinssätze, der als Kreditzuschlag interpretiert werden kann, können im Rahmen der Optionsbewertung noch weitere Zinszuschläge, wie ein Informationskostenzuschlag, ein Transaktionskostenzuschlag, ein Beleihungswertzuschlag und ein Mindermengenzuschlag berücksichtigt werden. Durch die Berücksichtigung der Friktionen bleibt das Prinzip der Arbitragefreiheit bestehen. Daneben existieren vermutlich eine Reihe emotionaler oder anderer Beweggründe, sich nicht finanzrational zu verhalten. Jedoch ist die Annahme der Finanzrationalität sehr hilfreich, da dadurch die obere Schranke des Optionswerts zweifelsfrei festgestellt werden kann.

Als Anwendungsbeispiel kann bei der Tarifkalkulation die möglichen Mindererträge durch die Berücksichtigung der Optionswerte untersucht werden. Den berechneten Optionswerten wurden die Ergebnisse der klassischen Kalkulationsmethoden iSKLV und die Ergebnisse der Markzinsmethode gegenübergestellt. Da die Optionswerte abhängig vom gewählten Tarif sind, wurden die Tarife mit unterschiedlichen Zinsniveaus, mit und ohne Zinsbonus und unterschiedlichen Kündigungsbedingungen untersucht. Als wesentlich ist hervorzuheben, dass Niedrigzinstarife die niedrigsten Optionswerte haben, ein hoher Zinsbonus vermieden werden soll und die Kündigungsbedingungen notwendig sind. Der Kündigungs-Diskont bringt eine wesentliche Steigerung des Ertragsbarwertes, wenn nicht schon nach kurzer Vertragslaufzeit gekündigt wird. Dagegen ist die Kündigungskarenzzeit nicht effizient. Die Optionswerte und das finanzrationale Verhalten der Bausparer verändern sich sehr stark unter Berücksichtigung der staatlichen Förderung. Beispielsweise gehen die Kündigungswahrscheinlichkeit und der Wert der Kündigungsoption gegen Null, wenn die Wohnungsbauprämie berücksichtigt wird. Damit kann den Bausparkassen ein zusätzliches Steuerungsinstrument als Entscheidungsunterstützung in der Geschäftspolitik zur Verfügung gestellt werden.

Die berechneten Optionswerte werden zudem für die Rechnungslegung nach IAS benötigt. Bei der Rechnungslegung nach IAS wird der Fair Value der Bausparverträge gesucht. Nach heutigem Wissensstand kann jedoch noch nicht gesagt werden, ob und wie der Fair Value im Einzelnen berechnet werden muss. Bei der Diskussion stehen die getroffenen Annahmen im Vordergrund. Neben der allgemeinen Kritik an Optionsmodellen steht die Kritik an der Annahme des festen Zuteilungstermins im Mittelpunkt. Die Kritik an Optionsmodellen im Allgemeinen und an die Bewertungsmethodik der Bausparoptionen im Speziellen scheint aber nicht durchgreifend zu sein. Nach Meinung des Autors sind die Fair Values der Bausparverträge nach der Optionswertmethode zu bestimmen. Jedoch widerspricht die Annahme der Finanzrationalität dem Vorsichtsprinzip, welches im Rahmenkonzept der IAS/IFRS beschrieben ist. Deshalb werden hier Vorschläge unterbreitet, wie anhand realer Annahmen der Optionswert berechnet werden kann und damit der Fair Value bestimmbar wird. Möglicherweise sind die einzelnen Vorschläge zu kombinieren.

Insgesamt konnte mit dieser Arbeit gezeigt werden, dass die berechneten Optionswerte sowohl bei der Tarifkalkulation gut integriert werden können als auch für die Bewertung nach IAS notwendig sind. Des Weiteren sind nach Meinung des Autors die Risiken, die durch die Bewertung der Bausparoptionen ersichtlich werden, im Rahmen der Baseler Eigenkapitalvereinbarung zu nennen. Im Rahmen der Optionsbewertung wurden Annahmen über die Entwicklung der Marktzinsen sowie bezüglich der Bewertung nach IAS zusätzlich die Annahmen über die Finanzrationalität modifiziert. Mögliche Abweichungen von diesen Annahmen sind im Rahmen eines Risikomanagements zu untersuchen. Dabei sind mögliche Änderungen der staatlichen Förderungen und Rückkoppelungen aus der Bauindustrie auf das Bausparwesen zu berücksichtigen. Die angenommene Zinsstruktur innerhalb der Beispielrechnungen bezieht sich auf eine Niedrigzinsphase. In einer Hochzinsphase und auch bei noch niedrigerem Zinsniveau ist das vorgestellte Optionsbewertungsprinzip weiterhin anwendbar. Jedoch werden die Ergebnisse andere sein. Diese Gedanken geben einen Ausblick über mögliche Schwerpunkte weiterer Arbeiten.

Besonders die allgemeine Modellierung der Optionsbewertung erlaubt die Bewertung sämtlicher Tarife und ist nicht nur auf die Bewertung des in dieser Arbeit verwendeten Mustertarifs beschränkt. Die Bausparkassen können mit diesem Konzept die Optionswerte ihrer Tarife selbst berechnen.

> *„Es ist nichts*
> *so stark,*
> *wie eine Idee,*
> *deren Zeit*
> *gekommen*
> *ist. "*
>
> *(Victor Hugo,*
> *1802-1885)*

10 Anhang

10.1 Mathematische Grundlagen

Hier werden die für diese Arbeit wesentlichen mathematischen Grundlagen und Definitionen benannt, obwohl dies lediglich eine Auswahl darstellen kann. Die Ausführungen sind knapp gehalten, da eine umfassende Darstellung den Rahmen dieser Arbeit sprengen würde. Allerdings wird auf einführende und weiterführende Literatur an der jeweiligen Stelle verwiesen.

Stetige Verzinsung[480]

Es werden die unterjährigen Zinszuschläge mit gleichen Zeitabständen betrachtet. Werden die Zinsperioden immer kleiner bzw. die Anzahl der Zeitabstände m immer größer, so nähert sich der Ausdruck

$$\left(1+\frac{1}{m}\right)^m$$

immer mehr der Zahl e, ohne sie jedoch zu überschreiten:

$$\lim_{m\to\infty}\left(1+\frac{1}{m}\right)^m = e\,.$$

Bei gegebener jährlicher Zinsintensität r und der Laufzeit t gilt:

$$\lim_{m\to\infty}\left(1+\frac{r}{m}\right)^{m\cdot t} = e^{r\cdot t}\,.$$

---

[480] Vgl. KOSIOL (1982), S. 58-63.

σ-Algebra[481]

Ein Mengensystem $\mathcal{A}$ von Teilmengen von Ω heißt σ-Algebra, wenn gilt:

$$\Omega \in \mathcal{A},$$

$$A \in \mathcal{A} \Rightarrow \overline{A} \in \mathcal{A},$$

$$A_n \in \mathcal{A} \text{ für } n \in \mathbb{N} \Rightarrow \bigcup_{n=1}^{\infty} A_n \in \mathcal{A}.$$

Wahrscheinlichkeitsmaß[482]

Gegeben sei ein messbarer Raum $(\Omega, \mathcal{A})$ bestehend aus der nichtleeren Menge Ω und einer σ–Algebra $\mathcal{A}$ von Teilmengen von Ω. Ein Wahrscheinlichkeitsmaß P ist eine auf $\mathcal{A}$ definierte Funktion mit Werten in [0, 1], welche den Bedingungen

$$P(A) \geq 0 \qquad\qquad \forall\ A \in \mathcal{A};$$

$$P(\Omega) = 1;$$

$$P\left(\bigcup_{n=1}^{\infty} A_n\right) = \sum_{n=1}^{\infty} P(A_n) \qquad \text{für disjunkte } A_n \in \mathcal{A},\ n \in \mathbb{N}\ (\sigma\text{-Additivität})$$

genügt.

Wahrscheinlichkeitsraum[483]

$(\Omega, \mathcal{A}, P)$ heißt Wahrscheinlichkeitsraum mit

Ω : Menge der möglichen Ereignisse bzw. Ergebnisse.

$\mathcal{A}$: Menge der möglichen Funktionen als System von Teilmengen aus Ω.

---

[481] Vgl. PFANZAGL (1991), S. 4; KRENGEL (2002), S. 128-130.

[482] Vgl. PFANZAGL (1991), S. 4; KRENGEL (2002), S. 3, 128-131.

[483] Vgl. KRENGEL (2002), S. 3 u. 130.

P : Wahrscheinlichkeitsverteilung, die jeder Menge $A \in \mathcal{A}$ eine Wahrscheinlichkeit $P(A)$ zuordnet.

Erwartungswert, Varianz[484]

Sei $(\Omega,\ P)$ ein diskreter Wahrscheinlichkeitsraum und X eine reelle Zufallsvariable, wobei $x_1, x_2, \ldots$ eine Aufzählung des Wertebereichs von X ist. Dann ist

$$E(X) = \sum_i x_i p_i \text{ mit } p_i = P(X = x_i)$$

der Erwartungswert von X und

$$Var(X) = \sum_i (x_i - E(X))^2 p_i$$

die Varianz von X.

Sei $(\Omega,\ P)$ ein stetiger Wahrscheinlichkeitsraum mit der Dichtefunktion $f(x)$, dann ist

$$E(X) = \int x\ f(x)\ dx$$

der Erwartungswert von X und

$$Var(X) = \int (x - E(X))^2 f(x) dx \equiv \sigma^2$$

die Varianz von X.

Der Erwartungswert ist eine Maßzahl für den Schwerpunkt einer Verteilung. Die Varianz ist eine Maßzahl für die Streuung um den Erwartungswert.

---

[484] Vgl. KRENGEL (2002), S. 46, S. 52 u. S. 145-147.

Wiener-Prozess[485]

Ein Wiener-Prozess W_t (auch Brownsche Bewegung genannt) ist ein stetiger stochastischer Prozess mit den Eigenschaften:

$$W_0 = 0.$$

Der Prozess beginnt bei Null.

$$W_t \sim \mathcal{N}(0,t) \quad \forall \ t \geq 0.$$

Jede Diskretisierung W_t ist normalverteilt mit dem Erwartungswert

$$E(W_t) = 0$$

und der Varianz

$$Var(W_t) = t.$$

Alle Zuwächse sind paarweise stochastisch unabhängig, d. h.

$W_{t_2} - W_{t_1}$ und $W_{t_4} - W_{t_3}$ sind unabhängig für alle $0 \leq t_1 < t_2 < t_3 < t_4$.

Dies bedeutet auch, dass die Vergangenheit irrelevant ist.

Allgemein gilt für $0 \leq s < t$ die Eigenschaft

$$W_t - W_s \sim \mathcal{N}(0, t-s),$$

also

$$E[W_t - W_s] = 0 \text{ und } Var[W_t - W_s] = t - s.$$

Der Wiener-Prozess ist sowohl ein Gauß-Prozess als auch ein Markov-Prozess.[486]

---

[485] Vgl. SEYDEL (2000), S. 17-20; WILKENS (2000), S. 75-80; SANDMANN (2001), S. 249-266; HULL (2003), S. 216-222.

[486] **Exkurs:** Der Botaniker Brown beobachtete erstmals 1827 die regellose, zitternde Bewegung von in einem Tropfen suspendierten Teilchen. Dieses durch regellose Stöße der Flüssigkeitsmoleküle hervorgerufene Phänomen wurde von Einstein 1905 physikalisch gedeutet und erstmals vom Mathematiker Wiener 1923 mathematisch exakt erfasst. Vgl. WILKENS (2000), S. 76.

Filtration[487]

Sei $(\Omega, \mathcal{A}, P)$ ein Wahrscheinlichkeitsraum und T der Betrachtungszeitraum.
Eine Familie von Unter-σ-Algebren $\mathcal{F}_t$ auf Ω heißt Filtration, wenn gilt:

$$\mathcal{F}_t \in \mathcal{A} \qquad \forall t \in T,$$

$$\mathcal{F}_{t_1} \subseteq \mathcal{F}_{t_2}, \quad t_1 \le t_2.$$

Betrachtet man die σ-Algebra als Informationsmenge mit den Informationen „bis in alle Ewigkeit", so besitzt die Filtration $\mathcal{F}_t$ nur die Informationen bis zum Zeitpunkt t. Da die σ-Algebren aufsteigend sind, gehen keine Informationen aus der Vergangenheit verloren.

Supremum[488]

Sei $(M, \le)$ eine geordnete Menge und $A \subseteq M$.

Ein Element $x \in M$ heißt **obere Schranke** von A, wenn gilt:

$$a \le x \text{ für alle } a \in A.$$

Gibt es ein $x \in A(!)$, wobei gilt:

$$a \le x \text{ für alle } a \in A,$$

so ist x das **Maximum** von A.

Hat A eine kleinste obere Schranke, so wird diese **Supremum** von A genannt (Beachte: Das Supremum muss nicht in der Menge A liegen).

---

[487] Vgl. BINGHAM/KIESEL (1998), S. 67-72; KORN/KORN (1999), S. 15-18; MUSIELA/ RUTKOWSKI (1998), S. 45, 326, 459. Ausführlich beschrieben und mit Beispielen erläutert bei REBONATO (2000), S. 452-466.

[488] Vgl. BRONSTEIN/SEMENDJAJEW/MUSIOL/MÜHLIG (2000), S. 623.

10.2 Verwendete Spotrates

Die folgenden Renditen von Nullkuponanleihen vom 18.03.2003 sind die Grundlage für den Zinsratenprozess des Hull-White-Modells. Die Implementierung ist im Kapitel 5 dargestellt. Die Renditen der Nullkuponanleihen stammen vom Informationslieferanten Thomson Financial aus der Online-Datenbank Datastream.

Laufzeit in Jahre	Spotrates	Laufzeit in Jahre	Spotrates
0,25	2,64%	8,25	4,22%
0,50	2,63%	8,50	4,26%
0,75	2,56%	8,75	4,29%
1,00	2,53%	9,00	4,33%
1,25	2,52%	9,25	4,36%
1,50	2,55%	9,50	4,39%
1,75	2,60%	9,75	4,42%
2,00	2,76%	10,00	4,45%
2,25	2,83%	10,25	4,48%
2,50	2,91%	10,50	4,50%
2,75	2,99%	10,75	4,53%
3,00	3,07%	11,00	4,56%
3,25	3,14%	11,25	4,58%
3,50	3,21%	11,50	4,61%
3,75	3,29%	11,75	4,64%
4,00	3,36%	12,00	4,66%
4,25	3,43%	12,25	4,68%
4,50	3,49%	12,50	4,70%
4,75	3,55%	12,75	4,72%
5,00	3,62%	13,00	4,74%
5,25	3,67%	13,25	4,75%
5,50	3,72%	13,50	4,77%
5,75	3,78%	13,75	4,79%
6,00	3,83%	14,00	4,81%
6,25	3,88%	14,25	4,83%
6,50	3,92%	14,50	4,85%
6,75	3,97%	14,75	4,87%
7,00	4,02%	15,00	4,89%
7,25	4,06%	15,25	4,90%
7,50	4,10%	15,50	4,91%
7,75	4,15%	15,75	4,92%
8,00	4,19%	16,00	4,93%

Tab. 10.1: Renditen von Nullkuponanleihen

10.3 Musterbedingungen

Als Grundlage der definierten Bausparoptionen dienen die Allgemeinen Bedingungen für Bausparverträge der privaten Bausparkassen[489] und der öffentlichen Bausparkassen/Landesbausparkassen[490], die auch Musterbedingungen genannt werden. Im Folgenden werden die beiden aktuellen Musterbedingungen gegenübergestellt:

MBBpB	MBBöB
Allgemeine Bedingungen für Bausparverträge der privaten Bausparkassen, Musterbedingungen (MBBpB), Stand: 10.05.1997.	**Allgemeine Bedingungen für Bausparverträge der öffentlichen Bausparkassen/Landesbausparkassen, Musterbedingungen (MBBöB), Stand: 09.10.1998.**
Präambel: **Inhalt und Zweck des Bausparens** Bausparen ist zielgerichtetes Sparen, um für wohnungswirtschaftliche Verwendungen Darlehen zu erlangen, deren Verzinsung niedrig, von Anfang an fest vereinbart und von Zinsschwankungen am Kapitalmarkt unabhängig ist. Durch den Abschluß eines Bausparvertrages wird man Mitglied einer Zwecksspargemeinschaft. Am Beginn steht dabei die Sparphase, also eine Leistung des Bausparers zugunsten der Gemeinschaft. Damit erwirbt der Sparer das Recht auf eine spätere Gegenleistung in Form des besonders zinsgünstigen Bauspardarlehens. Die Mittel hierfür stammen aus den von den Bausparern angesammelten Geldern, insbesondere den Spar- und Tilgungsleis-	Präambel: **Inhalt und Zweck des Bausparens** Bausparen ist zielgerichtetes Sparen, um für wohnungswirtschaftliche Verwendungen Da rlehen zu erlangen, deren Verzinsung niedrig, von Anfang an fest vereinbart und von Zinsschwankungen am Kapitalmarkt unabhängig ist. Durch den Abschluß eines Bausparvertrages wird der Bausparer Mitglied einer Zwecksspargemeinschaft. Am Beginn steht dabei die Sparphase, also eine Leistung des Bausparers zugunsten der Gemeinschaft. Damit erwirbt der Sparer das Recht auf eine spätere Gegenleistung in Form des besonders zinsgünstigen Bauspardarlehens. Die Mittel hierfür stammen aus den von den Bausparern angesammelten Geldern, insbesondere den Spar- und Tilgungsleis-

---

[489] Die Musterbedingungen für Bausparverträge der privaten Bausparkassen (MBBpB), Stand: 10.05.1997, sind u. a. in SCHÄFER/CIRPKA/ZEHNDER (1999), S. 572-580, veröffentlicht.

[490] Die Musterbedingungen für Bausparverträge der öffentlichen Bausparkassen (MBBöB), Stand: 09.10.1998, sind u. a. in SCHÄFER/CIRPKA/ZEHNDER (1999), S. 581-590, veröffentlicht.

tungen.

Der Bausparer schließt hierfür einen Bausparvertrag über eine bestimmte Bausparsumme ab. Hat er das im Vertrag vereinbarte Mindestguthaben angespart und bestand das Guthaben über eine ausreichende Zeitspanne, wird der Vertrag zugeteilt. Die Bausparkasse zahlt dann das angesparte Guthaben und – nach Beleihungs- und Bonitätsprüfung – das Bauspardarlehen aus. Die Bausparsumme ist also der Betrag, über den der Bausparer für seine Finanzierung mit Beginn der Darlehensphase verfügen kann.

Für die Reihenfolge der Zuteilung errechnet die Bausparkasse aus Sparsumme und Spardauer für jeden Bausparer eine Bewertungszahl. Der Bausparer beeinflußt also mit seinem Sparverhalten den Zeitpunkt der Zuteilung. Die Bausparer mit den höchsten Bewertungszahlen haben als erste Anspruch auf Zuteilung des Bausparvertrags.

Wofür Bauspardarlehen verwendet werden können, ist im Bausparkassengesetz geregelt. Der wichtigste Verwendungszweck ist der Erwerb von Wohneigentum durch Bau oder Kauf einer Wohnung oder eines Hauses. Zulässige wohnungswirtschaftliche Verwendungen sind zum Beispiel auch Aus- und Umbauten, Modernisierungen, Umschuldungen und der Erwerb von Altenwohnrechten.

tungen.

Der Bausparer schließt hierfür einen Bausparvertrag über eine bestimmte Bausparsumme ab. Hat er das im Vertrag vereinbarte Mindestsparguthaben angespart und bestand das Guthaben über eine ausreichende Zeitspanne, wird der Vertrag zugeteilt. Die Bausparkasse zahlt dann das angesparte Guthaben und – nach Beleihungs- und Bonitätsprüfung – das Bauspardarlehen aus. Die Bausparsumme ist also der Betrag, über den der Bausparer für seine Finanzierung mit Beginn der Darlehensphase verfügen kann.

Für die Reihenfolge der Zuteilung errechnet die Bausparkasse aus Sparsumme und Spardauer für jeden Bausparvertrag eine Bewertungszahl. Der Bausparer beeinflußt also mit seinem Sparverhalten den Zeitpunkt der Zuteilung. Die Bausparverträge mit den höchsten Bewertungszahlen werden als erste zugeteilt. Das Zuteilungsverfahren ist vom Bundesaufsichtsamt für das Kreditwesen genehmigt; über seine Einhaltung wacht ein von diesem Amt bestellter Vertrauensmann.

Wofür Bauspardarlehen verwendet werden können, ist im Bausparkassengesetz geregelt. Der wichtigste Verwendungszweck ist der Erwerb von Wohneigentum durch Bau oder Kauf einer Wohnung oder eines Hauses. Zulässige wohnungswirtschaftliche Verwendungen sind zum Beispiel auch Aus- und Umbauten, Modernisierungen, Umschuldungen und der Erwerb von Dauerwohnrechten.

Die nachfolgenden Allgemeinen Bedingungen für Bausparverträge regeln Rechte und Pflichten des Bausparers und der Bausparkasse. Sie dienen dem beiderseitigen Interesse und sollen die Gleichbehandlung aller Bausparer sicherstellen. Das Bundesaufsichtsamt für das Kreditwesen

Die vom Bausparer zu erbringenden Ent-
gelte/Gebühren und Zinsen sind in der
nachfolgenden Übersicht enthalten:

(Aufzählung der im jeweiligen Tarif
anfallenden Entgelte/Gebühren und Zinsen)

hat die erforderlichen Genehmigungen
erteilt.

Konditionenübersicht

Abschlußgebühr (bezogen auf die Bauspar-
summe):   %
Sparverzinsung: %
Agio (bezogen auf das Bauspardarlehen): %
Darlehenszins
- nominal: %
- effektiver Jahreszins ab Zuteilung gemäß
  Preisangabenverordnung   %

§ 1 Vertragsabschluß/Abschlußgebühr
(1) Die Bausparkasse bestätigt dem Bausparer unverzüglich die Annahme des Bau-
sparantrags und den Vertragsbeginn.
(2) Mit Abschluß des Bausparvertrages
wird eine Abschlußgebühr von ... vom
Hundert der Bausparsumme fällig. Eingehende Zahlungen werden zunächst auf die
Abschlußgebühr angerechnet. Die
Abschlußgebühr wird nicht – auch nicht
anteilig – zurückgezahlt oder herabgesetzt,
wenn der Bausparvertrag gekündigt, die
Bausparsumme ermäßigt oder nicht in
Anspruch genommen wird.

§ 1 Vertragsabschluß, Abschlußgebühr
(1) Die Bausparkasse bestätigt dem Bausparer unverzüglich den Abschluß des Bausparvertrages. Der Bausparvertrag kommt
mit dem Tage zustande, an dem der Antrag
auf Abschluß bei der Bausparkasse eingeht,
wenn sie nicht innerhalb von ... Wochen
widerspricht.
(2) Mit Abschluß des Bausparvertrages
wird eine Abschlußgebühr von ... v. H. der
Bausparsumme fällig. Eingehende Zahlungen werden zunächst auf die Abschlußgebühr angerechnet.
Die Abschlußgebühr wird nicht - auch nicht
anteilig - zurückgezahlt oder herabgesetzt.
Dies gilt auch, wenn der Bausparvertrag
gekündigt, die Bausparsumme ermäßigt
oder nicht voll in Anspruch genommen
wird.

§ 2 Sparzahlungen
(1) Der monatliche Bausparbeitrag bis zur
ersten Auszahlung aus der zugeteilten
Bausparsumme beträgt ... vom Tausend der
Bausparsumme (Regelsparbeitrag).
(2) Die Bausparkasse kann die Annahme
von Sonderzahlungen von ihrer Zustimmung abhängig machen.
(3) Hat der Bausparer ... Regelsparbeiträge
unter Anrechnung von Sonderzahlungen
nicht geleistet und ist er der schriftlichen

§ 2 Sparzahlungen
(I) Der monatliche Bausparbeitrag bis zur
ersten Auszahlung aus der zugeteilten
Bausparsumme beträgt ... v. T. der Bausparsumme (Regelsparbeitrag).
(2) Die Bausparkasse kann die Annahme
von Sonderzahlungen von ihrer Zustimmung abhängig machen.
(3) Hat der Bausparer ... Regelsparbeiträge
unter Anrechnung von Sonderzahlungen
nicht geleistet und ist er der schriftlichen

Aufforderung der Bausparkasse zur Nachzahlung länger als ... Monate nicht nachgekommen, kann die Bausparkasse den
Bausparvertrag kündigen.

§ 3 Verzinsung des Sparguthabens
(1) Das Bausparguthaben wird mit ... vom
Hundert jährlich verzinst.
(2) Die Zinsen werden dem Bausparguthaben jeweils am Ende des Kalenderjahres
gutgeschrieben. Sie werden nicht gesondert
ausgezahlt.

§ 4 Zuteilung des Bausparvertrages
(1) Die Zuteilung des Bausparvertrages ist
eine Voraussetzung für die Auszahlung der
Bausparsumme. Die Zuteilung wird dem
Bausparer mitgeteilt mit der Aufforderung,
innerhalb von vier Wochen ab Datum der
Zuteilung zu erklären, ob er die Rechte aus
der Zuteilung wahrnimmt (Zuteilungsannahme).
(2) Die Bausparkasse nimmt die Zuteilungen jeweils am letzten Tag eines jeden
Monats vor (Zuteilungstermin). Um die
zuzuteilenden Bausparverträge zu ermitteln,
geht die Bausparkasse wie folgt vor:
a) Die Zuteilungstermine der Kalender-
quartale werden zu Zuteilungsperioden
zusammengefaßt. Jeder Zuteilungsperiode
ist ein Bewertungsstichtag zugeordnet. Der
zugehörige Bewertungsstichtag für die
Zuteilungsperiode für das erste Kalenderquartal ist der 30.09. des Vorjahres, für das
zweite Kalenderquartal der 31.12. des
Vorjahres, für das dritte Kalenderquartal
der 31.03. des laufenden Jahres und für das
vierte Kalenderquartal der 30.06. des
laufenden Jahres.
b) An den Bewertungsstichtagen wird
jeweils die Bewertungszahl als Maß für die

Aufforderung der Bausparkasse zur Nachzahlung länger als... Monate nicht nachgekommen, kann die Bausparkasse den
Bausparvertrag kündigen.

§ 3 Verzinsung des Sparguthabens
(1) Das Bausparguthaben wird mit ... v. H.
jährlich verzinst; dies gilt auch für Guthaben, das die Bausparsumme übersteigt.
(2) Die Zinsen werden dem Bausparguthaben jeweils am Ende des Kalenderjahres
oder bei Auszahlung des gesamten Bausparguthabens gutgeschrieben. Sie werden
nicht gesondert ausgezahlt.

§ 4 Zuteilung des Bausparvertrages
(1) Die Zuteilung ist die Bereitstellung der
Bausparsumme zum Zuteilungstermin
(Abs. 4) nach dem vom Bundesaufsichtsamt für das Kreditwesen genehmigten
Verfahren.
(2) Voraussetzung für die Zuteilung ist, daß
an einem Bewertungsstichtag (Abs. 3)
a) der Antrag des Bausparers auf Zuteilung
vorliegt,
b) mindestens ... Monate seit dem ... des
Monats, in dem der Bausparvertrag abgeschlossen wurde, vergangen sind (Mindestsparzeit),
c) das Bausparguthaben mindestens ... v. H.
der Bausparsumme beträgt (Mindestsparguthaben)
d) und die Bewertungszahl (Abs. 5) mindestens die von der Bausparkasse nach den
jeweils verfügbaren Mitteln errechnete
Zielbewertungszahl erreicht. Die Zielbewertungszahl ist die niedrigste zur Zuteilung ausreichende Bewertungszahl; sie muß
mindestens ... betragen (Mindestbewertungszahl).
(3) Bewertungsstichtage sind der ..., der ...,
der ... und der ...
(4) Der Zeitpunkt der Zuteilung (Zutei-

Sparleistung des Bausparers ermittelt. Die Bewertungszahl des einzelnen Bausparvertrages ist die Summe sämtlicher Habensalden (jeweilige Höhe des Bausparguthabens) an den vom Bausparvertrag schon durchlaufenen Bewertungsstichtagen, multipliziert mit dem Bewertungszahlfaktor ..., geteilt durch die Bausparsumme.

c) Für Zuteilungen innerhalb einer Zuteilungsperiode können nur die Bausparverträge berücksichtigt werden, bei denen am zugehörigen Bewertungsstichtag seit Vertragsbeginn ... Monate verflossen sind (Mindestsparzeit), das Bausparguthaben des Vertrages mindestens ... vom Hundert der Bausparsumme (Mindestsparguthaben) erreicht hat und die Bewertungszahl mindestens ... (Mindestbewertungszahl) beträgt.

d) Die Bausparkasse errechnet aus den für die Zuteilung verfügbaren Mitteln für jeden Zuteilungstermin eine Zielbewertungszahl. Dies ist die niedrigste Bewertungszahl, die zur Zuteilung reicht.

lungstermin) liegt jeweils ... bis ... Monate nach dem Bewertungsstichtag; innerhalb dieser Zeitspanne richtet sich die Reihenfolge der Zuteilung nach der Höhe der Bewertungszahl. Bausparverträge mit höherer Bewertungszahl haben den Vorrang. Zuteilungstermine sind

der ..., der ... und der ... nach dem Bewertungsstichtag ...;

der ..., der ... und der ... nach dem Bewertungsstichtag ...;

der ..., der ... und der ... nach dem Bewertungsstichtag ...;

der ..., der ... und der ... nach dem Bewertungsstichtag ...

(5) Die Bewertungszahl ist das Maß für die Sparleistung des Bausparers. Sie errechnet sich wie folgt:

Zunächst wird die Summe von Bausparguthaben und dem ...fachen Betrag der in ihm enthaltenen Zinsen gebildet; diese Summe wird durch ... v. T. der Bausparsumme geteilt; das Ergebnis ist die Bewertungszahl.

Die bis zum Bewertungsstichtag angefallenen, aber im Bausparguthaben noch nicht enthaltenen Zinsen werden bei der Ermittlung der Bewertungszahl wie bereits gutgeschriebene Zinsen berücksichtigt.

(6) Die Bausparkasse benachrichtigt den Bausparer von der bevorstehenden Zuteilung seines Bausparvertrages.

§ 5 Nichtannahme der Zuteilung; Vertragsfortsetzung

(1) Der Bausparer kann die Annahme der Zuteilung widerrufen, solange die Auszahlung der Bausparsumme noch nicht begonnen hat.

(2) Nimmt der Bausparer die Zuteilung nicht fristgemäß an oder wird die Annahme der Zuteilung widerrufen, wird der Vertrag fortgesetzt.

§ 5 Verzicht auf die Zuteilung; Vertragsfortsetzung

(1) Der Bausparer kann auf die Zuteilung verzichten, solange die Auszahlung der Bausparsumme noch nicht begonnen hat.

(2) Verzichtet der Bausparer auf die Zuteilung, wird sein Vertrag fortgesetzt.

(3) Setzt der Bausparer seinen Vertrag fort, kann er seine Rechte aus der Zuteilung jederzeit wieder geltend machen. In diesem

(3) Setzt der Bausparer seinen Vertrag fort, kann er seine Rechte aus der Zuteilung jederzeit wieder geltend machen. In diesem Fall ist der Bausparvertrag bei dem Zuteilungstermin, der dem Ablauf von ... Monaten nach Eingang seiner Erklärung folgt, vorrangig zu berücksichtigen.

Falle ist der Bausparvertrag bei dem Zuteilungstermin, der dem Ablauf von ... Monaten nach Eingang seiner Erklärung folgt, vorrangig zu berücksichtigen.

§ 6 Bereitstellung von Bausparguthaben und Bauspardarlehen

(1) Mit Annahme der Zuteilung stellt die Bausparkasse dem Bausparer sein Bausparguthaben und das Bauspardarlehen bereit. Danach kann der Bausparer über das Bausparguthaben jederzeit, über das Bauspardarlehen nach Erfüllung der Voraussetzungen des § 7 verfügen. Die Höhe des Bauspardarlehens errechnet sich aus dem Unterschied zwischen Bausparsumme und Bausparguthaben.

(2) Für das bereitgehaltene Bauspardarlehen kann die Bausparkasse von dem ... auf die Bereitstellung folgenden Monatsersten an ... vom Hundert Zins jährlich verlangen.

§ 6 Bereitstellung von Bausparguthaben und Bauspardarlehen

(1) Vom Zeitpunkt der Zuteilung an stellt die Bausparkasse dem Bausparer sein Bausparguthaben und das Bauspardarlehen bereit. Danach kann der Bausparer über das Bausparguthaben jederzeit, über das Bauspardarlehen nach Erfüllung der Voraussetzungen des § 7 ABB verfügen. Die Höhe des Bauspardarlehens errechnet sich aus dem Unterschied zwischen Bausparsumme und Bausparguthaben.

(2) Für das bereitgehaltene Bauspardarlehen kann die Bausparkasse von dem .. auf die Bereithaltung folgenden Monatsersten an ... v. H. Zins jährlich verlangen.

§ 7 Darlehensvoraussetzungen/ Sicherheiten

(1) Die Bausparkasse hat einen Anspruch auf die Bestellung ausreichender Sicherheiten für ihre Forderungen aus dem Bauspardarlehen. In der Regel sind die Forderungen durch ein Grundpfandrecht an einem überwiegend Wohnzwecken dienenden inländischen Pfandobjekt zu sichern. Die Sicherung an einem Pfandobjekt in einem anderen Mitgliedsstaat der Europäischen Union oder einem anderen Vertragsstaat des Abkommens über den Europäischen Wirtschaftsraum ist möglich.

(2) Das Bauspardarlehen darf zusammen mit vor- oder gleichrangigen Belastungen 80 v. H. des von der Bausparkasse ermittelten Beleihungswertes nicht übersteigen.

§ 7 Darlehensvoraussetzungen/ Sicherstellung

(1) Bauspardarlehen sind in der Regel durch Grundpfandrechte an inländischen Pfandobjekten (Grundstücke oder grundstücksgleiche Rechte) zu sichern. Das Bauspardarlehen kann mit Zustimmung der Bausparkasse auch durch ein Grundpfandrecht an einem Pfandobjekt in einem anderen Mitgliedsstaat der Europäischen Union oder einem anderen Vertragsstaat des Abkommens über den Europäischen Wirtschaftsraum gesichert werden. Dient als Sicherheit eine Grundschuld, werden alle Zahlungen auf das Bauspardarlehen und nicht auf die Grundschuld angerechnet.

(2) Das durch Grundpfandrecht zu si-

Die Bausparkasse ermittelt den Beleihungswert in der Regel aufgrund einer Schätzung durch einen von ihr zu bestimmenden Sachverständigen, der auch aus ihrem Hause kommen kann.

(3) Die Gesamtfinanzierung muß gesichert sein. Der Nachweis für die Brandversicherung zum gleitenden Neuwert kann gefordert werden.

(4) Unabhängig von der Sicherung ist Voraussetzung für die Darlehensgewährung die Kreditwürdigkeit und der Nachweis, daß die Monatsraten (§ 11 Abs. 2) ohne Gefährdung sonstiger Verpflichtungen erbracht werden können.

(5) Die Bausparkasse kann für ihre persönlichen und dinglichen Ansprüche die Unterwerfung unter die sofortige Zwangsvollstreckung verlangen.

(6) Gehen dem Grundpfandrecht der Bausparkasse Grundpfandrechte Dritter im Range vor oder haben Grundpfandrechte Dritter den gleichen Rang wie das Grundpfandrecht der Bausparkasse, kann sie verlangen, daß
- der Grundstückseigentümer seine Ansprüche gegen vor- oder gleichrangige Grundschuldgläubiger auf Rückgewähr der Grundschuld (Anspruch auf Löschung oder Rückabtretung der Grundschuld, Verzicht auf die Grundschuld sowie Zuteilung eines etwaigen Mehrerlöses in der Zwangsversteigerung) an sie abtritt und
- vor- oder gleichrangige Grundschuldgläubiger erklären, die zu ihrer Sicherheit dienenden Grundschulden nur für bereits ausgezahlte Darlehen in Anspruch zu nehmen (sog. Einmalvalutierungserklärung).

(7) Ist der Bausparer verheiratet, kann die Bausparkasse verlangen, daß der Ehegatte des Bausparers als Gesamtschuldner beitritt. Dies gilt nicht, wenn die Mitver-

chernde Bauspardarlehen darf zusammen mit vor- und gleichrangigen Belastungen 80 v. H. des von der Bausparkasse ermittelten Beleihungswertes des Pfandobjektes nicht übersteigen.

(3) Die Gesamtfinanzierung muß gesichert sein. Der Nachweis für eine Gebäudeversicherung zum gleitenden Neuwert kann gefordert werden.

(4) Unabhängig von der Sicherung ist Voraussetzung für die Darlehensgewährung die Kreditwürdigkeit und der Nachweis, daß die Zins- und Tilgungsbeiträge (§ 11 Abs. 2) ohne Gefährdung sonstiger Verpflichtungen erbracht werden können.

(5) Die Bausparkasse ist berechtigt, die für das Bauspardarlehen geleisteten Sicherheiten für alle gegenwärtigen und künftigen Forderungen gegen den Bausparer in Anspruch zu nehmen, auch wenn diese nur für eine Forderung bestellt worden sind, es sei denn, daß die Haftung für andere Forderungen ausdrücklich ausgeschlossen worden ist.

(6) Die Bausparkasse kann für ihre persönlichen und dinglichen Ansprüche die Unterwerfung unter die sofortige Zwangsvollstreckung verlangen.

(7) Gehen dem Grundpfandrecht der Bausparkasse Grundpfandrechte Dritter im Range vor oder haben Grundpfandrechte Dritter den gleichen Rang wie das Grundpfandrecht der Bausparkasse, so kann sie verlangen, daß
(a) der Grundstückseigentümer seine Ansprüche gegen vor- oder gleichrangige Grundschuldgläubiger auf Rückgewähr der Grundschuld (Anspruch auf Löschung oder Rückabtretung der Grundschuld, Verzicht auf die Grundschuld sowie Zuteilung eines etwaigen Mehrerlöses in der Zwangsversteigerung) an sie abtritt und
(b) vor- oder gleichrangige Grundschuld-

pflichtung des Ehegatten unter Berücksichtigung aller Umstände des Einzelfalls nicht gerechtfertigt ist.

(8) Weitere Darlehensvoraussetzungen werden in den "Darlehensbedingungen" geregelt, die bei Abschluß des Darlehensvertrages vereinbart werden.

gläubiger erklären, die zu ihrer Sicherheit dienenden Grundschulden nur für bereits ausgezahlte Darlehen in Anspruch zu nehmen (sog. Einmalvalutierungserklärung).

(8) Ist der Bausparer verheiratet, kann die Bausparkasse verlangen, daß der Ehegatte des Bausparers als Gesamtschuldner beitritt. Dies gilt nicht, wenn die Mitverpflichtung des Ehegatten unter Berücksichtigung aller Umstände des Einzelfalles nicht gerechtfertigt ist.

(9) Reichen die Sicherheiten oder die wirtschaftlichen Verhältnisse des Bausparers für eine Darlehenszusage nicht aus, kann der Bausparer nur die Auszahlung des Bausparguthabens verlangen. Damit endet das Vertragsverhältnis.

§ 8 Risikolebensversicherung

(Regelungen zur fakultativen Risikolebensversicherung)

§ 8 Risikolebensversicherung

§ 9 Auszahlung des Bauspardarlehens

(1) Der Bausparer kann die Auszahlung des Bauspardarlehens nach Erfüllung der Voraussetzungen gem. § 7 ABB entsprechend dem Baufortschritt verlangen.

(2) Sind die Auszahlungsvoraussetzungen erfüllt, hat jedoch der Bausparer das Darlehen innerhalb von zwei Jahren nach Annahme der Zuteilung nicht voll abgerufen, wird die Bausparkasse dem Bausparer eine letzte Frist von ... Monaten für den Abruf des Darlehens setzen. Ist auch nach Ablauf dieser Frist das Darlehen nicht voll abgerufen, ist die Bausparkasse zu einer Auszahlung nicht mehr verpflichtet, es sei denn, der Bausparer hat die Verzögerung nicht zu vertreten. Die Bausparkasse wird den Bausparer bei Fristsetzung auf diese Rechtsfolge hinweisen.

§ 9 Auszahlung des Bauspardarlehens

(1) Der Bausparer kann die Auszahlung des Bauspardarlehens nach Erfüllung der Voraussetzungen gem. § 7 ABB entsprechend dem Baufortschritt verlangen.

(2) Hat der Bausparer das Bauspardarlehen innerhalb einer Frist von ... nach Zuteilung nicht voll abgerufen, kann die Bausparkasse ihm eine letzte Frist von ... Monaten für den Abruf setzen. Ist auch nach Ablauf dieser Frist das Bauspardarlehen nicht voll abgerufen, ist die Bausparkasse zu einer Auszahlung nicht mehr verpflichtet, es sei denn, der Bausparer hat die Verzögerung nicht zu vertreten. Die Bausparkasse hat den Bausparer bei Fristsetzung auf diese Rechtsfolge hinzuweisen.

§ 10 Darlehensgebühr

Mit Beginn der Darlehensauszahlung wird eine Darlehensgebühr in Höhe von ... vom Hundert des Bauspardarlehens fällig und dem Bauspardarlehen zugeschlagen (Darlehensschuld).

§ 11 Verzinsung und Tilgung des Bauspardarlehens

(1) Der Zinssatz für das Bauspardarlehen (Darlehensschuld) beträgt ... vom Hundert jährlich (effektiver Jahreszins ab Zuteilung nach der Preisangabenverordnung siehe ...). Die Bausparkasse berechnet die Zinsen monatlich auf der Grundlage taggenauer Verrechnung aller Zahlungseingänge und Belastungen. Die Zinsen sind jeweils am Monatsende fällig.

(2) Zur Verzinsung und Tilgung der Darlehensschuld hat der Bausparer monatlich – Eingang jeweils bis zum letzten Geschäftstag des Kalendermonats – ... vom Tausend der Bausparsumme (Monatsrate) zu zahlen. Durch die fortschreitende Tilgung der Darlehensschuld verringern sich die in den Monatsraten enthaltenen Zinsen zugunsten der Tilgung. (Alternativ zusätzlich: Zusammen mit der Monatsrate ist gegebenenfalls zusätzlich der Versicherungszuschlag (§ 8 ABB) zu leisten.)

(3) Entgelte/Gebühren, Auslagen und gegebenenfalls Versicherungsbeiträge werden der Darlehensschuld zugeschlagen und wie diese verzinst und getilgt.

(4) Die erste Monatsrate ist im ...ten Monat nach vollständiger Auszahlung des Bauspardarlehens, bei Teilauszahlung spätestens im ...ten Monat nach der ersten Teilauszahlung zu zahlen. Die Bausparkasse teilt dem Bausparer die Fälligkeit der ersten Monatsrate mit.

(5) Der Bausparer ist berechtigt, jederzeit

§ 10 Agio

Bei Beginn der Darlehensauszahlung wird ein Agio in Höhe von ... v. H. des Bauspardarlehens fällig. Das Agio wird dem Bauspardarlehen zugeschlagen und erhöht damit die Darlehensschuld.

§ 11 Verzinsung und Tilgung des Bauspardarlehens

(1) Die Darlehensschuld ist mit ... v. H. jährlich zu verzinsen (effektiver Jahreszins ab Zuteilung nach der Preisangabenverordnung ... v. H.). Die Bausparkasse berechnet die Zinsen monatlich auf der Grundlage taggenauer Verrechnung aller Zahlungseingänge und Belastungen. Die Zinsen sind jeweils am Monatsende fällig.

(2) Zur Verzinsung und Tilgung der Darlehensschuld hat der Bausparer monatlich – Eingang jeweils bis zum letzten Geschäftstag des Kalendermonats – ... v. T. der Bausparsumme (Zins- und Tilgungsbeitrag) zu zahlen. Durch die fortschreitende Tilgung verringern sich die in den Zins- und Tilgungsbeiträgen enthaltenen Zinsen zugunsten der Tilgung.

(3) Der erste Zins- und Tilgungsbeitrag ist im ...ten Monat nach vollständiger Auszahlung des Bauspardarlehens, bei Teilauszahlung im ...ten Monat nach der ersten Teilauszahlung zu zahlen.

(4) Entgelte, Auslagen und gegebenenfalls Versicherungsbeiträge werden der Darlehensschuld zugeschlagen und wie diese verzinst und getilgt.

(5) Verzichtet der Bausparer auf einen Teil des Bauspardarlehens, so kann er verlangen, daß die Bausparsumme anteilig – auf volle 1.000 ... aufgerundet – herabgesetzt wird.

(6) Der Bausparer ist berechtigt, jederzeit Sondertilgungen zu leisten. Er kann verlan-

Sondertilgungen zu leisten. Zahlt der Bausparer den 10. Teil des Anfangsdarlehens / 5. Teil des Restdarlehens oder mehr in einem Betrag, mindestens aber ... DM als Sondertilgung zurück, so kann er verlangen, daß die Monatsrate im Verhältnis des neuen zum bisherigen Restdarlehen herabgesetzt wird.

gen, daß die Bausparkasse die Bausparsumme im Verhältnis der Sondertilgung zur Restschuld herabsetzt, wenn er in einem Betrag mindestens ... v. H. des Restdarlehens, aber nicht weniger als ... tilgt. Die Bausparsumme wird dabei auf volle 1.000 ... aufgerundet.

§ 12 Kündigung des Bauspardarlehens durch die Bausparkasse

Die Bausparkasse kann das Darlehen nur dann zur sofortigen Rückzahlung kündigen, wenn

a) der Bausparer mit fälligen Leistungen in Höhe von mindestens zwei Monatsraten in Verzug geraten ist und diese Leistungen auch nach Zugang einer schriftlichen Mahnung, in der auf die Kündigungsmöglichkeit hingewiesen wird, nicht innerhalb ... gezahlt hat,

b) der Wert der Sicherheiten sich so vermindert hat, daß keine ausreichende Sicherung des Bauspardarlehens mehr besteht und trotz Aufforderung weitere Sicherheiten innerhalb angemessener Frist nicht erbracht werden,

c) eine wesentliche Verschlechterung der Vermögenslage des Bausparers, eines Mitschuldners oder eines Bürgen eintritt oder bevorsteht und dadurch die Rückzahlung des Bauspardarlehens gefährdet ist,

d) für die Darlehensgewährung wesentliche Angaben unzutreffend oder unvollständig gemacht worden sind.

§ 12 Kündigung des Bauspardarlehens durch die Bausparkasse

Die Bausparkasse kann das Bauspardarlehen nur dann zur sofortigen Rückzahlung kündigen, wenn

a) der Bausparer mit fälligen Leistungen in Höhe von mindestens zwei Zins- und Tilgungsbeiträgen (§ 11 Abs. 2 ABB) in Verzug ist und er diese Leistungen auch nach einer schriftlichen Mahnung, in der auf die Kündigungsmöglichkeit hingewiesen wird, nicht innerhalb von ... gezahlt hat;

b) keine ausreichende Sicherung des Bauspardarlehens mehr besteht und der Bausparer trotz Aufforderung weitere Sicherheiten nicht innerhalb angemessener Frist stellt;

c) eine wesentliche Verschlechterung der Vermögenslage des Bausparers, eines Mitschuldners oder eines Bürgen eintritt oder bevorsteht und dadurch die Rückzahlung des Bauspardarlehens gefährdet ist oder

d) für die Darlehensgewährung wesentliche Angaben unzutreffend oder unvollständig gemacht worden sind.

§ 13 Teilung, Zusammenlegung, Ermäßigung, Erhöhung von Bausparverträgen

(1) Teilungen, Zusammenlegungen, Ermäßigungen oder Erhöhungen von Bausparverträgen bedürfen als Vertragsänderungen der Zustimmung der Bausparkasse.

§ 13 Erhöhung, Ermäßigung, Zusammenlegung und Teilung

(1) Auf Wunsch des Bausparers wird die Bausparsumme erhöht oder ermäßigt. Ferner kann der Bausparer Bausparverträge teilen oder Bausparverträge gleicher Vertragsmerkmale zusammenlegen lassen.

(2) Bei einer Teilung werden Bausparsumme und Bausparguthaben nach Wahl des Bausparers auf neu gebildete Verträge aufgeteilt. Die Bewertungszahl (§ 4 Abs. 2b) wird neu berechnet; die Summe der Habensalden wird im Verhältnis der Guthaben auf die neu gebildeten Verträge verteilt. Geteilte Verträge können frühestens ... Monate nach der Teilung zugeteilt werden.

(3) Bei einer Zusammenlegung werden Bausparsummen, Bausparguthaben und Summe der Habensalden (§ 4 Abs. 2) mehrerer Verträge zu einem Vertrag zusammengefaßt, der den Vertragsbeginn des ältesten der zusammengefaßten Verträge erhält. Der neu gebildete Vertrag kann frühestens ... Monate nach dem Vertragsbeginn des jüngsten der zusammengelegten Verträge zugeteilt werden.

(4) Bei einer Ermäßigung wird die erreichte Bewertungszahl (§ 4 Abs. 2b) im Verhältnis der bisherigen zu der neuen Bausparsumme heraufgesetzt. Ein ermäßigter Vertrag kann frühestens ... Monate nach der Ermäßigung zugeteilt werden.

(5) Bei einer Erhöhung wird eine Abschlußgebühr von ... vom Hundert des Betrages, um den die Bausparsumme erhöht wird, berechnet und dem Bausparkonto belastet. Die erreichte Bewertungszahl (§ 4 Abs. 2b) wird im Verhältnis der bisherigen zu der neuen Bausparsumme herabgesetzt. Ein erhöhter Vertrag kann frühestens ... Monate nach der Erhöhung zugeteilt werden.

Bei Erhöhung, Ermäßigung und Zusammenlegung berechnet die Bausparkasse aufgrund der geänderten Bausparsumme die Bewertungszahl zum nächsten Bewertungsstichtag neu. Dabei kürzt die Bausparkasse die so ermittelte Bewertungszahl um bis zu ... %. Für die folgenden Bewertungsstichtage baut die neue Bewertungszahl auf der so gekürzten Bewertungszahl auf. (Alternative: Ein erhöhter, ermäßigter oder zusammengelegter Bausparvertrag wird frühestens ... Monate nach der Änderung zugeteilt.)

(2) Bei der Erhöhung der Bausparsumme wird eine Abschlußgebühr in Höhe von ... v. H. des Betrages, um den die Bausparsumme erhöht wird, berechnet und dem Bausparkonto belastet.

Der Bausparer kann auch die Bausparsumme eines bereits zugeteilten Bausparvertrages erhöhen, wenn die Bausparkasse mit der Auszahlung noch nicht begonnen hat. Mit der Erhöhung der Bausparsumme erlischt die Zuteilung.

Die Erhöhung der Bausparsumme kann nicht mehr verlangt werden, wenn die Bausparkasse den vereinbarten Bauspartarif nicht mehr in ihrer aktuellen Produktpalette anbietet.

(3) Bei der Zusammenlegung von Bausparverträgen, die noch nicht zugeteilt sind, bestimmt sich die Mindestsparzeit (§ 4 Abs. 2c ABB) des neuen Vertrages nach dem Vertragsbeginn des ... (jüngsten/ältesten) der zusammengelegten Verträge.

(4) Bei einer Teilung der Bausparsumme wird das Bausparguthaben entsprechend dem Verhältnis der neu entstehenden Bausparsummen aufgeteilt. Die Bewertungszahl ändert sich hierdurch nicht.

§ 14 Vertragsübertragung, Abtretung und Verpfändung

Der Bausparer kann sein Kündigungsrecht und den Anspruch auf Rückzahlung des Bausparguthabens abtreten oder verpfänden. Die Abtretung, Verpfändung und Übertragung anderer Rechte bedarf der Zustimmung der Bausparkasse. Einer Übertragung aller Rechte und Pflichten aus dem Vertrag (Vertragsübertragung) stimmt die Bausparkasse in der Regel zu, wenn der Übernehmer ein Angehöriger (§ 15 Abgabenordnung) des Bausparers ist.

§ 15 Kündigung des Bausparvertrages durch den Bausparer, Rückzahlung des Bausparguthabens

(1) Der Bausparer kann den Bausparvertrag jederzeit kündigen. Er kann die Rückzahlung seines Bausparguthabens frühestens ... Monate nach Eingang seiner Kündigung verlangen. Auf Wunsch des Bausparers zahlt die Bausparkasse das Guthaben vorzeitig unter Einbehaltung eines Diskonts von ... % aus.

(2) Solange die Rückzahlung des Bausparguthabens noch nicht begonnen hat, führt die Bausparkasse auf Antrag des Bausparers den Bausparvertrag unverändert fort.

(3) Reichen 25 % der für die Zuteilung verfügbaren Mittel nicht für die Rückzahlung der Bausparguthaben gekündigter Verträge aus, können Rückzahlungen auf spätere Zuteilungstermine verschoben werden.

§ 16 Kontoführung

(1) Das Bausparkonto wird als Kontokorrentkonto geführt, d. h. sämtliche für den Bausparer bestimmten Geldeingänge werden dem Bausparkonto gutgeschrieben, sämtliche den Bausparer betreffende Auszahlungen, Zinsen, Entgelte/Gebühren,

§ 14 Vertragsübertragung, Abtretung und Verpfändung

Der Bausparer kann sein Kündigungsrecht und den Anspruch auf Rückzahlung des Bausparguthabens abtreten oder verpfänden. Die Abtretung, Verpfändung und Übertragung weiterer Rechte bedarf der Zustimmung der Bausparkasse. Einer Übertragung aller Rechte und Pflichten aus dem Vertrag (Vertragsübertragung) stimmt die Bausparkasse in der Regel zu, wenn der Übernehmer ein Angehöriger (§ 15 Abgabenordnung) des Bausparers ist.

§ 15 Kündigung des Bausparvertrages durch den Bausparer, Rückzahlung des Bausparguthabens

(1) Der Bausparer kann den Bausparvertrag jederzeit kündigen. Er kann die Rückzahlung seines Bausparguthabens frühestens ... Monate nach Eingang seiner Kündigung verlangen.

(2) Solange die Rückzahlung des Bausparguthabens noch nicht begonnen hat, führt die Bausparkasse auf Antrag des Bausparers den Bausparvertrag unverändert fort.

(3) Reichen 25 % der für die Zuteilung verfügbaren Mittel nicht für die Rückzahlung der Bausparguthaben gekündigter Verträge aus, können Rückzahlungen auf spätere Zuteilungstermine verschoben werden.

§ 16 Kontoführung

(1) Das Bausparkonto wird als Kontokorrent geführt, d. h. sämtliche für den Bausparer bestimmten Geldeingänge einschließlich Guthabenzinsen werden dem Bausparkonto gutgeschrieben, sämtliche den Bausparer betreffenden Auszahlungen, Zinsen,

Auslagen und sonstige ihm zu berechnende Beträge werden dem Bausparkonto belastet. (2) Die Bausparkasse schließt die Konten zum Schluß eines Kalenderjahres ab. Sie übersendet dem Bausparer in den ersten zwei Monaten nach Ablauf des Kalenderjahres einen Kontoauszug mit dem ausdrücklichen Hinweis, daß dieser als anerkannt gilt, wenn der Bausparer nicht innerhalb von zwei Monaten nach Zugang schriftlichen Widerspruch erhebt.

Entgelte/Gebühren, Auslagen und sonstige ihm zu berechnende Beträge werden dem Bausparkonto belastet. (2) Die Bausparkasse schließt das Konto zum Ende eines Kalenderjahres ab. Sie übersendet dem Bausparer in den ersten zwei Monaten nach Ablauf des Kalenderjahres einen Jahreskontoauszug mit dem ausdrücklichen Hinweis, daß die in dem Kontoauszug enthaltene Abrechnung als anerkannt gilt, wenn der Bausparer ihr nicht innerhalb von ... Wochen schriftlich widerspricht.

§ 17 Kontogebühr, Entgelte und Auslagen

(1) Für jedes Konto des Bausparers berechnet die Bausparkasse jeweils bei Jahresbeginn – im ersten Vertragsjahr anteilig bei Vertragsbeginn – eine Kontogebühr von ... DM. Wird das Konto im Laufe eines Kalenderjahres abgerechnet, erfolgt eine anteilige Rückvergütung.

(2) Für bestimmte Dienstleistungen, die in einer Gebührentabelle der Bausparkasse enthalten sind, berechnet die Bausparkasse Entgelte/Gebühren. Die Bausparkasse stellt die Gebührentabelle dem Bausparer auf Anforderung zur Verfügung. Erbringt die Bausparkasse Dienstleistungen, die nicht in der Gebührentabelle enthalten sind, kann sie dem Bausparer hierfür ein Entgelt/Gebühr entsprechend ihrem Aufwand nach billigem Ermessen in Rechnung stellen.

(3) Die mit der Abwicklung des Vertrages, insbesondere mit der Beleihung und der Verwertung von Sicherheiten verbundenen Auslagen (z. B. Notariats- und Gerichtskosten, Kosten von Gutachten, Schätzungen und Baukontrollen) gehen zu Lasten des Bausparers.

(4) Die Bausparkasse ist berechtigt, im

§ 17 Auslagen, Entgelte für besondere Leistungen

(1) Die Bausparkasse ist berechtigt, die mit der Abwicklung des Vertrages, der Sicherung des Bauspardarlehens sowie der Verwertung von Sicherheiten verbundenen Auslagen (z. B. Notariats und Gerichtskosten, Baukontrollen sowie Kosten von Gutachten und Schätzungen Dritter) dem Konto des Bausparers zu belasten.

(2) Die Bausparkasse kann dem Bausparer für besondere, über den regelmäßigen Vertragsablauf hinausgehende Dienstleistungen, die sie im Auftrage oder Interesse des Bausparers erbringt, ein ihrem Aufwand angemessenes Entgelt berechnen und dem Konto des Bausparers belasten.

Rahmen billigen Ermessens Entgelte/
Gebühren zu ändern.

§ 18 Aufrechnung, Zurückbehaltung
(1) Der Bausparer ist zu einer Aufrechnung
nur befugt, wenn seine Forderung
unbestritten oder rechtskräftig festgestellt
ist.
(2) Die Bausparkasse kann fällige Ansprüche gegen den Bausparer aus ihrer
Geschäftsverbindung auch dann gegen
dessen Bausparguthaben oder sonstige
Forderungen aufrechnen, wenn diese noch
nicht fällig sind.
(3) Die Bausparkasse kann ihr obliegende
Leistungen an den Bausparer wegen eigener
Ansprüche aus ihrer Geschäftsverbindung
zurückhalten, auch wenn diese nicht auf
demselben rechtlichen Verhältnis beruhen.

§ 19 Verfügungsberechtigung nach dem
Tod des Bausparers
(1) Nach dem Tod des Bausparers kann die
Bausparkasse zur Klärung der Verfügungs-
berechtigung die Vorlegung eines Erb-
scheins, eines Testamentsvollstreckerzeug-
nisses oder weiterer hierfür notwendiger
Unterlagen verlangen; fremdsprachige
Urkunden sind auf Verlangen der
Bausparkasse in beglaubigter deutscher
Übersetzung vorzulegen.
(2) Die Bausparkasse kann auf die Vorlage
eines Erbscheins oder eines Testamentvoll-
streckerzeugnisses verzichten, wenn ihr
eine Ausfertigung oder eine beglaubigte
Abschrift der letztwilligen Verfügung
(Testament, Erbvertrag) nebst zugehöriger
Eröffnungsniederschrift vorgelegt wird. Die
Bausparkasse darf denjenigen, der darin als
Erbe oder Testamentsvollstrecker bezeich-
net ist, als Berechtigten ansehen, ihn
verfügen lassen und insbesondere mit
befreiender Wirkung an ihn leisten. Dies

§ 18 Aufrechnung,
Zurückbehaltungsrecht
(1) Der Bausparer ist zu einer Aufrechnung
nur befugt, wenn seine Forderung
unbestritten oder rechtskräftig festgestellt
ist.
(2) Die Bausparkasse kann fällige Ansprüche jeder Art gegen den Bausparer mit
dessen Bausparguthaben oder sonstigen
Forderungen aufrechnen, auch wenn diese
noch nicht fällig sind.
(3) Die Bausparkasse kann ihr obliegende
Leistungen an den Bausparer wegen eigener
Ansprüche aus der Geschäftsverbindung
zurückhalten, auch wenn diese nicht auf
demselben rechtlichen Verhältnis beruhen.

§ 19 Verfügungsberechtigung nach dem
Tode des Bausparers
(1) Nach dem Tode des Bausparers kann
die Bausparkasse zur Klärung der Verfügungsberechtigung die Vorlage eines
Erbscheins, eines Testamentsvollstrecker-
zeugnisses oder weiterer hierfür notwendi-
ger Unterlagen verlangen; fremdsprachige
Urkunden sind auf Verlangen der
Bausparkasse in beglaubigter deutscher
Übersetzung vorzulegen.
(2) Die Bausparkasse kann auf die Vorlage
eines Erbscheins oder beglaubigte
vollstreckerzeugnisses verzichten, wenn ihr
eine Ausfertigung oder beglaubigte
Abschrift der letztwilligen Verfügung
(Testament, Erbvertrag) nebst zugehöriger
Eröffnungsniederschrift vorgelegt wird. Die
Bausparkasse darf denjenigen, der darin als
Erbe oder Testamentsvollstrecker bezeich-
net ist, als Berechtigten ansehen, ihn
verfügen lassen und insbesondere mit
befreiender Wirkung an ihn leisten. Dies

gilt nicht, wenn der Bausparkasse bekannt ist, daß der dort Genannte (zum Beispiel nach Anfechtung oder wegen Nichtigkeit des Testaments) nicht verfügungsberechtigt ist, oder wenn ihr dies infolge Fahrlässigkeit nicht bekannt geworden ist.

§ 20 Sicherung der Bauspareinlagen
(1) Hinweis auf die Einlagensicherung (Sicherungsstatut)
(2) Stellt die Bausparkasse den Geschäftsbetrieb ein, können die Bausparverträge mit Zustimmung des Bundesaufsichtsamtes für das Kreditwesen vereinfacht abgewickelt werden. Bei einer vereinfachten Abwicklung leisten die Bausparer keine Sparzahlungen nach § 2 mehr. Zuteilungen nach § 4 und weitere Darlehensauszahlungen nach § 9 finden nicht mehr statt. Die Bausparguthaben werden entsprechend den verfügbaren Mitteln zurückgezahlt. Dabei werden alle Bausparer nach dem Verhältnis ihrer Forderungen ohne Vorrang voreinander befriedigt.

§ 21 Bedingungsänderungen
(1) Änderungen der Allgemeinen Bedingungen werden dem Bausparer schriftlich mitgeteilt oder in den Hausmitteilungen der Bausparkasse unter deutlicher Hervorhebung bekanntgegeben.
(2) Ohne Einverständnis des Bausparers, aber mit Zustimmung des Bundesaufsichtsamtes für das Kreditwesen, können die Bestimmungen der §§ 2 bis 7, 9, 11 bis 15 und 20 Abs. 2 mit Wirkung für bestehende Verträge geändert werden.
(3) Sonstige Änderungen bedürfen des Einverständnisses des Bausparers. Dies gilt als erteilt, wenn der Bausparer der Änderung nicht binnen vier Wochen nach Bekanntgabe schriftlich widerspricht und

gilt nicht, wenn der Bausparkasse bekannt ist, daß der dort Genannte (z. B. nach Anfechtung oder wegen Nichtigkeit des Testaments) nicht verfügungsberechtigt ist, oder wenn ihr dies infolge Fahrlässigkeit nicht bekannt geworden ist.

§ 20 Einlagensicherung
(1) Die Bausparkasse ist dem Einlagensicherungssystem der Sparkassenorganisation angeschlossen.
(2) Stellt die Bausparkasse den Geschäftsbetrieb ein, können die Bausparverträge mit Zustimmung des Bundesaufsichtsamtes für das Kreditwesen vereinfacht abgewickelt werden. Bei einer vereinfachten Abwicklung leisten die Bausparer keine Sparzahlungen nach § 2 ABB mehr. Zuteilungen nach § 4 ABB und weitere Darlehensauszahlungen nach § 9 ABB finden nicht mehr statt. Die Bausparguthaben werden entsprechend den verfügbaren Mitteln zurückgezahlt. Dabei werden alle Bausparer nach dem Verhältnis ihrer Forderungen ohne Vorrang voreinander befriedigt.

§ 21 Bedingungsänderungen
(1) Änderungen dieser Bedingungen werden dem Bausparer schriftlich mitgeteilt oder in den Hausmitteilungen der Bausparkasse bekanntgegeben.
(2) Ohne Einverständnis des Bausparers, aber mit Zustimmung des Bundesaufsichtsamtes für das Kreditwesen, können die Bestimmungen der §§ 2 bis 15 sowie § 20 Abs. 2 ABB mit Wirkung für bestehende Verträge geändert werden.
(3) Sonstige Bedingungsänderungen bedürfen des Einverständnisses des Bausparers. Es gilt als erteilt, wenn der Bausparer der Änderung nicht binnen ... Wochen nach Bekanntmachung schriftlich widerspricht und bei Beginn der Frist auf die Bedeutung

bei Beginn der Frist auf die Bedeutung des unterlassenen Widerspruchs hingewiesen wurde.	des unterlassenen Widerspruchs hingewiesen wurde.

Tab. 10.2: Gegenüberstellung der Musterbedingungen

10.4 Verzeichnis der untersuchten ABB privater Bausparkassen

Bausparkasse	Tarif	Stand
Aachener Bausparkasse AG	optioN	01.01.2002
Aachener Bausparkasse AG	F	01.01.2002
Aachener Bausparkasse AG	T	01.01.2002
Allianz Dresdner Bauspar AG	R 66	01.04.2003
Allianz Dresdner Bauspar AG	R 66@	01.07.2002
Alte Leipziger Bauspar AG	easy plus (L)	Juli 2003
Alte Leipziger Bauspar AG	Fest-Tarif (F)	Juli 2003
AXA Bausparkasse AG	ZA-Premium	01.01.2002
AXA Bausparkasse AG	RT	01.01.2002
AXA Bausparkasse AG	LA	01.01.2002
AXA Bausparkasse AG	Haus&Happy	01.01.2002
AXA Bausparkasse AG	HausFit	April 2003
Deutsche Bausparkasse Badenia AG (inkl. Gebührentabelle)	Via Badenia	März 2003
BHW Bausparkasse AG	Dispo maXX	März 2002
Debeka Bausparkasse AG (inkl. Darlehensbedingungen vom 06.01.2003)	---	Februar 2002
Deutsche Bank Bauspar AG	C	November 2003
Deutscher Ring Bausparkasse AG	C	01.09.2000
Deutscher Ring Bausparkasse AG	E	01.09.2000
Deutscher Ring Bausparkasse AG	G	01.09.2000
Deutscher Ring Bausparkasse AG	F	01.09.2000
HUK-COBURG-Bausparkasse AG	---	Juli 2003
Bausparkasse Mainz AG	A	01.02.2003
Bausparkasse Mainz AG	B	01.02.2003
Bausparkasse Mainz AG	D	01.02.2003
Bausparkasse Mainz AG	E – Formel S	01.02.2003
Bausparkasse Mainz AG	Wed.direkt	01.02.2003
Quelle Bauspar AG	Q12	Juli 2003
Bausparkasse Schwäbisch Hall AG	A	August 2003
Signal Iduna Bauspar AG	T2 Bonus	Januar 2002
Signal Iduna Bauspar AG	ProFi	Januar 2002
Signal Iduna Bauspar AG	ProFi plus	Januar 2002
Vereinsbank Victoria Bauspar AG	A	Januar 2001
Vereinsbank Victoria Bauspar AG	1	Januar 2003
Wüstenrot Bausparkasse AG	A Ideal	Oktober 2003
Wüstenrot Bausparkasse AG	Tarif 2	Januar 2002

Tab. 10.3: Untersuchte ABB privater Bausparkassen

10.5 Verzeichnis der untersuchten ABB öffentlicher Bausparkassen

Bausparkasse	Tarif	Stand
LBS Landesbausparkasse Baden-Württemberg	Vario	01.10.2002
LBS Landesbausparkasse Baden-Württemberg	Classic	01.10.2002
LBS Bayerische Landesbausparkasse	LBS-V35	Juli 2003
LBS Bayerische Landesbausparkasse	LBS-C	April 2003
LBS Landesbausparkasse Bremen AG	VARIO 2000	18.07.2001
LBS Landesbausparkasse Bremen AG	CLASSIC 2000	18.07.2001
LBS Landesbausparkasse Bremen AG	CLASSIC spezial	18.07.2001
LBS Bausparkasse Hamburg AG	Vario 2003	März 2003
LBS Bausparkasse Hamburg AG	Classic 99	Juli 2001
Landesbausparkasse Hessen-Thüringen	Vario	September 2002
Landesbausparkasse Hessen-Thüringen	CLASSIC	September 2002
LBS Norddeutsche Landesbausparkasse Berlin-Hannover	Vario N	01.09.2002
LBS Norddeutsche Landesbausparkasse Berlin-Hannover	Classic	01.09.2003
LBS Ostdeutsche Landesbausparkasse AG (mit Bestimmungen zur Risikolebensversicherung)	Vario 2003	Januar 2003
LBS Ostdeutsche Landesbausparkasse AG (mit Bestimmungen zur Risikolebensversicherung)	Classic 99	Januar 2003
Landes-Bausparkasse Rheinland-Pfalz	Vario 99	Mai 2001
Landes-Bausparkasse Rheinland-Pfalz	Classic 99	Mai 2001
Landesbausparkasse Saarbrücken	Vario 99	01.01.2002
Landesbausparkasse Saarbrücken	Classic 99	01.01.2002
Landes-Bausparkasse Schleswig-Holstein	VarioNeu	Juli 2002
Landes-Bausparkasse Schleswig-Holstein	ClassicNeu	Juli 2002
LBS Westdeutsche Landesbausparkasse (mit Bestimmungen zur Risikolebensversicherung)	Vario U/R	Juni 2003
LBS Westdeutsche Landesbausparkasse (mit Bestimmungen zur Risikolebensversicherung)	Classic S/L/N	Juni 2003

Tab. 10.4: Untersuchte ABB öffentlicher Bausparkassen

11 Literaturverzeichnis

11.1 Monografien, Aufsätze, Sammelwerke, Statistische Quellen

ADAM (2004)

Adam, K. G., u. a.: Zum Rating der Baufinanzierer und Emittenten, in: Immobilien & Finanzierung, 3, S. 70, 2004.

ALBRECHT / MAURER (2002)

Albrecht P. / Maurer, R: Investment- und Risikomanagement, Stuttgart: Schäffer-Poeschel, 2002.

APITZSCH / KNÜDELER / WEIGEL (2002)

Apitzsch, Th. / Knüdeler, R. / Weigel, W.: Zweifelsfragen der IAS-Bilanzierung bei Bausparkassen – Teil 1, in: Immobilien & Finanzierung, 24, S. 806-808, 2002.

APITZSCH / KNÜDELER / WEIGEL (2003)

Apitzsch, Th. / Knüdeler, R. / Weigel, W.: Zweifelsfragen der IAS-Bilanzierung bei Bausparkassen – Teil 2, in: Immobilien & Finanzierung, 2, S. 58-63, 2003.

BÄHR (1991)

Bähr, P.: Grundzüge des Bürgerlichen Rechts, 8. Auflage, München: Vahlen, 1991.

BARDENHEWER (2000)

Bardenhewer, M. M.: Exotische Zinsswaps: Bewertung, Hedging und Analyse, Wiesbaden: Deutscher Universitäts-Verlag, Mannheim, Univ., Diss, 2000.

BARNDORFF-NIELSEN / MIKOSCH / RESNICK (2001)

Barndorff-Nielsen, Ole E. / Mikosch, T. / Resnick, S.: Lévy processes: Theory and Applications, Boston: Birkhäuser, 2001.

BARTELS (1995)

Bartels, H.-J.: Über die Hypothesen, die der Berechnung von Optionspreisen zugrunde liegen, Karlsruhe: Versicherungswirtschaft, 1995.

BAUER / LAUX (1998)

Bauer, U. / Laux, H.: Aktualisierte Kennzahlen des Bausparens, in: Blätter der Deutschen Gesellschaft für Versicherungsmathematik, XXIII, S. 313-344, 1998.

BERTSCH (1999)

Bertsch, E.: Bauspartechnik – vom statischen Beharrungszustand zur dynamischen Risikosteuerung, in: Der Langfristige Kredit, 24, S. 794-798, 1999.

BERTSCH (2003)

Bertsch, A.: Bilanzierung strukturierter Produkte, in: Kapitalmarktorientierte Rechnungslegung, 12, S. 550-563, 2003.

BERTSCH / HÖLZLE / LAUX (1998)

Bertsch, E. / Hölzle, B. / Laux, H.: Handwörterbuch der Bauspartechnik, Karlsruhe: Verlag Versicherungswirtschaft, Schriftenreihe Angewandte Versicherungsmathematik, 30, 1998.

BIELECKI / RUTKOWSKI (2002)

Bielecki, T. / Rutkowski, M.: Credit Risk: Modeling, Valuation and Hedging, Berlin: Springer, 2002.

BINGHAM / KIESEL (1998)

Bingham, N. H. / Kiesel, R.: Risk-Neutral Valuation – Pricing and Hedging of Financial Derivatives, London: Springer, 1998.

BLACK (1976)

Black, F.: The Pricing of Commodity Contracts, in: Journal of Financial Economics, 3, S. 167-179, 1976.

BLACK (1989)

Black, F.: How To Use The Holes In Black-Scholes, in: FAZ (1989), S. 78-85, 1989.

BLACK / DERMAN / TOY (1990)

Black, F. / Derman, E. / Toy, W.: A One-Factor Model of Interest Rates and Its Application to Treasury Bond Options, in: Financial Analysts Journal, January / February, S. 33-39, 1990.

BLACK / SCHOLES (1973)

Black, F. / Scholes, M.: The Pricing of Options and Corporate Liabilities, in: Journal of Political Economy, 81, S. 637-654, 1973.

BONDBORAD (2004)

Bondboard, Info Stückelung. Erhältlich im Internet unter http://www. bondboard.de [28.03.2004].

BRACE / GATAREK / MUSIELA (1997)

Brace, A. / Gatarek, D. / Musiela, M.: The Market Model of Interest Rate Dynamics, in: Mathematical Finance, 7, 2, S. 127-155, 1997.

BRIGO / MERCURIO (2001)

Brigo, D. / Mercurio, F.: Interest rate models – theory and practice, Berlin: Springer, 2001.

BRONSTEIN / SEMENDJAJEW / MUSIOL / MÜHLIG (2000)

Bronstein, I. N. / Semendjajew, K. A. / Musiol, G. / Mühlig, H.: Taschenbuch der Mathematik, 5. Auflage, Thun: Harri Deutsch, 2000.

BRUNS / MEYER-BULLERDIEK (2003)

Bruns, Ch. / Meyer-Bullerdiek, F.: Professionelles Portfoliomanagement – Aufbau, Umsetzung und Erfolgskontrolle strukturierter Anlagestrategien, 3. Auflage, Stuttgart: Schäffer-Poeschel, 2003.

BÜHLER (1991)

Bühler, W.: Die Bewertung der DTB-Option auf den Bund-Future: Ein schwieriges Problem?, in: DTB-Dialog, 2, 2, S. 2-4 und S. 22-23, 1991.

CIELEBACK (2001)

Cieleback, M.: Optionsaspekte der Zinssicherung durch Bauspardarlehen und ihre Implikationen für die Wohneigentumsfinanzierung, Bayreuth, Univ., Diss., 2001.

COOTNER (1967)

Cootner, P. H. (Hrsg.): the random character of stock market prices, überarbeitete Ausgabe, Cambridge, Massachusetts: THE M. I. T. PRESS, 1967.

COX / INGERSOLL / ROSS (1985)

Cox, J. C. / Ingersoll, J. E. / Ross, St. A.: A Theory of the Term Structure of Interest Rates, in: Econometrica, 53, Nr. 2 (März), S. 385-407, 1985.

DAMMON / GREEN (1987)

Dammon, R. M. / Green, R. C.: Tax Arbitrage and the Existence of Equilibrium Prices for Financial Assets, in: Journal of Finance, 42, S. 1143-1166, 1987.

DEUTSCHE BUNDESBANK (2003a)

Zeitreihen-Datenbank der Deutschen Bundesbank: Hypothekarkredite auf Wohnungsgrundstücke zu Festzinsen, Effektivzins. Erhältlich im Internet unter http://www.deutsche-bundesbank.de/stat/zeitreihen/index.htm [01.12. 2003].

DEUTSCHE BUNDESBANK (2003b)

Deutsche Bundesbank: Bankenstatistik, Statistisches Beiheft zum Monatsbericht 1, Frankfurt am Main: Selbstverlag der Deutschen Bundesbank, Juli, 2003.

DILLMANN (2002)

Dillmann, T.: Modelle zur Bewertung von Optionen in Lebensversicherungsverträgen, Ulm, Univ., Diss., Ulm: ifa-Schriftenreihe, 2002.

DIWALD (1999)

Diwald, H.: Zinsfutures und Zinsoptionen: Erfolgreicher Einsatz an internationalen Terminmärkten, 2. Auflage, München: Vahlen; Basel: Helbing & Lichtenhahn, 1999.

EBBERS (2003)

Ebbers, G.: ED 5 Insurance Contracts: Die Phase I des IFRS zur Bilanzierung von Versicherungsverträgen – auf dem Weg zum Fair Value?, in: Kapitalmarktorientierte Rechnungslegung, 11, S. 523-529, 2003.

EBERLEIN (2001)

Eberlein, E.: Application of Generalized Hyperbolic Lévy Motions to Finance, in: BARNDORFF-NIELSEN/MIKOSCH/RESNICK (2001).

EBERLEIN / KELLER (1995)

Eberlein, E. / Keller, U.: Hyperbolic distributions in finance, in: Bernoulli, 1, S. 281-299, 1995.

EBERLEIN / RAIBLE (1999)

Eberlein, E. / Raible, S.: Term structure models driven by general Lévy processes, in: Mathematical Finance, 9, S. 31-54, 1999.

EU (2003)

EU Institutions Press, IP/03/1297 vom 29.09.2003. Erhältlich im Internet unter http://europa.eu.int/rapid/start/cgi/guesten.ksh?paction.gettxt=gt&doc =IP/03/1297|0|RAPID&lg=DE&display= [10.03.2004].

EEKHOFF (2003)

Eekhoff, J.: Das Märchen vom Segen der Eigenheimzulage, in: Frankfurter Allgemeine Zeitung, S. 45, 10.10.2003.

FABOZZI (1997)

Fabozzi, F. J. (Hrsg.): The handbook of fixed income securities, 5. Auflage, Chicago: Irwin, 1997.

FABOZZI / KALOTAY / WILLIAMS (1997)

Fabozzi, F. J. / Kalotay, A. J. / Williams, G. O.: Valuation of Bonds with Embedded Options, in: Fabozzi, S. 693-713, 1997.

FAMA (1970)

Fama, E.: Efficient Capital Markets: A Review of Theory and Empirical Work, in: The Journal of Finance, 25, 2, S. 383-417, 1970.

FAMA (1976)

Fama, E.: Efficient Capital Markets: Reply, in: The Journal of Finance, 31, S. 143-145, 1976.

FAZ (1989)

Frankfurter Allgemeine Zeitung GmbH, Informationsdienste (Hrsg.): Auftrieb für den Finanzplatz Deutschland durch die DTB?, Frankfurt am Main, 1989.

FÖSEL (2000)

Fösel, P. M.: Die Entwicklung der Vertragsstrukturen im deutschen Bausparen von 1921 bis heute – Eine systematische Darstellung unter besonderer Berücksichtigung der Zuteilungsproblematik, Hagen, Univ., Diplomarbeit, 2000.

GEHRIG / ZIMMERMANN (1999)

Gehrig, B. / Zimmermann, H. (Hrsg.): Fit for Finance. Theorie und Praxis der Kapitalanlage, Frankfurt am Main, Frankfurter Allgemeine Zeitung, Verlagsbereich Buch, 1999.

GERDES (1997)

Gerdes, W.: Bewertung von Finanzoptionen in Lebensversicherungsprodukten, in: Der Aktuar, 3, 3, S. 117-124, 1997.

GERHARDS / KELLER (2002)

Gerhards, H. / Keller, H.: Gabler Lexikon Baufinanzierung, 8. Auflage, Wiesbaden: Gabler, 2002.

GOTTERBARM (1985)

Gotterbarm, F.: Modelle und Optimierungsansätze zur Analyse des kollektiven Bausparens, Bonn, Univ., Diss., 1985.

GRAMER (1984)

Gramer, W.: Das Wartezeitproblem der Bausparkassen – Eine kritische
Analyse der Theorie des kollektiven Kreditsparsystems, Berlin, Freie Univ.,
Diss., Berlin: Wolfgang Gramer Verlag, 1984.

GROSSMANN / STIGLITZ (1980)

Grossmann, S. / Stiglitz, J. E.: On the Impossibility of Informationally
Efficient Markets, in: American Economic Review, 70, S. 393-408, 1980.

HAFEMANN (1998)

Hafemann, B.: Die Entwicklung des Anlagegrades der privaten
Bausparkassen, in: Der Langfristige Kredit, 7+8, 264-268, 1998.

HAPPEL (1999)

Happel, Th.: Grundsätze bei der Genehmigung von Bauspartarifen, Nieder-
schrift des Vortrags vom 30.04.1999 vor der Bausparmathematischen Arbeits-
gruppe in der Deutschen Aktuarvereinigung, 1999.

HARRISON / KREPS (1979)

Harrison, J. M. / Kreps, D. M.: Martingales und Arbitrage in Multiperiod
Securities Markets, in: Journal of Economic Theory, 20, S. 381-408, 1979.

HARRISON / PLISKA (1981)

Harrison, J. M. / Pliska, S. R.: Martingales and Stochastic Integrals in the
Theory of Continuous Trading, in: Stochastic Processes and their Applications, 11, S. 215-260, 1981.

HARTUNG (2002)

Hartung, J.: Statistik, Lehr- und Handbuch der angewandten Statistik, 13.
Auflage, München, Wien: Oldenbourg Wissenschaftsverlag, 2002.

HEATH / JARROW / MORTON (1990)

Heath, D. / Jarrow, R. / Morton, A.: Bond Pricing and the Term Structure of
Interest Rates: A Discrete Time Approximation, in: Journal of Financial and
Quantitative Analysis, 25, Dezember, S. 419-440, 1990.

HEATH / JARROW / MORTON (1992)

Heath, D. / Jarrow, R. / Morton, A.: Bond Pricing and the Term Structure of
Interest Rates: A New Methodology for Contingent Claims Valuation, in:
Econometrica 60, Nr. 1, Januar, S. 77-105, 1992.

HEITMANN (1997)

Heitmann, F.: Arbitragefreie Bewertung von Zinsderivaten, Wiesbaden:
Deutscher Universitäts-Verlag, Wiesbaden: Gabler, 1997.

HELD (1999)

Held, W. Ch.: Optionen in Lebensversicherungsverträgen, Ulm: ifa-Schriften-reihe, 1999.

HERDEN (2002)

Herden, I.: Notoperation, in: Capital, 15, 2002.

HERR / DILLMANN / HOFFMANN / KREER / RIETMANN / SCHADE / SCHULZE ZURMUSSEN / TÖPFER (2004)

Herr, H.-O. / Dillmann, T. / Hoffmann, A.-R. / Kreer, M. / Rietmann, F. / Schade, J. / Schulze Zurmussen, K. / Töpfer, Th.: Implizite Finanzoptionen – Abschlussbericht zur Methodik der Bewertung von impliziten Finanzoptionen in Lebensversicherungsprodukten, Karlsruhe: Verlag Versicherungswirt-schaft, 2004.

HERR / KREER (1999)

Herr, H.-O. / Kreer, M.: Zur Bewertung von Optionen und Garantien bei Lebensversicherungen, in: Blätter der Deutschen Gesellschaft für Versicherungsmathematik, XXIV, 2, S. 179-193, 1999.

HEUSER / THEILE (2003)

Heuser, P. J. / Theile, C.: IAS Handbuch – Einzel- und Konzernabschluss, Köln: Dr. Otto Schmidt, 2003.

HO / LEE (1986)

Ho, T. S. Y. / Lee, S.-B.: Term Structure Movements of Pricing Interest Rate Contingent Claims, in: Journal of Finance, Nr. 41, Dezember, S. 1011-1019, 1986.

HULL (1999)

Hull, J. C.: Options, Futures, & Other Derivatives, 4. Auflage, Upper Saddle River, New Jersey: Prentice Hall, 1999.

HULL (2003)

Hull, J. C.: Options, Futures, and Other Derivatives, 5. Auflage, Upper Saddle River, New Jersey: Prentice Hall, 2003.

HULL / WHITE (1990a)

Hull, J. C. / White A.: Valuing Derivative Securities Using the Explicit Finite Difference Method, in: Journal of Financial and Quantitative Analysis, 25, 1, S. 87-100, 1990.

HULL / WHITE (1990b)

Hull, J. C. / White A.: Pricing Interest-Rate-Derivative Securities, in: The Review of Financial Studies, 3, 4, S. 573-592, 1990.

HULL / WHITE (1994a)

Hull, J. C. / White A.: Numerical Procedures for Implementing Term Structure Models I: Single-Factor Models, in: Journal of Derivatives, 2, Herbst, S. 7-16, 1994.

HULL / WHITE (1994b)

Hull, J. C. / White A.: Numerical Procedures for Implementing Term Structure Models II: Two-Factor Models, in: Journal of Derivatives, 2, Winter, S. 37-48, 1994.

HULL / WHITE (1996)

Hull, J. C. / White A.: Using Hull-White Interest Rate Trees, in: Journal of Derivatives, 4, Frühling, S. 26-36, 1996.

HULL / WHITE (1997)

Hull, J. C. / White A.: Taking Rates to the Limits, in: RISK, Dezember, S. 168-169, 1997.

HULL / WHITE (2001)

Hull, J. C. / White A.: The General Hull-White Model and Supercalibration, in: Financial Analysts Journal, November/Dezember, S. 34-43, 2001.

JAMSHIDIAN (1997)

Jamshidian, F.: LIBOR and swap market models and measures, in: Finance and Stochastics, 1, S. 293-330, 1997.

JANßEN (1995)

Janßen, Birgit: DAX-Future-Arbitrage, Frankfurt am Main, Univ., Diss., Wiesbaden: Deutscher Universitäts-Verlag, Wiesbaden: Gabler, 1995.

JURGEIT (1989)

Jurgeit, L.: Bewertung von Optionen und bonitätsrisikobehafteten Finanztiteln: Anleihen, Kredite und Fremdfinanzierungsfazilitäten, Hamburg, Univ., Diss., Wiesbaden: Deutscher Universitäts-Verlag, 1989.

KOCH (2004)

Koch, J. (Thomson Financial): Re: Bonität [Persönliche E-Mail an den Autor], 05.04.2004.

KORN / KORN (1999)

Korn, R. / Korn, E.: Optionsbewertung und Portfolio-Optimierung, Moderne Methoden der Finanzmathematik, Göttingen: Vieweg, 1999.

KOSIOL (1982)

Kosiol, E.: Finanzmathematik, 10. Auflage, Wiesbaden: Gabler, 1982.

KPMG (2003)

KPMG Deutsche Treuhand-Gesellschaft (Hrsg.): International Financial Reporting Standards: Eine Einführung in die Rechnungslegung nach den Grundsätzen des IASB, 2. Auflage, Stuttgart: Schäffer-Poeschel, 2003.

KRAHN / KALTENBOECK (1931)

Krahn, A. / Kaltenboeck, B,: Das deutsche Bausparen, Berlin: Verlag von Reimar Hobbing, 1931.

KRENGEL (2002)

Krengel, U.: Einführung in die Wahrscheinlichkeitstheorie und Statistik, 6. Auflage, Braunschweig: Vieweg, 2002.

KROPP / KLOTZBACH (2002)

Kropp, M. / Klotzbach, D.: Der Exposure Draft zu IAS 39 „Financial Instruments" – Darstellung und kritische Würdigung der geplanten Änderungen des IAS 39, in: Die Wirtschaftsprüfung, 19, S. 1010-1031, 2002.

KRUSCHWITZ (2000)

Kruschwitz, L.: Investitionsrechnung, 8. Auflage, München: Oldenbourg, 2000.

KUHLMANN (1980)

Kuhlmann, W.: Parameterschätzung von Eingleichungsmodellen im unbeschränkten Parameterraum, Würzburg: Physica, 1980.

LAUX (1974)

Laux, H.: Der Anlaufeffekt im kollektiven Bausparen bei gleichbleibenden und steigenden Neuzugängen, in: Blätter der Deutschen Gesellschaft für Versicherungsmathematik, XI, 4, S. 565-604, Oktober, 1974.

LAUX (1977)

Laux, H.: Das Verfahren bei der Rückzahlung von Einlagen gekündigter Bausparverträge nach den Allgemeinen Geschäftsgrundsätzen der Bausparkasse, in: Blätter der Deutschen Gesellschaft für Versicherungsmathematik, XIII, 1, Würzburg: Konrad Triltsch, S. 71-83, April 1977.

LAUX (1978)

Laux, H.: Grundzüge der Bausparmathematik, Karlsruhe: Versicherungswirtschaft, 1978.

LAUX (1984)

Laux, H.: Das Sparer-/Kassenleistungsverhältnis im Bausparen, in: Blätter der Deutschen Gesellschaft für Versicherungsmathematik, XVI, 4, Würzburg, S. 447-474, Oktober 1984.

LAUX (1985a)

Laux, H.: Individuelles und kollektives Sparer-/Kassenleistungsverhältnis des Bausparens, in: Blätter der Deutschen Gesellschaft für Versicherungs-mathematik, XVII, 1, Würzburg, S. 33-49, April 1985.

LAUX (1985b)

Laux, H.: Fortgeschrittene Bauspartechnik, Heidelberg: Verlagsgesellschaft Recht u. Wirtschaft, 1985.

LAUX (1991)

Laux, H.: Der neue „Fonds zur bauspartechnischen Absicherung", in: Blätter der Deutschen Gesellschaft für Versicherungsmathematik, XX, 2, Würzburg, S. 183-208, Oktober 1991.

LAUX (1992a)

Laux, H.: Die Bausparfinanzierung, 6. Auflage, Heidelberg: Verlag Recht und Wirtschaft, 1992.

LAUX (1992b)

Laux, H.: Was leisten die Optionstarife des Bausparens? (I), in: Versicherungswirtschaft, 6, S. 372-375, 1992.

LAUX (1996)

Laux, H.: Ertragswerte von Bausparverträgen nach der Marktzinsmethode, in: Der Langfristige Kredit, S. 726-728, 1996.

LBS (2002)

Bundesgeschäftsstelle Landesbausparkassen (Hrsg.): Bausparkassen-Fachbuch 2002 / 2003, Stuttgart: Deutscher Bausparkassen- und Versiche-rungsverlag GmbH, 2002.

LBS (2004)

LBS Westdeutsche Landesbausparkasse: Bausparen – Meaning today. Erhältlich im Internet unter http://www.lbswest.de/PL3D/pl3d.htm?detail_snr =834 [10.04.2004].

LEHMANN (1983)

Lehmann, W.: Abriss der Geschichte des deutschen Bausparwesens, Bonn: Domus, 1983.

LEHMANN (1992)

Lehmann, H.-J.: Der Fonds zur bauspartechnischen Absicherung – Modellberechnungen zu seinem Einsatz bei Annahme eines einmaligen Neugeschäftseinbruchs, Ulm, Univ., Diss., 1992.

LEHMANN (1994)

Lehmann, H.-J.: Zuverlässige Zuteilungspolitik bei Bausparkassen, in: Der langfristige Kredit, 12, S. 423-427, 1994.

LEHMANN / ZINK (1994)

Lehmann, W. / Zink, A.: Das neue Bauspar-ABC – Wörterbuch des Bausparens, 4. Auflage, Bonn: Domus, 1994.

LERBINGER (1988)

Lerbinger, P.: Zins- und Währungsswaps: neue Instrumente im Finanzmanagement von Unternehmen und Banken, Wiesbaden: Gabler, 1988.

LEVENBERG (1944)

Levenberg, K. A.: A Method for the Solution of Certain Nonlinear Problems in Least Squares, in: Quarterly of applied mathematics, 2, S. 164-168, 1944.

LÜDENBACH / HOFFMANN (2003)

Lüdenbach, N. / Hoffmann W.-D.: Haufe IAS-Kommentar, Freiburg: Rudolf Haufe, 2003.

LÜDENBACH (2002)

Lüdenbach, N.: Geplante Neuerungen bei Bilanzierung und Ausweis von Finanzinstrumenten nach IAS 32 und IAS 39, in: Betriebs-Berater, 57, 41, S. 2113-2119, 2002.

LÜDERS (1939)

Lüders, R. (Hrsg.): Beiträge zur Bausparmathematik, Berlin: Curt Hermann Weise, 1939.

MALZ / SCHWERZ / TERHAAR (1998)

Malz, F. / Schwerz, G. / Terhaar, Th.: Vergünstigungen für Bausparer, Haus- und Wohnungseigentümer, Domus, 1998.

MARQUARDT (1963)

Marquardt, D. W.: An Algorithm for Least Squares Estimation of Nonlinear Parameters, in: Journal of the Society for Industrial and Applied Mathematics, 11, S. 431-441, 1963.

MAYER (1999)

Mayer, S. R.: Bewertung exotischer Zinsderivate, Ulm: Institut für Finanz- und Aktuarwissenschaft, 1999.

MICHAELSEN (2001)

Michaelsen, L.: Informationsintermediation für Privatanleger am Aktienmarkt unter besonderer Berücksichtigung des Neuen Marktes, Köln, Univ., Diss., Lohmar: Eul, 2001.

MUSIELA / RUTKOWSKI (1998)

Musiela, M. / Rutkowski, M.: Martingale methods in financial modelling: theory and applications, 2. Auflage, Berlin / Heidelberg / New York: Springer, 1998.

NEFTCI (2000)

Neftci, S. N.: An Introduction to the Mathematics of Financial Derivatives, 2. Auflage, San Diego: Academic Press, 2000.

PAEßENS / SCHMITT / BECK / SIEVI (2001)

Paeßens, H. / Schmitt, B. / Beck, A. / Sievi, Ch.: Eine systematische Analyse über Implizite Optionen im Retail Banking, in: Betriebswirtschaftliche Blätter, 1, 2001.

PERLET (2003)

Perlet, H.: Fair Value-Bilanzierung bei Versicherungsunternehmen, in: Betriebswirtschaftliche Forschung und Praxis, S. 441-456, 2003.

PETERS (1990)

Peters, J.: Swap-Finanzierung, Wiesbaden: Gabler, 1990.

PFANZAGL (1991)

Pfanzagl, J.: Elementare Wahrscheinlichkeitsrechnung, 2. Auflage, Berlin / New York: de Gruyter, 1991.

PFEIFER (2003)

Pfeifer, H.: Bausparen: Sicherheit im zweiten Rang, in: Financial Times Deutschland. Erhältlich im Internet unter http://www.ftd.de/bm/ga/ 1068878726958.htm [21.11.2003].

PLISKA (1997)

Pliska, S. R.: Introduction to Mathematical Finance – Discrete Time Models, Oxford: Blackwell Publishers, 1997.

RAAYMANN (1995)

Raaymann, J. G.: Entscheidungsorientierte Zinsergebnisrechnung im Kollektivgeschäft von Bausparkassen, Bern / Stuttgart / Wien: Haupt, 1995.

RAIBLE (2000)

Raible, S.: Lévy Processes in Finance: Theory, Numerics, and Empirical Facts, Freiburg, Univ., Diss., 2000.

RAULEDER (1994)

Rauleder, R.: Bewertung, Anwendungsmöglichkeiten und Hedgingstrategien von Swaptions, Frankfurt am Main: Fritz Knapp, 1994.

REBONATO (2000)

Rebonato, R.: Interest-Rate Option Models, 2. Auflage, West Sussex: John Wiley & Sons, 2000.

REICHEL (2003)

Reichel, R.: Die Anleger entdecken das Bausparen, in: Handelsblatt, S. 30, 16.07.2003.

REIß (1998)

Reiß, A.: Bewertung von Optionen unter Transaktionskosten, Heidelberg: Physica, 1998.

RIETMANN (2001)

Rietmann, F.: Präferenzfreie Optionsmodelle, Hagen, Fernuniv., Diplomarbeit, 2001.

ROCKEL / SAUER (2003)

Rockel, W. / Sauer, R.: IASB Exposure Draft 5: Insurance Contracts – Zur Versicherungsbilanzierung nach IFRS ab 2005, in: Die Wirtschaftsprüfung, 20, S. 1108-1119, 2003.

ROLLINGER (2001)

Rollinger, O.: Ertragswertorientierte Planung bei Bausparkassen, Ulm, Univ., Diss., 2001.

ROSS (1987)

Ross, S. A.: Arbitrage and Martingales with Taxation, in: Journal of Political Economics, 95, S. 371-393, 1987.

RUDOLF (2000)

Rudolf, M.: Zinsstrukturmodelle, Heidelberg: Physica, 2000.

SAMUELSON (1967)

Samuelson, P. A.: Rational Theory of Warrant Pricing, in: COOTNER, S. 506-525, 1967.

SANDMANN (2001)

Sandmann K.: Einführung in die Stochastik der Finanzmärkte, 2. Auflage, Berlin: Springer, 2001.

SAPUSEK (1998)

Sapusek, A.: Informationseffizienz auf Kapitalmärkten: Konzepte und empirische Ergebnisse, Wiesbaden: Gabler, Wien, Wirtschaftsuniv., Dipl., 1998.

SCHÄFER / CIRPKA / ZEHNDER (1999)

Schäfer, O. / Cirpka, E. / Zehnder A. J.: Bausparkassengesetz und Bausparkassenverordnung, Kommentar, 5. Auflage, Bonn: Domus, 1999.

SCHARPF (2001)

Scharpf, P.: Rechnungslegung von Financial Instruments nach IAS 39, Stuttgart: Schäffer-Poeschel, 2001.

SCHARPF/LUZ (2000)

Scharpf, P. / Luz, G.: Risikomanagement, Bilanzierung und Aufsicht von Finanzderivaten, 2. Auflage, Stuttgart: Schäffer-Poeschel, 2000.

SCHAUB (1998)

Schaub, M.: Darlehensverzicht von Bausparern – gestern ein Segen, morgen ein Fluch?, in: Der Langfristige Kredit, 7+8, S. 51-52, 1998.

SCHELLHAMMER (2003)

Schellhammer, K.: Schuldrecht nach Anspruchsgrundlagen, 5. Auflage, Heidelberg: C. F. Müller, 2003.

SCHIERENBECK (1985)

Schierenbeck, H.: Ertragsorientiertes Bankmanagement, 1. Auflage, Wiesbaden: Gabler, 1985.

SCHIERENBECK (2001)

Schierenbeck, H.: Ertragsorientiertes Bankmanagement, Band 1, 7. Auflage, Wiesbaden: Gabler, 2001.

SCHMELZEISEN (1994)

Schmelzeisen, G. K.: Bürgerliches Recht: (BGB I-III); Grundriß für das Studium der Rechts- und Wirtschaftswissenschaften, 7. Auflage, München: Vahlen, 1994.

SCHMID (1997)

Schmid, W.: Arbitragefreiheit und Besteuerung – Bewertung von Finanztiteln und die Entscheidung über die Kapitalstruktur, Tübingen, Univ., Diss., 1997.

SCHOUTENS (2003)

Schoutens, W.: Lévy Processes in Finance: Pricing Financial Derivatives, Chichester: Wiley, 2003.

SCHULZE/STEIN (2004)

Schulze, E. / Stein, A.: Die optimale Immobilienfinanzierung, 2. Auflage, Freiburg i. Br.: Haufe, 2004.

SCHWAB (2002)

Schwab, D.: Einführung in das Zivilrecht, 15. Auflage, Heidelberg: C. F. Müller, 2002.

SCHWEIZER PARLAMENT (1998)

Schweizer Parlament: Besteuerung von ausländischen Kapitalanlagen, in: Amtliches Bulletin der Bundesversammlung – die Wortprotokollen, eingereicht von J. Erwin am 17.12.1998. Erhältlich im Internet unter http://www.parlament.ch/afs/data/d/gesch/1998/d_gesch_19983630.htm [15.03.2004].

SEEGER (1998)

Seeger, H.: Insiderhandel am deutschen Aktienmarkt – eine empirische Untersuchung von Existenz und Erkennbarkeit, Köln, Univ., Diss., Frankfurt am Main: Lang, 1998.

SEYDEL (2000)

Seydel, R.: Einführung in die numerische Berechnung von Finanz-Derivaten, Berlin: Springer, 2000.

STARK (2002)

Stark. G.: Bausparfinanzierung versus freie Finanzierung, Hagen, Univ. Diss., 2002.

STÄUBER / WALTER (1996)

Stäuber, H.-W. / Walter, K.: Kommentar zum Wohnungsbau-Prämiengesetz und zur steuerlichen Bausparförderung, 12. Auflage, Stuttgart: Deutscher Sparkassenverlag, 1996.

STEINER / BRUNS (2002)

Steiner, M. / Bruns C.: Wertpapiermanagement: Professionelle Wertpapieranalyse und Portfoliostrukturierung, 8. Auflage, Stuttgart: Schäffer-Poeschel, 2002.

STEINER / UHLIR (2001)

Steiner, P. / Uhlir, H.: Wertpapieranalyse, 4. Auflage, Heidelberg: Physica, 2001.

STEPHAN (1998)

Stephan, U.: Informationseffizienz von Aktienindexoptionen, Köln, Univ., Diss., Wiesbaden: Deutscher Universitäts-Verlag, Wiesbaden: Gabler, 1998.

STIFTUNG WARENTEST (2003a)

o. V.: Sturm auf die Prämie, in: Finanztest, Nr. 11, S. 28, November 2003.

STIFTUNG WARENTEST (2003b)

o. V.: Sofortgeld von der Bausparkasse, in: Stiftung Warentest – Finanztest Spezial Bauen & Kaufen:, S. 76-79, November, 2003.

STIFTUNG WARENTEST (2003c)

o. V.: Beleihung nur in Grenzen, in: Stiftung Warentest – Finanztest Spezial Bauen & Kaufen:, S. 25, November, 2003.

STIFTUNG WARENTEST (2003d)

o. V.: Spurt zur Prämie, in: Finanztest, Nr. 12, S. 36-37, Dezember 2003.

TERSTEGE (1995)

Terstege, U,: Optionsbewertung: Möglichkeiten und Grenzen eines präferenz- und verteilungsfreien Ansatzes, Wiesbaden: Deutscher Universitäts-Verlag, Hagen, Fernuniv., Diss., 1995.

UHLIR / FEUCHTMÜLLER / GRÜNBICHLER / SCHUSTER (1991)

Uhlir, H. / Feuchtmüller, W. / Grünbichler, A. / Schuster, W.: Optionen – futures – swaps, Risikomanagement mit derivaten Finanzinstrumenten, Wien: Bank Verlag, 1991.

VASICEK (1977)

Vasicek, O. A.: An Equilibrium Characterization of Term Structure, in: Journal of Financial Economics, 5, S. 177-188, 1977.

VERBAND PRIVATER BAUSPARKASSEN (2003)

Geschäftsbericht 2002 des Verbands der privaten Bausparkassen. Erhältlich im Internet unter http://www.bausparkassen.de [01.12.2003].

WALLMEIER (2003)

Wallmeier, M.: Der Informationsgehalt von Optionspreisen, Heidelberg: Physica, 2003.

WALTER (1996)

Walter, U.: Die Bewertung von Zinsoptionen, Wiesbaden: Deutscher Universitäts-Verlag; Wiesbaden: Gabler, Mannheim, Univ., Diss., 1996.

WEHRMANN (1998)

Wehrmann, D. C.: Strategien zur Absicherung ungewisser Verpflichtungen mit Transaktionskosten im Binomialmodell, Karlsruhe: Versicherungs-wirtschaft, Karlsruhe, Univ., Diss., 1998.

WENDLANDT/KNORR (2004)

Wendlandt, K. / Knorr, L.: Der Referentenentwurf des Bilanzrechtsreform-gesetzes, in: Kapitalmarktorientierte Rechnungs-legung, S. 45-50, 2004.

WIELENS (1993)

Wielens, H.: Die neue Dimension des Bausparens, in: Die Bank, 8, S. 469-474, 1993.

WILKENS (2000)

Wilkens, S.: Zur Eignung numerischer Verfahren für die Optionsbewertung, Karlsruhe: Verlag Versicherungswirtschaft, 2000.

ZIMMERMANN (1998)

Zimmermann, H.: State-Preference Theorie und Asset Pricing, Heidelberg: Physica, 1998.

11.2 Verzeichnis der verwendeten Gesetzestexte und Verordnungen

11.2.1 Deutsche Gesetze und Verordnungen

Aktiengesetz (**AG**) vom 6. September 1965 (BGBl. I S. 1089), i. d. F. v. 25. November 2003 (BGBl. I S. 2304).

Abgabenordnung (**AO**) vom 16. März 1976 (BGBl. I S. 613), i. d. F. v. 24. Dezember 2003 (BGBl. I S. 2954).

Verordnung zum Schutz der Gläubiger von Bausparkassen (Bausparkassen-Verordnung – **BausparkV**) vom 19. Dezember 1990 (BGBl. I S. 2947), i. d. F. v. 21. Dezember 2000 (BGBl. I S. 1857).

Gesetz zur Förderung der Berliner Wirtschaft (Berlinförderungsgesetz – **BerlinFG**) vom 11. Juli 1977 (BGBl. I S. 1213), i. d. F. v. 2. Februar 1990 (BGBl. I S. 173).

Bürgerliches Gesetzbuch (**BGB**) vom 18. August 1896 (RGBl. S. 195), i. d. F. v. 2. Januar 2002 (BGBl. I S. 42, ber. S. 2909).

Gesetz über Bausparkassen (**BSpKG**) vom 16. November 1972 (BGBl. I S. 2097) in der Fassung der Bekanntmachung vom 15. Februar 1991. (BGBl. I S. 454), i. d. F. v. 21. August 2002 (BGBl. I S. 3322).

Eigenheimzulagengesetz (**EigZulG**) vom 15. Dezember 1995 (BGBl. I S. 1783), i. d. F. v. 29. Dezember 2003 (BGBl. I S. 3076).

Einkommensteuergesetz (**EStG**) vom 16. April 1997 (BGBl. I S. 821), i. d. F. v. 29. Dezember 2003 (BGBl. I S. 3076).

Haushaltsbegleitgesetz 2004 (**HBeglG 2004**) vom 29. Dezember 2003 (BGBl. I S. 3076).

Handelsgesetzbuch (**HGB**) vom 10. Mai 1897 (RGBl. S. 219), i. d. F. v. 1. Dezember 2003 (BGBl. I S. 2446).

Gesetz über das Kreditwesen (Kreditwesengesetz – **KWG**) vom 9. September 1998 (BGBl. I S. 2776), i. d. F. v. 23. Dezember 2003 (BGBl. I S. 2848).

Preisangabenverordnung (**PAngV**) vom 14. März 1985 (BGBl. I S. 580), i. d. F. v. 18. Oktober 2002 (BGBl. I S. 4197).

Verordnung zur Durchführung des Fünften Vermögensbildungsgesetzes (**VermBDV**) vom 20. Dezember 1994 (BGBl. I S. 3904), i. d. F. v. 19. Dezember 2000 (BGBl. I S. 1790).

Fünftes Gesetz zur Förderung der Vermögensbildung der Arbeitnehmer (**5. VermBG**) vom 1. Juli 1965 (BGBl. I S. 585), i. d. F. v. 29. Dezember 2003 (BGBl. I S. 3076).

Wohnraumförderungsgesetz (**WoFG**) vom 13. September 2001 (BGBl. I S. 2376), i. d. F. v. 29. Dezember 2003 (BGBl. I S. 3076).

Verordnung zur Durchführung des Wohnungsbau-Prämiengesetzes (**WoPDV**) vom 30. Oktober 1997 (BGBl. I S. 2684), i. d. F. v. 23. Juli 2002 (BGBl. I S. 2715).

Wohnungsbau-Prämiengesetz (**WoPG**) vom 17. März 1952 (BGBl. I S. 139, BGBl. I S. 207), i. d. F. v. 29. Dezember 2003 (BGBl. I S. 3076).

11.2.2 Europäische Gesetze, Entwürfe und Verordnungen

Verordnung (EG) Nr. 1606/2002 des Europäischen Parlaments und des Rates vom 19. Juli 2002 betreffend die Anwendung internationaler Rechnungslegungsstandards, in: Amtsblatt der Europäischen Gemeinschaft (ABl.) vom 11. September 2002, L 243/1-4.

Kommentare zu bestimmten Artikeln der Verordnung (EG) Nr. 1606/2002 des Europäischen Parlaments und des Rates vom 19. Juli 2002 betreffend die Anwendung internationaler Rechnungslegungsstandards und zur Vierten Richtlinie 78/660/EWG des Rates vom 25. Juli 1978 sowie zur Siebenten Richtlinie 83/349/EWG des Rates vom 13. Juni 1983 über Rechnungslegung; veröffentlicht von der Kommission der Europäischen Gemeinschaften, Brüssel, November 2003. Erhältlich im Internet unter http://europa.eu.int/comm/ internalmarket/accounting/docs/ias/ias-200311-comments de.pdf [22.02.2004].

Verordnung (EG) Nr. 1725/2003 der Kommission vom 29. September 2003 betreffend die Übernahme bestimmter internationaler Rechnungslegungsstandards in Übereinstimmung mit der Verordnung (EG) Nr. 1606/2002 des Europäischen Parlaments und des Rates, in: Amtsblatt der Europäischen Union vom 13.10.2003, L 261/1-2.

IAS 32 Financial Instruments: Disclosure and Presentation – IAS 39 Financial Instruments: Recognition and Measurement. Erhältlich im Internet unter http://www.iasb.org/ [08.03.2004].

Exposure Draft ED 5 Insurance Contracts. Erhältlich im Internet unter http://www.standardsetter.de/drsc/docs/drafts/iasb/ed5_insurance_contracts/ed0 5.pdf [08.03.2004].

Basis for Conclusions on Exposure Draft 5 Insurance Contracts. Erhältlich im Internet unter http://www.standardsetter.de/drsc/docs/drafts/iasb/ed5_insurance_ contracts/ed05-bc.pdf [08.03.2004].

Draft Implementation Guidance ED 5 Insurance Contracts. Erhältlich im Internet unter http://www.standardsetter.de/drsc/docs/drafts/iasb/ed5_insurance_contracts/ed05-ig.pdf [08.03.2004].

IASB, Update, Board Decisions on International Financial Reporting Standards, January 2004. Erhältlich im Internet unter http://www.iasb.org/uploaded_files/documents/8_133_upd0401.pdf [21.03.2004].

Peter Lang · Europäischer Verlag der Wissenschaften

Tobias Schönbeck

Bankenrechnungslegung nach IAS/IFRS – Gläubigerschutz durch Information?

Ein kritischer Vergleich mit den Regeln des deutschen Rechts

Frankfurt am Main, Berlin, Bern, Bruxelles, New York, Oxford, Wien, 2004.
XXVI, 483 S., zahlr. Abb. u. Tab.
Europäische Hochschulschriften: Reihe 5, Volks- und Betriebswirtschaft. Bd. 3095
ISBN 3-631-52850-7 · br. € 79.50*

Diese Arbeit setzt sich mit den für den Einzelabschluss von Banken relevanten Vorschriften der IAS/IFRS und des deutschen Rechts auseinander. Hintergrund der Untersuchung ist die EU-Verordnung, die kapitalmarktorientierte Unternehmen in der nahen Zukunft zur Erstellung eines Konzernabschlusses nach IAS/IFRS verpflichtet, und die Diskussion um eine darüber hinaus gehende Anwendung des Regel-Sets. Außerdem wird in der Arbeit auf Bestrebungen Bezug genommen, die Bankenaufsicht zu reformieren. Es wird analysiert, inwieweit die Rechnungslegungssysteme Gläubiger schützen und ob die IAS/IFRS Voraussetzungen für eine Marktkontrolle des Bankmanagements schaffen. Dies geschieht, indem die Rechnungslegung in den Kontext bankenspezifischer Schutzinstitutionen gestellt wird, die Informationsinteressen von Gläubigern herausgearbeitet werden und eine umfangreiche Zweckmäßigkeitsanalyse der Rechnungslegungsvorschriften durchgeführt wird. Besonderes Augenmerk erhalten dabei die Vorschriften für Finanzinstrumente und die Frage, inwieweit ein Full Fair Value Accounting bzw. eine Marktwertbilanzierung bei Banken zu empfehlen ist. Als Ergebnis werden Grenzen und Defekte beider Rechnungslegungssysteme aufgezeigt sowie Anregungen zur Rechtsfortentwicklung geliefert.

Aus dem Inhalt: Besonderheiten der Kreditwirtschaft · Probleme regulatorischer Eingriffe · Bankenrechnungslegung und Bankenüberwachung · Informationsbedürfnisse der Bankgläubiger · Anforderungen an Rechnungslegungsvorschriften aus Gläubigersicht

Frankfurt am Main · Berlin · Bern · Bruxelles · New York · Oxford · Wien
Auslieferung: Verlag Peter Lang AG
Moosstr. 1, CH-2542 Pieterlen
Telefax 00 41 (0) 32 / 376 17 27

*inklusive der in Deutschland gültigen Mehrwertsteuer
Preisänderungen vorbehalten
Homepage http://www.peterlang.de